苏州市情研究

2017—2018

主编 刘文洪

SUZHOU SHIQING YANJIU

苏州大学出版社
Soochow University Press

图书在版编目(CIP)数据

苏州市情研究. 2017—2018 / 刘文洪主编. —苏州：苏州大学出版社，2019.8
ISBN 978-7-5672-2847-4

Ⅰ.①苏… Ⅱ.①刘… Ⅲ.①苏州-概况-2017-2018 Ⅳ.①K925.33

中国版本图书馆 CIP 数据核字(2019)第 121693 号

苏州市情研究(2017—2018)

刘文洪　主编

责任编辑　王　娅
助理编辑　施　放

苏州大学出版社出版发行
(地址：苏州市十梓街1号　邮编：215006)
苏州工业园区美柯乐制版印务有限责任公司印装
(地址：苏州工业园区东兴路7-1号　邮编：215021)

开本 700 mm×1 000 mm　1/16　印张 22.25　字数 374 千
2019 年 8 月第 1 版　2019 年 8 月第 1 次印刷
ISBN 978-7-5672-2847-4　定价：80.00 元

苏州大学版图书若有印装错误，本社负责调换
苏州大学出版社营销部　电话：0512-67481020
苏州大学出版社网址　http://www.sudapress.com
苏州大学出版社邮箱　sdcbs@suda.edu.cn

本书编委会名单

主　编　刘文洪
副主编　方　伟
编　委　刘小红　李静会　傅伟明

序 言

朱民

党的十九大指出,我国经济已由高速增长阶段转向高质量发展阶段。这是我们党根据国际国内环境变化,特别是我国发展条件和发展阶段变化作出的重大判断,高质量发展迅速成为全国经济发展的主旋律、主基调。面对高质量发展的时代命题,苏州市委按照中央和省委决策部署,统筹研判、科学谋划,以改革开放排头兵的姿态求解高质量发展,2018年围绕高质量发展出台十二项三年行动计划,2019年又进一步提出苏州要走在高质量发展的时代最前列的奋斗目标,这充分体现了苏州强烈的担当意识和奋进精神,彰显了推动高质量发展的坚定信心和决心。

高质量发展需要高质量决策,高质量决策离不开高质量智囊。近年来,市委在发展中高度重视新型智库建设,大力推动市情研究和决策咨询,2015年在市委党校成立苏州市委市情研究基地便是其中的一项重要举措。市委党校不负厚望,组织精干人员紧紧围绕市委市政府中心工作破解高质量发展的时代课题,获得了丰硕的成果。四年来创办了《市情研究》《市情专报》《各地动态》三份刊物,共向市委市政府呈报研究成果300余篇,获得市委市政府批示30多篇,省委省政府批示2篇;出版市情研究论文集2集,共50余万字,为市委决策提供了重要参考,发挥了具有党校特色的新型智库作用。

为方便交流和参考,市委市情研究基地每两年遴选精品成果结集出版。这一次结集出版的文章是从三份刊物中精心挑选出的近两年的精华和代表作,共计52篇,以高质量发展为主线分为六个专题,分别是:党建引领高质量发展,改革创新推进高质量发展,人才引培助力高质量发展,乡村振兴促进高质量发展,文化兴盛支撑高质量发展,社会治理助推高质量发展。这一集文章的特点:一是充分彰显了时代性,能够把握时代脉搏,洞悉时代趋势,具有浓烈的时代气息;二是牢牢把握了政治性,有较高的政治站位,具有鲜明的政治立场和政治敏锐性;三是突出了理论性,文章坚持以习近平新时代中国特色社会主义思想为指导,直面苏州高质量发展的重大理论与实践问题,并且做到了理论与实际的紧密结合;四是注重了实践性,每篇文章都做了大量的实践调研和实证研究,准确反映了当代中国实际和苏州实际,地域特色浓郁,很接地气,并具有一定的典型意义;五是有很强的针对性,对策措施准确具体,可操作性强,能较好地解决实际问题。

当前,苏州的发展面临着许多千载难逢的机遇,如"一带一路"建设机遇,长三角高质量一体化发展机遇,沿江沿海开放开发机遇,长江经济带和沿江经济走廊开发建设机遇等。这些既是苏州的发展机遇,也是亟待各类新型智库深入研究的重大时代课题,需要我们进行深入持久、坚持不懈的探索。希望市委党校充分发挥市委市情研究基地的作用,再接再厉,不负时代使命,不负市委期望,多出成果,快出成果,出好成果,始终如一地当好党委政府的参谋员,把基地办成苏州一流的新型智库,为苏州走在高质量发展的时代最前列贡献更大的智慧和力量。

(作者系中共苏州市委副书记、苏州市委党校校长)

2019 年 4 月 1 日

目 录

一、党建引领高质量发展

立足全局谋突破　以点带面探新路
　　——苏州率先推进法治型党组织建设系列调研之一 …………(1)
张家港样本解读
　　——苏州率先推进法治型党组织建设系列调研之二 …………(7)
若干问题的思考与建议
　　——苏州率先推进法治型党组织建设系列调研之三 …………(14)
实施优强工程　打造园区品牌
　　——苏州工业园区积极探索城市基层党建创新之路 …………(19)
吴江区纪检监察派驻工作"嵌入式监督"机制的思考 …………(28)
在民生幸福中促进农村党建固本强基
　　——昆山市市北村实践的调研 …………………………………(32)
认真部署调研　党建引领深化
　　——平江新城（苏锦街道）"六个一"走访调研落在实处 ……(36)
以高质量党建引领国企高质量发展
　　——苏州苏嘉杭高速公路有限公司新时代党建工作的探索与实践………
　　…………………………………………………………………(39)
党建带队建　改革开新局
　　——苏州车管所积极践行为民服务宗旨纪实 …………………(46)
以党建创新锻铸民族精品
　　——昆山好孩子集团调研 ………………………………………(52)

二、改革创新推进高质量发展

创新贯彻落实　谋求跨越发展
　　——学习省委书记娄勤俭苏州调研讲话精神的若干思考…………(56)
长三角一体化发展的新格局新规划………………………………(62)
如何跨越高质量发展的"江苏拐点"………………………………(69)
苏州构建现代化经济体系的优势及路径…………………………(74)
关于新时期苏州加快转型发展的若干思考………………………(80)
数据对比找差距
　　——苏州与深圳转型发展比较研究(上)………………………(85)
创新驱动看深圳
　　——苏州与深圳转型发展比较研究(下)………………………(94)
分析数据看不足
　　——苏州市主要指标与部分城市比较…………………………(100)
加快推动苏州以科技创新为核心的全面创新……………………(107)
借力上海全球科创中心促进苏州产业创新发展…………………(116)
苏州市专精特新中小企业现状发展报告…………………………(121)
立足全局看差距
　　——苏州市与部分城市经济指标比较…………………………(128)
当前苏州金融风险的形势及对策…………………………………(137)
关于苏州跨境电商综试区高质量发展的几点建议………………(143)
PPP如何引来有高端运营能力的社会资本………………………(150)
释放海量数据活力　促进产业优化升级
　　——吴江区工业企业资源集约利用信息系统推广的问题与建议…(155)

三、人才引培助力高质量发展

关于激励干部担当作为的调研报告………………………………(163)

关于完善党政机关因公临时出国(境)经费管理的思考 …………… (167)
扭住产业升级的"牛鼻子"
　　——苏州工业园区科技领军人才工程十年实践调研(上) ………… (171)
正视现实矛盾　理清目标思路
　　——苏州工业园区科技领军人才工程十年实践调研(中) ………… (179)
具体工作建议
　　——苏州工业园区科技领军人才工程十年实践调研(下) ………… (185)
推动人才载体转型　释放创新发展活力
　　——关于吴中区人才情况的调研 ……………………………… (190)
苏州民营企业家群体特征及能力提升 ……………………………… (196)
加快苏州农业科技特派员队伍建设的调查和思考 ………………… (203)
多措并举打造高层次人才出入境服务品牌 ………………………… (209)

四、乡村振兴促进高质量发展

党建引领乡建　创新绘就树山新颜 ………………………………… (211)
吴江现代农业发展新的挑战与思考 ………………………………… (216)
关于鼓励引导工商资本深度参与乡村振兴的调查及政策建议 …… (222)
"新乡贤"更好参与乡村社会治理的调查与思考 …………………… (227)
探索具有产业特色的金融小镇发展之路
　　——以苏州金融小镇为例 ……………………………………… (233)
关于特色小镇培育和建设的思考
　　——以苏州市吴中区为例 ……………………………………… (237)
一个全新样本的炼成之路
　　——相城区望亭镇率先探索乡村振兴实践解读 …………… (243)
创新思路　准确定位
　　——相城区北桥街道工作实践与思考 ………………………… (252)

五、文化兴盛支撑高质量发展

聚焦"水韵苏州" 打造"东方水城"
　　——苏州创建国家全域旅游示范区路径研究 ……………… (257)
苏州沿江地区生态保护和发展的思考和建议 ………………………… (275)
苏州乡村"生态+"发展的几点建议 …………………………………… (279)
打造最具苏州标识文化名片的建议 …………………………………… (286)
苏州建设大运河文化带"最精彩一段"的总体思路和主要举措 ……… (293)
苏州推进理论与舆论融合发展的问题与建议 ………………………… (300)

六、社会治理助推高质量发展

垃圾分类的苏州实践与对策建议 ……………………………………… (305)
苏州协会促进产业创新现状及发展对策 ……………………………… (311)
新常态下苏州商会实践及提升对策 …………………………………… (317)
新形势下充分发挥检察机关在扫黑除恶专项斗争中的作用 ………… (322)
苏州处于怎样的位置？
　　——"新一线"城市商业魅力指数比较分析 ………………… (325)
深度运用大数据促"四化"协同 全面创新升级苏州社会治理 ……… (331)
吴江区创新城市综合治理联动机制的实践 …………………………… (336)
苏州工业园区综合交通体系高质量发展思考 ………………………… (340)

一、党建引领高质量发展

立足全局谋突破　以点带面探新路

——苏州率先推进法治型党组织建设系列调研之一

中共苏州市委市情研究基地　苏州市情研究中心

（一）

党的十八大以来，以习近平同志为核心的党中央围绕从严治党、依法治国做出了一系列重大部署，提出了一系列新理念、新思想：党的十八届四中全会对全面推进依法治国，做出战略部署，明确提出要促进国家治理体系和治理能力现代化；党的十八届五中全会重点就我国"十三五"发展做出部署，强调运用法治思维和法治方式推动发展，全面提高党依据宪法法律治国理政、依据党内法规管党治党的能力和水平；党的十八届六中全会就全面从严治党做出部署，党的建设在创新中发展，将党的建设新的伟大工程全面推进到一个新阶段。

习近平总书记视察江苏时，首次提出了全面建成小康社会、全面深化改革、全面推进依法治国、全面从严治党的"四个全面"战略布局，首次将全面从严治党上升到治国理政的重大战略高度，实现了治党与治国的内在统一，是对党要管党、从严治党方针的创新发展，为全面推进党的建设新的伟大工程指明了方向。

在新的宏观形势和发展要求面前，苏州市委全面深入贯彻以习近平同志为核心的党中央的一系列决策部署，立足全局、着眼长远，坚持从全面依法治国和全面从严治党的结合点上谋划，在省委的领导下，于2015年年初在全国率先提出了建设法治型党组织这一重大命题。苏州市委认为，协调推进"四个全面"是党的十八大以来党中央治国理政实践的科学总结,是对中国特色社会主义理论体系的创造性发展,确保"四个全面"战略布局落地生根是各级党组织的重大政治责任。在新的发展时期,苏州必须跳出传统思维模式,把"四个全面"落地生根作为推进苏州协调发展的重大任务,把抓好从严治党作为最大政绩来谋划、来落实。作为率先发展地区,苏州不仅要加快推进"两聚一高"、加快转型升级,回答好省委李强书记对苏州提出的"创新四问",更要在全面从严治党上争取走在前列。率先探索法治型党组织建设,不仅是推动苏州全面从严治党迈上新台阶的重要探索,也是苏州高水平全面建成小康社会的重要保障。苏州市委必须以理论与实践勇气作出探索,为全面从严治党提供实践样本、做出苏州贡献。

(二)

两年多来,苏州法治型党组织建设积极、有序推进,凸现出以下特点。

一是切实加强组织领导,努力形成"一把手"领衔格局。省委常委、市委书记周乃翔亲自领衔担纲这一重大实践,多次组织召开市委常委会、市委党建领导小组会议等专题会议,进行研究部署。周乃翔同志明确指出,建设法治型党组织是苏州贯彻落实中央决策部署与习近平总书记系列重要讲话精神的重大政治任务,是苏州推进全面从严治党与全面加强法治建设紧密结合的创新实践,要突出实践特色,注重基层基础,确保法治型党组织建设取得实实在在的效果。在市委的统一部署下,市委党的建设工作领导小组作为领导、协调组织,把建设法治型党组织作为重大工作任务来推进、落实。全市各县市区、各部门都作为"一把手"项目,主要领导亲自负责、扎实推进,全市上下形成了"一把手"抓党建的浓厚氛围。随着实践的深入,市委在2016年10月及时召开推进会,针对现实情况,进一步做出阶段性部署,提出了进一步深化实践的明确要求。

二是紧紧把握探索脉络,努力确保法治型党组织建设按照正确轨道推进。市委从一开始就制定出台相关文件做出全面部署,先后出台了《关于建设法治型党组织的意见》《关于法治型党组织建设重点任务分工方案》《苏州市法治型党组织建设三年行动计划(2017—2019年)》等重要文件,明确了具体要求、阶段性目标和工作职责。并确定了"一二四六"建设脉络,即立足"一个引领":以建设法治型党组织为引领,着力构建法治政府、法治市场、法治社会"三位一体"格局;紧扣"两大核心任务":把依法执政和依规管党作为法治型党组织建设的两大核心任务;突出"四个法治化":干部队伍法治化、履职用权法治化、党的自身建设法治化和基层治理法治化;推进"六个进一步":进一步改进党委领导方式,进一步加强党员干部法治思维和依法办事能力,进一步深化党的建设制度改革,进一步严明党的纪律,进一步健全基层党组织体系,进一步完善基层党组织依法办事、依法服务的机制。

三是始终坚持积极稳妥,努力探索专家研究与试点先行协同互动。作为一项在全国具有首创意义的重大实践探索,理论上没有现成的阐述,实践中也无先例可循,如何准确理解、把握中央关于加强党建的一系列部署与精神实质,把中央决策与苏州实际紧密结合起来,是实践中必须把握的一个重大问题。为此,苏州市委始终坚持积极稳妥,以加强理论研究为先导,以试点实践的总结来丰富、完善理论。实践启动不久,市委即组织党建、法学等方面专家开展了为期3个月的研究,努力在厘清法治型党组织的内涵、关系等重大理论问题方面作出探索,为市委制定出台相关文件提供理论依据与支撑,努力保持理论上的清醒,以充分体现中央精神的贯彻落实。与此同时,市委在市级层面确定了张家港市、吴中区、市委市级机关工委、市教育局、市公安局、苏州供电公司等不同类型的试点单位,要求率先重点探索;同时各县市区也确定了一批试点单位。随着实践的深入,市委又及时总结实践中涌现的亮点,以引导、推进面上的探索实践。

四是切实加强分类指导,努力实现探索实践的精准发力。各级党组织由于层级不同、领域不同,因而实践探索的难易程度也不一样,不能搞"一刀切"。为此,市委在总体上明确了"五个突出"的要求,即重点突出思维先行,强化尊法学法;突出能力建设,强化法治实践;突出制度约束,强化管党治党;突出基层治理,强化依法服务;突出引领保障,强化"三位一体"。在此基础上,切实加强分类指导、精准发力,确保法治型党组织建设落实落地。对于农村基层法治型党组织建设,要求与依法治理紧密结合;对于社区基层法治型党组织建设,要求与依法服务紧密结合;对于非公企业法治型党组织建设,要求与有效覆盖紧密结合;对于社会组织法治型党组织建设,要求与规范运作紧密结合;对于机关事业单位法治型党组织建设,要求与从严管理紧密结合;对于国有企业法治型党组织建设,要求与完善公司治理紧密结合。"六个结合"有效推进了各种类型法治型党组织建设。为了进一步加强实践探索,市委党建领导小组办公室于2017年6月对各地试点进一步提出明确要求,加快形成制度成果,围绕探索建立法治型党组织建设责任清单和考核评价指标,明确张家港、常熟重点在村探索;相城区、姑苏区、工业园区重点在社区探索;吴江区、高新区重点在"两新"组织探索;太仓市、吴中区、市级机关工委重点在机关事业单位探索;昆山市、苏州供电公司重点在国有企业探索;市教育局重点在学校探索;市公安局重点在本系统探索。同时要求各地各单位在全面试点基础上,分领域分类型培育一批实践典型,以起到示范引领作用。

五是紧密结合"两学一做",努力推进学习教育常态化、制度化。市委认为,开展"学党章党规、学系列讲话、做合格党员"是党中央为加强党的思想政治建设、深化党内教育做出的重大部署,推进学习教育常态化、制度化,是坚持思想建党、法治建党、制度建党紧密结合的有力抓手,也是法治型党组织建设的重要内容。为此,市委坚持规定动作不折不扣完成,自选动作精心设计、创新特色。比如,把学习党章党规、增强规矩意识作为重要内容,创新设立"党章学习日",每年"七一"组织市四套班子党员领导集体重温入党誓词,推动广大党员干部自觉学习贯彻党章、遵守维护党章。比如,坚持把提高党员干部法治思维作为重要基础,明确提出要健全落实党委中心组集体学法、法治讲座和专题学法等制度,完善述职述廉述法制度,全面开展法治建设专题轮训,积极推动党员干部学习宪法法律和党内法规,努力争当法治型党员干部。比如,全面部署开展"四围绕四提升"深化行动,即围绕思想引领,提升党员领导干部政治素养、综合素质;围绕聚力创新,提升各级党组织、广大党员回答"创新四问"整体水平;围绕聚焦富民,提升广大党员服务基层群众的能力水平;围绕固本强基,提升法治型党组织、服务型基层党组织建设水平。从而使法治型党组织建设与加强学习、推进发展更好结合起来,不仅使"两学一做"有了更实际的内容,也使法治型党组织建设有了很实在的抓手。

(三)

两年多来,苏州法治型党组织建设的创新实践取得了十分积极的阶段性成果,集中反映在三个方面。

一是初步形成了一批制度规范。在切实强化党委抓党建的工作责任方面,市委制定出台了《关于健全完善党组(党委)书记抓党建工作责任制的若干规定》《县级市、区委(工委)和部门党组(党委)书记抓基层党建工作责任制考核

一、党建引领高质量发展

办法》,强化对"一把手"履行管党治党责任的考核,明确了党组(党委)书记抓党建工作的责任清单、激励清单和负面清单,建立完善了党组(党委)书记抓党建工作责任制专项考核制度,严格落实各级党委主要负责同志抓法治型党组织建设第一责任人职责。在完善党组织重大决策规则方面,有效完善了各级党组织依法决策程序,把经过法律咨询、完成合法性审查作为党委(党组)做出重大决策和出台重要政策的必经程序,落实了党委重大决策法律咨询制度,在各县市区全面建立了法律顾问团,各村(社区)全面建立了法律顾问制度。研究修订了《苏州市市级机关部门党委(党组)议事规则》和《苏州市镇党委议事规则(试行)》,推动各级党组织依法执政、依法办事。在落实从严管理干部方面,全面推进了从严监督管理干部,加强和改进了对党政领导干部特别是主要领导干部行使权力的制约和监督,健全了干部选拔任用全程纪实、领导干部个人事项报告、干部谈心谈话等制度,深化推进了"动议比选任用"选人用人新机制,大力整治了"不作为、乱作为"等问题。制定了《关于从严管理干部的若干规定》《从严管理企业领导人员若干规定》《苏州市调整不胜任现职党政领导干部办法》等文件,健全从严管理干部制度规范。在加强和规范党内政治生活方面,制定了《关于健全完善党员领导干部民主生活会和基层党组织组织生活会制度的意见》,增强党内生活的政治性、时代性、原则性、战斗性。在加强村(社区)基层党建方面,制定了《苏州市村党委工作细则》《关于加强全市村转社区党组织规范化建设的实施意见》《苏州市区域党建工作站目标管理考核办法》《关于进一步加强全市农村基层党建工作的实施意见》等文件,推动村、社区党组织依法依规开展活动。

二是有效推进了基层治理法治化进程。法治型党组织建设在基层治理中很好地发挥了引领促进作用,苏州市坚持把基层服务型党组织和法治型党组织建设统筹推进,着力推进基层党组织依法服务,不断提升基层治理法治化水平。通过法治型党组织建设,基层党组织依法决策、依法管理、依法办事、依法服务的能力得到提升。特别是通过厘清村(社区)党组织、群众自治组织等不同组织的职责清单,进一步强化了村(社区)党组织的领导核心地位,基层党组织领导基层自治、推进基层民主政治建设和联系群众、为民谋利、履行民生职能等能力进一步提高。比如,张家港加强农村基层法治型党组织建设,通过做好调整党组织设置、规范党员管理和提升法治意识二个动作,全力推动基层党组织自身优化和自我提升,夯实基层法治基础;通过理顺村党组织、村民大会、村民委员会、村民议事会和村务监督委员会的关系,厘清各类组织在基层治理中的职能,实施基层组织凝聚工程,全面处理好党组织与其他组织关系,形成多元法治合力;通过把好党组织提议关、"两委"商议关、党员大会审议关,牢牢抓住民主议事的关键环节,规范议事决策程序;通过发挥好党组织链接各方共建资源、统筹各方队伍力量、整合各类平台载体三大优势,保障基层依法治理的顺利开展,提升了依法治理效能。

三是全面涌现了一批试点成果与创新做法。比如,张家港市率先探索了"干部干事创业容错免责办法",以制度形式对敢担当敢作为干部容错免责,对不担当不作为干部严肃问责,这一探索得到省委李强书记的批示肯定。太仓市积极搭建"十项载体"推进法治型党组织建设,通过组织开展"法治建设在身边"、法治型党组织"红色沙龙"、法治型党组织微故事评选等活动,推动法治型党组织建设落地生根。昆山市在全省率先出台基层党组织规范化建设实施意见,建立党支部书记问责、党性体检、月晒季查年考等机制,为基层党建立规矩。姑苏区依托区域化大党建格局和区域党建联盟,建立"四个一"活动机制,即召开一次联席会议、开展一次座谈调研、排定一张共建清单、举办一次联盟活动,广泛集聚辖区机关部门、非公企业、行业协会、社会组织等社会资源,构建"党委领导、政府负责、社会协同、公众参与、法制保障"的工作格局。苏州工业园区着力推动法治型党组织建设向社区延伸、服务居民群众,社区党组织积极打造"法制宣传长廊""法治图书室""社区法治教育基地"等平台载体,邀请公检法等部门机关党组织开展送法进社区活动,组织律师事务所设立片区"便民法律服务站"和"党员律师会客室",将律师资源下沉至网格、引入到纠纷调解和社区治理。市公安局牢固树立法治观念,以法治型党组织建设引领执法规范化建设,不断提升公安机关依法履职能力,确保严格规范公正文明执法,使法治成为苏州公安核心竞争力的重要标志、社会管理创新的重要依托、苏州公安文化的重要特色,努力争当全省乃至全国公安机关法治建设的排头兵。市委市级机关工委积极探索建立法治型机关党组织建设指标体系和考评办法,探索建立机关党员法治素养培育的长效机制,深入开展"法治开讲",营造"法治大家讲、用法依法人人做"的氛围。

(课题组成员:陈楚九　卜泳生　李静会　朱　琳　王海鹏)

一、党建引领高质量发展

张家港样本解读

——苏州率先推进法治型党组织建设系列调研之二

中共苏州市委市情研究基地　苏州市情研究中心

张家港作为创造并实践了"张家港精神"的县级市,全国闻名。作为经济强市,自2005年起连续12年名列全国百强县(市)前三位;作为全国首家也是唯一的县级市,2015年4月再次获得"全国文明城市"称号,实现"四连冠";如今,作为苏州推进法治型党组织建设试点之一,在从严治党、依规治党实践中又迈出了新的步伐。张家港的探索值得解读。

一、以积极的态度进行初步探索

建设法治型党组织,是无理论可依、无先例可搬、无经验可循的创新实践,是新时期全面贯彻落实以习近平同志为核心的党中央关于全面从严治党新理念、新思想、新部署、切实加强党建创新的重大命题。2015年初,根据苏州市委的部署和要求,张家港市委全面贯彻落实、全力推进实践,在工作层面紧紧把握了以下环节。

一是以依法执政、依规治党为核心任务,切实增强法治型党组织建设的针对性。紧紧围绕干部队伍法治化、办事决策法治化、组织建设法治化和基层治理法治化等重点推进实践探索,制定"法治型党组织建设重点任务分解表",对33项重点任务明确具体责任部门和完成时限,把法治型党组织建设的创新实践落到了实处。

二是由市委党建办牵头协调,切实增强法治型党组织建设的协同性。把政法委、经信委、司法局、民政局等相关职能部门纳入法治型党组织建设责任主体,打破了党建工作党群部门内部小循环的传统模式,构建起党委、政府、群团全面参与、各司其职的"大党建"格局。

三是以创新实践项目化为重要抓手,切实增强法治型党组织建设的实效性。具体策划为"依法治理基础夯实""基层法治先锋服务团队建设""法律服务志愿者进网格""基层党组织书记法治专题轮训""党建引领基层依法治理""法治型党组织建设示范引领""法治先锋典型评选""法治文化下基层"等八大项目,成为推进创新实践的重要抓手,成效看得见、摸得着,广大党员、群众感受度深。

四是以试点先行为实践引路,切实增强法治型党组织建设的示范性。根据不同类型分别确定区镇、机关、村、社区以及企业(社会组织)等5种类型基层党组织,从中确定16家试点单位,着力在细化目标任务、建立评价标准、完善机制保障等方面先行先试,确保法治型党组织建设积极稳妥推进。

五是以量化考核为过程管理,切实增强法治型党组织建设的可操作性。制定出台了"法治型党组织建设综合评估体系",明确了法治型党组织建设的5大工作措施、37项具体制度,从中提取主要工作和关键节点中具体可量化的工作制定监测指标,同时明确每一项制度的监测方式,形成总体目标、工作机制、监测细则"三位一体"的量化监测体系,采用上级考评以定量分析为主和满意度测评以定性分析为主相结合的方式,用百分制对建设成效进行评价,在各级党组织中起到了有效的促进作用。

二、可借鉴的制度成果

两年多来,张家港市委以改革创新精神推进法治型党组织建设,紧抓具体环节加大探索力度,在五个层面形成了一批可借鉴的制度成果。

一是积极探索"学考评",致力于构建提升能力的促进机制。加快提升党员干部的法治思维、法治能力,真正履行起依法行政职能,是法治型党组织建设的重要内容。张家港围绕构建党员干部法治思维、法治能力提升机制。一方面,建立常态化的学法制度。严格落实中心组专题集体学法制度,将法治教育纳入全市干部教育培训班计划,全面推广"党章学习日""固定学法日",实施党员干部"每月1天学法日""会前一刻学法时"制度,搭建了"书记讲坛""书记会客厅""先锋擂台"等法治学习互动平台,初步建立起党员干部周周学法、月月说法、年年普法的长效机制。另一方面,建立并严格执行相关资格考试制度。针对党员干部,明确任用前必须进行法律知识和党内法规知识考试,把通过法律知识考试作为录用、提拔、入党的前置条件,目前已经有115名拟新提拔的领导干部参加并通过考试。针对基层党务工作者,明确任职前必须进行履职资格考

一、党建引领高质量发展

试,把党章党规、法律知识作为考试重点内容,未在规定时间内通过考试将被调离岗位,全面实现对全市各级党务工作者的履职资格管理。与此同时,建立以法治为导向的干部评价制度。出台《党政领导班子和领导干部综合研判暂行办法》,建立配套的综合研判信息系统,每年对各区镇和30家左右市级机关部门开展干部专项调研考察,并通过多方采集信息、经常走访调研、平时监督考察掌握到的领导班子和领导干部各方面信息分类汇总、综合分析,把是否遵守法律、依法办事作为党员干部业绩评定、奖励惩处、考核任用的重要依据,为科学选人用人和强化从严管理提供重要参考。定期开展"法治人物""担当作为好单位、好干部"评选,通过选树依法办事、担当作为的先进典型,引导广大党员干部讲政治、守规矩、敢担当。

张家港这一探索的特点在于把原来独立的学、考、评单元,联结起来形成了一个完整的系统,建立起一种"链式管理"机制,相互关联、相互促进,以考促学、以评导向,极大地提升了学考评三个环节的整合效应。

二是积极探索"党建审计",致力于构建依规治党的约束机制。切实加强从严治党、依规治党,是法治型党组织建设的本质要求与核心环节。张家港以在基层开展"党建审计"为切入点,进行了率先探索。2015年8月,张家港出台了审计办法,对市委直属党(工)委书记抓基层党建工作进行责任审计,审计内容主要包括党(工)委书记抓基层党建工作清单完成情况、抓基层党建工作专项测评情况和党(工)委党建考核综合评价体系考核情况等。与此同时,探索基层党建工作量化办法,配套制定党(工)委抓基层党建工作责任考核标准,根据苏州市委明确的党建"责任清单""激励清单""负面清单"三份清单,形成日常定量考核、年底定性分析相结合的"3+2"党建责任审计指标体系。一方面,将可量化的党建工作指标细化为16类40项定量考核标准;另一方面,对其他适合定性分析的党建清单,分解出20项50个定性审计要点,力求审计标准科学合理。"党建审计"在具体操作中,注重实证资料和实地查看,通过线上线下并行方式进行全方位审计,确保审计结果客观真实;采取年度审计、离任审计相结合,以年度审计为主,年度审计单独进行,离任审计与"三责联审"同步联动实施;实施"自查初审、联合审计、结果反馈"的审计流程,形成审计结果报告;具体由市委党建办对各直属党(工)委书记、各党(工)委对基层党组织书记实施党建责任审计。审计结果在一定范围内进行通报,并作为市委书记对各党(工)委书记抓基层党建工作专项述职进行点评的重要依据,同时作为所在单位评先创优、以及个人表彰奖励、提拔使用的参考。审计对象针对问题制订整改方案,对不认真整改或者整改不到位的,给予有关责任人诫勉谈话或者通报批评。张家港在对某镇党委进行专项审计试点过程中,确定了20个审计项目,查找出镇党委书记抓基层党建工作中存在的6个方面的问题,该镇针对问题制订落实整改措施,进一步完善了党建工作责任体系。

张家港创新的"党建审计",初步破解了基层党建工作量化、具体化的难题,尽管刚刚破题,尤其在制度设计、具体操作上还有许多问题需要进一步探索,但其积极意义是显而易见的。这一定程度上是落实"书记抓党管党第一责任"的有效抓手,更是运用审计理念、借鉴审计方式,致力于构建依规治党约束机制的一种有益尝试。

三是积极探索"容错免责",致力于构建干事创业的导向机制。张家港市委清醒认识到,推进法治型党组织建设,坚持从严治党、依规治党,既要以零容忍态度惩治腐败、严肃问责不作为干部,更要为敢于担当、勇于负责的干部撑腰鼓劲,营造干事创业的良好环境。为此,年初张家港在全国率先"试水",制定出台干部干事创业容错免责实施办法。《办法》明确了六项前置条件,即现行法律法规和上级没有明令禁止;除处置突发事件外,严格执行民主决策程序;没有为当事人、他人或单位谋取不正当利益,没有故意损害公共利益或他人合法权益;未在同一工作、同一问题上重复出现失误且造成较大损失或较坏影响;主动挽回损失、消除不良影响;未直接造成重特大安全责任事故等。只要没有触碰这"六条红线",符合八类情形之一的,如因政策调整变化、招商引资中不可预知因素影响、处置突发事件等过程中的无意过失等,都可遵循"一事一议"原则申请免责。经过审核、认定、报备等程序,可以容错免责的,将在追究党纪政纪责任、干部考核评价、年度绩效考核、党风廉政建设责任制考核等方面免予或从轻、减轻处理处分。为了确保这一办法的有效性、可操作性,张家港还建立健全了"重大改革创新风险备案机制、澄清保护机制、职能部门协作机制、防错纠错机制、为官不为问责机制"等五项容错免责配套机制。张家港的做法得到省委李强书记的批示肯定,要求不断总结、适时推广。

张家港的这一率先实践,其深刻意义在于,不是单纯就容错谈容错,而是建立起防错、审错、容错、纠错的全过程链条。我们既要禁止干部"乱作为",防止"不作为",更要促使干部在新常态下"敢作为""善作为",张家港正是树立起了"对敢担当作为干部容错免责,对不担当不作为干部严肃问责"的鲜明导向,推

一、党建引领高质量发展

进党组织和党员干部依法执政、依法办事。

四是积极探索"指数排名",致力于构建争先创优的激励机制。通过法治型党组织建设,探索建立"港城先锋指数",把"党要管党、从严治党"要求落到实处、落到基层,从而引导党员干部充分发挥先锋模范作用,是张家港实践的一个重大特色。张家港在贯彻落实苏州市委文件精神基础上,开发建立了党员分类管理、积分考核为主要内容的"港城先锋指数",考核标准包括基础项目、加分项目、减分项目和"一票否决"项目等,考核结果分为优秀、合格和不合格三个等次,有"一票否决"行为即评为不合格党员。党员积分考核结果与民主评议、评先评优、年度考核及党内激励等工作结合起来,实现积分考核覆盖全体党员,用"指数排名"管好党员队伍,努力实现党员日常管理服务的科学化、精细化。张家港以"指数排名"为抓手,一是按照党员积分考核要求,鼓励党员参与组织生活旁听、创意组织生活分享、组织生活开放日等特色组织生活制度,目前全市已有超过80%的党员参与了指数考核。二是依托"区域共建""在职党员进社区""党员统一活动日"等载体,用指数量化的方式加强对党员联系群众的考核力度,促进党员更好发挥先锋模范作用,推动广大党员争先创优。三是强化指数结果应用,将"指数排名"作为党内表彰的重要依据,并与党员"出口"机制挂钩,目前已劝退或除名31人,另有6人被定为"不合格"并限期改正,推动党员队伍优胜劣汰。

张家港的这一探索表明,管好党员队伍的形式是多样的,通过积分考核,上升为具有引领性的"港城先锋指数",并以"指数排名"的方法,形成争先创优、优胜劣汰的机制,应该说张家港在党员队伍的管理引导上迈出了重要的一步。

五是积极探索"村民议事会",致力于构建基层治理的引领机制。推进基层治理法治化,是张家港法治型党组织在基层的具体实践,通过探索"村民议事会",张家港切实强化了党组织在基层治理法治化上的引领作用。2015年年初,张家港在经开区(杨舍镇)首批选择善港村等具有代表性的8个村和9个社区进行"村民议事会"的试点,同年10月在经开区(杨舍镇)全面铺开,2016年1月在全市范围内推开。议事会成员由村(居)民代表会议海选产生,一般由7至15人组成,其中老党员要求占到30%~40%,由召集人负责每月定期议事,议题根据村民反映而集中,往往是关系群众利益的问题,在相当高的程度上代表了民意。村民议事会的建立,完善了"村党组织为核心—村民议事会民主协商—村(居)民会议民主决策—村(居)民委员会具体实施—村务监督委员会(社区

11

居民代表)民主监督""1+4"基层群众共治机制,拓宽了民主议事、协商、监督渠道。"村民议事会"不是权力组织,而是在村党组织和村民之间建立了一个缓冲地带,是民主协商议事机构,主要履行村居务管理、民主议事协商、民情民意收集等职能。有了议事会,原来一些难以协调的问题得到了妥善解决。仓基村是张家港首批探索"股权固化"的试点社区,这一改革与村民利益直接相关,难度较大,为此,村党支部先将"股权改革实施细则"这个议题慎重地提给刚刚成立的村民议事会进行讨论,议事会成员对一些具体问题如分红期内去世村民、户口回迁人员、因读书外迁户、嫁入女和入赘户如何确认股权等棘手问题,进行了妥善沟通、充分协商,并最终在村民代表大会上获得表决通过。

张家港的这一探索实践,使得法治型党组织建设在村民自治、基层治理中的作用得到了深化与升华,使村党组织的引领作用在基层治理法治化中得到了更好体现。

三、有益的启示

两年多来,张家港在法治型党组织建设方面开展了积极探索,尽管取得的成效是初步的,但通过解读张家港样本,至少有这样几点启示:

一是必须坚持实践创新。党的十八大以来,以习近平同志为核心的党中央坚定推进全面从严治党、依规治党,提出了一系列新思想,做出了一系列新部署,实施了一系列新举措,这为我们加强实践、加强探索提供了重要科学指南。我们必须不折不扣地、全面地贯彻落实。而对于法治型党组织建设这样一个在全国具有重大首创意义的命题,必须坚持实践创新、勇于实践创新,比如张家港探索的"党建审计""村民议事会",以及率先探索的"容错免责"等,这样的"自选动作"才是生动的、具有生命力的。只有创新才能迈出从严治党、依规治党的坚定步伐。

二是必须坚持"接地气"。加强法治型党组织建设,是一个重大的理论命题,更是一个重大的实践命题。就苏州而言,从基层来看,我们的创新实践必须在坚持正确的政治方向的大前提下,坚持科学的思维、正确的方法。其中十分重要的是必须"接地气",就是既要体现中央精神,又要具有实践特色,就是要以中央精神和部署为科学指导,坚持问题导向,从加强法治型党组织建设的具体问题切入,从依规治党所面临的矛盾问题抓起,实实在在地推进实践探索,形成可借鉴的制度性成果,为全面从严治党、依规治党提供实践样本。

三是必须坚持长抓实干。推进法治型党组织建设,作为全面从严治党、依规治党的重大创新,是一项长期的任务,需要我们坚持长抓实干。这个"长",就是法治型党组织建设永远在路上,只有起点,没有终点,决不能搞"一阵风";这个"实",就是要扎实务实落实,推进法治型党组织建设,必须从具体问题、具体环节入手,求得实实在在的效果,决不能搞形式主义,做表面文章。我们必须富有担当精神和实践勇气,驰而不息地探索创新,以务实的举措来推进探索创新。

四是必须坚持以基层为重点。张家港的实践告诉我们,法治型党组织建设的重点在基层,在乡镇、村、社区等基层党组织,党的工作最坚实的力量在基层,最突出的矛盾问题在基层,基层是我们推进法治型党组织建设的难点和重点,我们必须紧紧围绕基层加强实践创新。

(课题组成员:陈楚九　卜泳生　李静会　朱　琳　王海鹏)

若干问题的思考与建议

——苏州率先推进法治型党组织建设系列调研之三

中共苏州市委市情研究基地　苏州市情研究中心

围绕进一步探索法治型党组织建设，我们感到，以下问题值得深入研究。

一、关于概念的准确把握

法治型党组织建设是新时期全面从严治党的一个全新的重大理论命题和实践命题。我们只有保持理论上的清醒，才能在实践中迈出坚定步伐；我们只有在理论上准确把握，才能在实践中精准发力。我们感到，党的建设的创新不同于其他方面创新，必须坚持党性原则，把握正确方向。苏州要深化推进这一重大实践，必须深刻学习领会中央一系列关于全面从严治党、依规治党等科学的新理念、新思想、新观点，结合苏州实践进行深入的思考和研究。我们经过比较深入的调研，并多次同党建、法学方面的专家学者进行座谈、研讨，形成了一些观点。我们认为，关于法治型党组织的概念内涵，以下基本点必须把握。

第一，法治型党组织建设是贯彻落实习近平总书记党建、法治重要思想的创新实践。党的十八大以来，以习近平同志为核心的党中央提出了"制度治党"的重要思想。习近平总书记指出，制度问题更带有根本性、全局性、稳定性、长期性。党要管党、从严治党必须有坚强的制度保障。用制度治党，就是要依法依规治党。法律是治国理政最大最重要的规矩，任何人都没有法律之外的绝对权力。党领导人民制定宪法和法律、执行宪法和法律，党自身必须在宪法和法律范围内活动，真正做到党领导立法、保证执法、支持司法、带头守法。要坚持制度治党、依规治党、依据党章从严治党；要健全落实民主集中制的各项具体制度，体现到制定决策、选人用人等各个环节；要体现改革精神和法治思维，努力形成系统完备的党内法规制度体系；要增强制度执行力，坚决维护制度的严肃性和权威性。习近平总书记的重要论述深刻阐明了依规治党、制度治党的重要

一、党建引领高质量发展

内涵,体现了新形势下以习近平同志为核心的党中央推进管党治党制度化、规范化、程序化的新理念,而苏州率先探索法治型党组织建设,正是在这一科学理念指导下的创新实践。

第二,法治型党组织建设是新形势下全面从严治党、依规治党、制度治党的重大探索。我们认为,所谓法治型党组织,是以法治为手段,推进党组织建设的法治化,是依法依规治党新理念、新思想的具体化。从内涵分析,法治型党组织就是以依法执政和依规治党为核心任务,围绕科学立规、严格执规、党员守规,推进党组织建设的制度化、规范化和程序化;构建党内完善的法治体系和法规制度体系,推动党内法规的实施;切实增强党员干部的法治思维和法治能力,不断提升党组织和党员干部依法办事的能力和水平。从外延分析,法治型党组织就是要充分发挥其领导核心作用,在基层社会治理法治化和法治政府、法治市场、法治社会"三位一体"建设中起到重要的引领、推进和保障作用。

第三,法治型党组织建设是建设"三型"党组织的内容拓展和根本保障。党的十八大报告首次明确提出,建设学习型、服务型、创新型的马克思主义执政党,这一目标要求落实到基层,就是要加强"三型"党组织建设。建设"三型"党组织是全面推进党的建设的系统工程,反映了以习近平同志为核心的党中央对时代特征与社会发展阶段的深刻把握,为全面推进党建创新指明了方向。我们感到,学习型党组织建设,立足于能力建设,致力于提高各级党组织和广大党员干部的能力素质;服务型党组织建设,立足于功能定位,体现了党为人民服务的宗旨和本质;创新型党组织建设,立足于前进动力,强调激发各级党组织和广大党员干部的创新活力。而法治型党组织建设,立足于行为规范,强调党组织和党员干部需依法执政、依法办事。我们认为,法治型党组织建设是新时期"三型"党组织建设的重要保障,相互之间各有侧重,构成一个紧密联系、相互促进的有机整体。

二、关于统一思想认识

我们感到,法治型党组织建设是理论性和实践性都很强的创新探索,必然面临着诸多的矛盾问题,我们必须统一思想认识,充分认识到这一创新实践的艰巨性、复杂性。

根据初步调研,我们感到,苏州市法治型党组织建设在实践中反映出两个层面的问题。在认识层面存在一定偏差,主要集中在三个方面。一种是对法治型党组织的概念、内涵讲不清楚、把握不准,因而感觉在实践中无从下手、难以操作,往往就停留在法治学习等一般活动层面;一种是把法治型党组织建设等同于常规党建工作,因而活动不深不透,存在"贴标签"问题;还有一种是把法治型党组织建设片面理解为法治建设,活动搞得丰富多彩,但与真正的主题相差甚远。在实践层面存在一定难度。调研座谈中大家的反映主要集中在三个方面:一是由于法治型党组织建设是事关党建创新的重大问题,而目前这方面缺少理论阐述、缺乏顶层设计,基层从事党建工作的同志反映这给创新实践增加了难度;二是基层也探索了一些考核评估办法,但总体感到难以量化、难以考核评估;三是部分党组织活动不健全,个别党员干部法治意识不强、法治素养能力滞后,一定程度上影响到法治型党组织建设的全面推进。

我们认为,苏州进一步深化法治型党组织建设,必须强化思想认识的统一,咬定目标攻坚。我们感到有必要在以下方面形成共识:一是法治型党组织建设是重大的改革创新,具有很强的政治性。我们必须做到坚定政治立场、富有担当精神、增强实践勇气,以改革创新来破解法治型党组织建设中的复杂问题和各种矛盾。二是抓好从严治党、依规治党是最大的政绩,也是我们的重大责任。在新的发展时期,苏州要保持稳增快转,在推进"两聚一高"征程中率先、领先,更要在全面加强从严治党、依规治党的实践中率先、领先,切实加强法治型党组织建设的创新实践,为全国提供全面从严治党的苏州样本。三是法治型党组织建设是一项长期的艰巨任务,不可能一蹴而就。习近平总书记指出,全面从严治党绝不是权宜之计,全面从严治党永远在路上。作为一项重大创新,法治型党组织建设不可能毕其功于一役,我们取得的成效只是初步的、阶段性的,还需要我们不断加强研究、加强谋划、加强实践、加强创新。四是法治型党组织建设是一项重大的系统工程,必须要有科学思维、正确方法。法治型党组织建设推进过程中,各种因素往往相互作用、相互影响。比如理论与实践之间,依规治党与法治政府、法治市场和法治社会建设之间,党员干部的法治素养与党组织建设法治化之间,这些因素、环节不是孤立的,往往互为条件,理论指导实践,而实践又能丰富、完善理论;法治型党组织建设是法治政府、法治市场、法治社会建设的引领与保障,而法治政府、法治市场、法治社会建设一定程度上又是法治型党组织建设的重要条件;党员干部法治思维能力的提升是法治型党组织建设的重要内容,而法治型党组织建设首先很大程度上取决于党员干部的法治素养能力。因此我们必须讲究策略、统筹兼顾、协同推进。

三、关于深化实践的思路

我们认为,新时期深化法治型党组织建设,应进一步理清工作思路,强化对探索实践的指导性、精准性、有效性。经过初步调研,我们就法治型党组织建设提出以下深化实践的思路:突出重点、聚焦基层,加强创新、提供样本,分类指导、整体推进。

一是突出重点、聚焦基层,即在全面铺开的同时,重点推进基层法治型党组织建设。习近平总书记深刻指出,党的工作最坚实的力量支撑在基层,必须把抓基层、打基础作为长远之计和固本之策,丝毫不能放松。这一论断深刻阐明了基层党组织在全面从严治党中的重要地位和目标要求。基层党组织和党员占总量的绝大多数,党的工作最坚实的力量在基层,最突出的矛盾和问题也在基层。因此苏州市下一步深化法治型党组织建设有必要聚焦镇村、街道社区、社会组织、企事业等单位,尤其要把镇村、街道社区作为法治型党组织建设的重中之重,夯实基层基础,使法治型党组织建设不断向纵深推进。

二是加强创新、提供样本,即鼓励激励实践创新,形成基层法治型党组织建设的制度成果。作为全国首创的党建创新实践,加强创新、提供实践样本具有十分重要的意义。我们必须把以习近平同志为核心的党中央关于加强党建、加强法治等一系列新理念、新思想作为指导,在深刻理解、全面把握基础上,大胆推进实践创新。我们感到,创新的做法、鲜活的经验总是来之于基层的生动实践,因此,我们在推进基层法治型党组织建设的实践中,不应设定框框、限定模式,而应鼓励激励基层大胆创新,这种创新至少包括三个层面,即努力尝试在贯彻落实中央精神过程中的方式方法创新,学深悟透中央精神在"自选动作"上的创新,在具体环节、具体做法方面的创新,从而形成制度成果,丰富苏州的实践样本。

三是分类指导、整体推进,即加强对不同类型基层党组织的分类指导,推动面上水平的整体提升。我们感到,对于基层法治型党组织建设,我们尽管已出台了一系列文件措施,但总体上还是缺少有针对性的分类、具有较强指导性的意见,有的行业的党组织原本相对就比较薄弱,如各类社会组织、"两新"组织、非公企业等,更需要我们创新思路、加强指导,比如社会组织如何发挥联合党组织的作用,如何借助枢纽型社会组织有效协调的职能,推进法治型党组织建设。

四、关于配套的几项工作

苏州要进一步探索法治型党组织建设,我们感到需要加强以下几项工作。

1. 优化工作机制

我们必须清醒认识到,抓好党建是最大的政绩,法治型党组织建设是一项复杂的系统工程,因此,我们必须全面落实"一把手"抓法治型党组织建设的政治责任,把这作为苏州市委及各级党委的一项中心工作,摆上重中之重的位置。同时,以市委党建工作领导小组为抓手,建立纪检、组织、巡视、宣传、政法等各个部门的协同、联动机制,改变目前依规治党、制度治党方面力量相对分散、工作各管一块的局面。

2. 制定出台相关文件

从目前苏州市情况看,围绕法治型党组织建设已经出台了一系列文件。我们感到,为了深化基层的探索实践,有必要及时制定出台《苏州基层法治型党组织建设实施意见》。由于基层党组织类型不同,这一文件在对苏州市基层法治型党组织建设提出目标要求的同时,建议配套制定若干附件,比如村党组织实施细则、社区党组织实施细则、非公企业实施细则、社会组织实施细则等,均提出具体明确的要求,以切实增强文件的指导性、可操作性。

3. 寻求高层级理论指导

我们感到,对于法治型党组织建设这一具有全国首创意义的党建创新实践,寻求高层级的理论指导具有十分重要的意义,这既可为苏州实践把脉、指路,也有助于使苏州实践获得高层级专家的了解,为苏州进行理论层面的总结与概括。据了解,中组部下属的党建研究所是研究党建的权威机构;全国党建研究会是党建研究方面权威的社团组织,由中组部主管;《党建研究》杂志,由中组部主办,是重要的研究党建方面的专业期刊。我们建议,可加强与上述单位的对接,先期汇报苏州实践情况及设想,请党建研究所或全国党建研究会或《党建研究》杂志社,组织权威的党建、法学专家,在适当时候来苏州组织现场研讨会,总结研究苏州样本。

4. 加强基层专业培训

深化基层法治型党组织建设,党组织负责人是关键,而法治型党组织建设一定意义上又是一项全新的实践,基层党组织负责人有一个学习、掌握中央精神、省委要求和市委部署的过程,为此,建议分批分类型加强对基层党组织书记、党务工作者这方面的专业培训、辅导工作,以切实提高开展实践创新的能力和水平。

(课题组成员:陈楚九　卜泳生　李静会　朱　琳　王海鹏)

一、党建引领高质量发展

实施优强工程　打造园区品牌
——苏州工业园区积极探索城市基层党建创新之路

中共苏州市委市情研究基地　苏州市情研究中心

作为我国对外开放和国际合作的成功范例,苏州工业园区成立23年来,在经济发展、城市建设、社会治理等各个方面都取得了引人瞩目的成就。随着城市化、国际化、现代化水平的不断提升,苏州工业园区与时俱进、主动作为,加快推进"优组织、强功能",在城市基层党建的探索创新方面迈出了积极步伐,取得了明显成效,为园区经济社会持续健康发展提供了重要保障。

一、主动作为、初见成效

纵观园区23年的发展,由初期的城市化快速启动、工业化同步推进发展阶段,到进入新世纪的先进制造业加速集聚、现代化城市形态初步呈现发展阶段,进而从2006年开始进入到产业全面转型升级、苏州东部综合商务城全面崛起的重要发展阶段,园区的经济结构、城市结构、人口结构不断发生着重大而深刻的变化:一是以高端人才为支撑的战略性新兴产业形成规模。园区引进领军人才累计超过1 000人,2016年年底战略性新兴产业产值超过2 300亿元,占规模以上工业比重超过60%。二是以提升城市功能为核心的现代化国际化城市快速崛起。随着城市化快速推进,园区先后启动了撤村建居、撤镇建街道、老镇更新、社区改造提升等城市现代化建设重大工程。与此同时,按照城市国际化理念和标准,先后规划建设了金鸡湖金融商贸区、国际商务区、独墅湖科教创新区、阳澄湖生态旅游度假区等城市功能重要板块和中南中心、苏州中心、圆融时代广场、李公堤、时尚舞台等一大批城市地标性建筑。三是以创新创业人才为主体的人口规模与结构发生了深刻变化。近10年来,随着经济总量增长、城市功能提升,园区人口总量激增,10年间增长了125.3%,2016年年底总人口达124.6万人,其中户籍人口49万人,增长65.2%;外来常住人口75.59万人,增长 194.6%。尤为值得关注的是,园区的人口结构呈现多元化特征,在户籍人口中有很大一部分是由农民转成的社区居民,达 17 万人,这部分人对现代城市生活有一个适应期;外来常住人口比重上升,占总人口比达 60.66%,是户籍人口的 1.54 倍,这部分人的流动性很大;随着园区的发展,居住在园区的外籍人士不断增多,目前已达 1.4 万人,这部分人有一个逐步融入的过程。

面对这一现实情况,园区与时俱进、主动作为,切实加强城市基层党组织建设,努力以创新基层党建引领、推进城市管理和社会治理水平提升。20 世纪 90 年代中期,外资企业在园区已经形成较大规模,园区率先探索在世界 500 强外企中建立党组织,选择一批重点企业寻求重点突破,比如日资企业重点抓日立半导体,美资企业重点抓超微半导体,德资企业重点抓博世汽车,韩资企业重点抓三星半导体,这些龙头型外企党组织的建立,在外企中起到了重要的示范带动作用。进入新世纪,随着城市化的快速推进,园区原来的 50 个村转为城市社区,如何发挥其在社会治理中作用的紧迫性日益显现,园区及时加快社区党组织建设的步伐,实现了社区建到哪里,党组织就覆盖到哪里。最近几年来,随着一大批高档商圈、科研载体、商务楼宇的快速崛起,大批民营企业、创新企业、"两新"组织纷纷入驻,加强管理与服务的重要性、紧迫性凸现,园区迅速推进了"支部建在商圈""支部建在楼上""支部建在平台",形成了全方位、全覆盖的区域大党建格局。

经过多年创新实践,园区基层党建取得了实实在在的效果。一是基本实现了基层党组织全覆盖。目前园区共有非公企业党组织 1 189 个,其中外企党组织 708 个,民营企业党组织 481 个,非公企业党组织覆盖率达 97% 以上;街道(社工委)党组织 487 个,实现了社区全覆盖;国有企业中全部建立了党组织,共 154 个。截至 2017 年 6 月底,园区基层党组织中,非公企业中党员 20 404 名,国有企业中党员 3 260 名,社区中党员 11 768 名。二是全面建起了一大批党员活动中心。在国资、外资、民资、功能区、直属国企等各大党委口子以及各邻里中心、商圈、楼宇、社区及企业等各层面,均建立了党员活动中心,其中区域性党群活动中心 24 个,借助科研载体建设党员活动中心 6 个,社区党员活动中心 135 个,每个国企至少拥有 1 个党群活动中心,外企民企中拥有 90 多个党群活动中心,有效搭建了党员学习教育、风采展示、开展活动的重要平台。三是迅速涌现了一批具有代表性的先进典型。多年来,园区基层党建创新实践中涌现了一批具有代表性的先进典型,获得了多项国家级称号,其中三星电子(苏州)半导体

一、党建引领高质量发展

有限公司党委书记李成春被中央授予"全国优秀党务工作者"称号,并当选党的十九大代表;湖西社区党委被中组部授予"全国先进基层党组织"称号;国际大厦党委被中组部树立为"楼宇党建先进典型";入驻园区的江苏华星会计师事务所被全国会计师协会评为"全国先进会计师事务所党组织"。此外,园区基层党组织还先后获得了江苏省委或省委组织部等授予的34项荣誉称号。

二、高点站位、全局谋划

透过基层党建的"园区现象",我们可以发现,切实加强城市基层党建,是近几年来园区紧紧抓在手上、摆在重中之重位置的一项重大任务,园区区域化大党建格局的形成,关键在于园区"一班人"对于切实加强城市基层党建的重要性、紧迫性的准确把握。园区"一班人"深刻认识到,园区的发展,一定程度上是一种产业、城市、人口等结构的重大转型,正加快建成一座产城互动、现代化国际化程度很高的城市,在这一进程中,必然面临着许多矛盾与挑战。新的发展时期,园区要努力争取继续走在全国发展前列,必须以加强基层党建来构建起坚强的政治、组织保障,这是园区发展的政治责任、使命担当与最大政绩,是与时俱进丰富发展"借鉴、创新、圆融、共赢"园区经验的重大举措,也是确保园区持续健康发展的战略选择。园区必须高点站位,以习近平总书记关于全面从严治党、加强基层党建等一系列新理念、新思想为根本遵循,全面贯彻落实中央、省委和市委一系列部署要求,结合自身实际,从战略和全局高度来谋划园区基层党建创新,致力于构建区域化大党建格局,努力打造城市基层党建的"园区品牌",走出一条城市基层党建的新路子,力争为全省、全国提供实践样本。

我们在调研中深切感受到,思想认识的深度,某种意义上决定了创新思路的高度。正是基于园区"一班人"对加强城市基层党建创新的深刻把握,紧紧咬住"优组织、强功能"这一核心要求与目标思路,把城市基层党建创新作为事关经济社会发展的系统工程、龙头工程来谋划、来推进。所谓"优组织、强功能",从园区实践看,即创新优化城市基层党组织建设,形成区域化大党建体系;聚力强化基层党组织的政治核心作用、政治引领作用的功能定位,充分发挥基层战斗堡垒作用和凝聚民心、表达民意、服务群众、推动发展、引领文化、促进和谐的重要功能。在具体实践中,体现了"五优五强",即坚持优化组织设置、强化结构体系,重基层重实效重实干,实现创建重心下移,切实增强基层党组织的覆盖率和在各项工作中的引领性;坚持优化体制机制、强化制度创新,针对不同领域、不同类型,创新基层党建机制,推进基层党建创新;坚持优化活动方式、强化服务功能,紧扣基层党建工作方式创新,把服务载体、服务党员、服务群众、服务发展更好地协调统一起来;坚持优化队伍发展、强化人才选育,选优配强基层党组织带头人,打造精干的党务干部队伍,完善党员队伍结构,营造聚合力、促发展的组织氛围;坚持优化学习培训、强化能力提升,结合深入推进学习型党组织建设,以党务干部的能力提升和党员素质提升带动基层党组织活力和竞争力的提升。在这样的目标要求、创新思路引领下,园区基层党建的创新活动不断深化,形成了城市基层党建的"园区品牌"。

三、创新思路、大胆探索

近几年来,园区紧扣"优组织、强功能",打造城市基层党建的"园区品牌"这一主线,积极探索基层党建创新之路。

一是坚持创新驱动,加快构建区域化大党建工作机制。新时期需加强城市基层党建,传统工作机制已难以适应,城市基层党建要不留"真空",创新构建与之相适应的工作机制是当务之急,只有工作机制全覆盖才能实现基层党建全覆盖。园区紧紧把握这一环节,以工作机制的创新来促进区域化大党建格局的形成。

街道(社工委)负责社区党组织建设,这一工作体制相对清晰,重点在于非公党建、国企党建和载体党建工作机制的创新。园区针对实际情况,按照建立"以属地为主、条线和区域结合"管理机制的要求,先后在组织部建立了"两新工委",在经发委建立了外企党委,在市场监管局建立了民企党委,在国资办建立了国资党委,在财政局建立了专业中介服务行业党委。与此同时,对于规模影响力较大的直属国企如新建元、中新、元禾三大集团,则建立了直属党委;在独墅湖科教创新区、国际商务区和阳澄湖半岛旅游度假区等三大功能区建立了直属党工委。上述党工委的建立健全,有效发挥了引领带动、联结各类组织的"轴心"功能和承上启下的组织、指导功能,积极推进了楼宇、商圈、平台、企业等党组织建设,形成了在园区党工委统一领导下,组织部门牵头抓总,各相关部门、系统和板块齐抓共管、形成合力的工作机制。

与此同时,为了确保工作机制落实到位,园区先后出台了"基层党组织建设考核办法""健全完善党组(党委)书记抓党建工作责任制的若干规定""街道、社工委、功能区和部门党组(党委)书记抓基层党建工作责任制考核办法"等制

一、党建引领高质量发展

度,进一步完善"承诺、述职、考核、激励(问责)"四位一体责任体系,把党建工作情况纳入年度绩效考核,加强责任制落实考核管理,健全完善基层党建"三级联述联评联考"机制,从而不断提高各级党组织书记抓党建的责任意识。

二是坚持融合互动,致力于凝聚基层党建工作合力。园区深刻认识到,新时期城市基层党建具有很强的特殊性,基层党建的核心是人,基层党建工作有没有成效,不仅要向墙上看,更要向群众的脸上看,让群众有获得感、认可度,必须以基层党建创新为抓手,把各个领域的力量整合起来,加强融合互动,形成组织优势,使服务资源、服务功能最大化。

一方面,积极推进党群共建。把基层单位的党组织建设与共青团、工会、妇联以及其他社会团体的建设融合互动起来,实现"党建+群团"、联动促进党建。比如,湖东社区党委打造"社企直通车"服务品牌,探索建立党群一体化建设机制,在非公企业、社会组织联盟、楼宇载体内,通过单建、联建等形式推进党、团、工、妇组织建设,并通过"社企直通车"平台主动延伸社区公共服务至辖区企事业单位,加强群团协作、促进社企互动。又如,科教创新区把工会、共青团、妇联、各类协会组织建设纳入基层党建工作总体规划,同步安排部署,相继成立了科教创新区党群公共服务中心、团工委、妇联,获评2016年度全国社区侨务工作示范单位。再如,纳米公司以"融合党建"为切入点,积极开展与工会等群团组织的互动合作,资源整合、人员互动、联合策划,共同组织系列的企业服务、人才培训、文化体育、社会公益和员工关爱等活动,在融合互动过程中,充分发挥了党组织对群团工作的引导作用。

另一方面,持续推进区域共建。即组织、推进区域内相对独立的党组织,以活动为纽带,使党建工作"活起来",推动一体化联动发展。园区民营企业党组织相对较多而又分散,下属党组织达133个,有的党组织党员较少。针对这一情况,园区民企党委经常组织开展全系统的党建活动,比如组建民企党员志愿服务队、与园区外企党委联合开展"走看学做比党建"活动、组织青年党员与园区市场监管局青年干部开展拓展活动等,这样不仅使民企党员感受到党建就在身边,也在融合互动中提升了民企党建活动的质量。又如,湖东社工委分片区推进社区党支部与14个机关党组织、14个非公企业党组织开展结对共建,每年开展大小共建活动50余次。还立足创新城市区域党建工作方式,依托方洲民众联络所成立"方洲区域党委",以合作共赢、资源共享为目标,优化整合、集约利用各类党建资源,着力推进商区、校区、社区等片区多方实现组织共建、党员联管、活动互助,打造独具特色的湖东区域党建"红色集群"。再如,湖西社区党委近年来积极探索"融合联动"的区域化党建模式,打造湖西区域党建联盟,建成紧密型的党建共同体,重点推进"党建+"行动计划,全面开展"党建+平台、党建+服务、党建+文化、党建+公益"四大行动计划,实现党建资源、服务、文化、活动共享。

三是坚持示范带动,努力以典型塑造引领基层党建创新。在基层党建创新实践中,园区十分注重通过抓典型、创品牌,在外企、民企、国企、商圈、楼宇、平台、社区等不同领域,形成一批亮点,进而总结推广,起到重要的引领示范作用,形成了基层党建创新的生动局面。

外资企业是园区经济的重要支柱,也是园区基层党建的重要领域,而在外企建立党组织其难度是不言而喻的。三星半导体是一家在园区的韩资企业,其产品销量在全球市场名列第一。园区把在三星半导体建立党组织作为重中之重来推进,以企业党组织的实际行动赢得外方的支持与信任。1998年4月企业建立党支部时外方并不十分支持,企业党支部始终把党建工作与企业发展紧密结合起来,从企业实际出发,围绕企业生产经营管理,带领党员和职工群众创先争优,2007年企业建立党委时,韩方总经理自豪地说:"公司有这样的党组织,我感到骄傲。"三星半导体党委以自身的作为赢得了党组织在企业中的地位,也打造出了外资企业的党建品牌。三星半导体党委的建立与作为起到了重要的示范引领作用,在园区的其他三星企业纷纷建起了党组织。三星半导体的党建实践得到中组部的肯定,在中组部、商务部召开的国家级经济技术开发区党建工作研讨会上进行了交流。

近年来,园区的楼宇党建快速推进,其中国际大厦党委是一个突出亮点。国际大厦共入驻企业48家,其中世界500强企业有10家,单体楼宇外资银行集聚度居全省之首,尤其是入驻大厦的企业呈现出"两新"组织数量多、行业分布广、人员构成多元、企业制度多样等特点,大厦党委如何实现领导、如何推进各单位的党建是一个十分重要的现实问题。2006年初大厦党委建立后,努力创新思路与举措,将招商引资过程中积累的人脉优势转化为推进基层党建的人和优势,同时党员人脉资源又转化为招商项目资源,有效协调好党建与发展的关系,消除了企业对组建党组织的种种顾虑。与此同时,大厦党委突破按上下级隶属关系、行业归口设置党组织的传统模式,发挥国资党建统筹引领作用,整合外资民资党建融合发展,成立党员服务中心和楼宇党校,承诺"党员有需求、员工有

一、党建引领高质量发展

诉求、企业有要求"党组织就努力协调解决,极大地推进了"支部建在楼上"的进程,目前大厦党委下设1个党总支、17家非公企业党支部、2家联合支部,党员273名,实现了楼宇经济与楼宇党建互动并进,成为园区首个"楼宇党建示范点"。

在街道、社区,园区也着力打造了一批典型,成为基层党建的精彩亮点。如胜浦街道创新开展"党群零距离"工程,组织党员干部每周六上午一站式接待群众;聘请社区有威望、素质好的老党员建立"民情驿站",收集反馈群众意见建议。又如斜塘街道按照"全面覆盖+统一平台+专业团队+常态服务"的总体思路,打造"党员争先锋,斜塘党旗红"党员志愿服务项目,目前已注册党员志愿者1 100多人,占街道辖区党员总数的35%。2016年累计开展活动150余次,参与活动志愿者近2万人次,该项目荣获2016年度园区基层党建创新项目一等奖。同时,街道各个社区也精心打造特色化、个性化党建服务品牌,如锦塘社区的"构廉洁莲花、建阳光社区"、淞泽社区的"党员亮身份——我是党员我争先"等,已经成为街道基层党建的新亮点。

四是坚持内外联动,切实增强基层党组织的凝聚力、辐射力。园区深刻认识到,加强和创新基层党建,不是目的,而是保障与促进发展的重要举措。必须通过党建创新、固本强基,使基层党组织在发展中起到重要的引领促进作用。基层党组织必须增强凝聚力,才能在发展中增强辐射力、带动力。

近年来园区在基层党建创新中,针对党员中流动性大、成分多元等特点,切实加强基层党组织规范化建设,制定出台了"加强和改进新形势下党的基层组织建设实施意见",致力于内强实力、外增引力。一是加强对基层党组织的规范化管理。制定出台了"基层党支部工作标准化体系",包括组织成立、换届、"三会一课"、发展党员等10项工作流程,在此基础上,进一步推行基层党组织"星级"管理标准化体系,明确从组织建设、队伍建设、教育管理、体制机制、阵地建设、项目运作等六个方面进行评定。二是加强对基层党组织的考核引导。制定了43项具体考核内容,采取日常督查与年度考核相结合的方式进行。三是加强党员的教育培训。制定出台"学习教育实施方案",形成比较完善的基层党组织教育培训体系,明确要求党组织书记每年给党员干部上党课不少于一次,党员干部每年参加培训不少于5天,普通党员不少于3天。

基层党组织规范化运作、凝聚力增强,辐射带动力也得到充分发挥。东沙湖社工委下辖15个社会党组织、7个"两新"党组织,共有党员超过5千人。近年来随着园区开发建设的推进,社区居民复杂多元,管理难度增加。东沙湖社工委在加强社区党建的基础上,找准基层党建引领社区治理的结合点与支撑点,努力以标准化党建助推规范化管理,以网格化党建引领网格化治理,以区域化党建提升优质化服务,把基层党建贯穿到社区治理各方面、全过程,形成了党建引领、多元共治格局,得到中央和省有关部门的充分肯定。玲珑湾社区党委紧紧围绕习近平总书记关于加强基层党建重要讲话精神,紧贴"两聚一高"新实践、新要求,以推进"两学一做"学习教育和"大走访大落实"常态化、制度化为抓手,不断强化社区党组织的政治引领作用,实现社区党建与社区治理全面融合,形成社区党组织引领凝聚社区各类组织多元融合、社区居民群众共治共享的社区党建工作模式。

五是坚持保障促动,为持续深化基层党建创新提供重要支撑。在基层党建创新实践中,园区着力构建保障机制,促进基层党建创新持续不断深化。其中一个十分重要的举措是积极打造基层党务工作者队伍。一方面,选优配强基层党组织带头人。在非公企业中,注重挑选企业人事、行政管理部门负责人担任党组织书记,或者挑选企业工会负责人担任,这部分人员是企业中层骨干,上联下达,具有一定的领导能力,有利于党组织开展活动。在社区党组织中,注重在业主委员会、居委会等班子成员中物色人选,这部分人员具有一定号召力,工作经验比较丰富。在国企、商圈、楼宇中,主要挑选单位的副职担任专职书记,这样可以很好地把党建与具体工作结合起来,行之有效地开展党建活动。另一方面,实行专职党务工作者社会化招聘。近年来,园区面向社会招聘了30名专职党务工作者,经专业培训后派往各功能区、街道、社工委、"两新"党工委、外企党委、民企党委及各类载体党组织,专职从事党务工作,确保基层党组织的人员落实,收到比较明显的成效。2017年以来,园区进一步探索专职党务工作者职业化管理的改革,重点在非公企业、"两新"组织中进行试点,改革选配方式、薪酬待遇等,以形成激励机制,努力打造一支政治素质强、业务能力好的专职党务工作者队伍。

与此同时,园区切实加强基层党建的资金保障。一方面,专门设立园区党建工作资金,每年达1 000万元规模,主要用于基层党组织开展活动、党务干部培训、活动阵地建设、表彰奖励、学习教育等,这一做法对基层党组织更好地开展经常性活动起到了有效的促进作用。另一方面,实行非公企业党务人才薪酬补贴制度。园区尝试薪酬补贴制度,对非公企业党委书记每月补贴500元,非公企业党总支书记每月补贴400元,非公企业党支部书记每月补贴300元。目前全区有350多名非公企业党务工作者享受补贴,这一做法有效保障和调动了专职党务工作人员的积极性。

(课题组成员:陈楚九　李静会　朱　琳)

吴江区纪检监察派驻工作"嵌入式监督"机制的思考

乐 江

推进派驻机构改革是深化纪检监察体制改革的重要内容之一。2017年以来,吴江区不断提高政治站位,重点从明晰履责路径、紧盯问题整改和严抓源头防范等三个方面入手,监督"前移",在推进纪检监察派驻工作"嵌入式"监督方面进行了有效的探索,总结出一些有效的工作举措,也发现了一些亟待解决的共性问题。

一、派驻监督工作的吴江实践

2017年7月,吴江区委以实现派驻监督"全覆盖"为目标,正式全面推开派驻机构改革工作。

（一）按照顶层设计,组织架构一步到位

改革开始后,吴江区向66家区一级党和国家机关实行综合派驻,设立11个派驻纪检组。2018年1月,区监察委员会成立后,派驻纪检组统一更名为"派驻纪检监察组",明确了派驻组受区纪委、区监委直接领导、统一管理,履行对综合监督单位的监督责任,不再承担驻在部门领导班子履行主体责任的相关日常工作。

（二）围绕职责定位,工作机制逐步完善

探索建立常态化派驻工作机制和监督机制,明确区纪委、区监委分管领导,建立重大会议事先报告、月度工作例会、季度研讨交流等工作机制,搭建综合监督单位分管领导和联络员具体对接党风廉政建设工作的架构,形成相互督促、相互促进的纪检监察工作新局面。编制《吴江区派驻纪检组执纪审查工作手册》《区纪委派驻纪检组信访举报工作暂行办法》等,明晰履责路径。挖掘"双向清单"工作机制、纪检监察室挂钩联系制度、结对帮扶工作机制、"1+1"联动

一、党建引领高质量发展

调研督导制度等亮点制度机制,为精耕派驻监督"责任田"提供保障。

(三)创新监督方式,前哨作用循序发挥

紧盯关键风险点,探索"抵近"业务监督路径,让派驻监督精准发力。通过排查评估核心部位和关键环节"风险系数",将监督"探头"嵌入管理"责任链条",实现全过程动态监督;注重日常监督,建立健全谈心谈话机制,着重运用"第一种形态"处置党员干部相关问题;通过交叉互查、定向筛查与飞行检查等方式深入排查问题线索,深挖细查隐身变异问题;聚焦监督重点领域,把脉共性问题和个性问题,实行问题接收整改清单制,切实做到"无病常防""有病快治"。建立监察委员会机关、巡察机构、派驻机构监督的三体联动协调机制,充分利用派驻监督前置优势,强化与区委巡察的无缝对接,在巡察前、中、后阶段密切协作配合,将派驻组打造成为"常驻不走的巡察组",形成同向发力的全方位监督合力,共同推动党内监督成效最大化。

二、当前派驻监督存在的问题与不足

(一)定位不够精准,工作职责边界还不清晰,存在"全覆盖等于啥都管"的思想误区

工作开展过程中存在偏离派驻监督原有职责定位的现象,有的单位混淆主体责任和监督责任的界限,使派驻组由监督变成替代,协调变成包办,造成主责单位推进工作时"往后躲"。派驻组长作为同级党委的班子成员,"利益共同体"关系导致派驻人员角色有时错位,对综合监督单位的政治生态及廉情分析缺位,直接影响监督效果。

(二)制度机制存在缺位,尚未形成上下一致工作架构和格局,影响工作质效

派驻组成立仅一年多时间,缺少现成经验制度借鉴,各组综合监督单位均有自身特点,随着时间的推移,也会产生很多新变化、新问题,难以一套制度管到底。上下级派驻机构之间缺少纵向互动互通共享,上级纪检监察机关对派驻机构领导和管理的具体办法、配套制度不能对下直接贯通。国有企业纪委工作开展受到本单位同级党委和行政方面制约,监督之责名大于实,派驻监督覆盖范围有待于进一步扩大。

（三）干部队伍建设还需加强，出现"蜻蜓点水"监督短板情况，影响"把监督挺在前面"的要求

吴江区派驻组每组实际配备2~4人不等，派驻监督力量尚显不足，综合监督单位涉及"三重一大"事项会议比较多，还存在临时召开、扎堆召开、会前缺乏有效沟通等情况，影响监督职责的高效履行。当前派驻人员相对缺乏经济、财会、审计、法律等综合知识和办信办案实践操作经验，一时难以适应监督执纪问责和监督调查处置的工作需求，导致"不敢管、不善管"的问题比较突出。

三、构建派驻"嵌入式监督"机制的对策建议

（一）强化政治监督，推动良好政治生态呈现新气象

在派驻监督中突出政治监督，监督检查综合监督单位贯彻执行党的路线方针政策和决议，坚决维护习近平总书记的核心地位，维护以习近平同志为核心的党中央权威和集中统一领导等情况。积极探索尝试政治监督的新路径、新方式，注重对面上情况，尤其是问题、风险情况的整理提炼，加强对综合监督单位的政治生态分析，做好双报告工作，为综合监督单位形成内部民主团结、外部同向发力的工作局面构建良好的政治环境。探索区属国企的综合派驻监督工作，集中力量综合解决区属国企的共性问题，规避同体监督的难题。

（二）强化制度建设，理顺监督执纪和调查处置机制

建立健全派驻机构召开工作例会、廉情分析会、参加（列席）"三重一大"事项会议等制度，完善嵌入式监督的方式方法；建立党风廉政建设及政治生态分析制度，拓宽嵌入式监督的抓手途径；建立相互协作制度，促进各组嵌入式监督的资源整合；建立一案多查制度，进一步发挥和放大嵌入式监督对落实"两个责任"的督促作用。以建立健全制度、规章为重点，理顺联系机制，进一步扎紧制度的笼子，规范公权力运行。

（三）创新监督模式，严抓源头治理，健全防控体系

以推动全面从严治党向纵深发展为目标，引导和鼓励各组打造培育派驻特色"品牌"。延伸进驻式监督的触角至其他综合监督单位和下属单位，杜绝监督死角。与给党员干部解疑释惑、整改突出问题、激发工作活力结合，实践好监督执纪"四种形态"，常态化运用谈心谈话机制。依托"两个责任"履责记实信息平台，通过全程留痕监督和综合数据分析，着力推动全面从严治党向纵深发展。

参与被监督单位廉情分析,推动廉政档案建设,强化对党员干部的动态监管。针对苗头性、倾向性问题,坚持抓早抓小、防微杜渐,形成责任追溯体系和廉政风险防控机制,有效堵塞制度漏洞。

(四)强化自身建设,推动监督工作质效达到新水平

以"打铁必须自身硬"的要求严格加强派驻组干部能力、纪律和业务建设,努力提升履职能力和执纪监督质效。深入查找派驻监督关键环节风险隐患,梳理问题清单,优化工作规程,严控自由裁量权,自觉接受党内监督和社会监督。狠抓监督执纪"第一种形态",加大谈心谈话力度,真正体现组织的关心和爱护,努力营造干净干事的良好氛围。对私存线索、以案谋私、跑风漏气等行为坚决严肃查处。扎实推进派驻组工作在信访举报、问题线索管理、涉案款物监管、办公自动化等方面的信息化建设,为正风肃纪反腐插上科技翅膀。

(作者系吴江区委常委、纪委书记、区监察委员会主任)

在民生幸福中促进农村党建固本强基

——昆山市市北村实践的调研

方世南　徐雪闪

昆山市市北村在民生幸福中促进党建固本强基的做法得到了中央领导的高度关注。2004年5月3日和2010年5月21日,时任总书记胡锦涛和时任副总理李克强先后来该村考察,都提出了农村党建的文章要做在民生幸福上的重要指示。昆山市市北村农村基层党组织牢记中央领导的嘱托,以促进民生幸福为发展动力和纽带,紧紧围绕民生幸福的价值追求,不断加强党组织自身建设,探索符合当前农村新特点和新情况的工作方式和组织形式,利用网络科技载体,创新农村党建新形式;加强党员素质教育,提升农村党建新水平;完善监督考核标准,建立农村党建新机制;开展系列服务工程,推动农村党建新工程。

一、利用网络科技载体,创新农村党建服务民生新形式

互联网和移动通信等新媒体技术的普及和运用,使得社会信息传播方式更加多样化,同时也给人们的思维方式和社交形式带来了深刻变化。市北村充分认识新媒体在农村基层党建工作中的重要作用,积极利用新媒体创新农村基层党建服务民生新形式。

市北村在通过市民学校、道德讲堂、"固定学习日制度"每月主题培训、召开座谈会等传统常规学习模式之外,积极探索,形成以七月阳光—苏州先锋网在线学习平台、手机党校、市北村微信公众号、QQ等一系列网络平台开展"微党课"网络教育。通过微信公众号推送党建信息,分类建立党员微信群,加强党员思想教育,开展科技文化、农业技术等讲座,把这些科技知识普及给村民,服务于他们的农业发展需要,积极促进农业创收。组织党员学习党章、习近平总书记系列重要讲话、法律法规知识,利用"网络课堂",搭建党员学习阵地和思想交流平台,着力提高党员干部的理论素养、战略思维和党性修养,开拓了党员集体

一、党建引领高质量发展

学习的新形式,有力推动了农村基层党组织建设,有利于更好地为村民服务。

市北村结合昆山高新技术产业特征,积极创造机会,加强与企事业单位的联建工作,实现党建资源共享,丰富与结对单位维信诺显示技术有限公司党支部的联建活动,共同探讨基层党建问题,增进区域化党组织共建,努力将企业科技成果引入农村,实现科技强村目标,拉动村民就业,提高村民收入。

二、加强党员素质教育,提升农村党建服务民生新水平

农村党员干部是科学发展观在农村的具体实践者,是贯彻落实党的各项农村政策的中坚力量,是带领广大村民建设社会主义新农村的先锋队。领导班子素质的高低直接影响党组织的凝聚力,决定着工作效率,影响农村党群关系,因此建设一支富有战斗力的农村基层党组织领导班子队伍是当前农村党建工作的重点。市北村在推进党员干部素质教育的进程中针对农村党员特点制定了完备的学习制度,整合培训资源,努力使得农村党员实现从"要我学"到"我要学"的转变,科学安排课程,在打牢"学"的基础上实现学习教育常态化、制度化。

市北村扎实开展"两学一做"学习教育,结合该村实际情况制定了《中共昆山市周市镇市北村委员会"两学一做"学习教育试行方案》进行集中党课学习,专题学习研讨,努力做好"两学一做"示范点工作。把学习党章党规、学习系列讲话作为全村每名党员干部的必修课,通过"三会一课""党员活动日"等方式,103名党员以制订个人学习计划,拟定学习目录,以积分考核方式切实抓牢学习常态化,活用各类载体,通过市民学校、道德讲堂、远程教育"为党员送报上门"等形式开展专题讨论,广大党员亮出党员身份,带头提高学习,带头服务群众,坚持每月读一本好书,每季度作一次交流,每年出一个课题,将理论学习与解决当前工作出现的新情况、新矛盾、新问题结合起来,在工作和生活中发挥党员先锋模范作用,为建设"强富美高"和"两聚一高"新市北多做贡献。

三、完善监督考核标准,构建农村党建服务民生新机制

党风廉政建设不仅是全党一项重大的政治任务,同时也是农村改革稳定发展的重要组成部分。不切实推进党风廉政建设,党在农村的执政地位就有丧失的危险。在新形势、新任务和新要求面前,农村基层党组织必须十分注意维护队伍的纯洁。

市北村实施"整改单"和"清单表",抓监督促落实。一方面,"整改清单"有

据可查。要求全村党员对照"五查摆五强化""七查摆七强化"的要求,查找自己的问题,带着问题学,针对问题改,全体党员通过集中座谈、民主测评、谈心谈话、互查、自查等方式,在思想、组织、作风、纪律等方面查找出问题123个,并形成研判材料和整改方案。另一方面,"整改清单"公开公示。每名党员的"整改清单"在一定范围内公示,形成社会监督,倒逼整改实效,每个支部、每名党员都有个人对照检查材料,各支部要求党员上交个人问题清单,通过组织生活会,听取其他党员意见。同时,"整改清单"避免重复。每年初制定个人整改清单时,每名支部"班干部"明确整改清单具体要求,杜绝"老生常谈"问题,避免出现将老问题包装一下,当新问题继续查摆的现象,以查摆问题促精益求精,在差距中找不足,在不足处找突破。

市北村实施"度量尺"和"考核表",严管重长效。一方面,衡量"一把手"突出责任意识,"一把手"的责任意识体现在对"学"的高度重视和对"做"的亲力亲为。推进市北村党员群众学习教育实践馆建设,以开放式党组织活动阵地建设来展现学习教育常态化、制度化。另一方面,衡量"各支部"突出严格考评,坚持正确的考评导向,党建工作责任制考评、党组织书记抓党建述职评议考核,民主评议党员内容等强强联手,齐抓考核。同时,将对于全体党员的社会评价作为考核制度的重要补充,党员在社会的公认度是党员创新争优的根据,通过群众和服务对象对党员测评,使党员评价更加客观公正。

四、开展系列服务工程、开创农村党建服务民生新境界

农村基层党组织是领导和团结农民的坚强堡垒,农村党员是带领农民实现富裕、幸福、和谐、稳定的骨干力量。当前,农村基层服务型党组织建设存在服务意识不到位,服务体系作用发挥不到位,服务标准及评价体系不明确等不足。建设农村基层服务型党组织,树立基层党建引领基层治理创新的典范,以服务群众、做群众工作为主要任务,全面提高农村基层党组织和农村党员思想觉悟、服务能力和水平,是基层治理创新形势下农村基层党组织建设面临的新课题。市北村在创建服务型党组织方面开展了一系列有益的探索,注重发挥基层党组织先锋模范引领作用,着力提高基层党组织的服务能力,让农村基层党组织成为维护和谐稳定、促进发展、治理创新的领导核心。

市北村践行"一线工作法",深化民情台账工作。坚持问题导向,牢牢抓住解决问题这个根本不放松,践行"一线工作法",做到情况在一线掌握,问题在一

一、党建引领高质量发展

线解决,工作在一线推动,感情在一线融洽。落实走访任务,确保全年对全村农户走访一次、回访一次。扩大走访范围,扩大对新市北人家庭的走访力度,帮助他们尽快融入大家庭。及时收集汇总,每周召开一次村干部走访例会,有效梳理走访过程中收到的问题和好的建议意见,根据工作分工及时加以解决处理。

市北村狠抓"解小事"工程,关注百姓幸福大事。围绕党建工作、经济发展、环境创建、文化建设等类别,梳理出为民服务50件小事,久久为功抓落实,积小为大惠民生。市北村党委书记吴根平充满自信而又饱含深情地说:"我们把每一件小事当作大事来做,大事就能像小事一样迎刃而解了!"市北村为每件小事制订方案,确定解决时间,跟踪服务,把党员积分管理制度融入各项小事工作中,党员能够积极走访群众、关爱困难群众、积极参与化解矛盾,都成为积分管理中的加分项目。同时,村党委全力查找各项工作的"软肋",补小、补细、补短、补满,全力帮助实现百姓幸福大事。

(方世南系苏州市专家咨询团成员,苏州大学马克思主义学院教授;徐雪闪系苏州大学马克思主义学院研究生)

认真部署调研 党建引领深化

——平江新城(苏锦街道)"六个一"走访调研落在实处

朱启松

为紧扣"两聚一高",深入开展基层走访调研,苏州市委、姑苏区委对党员干部提出了"六个一"目标,即收集一批社情民意、促进一批企业创新、推动一批项目建设、化解一批矛盾问题、总结一批基层典型、完善一批政策措施。"六个一"的目标是对党员干部提出的实际要求,也是"两学一做"的深刻实践,它着手于走访调研,收集民意,发力于解决问题,推动发展,落脚于提高群众的幸福感、满意度,环环相扣,层层推进,真正实现党员干部为民服务。

平江新城(苏锦街道)一班人深刻领会"六个一"基层走访调研的意义,结合辖区的实际情况,制订了切实可行的工作方案,成立了分工明确的专项工作组,切实做到"走访调研先起步,方式方法先提效,发现问题先整改",夯实"六个一"基层走访调研的成效基础。

一、挂钩联系有深度,精准对接,发挥党员干部作用

2017年4月下旬,姑苏区"六个一"基层走访动员部署会议结束后,平江新城上下第一时间行动起来。经过全面排摸底数,统计出家庭15 955户,企业4 808家,党员261人。另外,市、区挂钩党员干部300余名。

为了使走访调研成为党员群众的"交流台",社情民意的"收集器",瓦解困难问题的"倒计时",新城采取"社区初步摸底—居民分门别类—党员干部对症下药"的创新方法。考虑到居民家庭的实际困难和诉求倾向,根据党员干部的工作岗位和专业知识,分配有需要或有关联的居民,有的放矢地挂钩对接。例如,社区及时梳理有法律需要的家庭,按照紧急程度整理在册,交由区法院名单,力争走访现场解决居民疑难问题,或日后为其提供法律援助。对于区教育局机关党员,草桥中学校教师,新城优先分配就读于草桥中学的学生家庭,将

"六个一"党员干部大走访与"学生家庭走访"紧密结合,一举两得地连接了党员与群众,工作需要与学校教育。

正是由于新城夯实前期工作,以走访调研为改革干事的契机,细致、精准分配挂钩党员走访名单,实现了日常工作与走访调研的相互结合、相互推进,避免了大走访流于形式。目前,新城已走访家庭788户,企业42家,采集问题意见216条,现场解决问题94个。

二、党建平台有互动,凝心聚力,切实解决具体问题

平江新城一直致力于打造服务民生的党建品牌,其中,"能人库"作为社区治理创新的新模式,充分发挥了社区能人骨干的引领作用,在促进新型邻里关系形成的基础上,逐步将"能人库"建设成为解决居民难题的"钥匙库"、推动社区治理发展的"智慧库"、传播社会正能量的"素材库"、弘扬善行义举的"典型库",为社区建设和民主自治提供了智力支持。

这次结合"六个一"基层走访调研,新城不仅重视问题意见的收集,也主动挖掘社区的能人及凡人善举,鼓励更多愿意、能够帮助他人的居民加入能人库,从"旁观者"变成"参与者",通过"居民服务居民,居民劝解居民"的方式,将走访调研中收集的问题,更快速、更有效地解决。例如,新天地家园南有居民反映小区绿化带种菜的不文明现象,针对这一问题,新天地家园南社区主动作为,划责任片区,组织社工、志愿者清理菜地;由能人库的骨干对种菜居民上门劝导、教育;有花卉种植技术的能人负责美化绿化带,让花草取代菜园,提高小区的环境质量。在这一问题的处理中,新城激发了能人们的主人翁意识,充分展示了"能人社区"的积极影响。

"六个一"走访调研的最终落脚点是提高居民的幸福感、满意度,而党建工作的开展亦是做好群众工作的重要渠道。由于社区重视群众工作,将能人库、幸福驿站联盟等党建品牌做在日常,定期开展量血压、慢性病防治讲座、义务理发、春节慰问等多种活动,帮助居民解决了问题,凝聚了党员和群众的关系。在走访调研过程中,很多居民家庭为社区、新城群众工作点赞。

三、立行整改有考核,务求实效,夯实党的群众基础

新城通过"六个一"走访调研,在"市—区—片区、新城—社区"四级联动体系的作用下,形成整改合力,化解经济发展、企业创新、项目建设、民生改善等方

面的不足和问题,让大走访进一步推动新城的建设发展。

为确保采集的意见建议得到及时反馈,新城每月召开2至4次座谈会,根据"六个一"走访调研平台上报的情况,总结整理由新城负责解决的事项,及时分配、交办给职能局办。同时,考虑到问题的复杂性,采用公文传阅的方式,集思广益、合力解决。根据问题的难易程度,制定弹性回复时间,问责超时回复的主要部门。设立"回音壁",对于已解决的问题,及时反馈居民、企业,做到件件有落实,事事有回音。

"六个一"走访调研是一项重点工作,为避免一阵风,新城定期召开总结会,及时总结经验教训,宣传推广大走访中的基层典型、经验做法。新城也将以"六个一"走访调研为契机,拉近党员干部与居民群众的关系,以为民服务项目为抓手,打造一批有作为的党建品牌,切实解决一批群众关注、关心的民生问题。

(作者单位:平江新城党工委)

一、党建引领高质量发展

以高质量党建引领国企高质量发展

——苏州苏嘉杭高速公路有限公司新时代党建工作的探索与实践

中共苏州市委党校课题组

习近平总书记在全国国有企业党建工作会议上明确指出,要提高国有企业党建工作质量,使国企成为新时代的"六种力量"。党的十九大报告又对国有企业和党的建设提出了一系列新的要求,为新时代进一步深化国有企业的改革与发展、提高国企党建工作质量、开创国企党建工作新局面指明了前进的方向。新时代苏州国有企业如何深化改革发展、推动国有资本做强做优做大,最根本的一点就是要以习近平新时代中国特色社会主义思想为指导,始终坚持党对国企的领导,加强国企党的建设,提高国企党的建设质量。苏州苏嘉杭高速公路有限公司(下文简称苏嘉杭公司)党委数十年来始终坚持和加强党对企业的全面领导,突出强化基层基础,在实践中创建并形成了"核心引路,先锋强企"的党建工作品牌,以高质量党建推动公司高质量跨越式发展,成为全省乃至全国同行业的样板。苏嘉杭公司党建工作的创造性实践为新时代苏州国有企业提高党建工作质量、开创国企发展新局面提供了许多有益的借鉴和启示。

一、苏嘉杭公司党建工作的主要实践和成功经验

苏嘉杭公司是江苏省第一个按照"省市共建、以市为主、股份制建路"模式建立起来的国有企业。自1999年成立以来,以其一流业绩,先后荣获全国文明单位、全国交通运输十佳文明畅通工程、全国实施卓越绩效模式先进企业、全国用户满意服务企业、全国企业文化建设先进单位、江苏省文明样板路等五十多项国家、省、市级荣誉称号,收费、排障、服务区三大主营业务的服务品牌响彻全省乃至全国,在系统和行业里发挥了示范、引领作用。究其发展原因,最为根本的就是公司党委始终坚持和加强党的领导,逐步形成了一套以党建品牌为引领的企业创先争优党建工作体系,使党建工作有机融入公司经营管理的每一个环

节,形成了党的领导核心作用强、党的建设基础工作实、"三个作用"发挥好的良好局面,使党建工作和企业经营同频共振、同步发展,引领公司发展始终走在了江苏乃至全国同类企业的前列。其特色实践和成功经验主要是:

1. 以"强核"实现"两个加强"

十多年来,公司党委始终注重发挥领导核心和政治核心"两个核心"作用,把"强核"作为发挥党组织作用的坚实基础和可靠保证,做到"三化六管四坚持"。所谓"三化",即在发挥公司党组织作用上做到了组织化、制度化、具体化,公司党委亲自抓,聚焦组织落实、干部到位、职责明确、监督严格,一级一级抓落实、抓执行,切实把党的领导全过程全方位落到实处。"六管",即在党组织发挥作用的途径上做到管好六个方面的工作,具体地说就是公司党委管方向、管党建、管思想、管干部、管文化、管监督,并在这六个方面做好一系列制度安排,实行标准化管理,把"六管"切实贯穿到公司发展的各项工作和经营管理中去,同时又通过公司各项工作的开展和工作业绩考核来进一步强化这六个方面的管理。以"三化六管"实现"四个坚持":坚持党委领导不动摇;坚持服务生产经营不偏离;坚持党委对企业选人用人的领导和把关不能变;坚持建强公司基层党组织不放松,并将这"四个坚持"固化为公司党委的工作制度,纳入党内监督和公司业务考核。通过"三化六管四坚持"的"强核"行动,公司党委抓党建工作的主动性、自觉性和实效性不断加强,党委的核心功能和作用发挥不断加强。

2. 以"强基"发挥"三个作用"

公司党委紧密结合创先争优、"两学一做"学习教育等要求,实施"三创强基"工程,从领导班子、基层支部、党员队伍等方面持续发力,整体推进党的各方面建设,全面创先争优。"三创"分别是创"五好"班子(支部班子好、党员队伍好、工作机制好、工作业绩好、群众反映好)、创"五强"党支部(政治引领力强、推动发展力强、改革创新力强、凝聚保障力强、管党治党力强)、创"四优"党员队伍(政治素质优、岗位技能优、工作业绩优、群众评价优)。班子建设重在突出领导班子和领导干部这个关键少数,开展公司党委和基层党支部两级联创,加以动态考核,形成"一个班子一个亮点";支部建设通过创建红旗党支部、先进党支部、党建示范点等进行分层创建,形成"一个支部一个品牌";党员队伍建设通过"三立足""三亮三比三评""四比四强"等创建活动,促进党员发挥模范带头作用,形成"一个党员一面旗帜"的党建风貌。在"强基"的基础上,公司党组织的"三个作用",即党委的领导核心作用、党组织的战斗堡垒作用以及党员的先锋

一、党建引领高质量发展

模范作用进一步发挥，确保企业党建工作和其他各方面工作的整体创先争优。

3. 以"强企"驱动"两个创新"

"强企"是"强核"和"强基"的出发点和落脚点。通过"强核"和"强基"达到"强企"是公司党委的一贯指导思想、工作指针和基本思路，也是公司长期以来的一以贯之的工作抓手。公司党委除了常态实施"一个组织一项创新"工程外，还通过以下两个方面的创新，有力提升党建工作的高效高质：一是创新了党建工作融入强企的体制和机制。公司党委通过"六管"积极探索"四个同步四个对接"实现机制，重点推进党的领导融入机制、"三重一大"落实机制、薪酬激励机制、选人用人机制、考核评价机制等机制改革创新，将党建工作融入公司经营管理的每一个环节，使党建工作由软指标变成硬约束，使党组织的作用在决策层、执行层、监督层都能得到充分的发挥和体现，从而保证了企业党建工作与企业改革发展同步推进，保证了企业党建机制与现代企业制度相适应。二是创新了党建载体和平台。公司党委不断拓展党建工作的思路和领域，充分利用网络平台，使企业党建工作向网络空间延伸，高效实现了党的工作覆盖面的扩大和组织力的提升。具体地讲，建立并进一步完善"互联网＋党建"智慧党建模式，网站、App、微信公众号、微信群等新媒体形式一体化联动，并在党建门户网站的大框架下，为每位党员建立电子档案和党员网络教育培训系统，在不断拓展平台载体的内容和形式过程中，公司党建活动的覆盖广度和参与活跃度有了极大提升，党建实效明显增强。

二、苏嘉杭公司党建工作的鲜明特色

苏嘉杭公司党委数十年坚持以党建为引领，紧扣企业发展抓班子带队伍、抓基层强基础，持续全方位争先创优，逐步建构了以党建为引领、具有鲜明先进先锋禀赋的企业品牌生态系，有效凝聚和激发了公司发展的内生活力和发展竞争力，企业发展成效显著，业绩年年攀升，生动体现了将党组织的政治优势、组织优势转化为企业的竞争优势和发展优势的实践成效，形成了独特的党建工作鲜明特质。

1. 以"党建品牌"引领企业品牌建设

苏嘉杭公司成立十多年来，公司党委坚持党建引领，充分发挥国企党组织两个核心作用，把坚持和加强党的领导有机地融入公司发展全过程，创建了"核心引路、先锋强企"的党建品牌，引领公司先后确立了"成为国内著名的高速公路专业化管理品牌"的企业愿景,"路畅人和,以道达远"的企业使命,"团队、创新、专业、卓越"的核心价值观,锤炼出了"志同道合争一流"的苏嘉杭精神,使先进先锋成为苏嘉杭的精神禀赋,"志向相同、道路一致、同心同德、一心一意、追求一流"成为苏嘉杭人共同的精神追求。苏嘉杭公司的党建品牌、企业愿景、企业使命、企业核心价值观、苏嘉杭精神等有机贯通统一,形成了苏嘉杭特有的、先进的企业品牌生态系。

2. 以"全面从严"厚植企业党建根基

一是把政治建设放在首位,打牢思想政治根基。公司党委带头落实主体责任,多措并举,牢牢把握正确的政治导向,以领导班子思想政治建设为示范,以公司思想政治工作年会为牵引,以领导班子建设和支部活动等党内政治生活为载体,通过"5+3模式"以及利用微信公众号和App等多样化渠道和方式对全体党员进行经常性思想政治教育,为公司党建工作开展打牢了思想政治根基。二是抓实组织建设,彰显组织优势。公司党委从严落实组织生活制度,从严规范党建基础管理。以强化支部建设为落脚点,根据自身实际构建了优势互补、联创联建、形式灵活的党组织模式,将最初的14个基层党支部调整为现在的9个基层党支部,整合加强基层党支部力量,彰显了组织优势。三是抓实作风建设,优化作风保障。公司党委紧抓作风从严,对有令不行、有禁不止、随意变通的行为以及推诿扯皮、办事效率低下的现象进行整治,切实形成按规则、按制度、按程序行使权力的良好局面。四是抓实党风廉政建设,夯实廉政基础。公司党委坚持"标本兼治、综合治理、惩防并举、注重预防"的方针,通过严格执行"一岗双责"和公司《廉政防控手册》,严格执行党内政治生活若干准则、廉洁自律准则、纪律处分条例、问责条例、党内监督条例,严格落实中央八项规定精神。以党员干部为重点,通过廉政建设责任书、廉政风险保证金制度、廉政教育警示大会、廉政谈话制度、廉洁理念微故事微寄语、廉政摄影以及廉政短信提醒等多种形式加强廉政教育,排查廉政风险点,为公司党建工作的推进夯实了廉洁基础。五是抓实制度建设,强化制度驱动。公司党委切实推进制度治党,从制度上保证了公司党组织的领导核心和政治核心地位,制定实施了《公司党委工作条例》《党支部工作细则》等文件,促进党建工作的规范化、制度化,并将党建工作写入了公司章程,在党组织的机构设置、运行机制、职责权限等方面进行定型规定,为党组织核心作用的发挥提供了制度保障。

3. 以"四大融合"提升党建工作实效

一是坚持党建工作与公司经营发展的有机融合。公司党委历来坚持党建

一、党建引领高质量发展

工作与公司发展同步，把党建工作渗透到企业经营发展的各个环节，做到企业业务发展到哪里，党的工作就开展到哪里，而且重视用党建工作引领生产经营活动，真正实现了党建工作同生产经营活动的同频共振、互相激荡，使党的政治优势、组织优势真正转化为企业的竞争优势和发展优势。二是坚持党员队伍建设与人才队伍建设的有机融合。在公司党委的领导下，公司形成了"立足岗位发挥党员示范作用、立足公司发挥党员先锋作用、立足社会发挥党员帮扶作用"的"三立足"党建工作模式，使党员在树立岗位成才的观念、争取成为同类岗位的技能高手的同时，还努力成为科技创新的先锋模范。公司党委还致力于人才强企战略，注重公司层面的人才队伍建设，在提升员工服务技能的同时，综合提升员工队伍的素质和能力，通过"双培养"（即把党员培养成业务骨干，把业务骨干培养成党员）建立了一支高效、尽责、实干的人才队伍，使其成为公司发展的骨干力量和重要支撑。三是坚持企业文化建设和党建品牌建设的有机融合。苏嘉杭公司在创建党建品牌的同时，一贯重视企业文化和品牌建设，现已形成包括"人之道"员工文化、"路之道"管理文化、"车之道"服务文化在内的"和畅之道"文化体系；形成了以收费站"亲和之窗，快乐启航"、排障队"苏橙旋风，百里保畅"、服务区"五心服务，如家港湾"为主的企业服务品牌体系。四是坚持经济效益与社会效益的有机融合。苏嘉杭公司党建工作的开展以服务企业生产经营为出发点和落脚点，围绕企业发展战略、重大项目、技术攻关、创新载体等方面，以党建引领企业发展，各基层党支部充分发挥战斗堡垒作用，党员队伍奋勇当先，公司上下一心，公司的经营收入稳步增长，连续多年取得了良好的经济效益。在不断提高企业经济效益的同时，公司通过建设"文明优质服务之廊"和"社会主义核心价值观传播之廊"传播社会正能量，并开展了一系列社会公益活动，充分发挥企业的社会责任，使苏嘉杭公司成为一个弘扬社会正能量、传播文明风尚的先进企业。

三、苏嘉杭公司党建创新实践对提高国企党建工作质量、开创党建新局面的启示

新时代，苏州国企如何进一步贯彻党的十九大提出的党建工作的整体要求，把握国企党建新定位，不断提高党建质量，开创国企党建工作新局面，使企业真正成为新时代的"八种力量"。苏嘉杭公司党建工作创新实践给我们提供了许多有益的启示。

1. 必须坚持党委在企业中的核心地位,充分发挥两个核心作用,形成以党委为核心的管党治党综合工作体系

国有企业必须始终坚持党委在企业中的核心地位,以党建工作统领其他一切工作,构建党建工作全覆盖的公司运转体系;必须坚持以党组织为核心,以基层党支部为依托,以群团组织为纽带,构建强有力的国有企业政治工作和组织工作体系;必须坚持党建工作与企业改革同步发展、同步推进,坚持党建强、发展强,形成以党建引领企业发展的工作驱动体系。具体地讲,要不断完善国有企业的组织领导体系、责任落实体系、运行管理体系、制度保障体系、监督保障体系、绩效考核体系等"六大综合工作体系",构建政治建设、思想建设、组织建设、作风建设、纪律建设"五位一体"大党建工作格局,把政治建设摆在首位,把制度建设贯穿其中,坚持用新时代中国特色社会主义思想武装头脑,努力建设一流的企业人才队伍和党员干部队伍,为做强做优做大国有企业提供坚强的政治保证、思想保证和组织保证。

2. 必须强化党组织在企业发展中的战略引领作用,以党建创新推动企业改革创新,形成以党建工作为驱动的党建与企业融合发展的丰富路径

苏州国有企业要始终坚持正确的政治方向和发展方向,就必须强化党组织在企业中的战略引领作用,创新适合自身发展的路径体系,形成以党建工作为驱动的党建与企业融合发展新格局。具体地讲,一是要引领企业的生产经营,充分发挥国企的资金、管理和人才优势,实施"走出去"战略,走出一条具有行业特色和苏州特色的自强发展之路。二是要引领企业实施品牌战略,创新品牌创建思路,不断丰富新时代企业品牌建设内涵,闯出一条具有苏州国企文化内涵的企业品牌发展之路。三是要引领企业的文化建设,大力弘扬企业文化,不断提升企业文化形象,争做文明创建先锋,走出一条文化强企、文明兴企之路。四是要引领企业改革创新,不断提升企业的核心竞争力;要把国企党建创新与企业改革创新结合起来,建立健全与现代企业制度相适应的国企党建工作机制,使二者相辅相成、相互促进、相得益彰,走出一条强核与强企的融合发展之路。五是要始终坚定正确的政治方向,正风肃纪,廉洁自律,引领企业走出一条风清气正的健康发展之路。

3. 必须充分发挥党组织的政治功能,牢牢把握国有企业的发展方向,使国企成为新时代苏州经济社会发展的"六种力量"

政治体系的有效运转必须靠政治功能的充分发挥。因此,苏州国企要想成

一、党建引领高质量发展

为苏州经济社会发展的"六种力量",就必须充分发挥企业党组织的政治功能,用新时代中国特色社会主义思想武装企业全体党员干部,充分发挥企业党组织的先锋作用,做"三争创"先锋。一是争创"对党忠诚、勇于创新、兴企有为、清正廉洁"的领导班子,充分发挥领导核心和政治核心作用。二是争创"政治引领力强、推动发展力强、改革创新力强、凝聚保障力强、管党治党力强"的党组织,充分发挥战斗堡垒作用。三是争创"政治素质优、岗位技能优、工作业绩优、群众评价优"的共产党员,充分发挥先锋模范作用。要通过"三争创"达到"四创新业绩":一要在企业的可持续发展上创造新业绩,进一步做好苏州国企的转型升级;二要在管理上创造新业绩,把企业管理真正转化成企业效益;三要在服务上创造新业绩,使苏州国企的文化形象更添魅力;四要在党建工作上创造新业绩,进一步增强苏州国企的党组织在企业中的凝聚力、向心力和影响力,团结和带领广大职工群众为实现新时代苏州国企所肩负的伟大使命而奋斗,使苏州国企真正成为苏州经济社会发展的重要力量支撑体系,成为全省乃至全国"六种力量"的样板。

4. 必须打造具有鲜明导向的党建品牌,以党建品牌创建牵引企业品牌建设,形成以党建品牌为内核的企业品牌体系

国有企业要想持续蓬勃发展,必须有自己响亮的企业品牌;国有企业要想长期健康发展,必须有自己的党建品牌指引。因此,苏州国有企业首先必须打造具有自身特点和鲜明导向的党建品牌,以党建品牌创建推动企业品牌建设,形成以党建品牌为内核的企业品牌体系。要通过品牌创建、品牌晋级和品牌牵引,追求卓越、追求超越,不断丰富"党员责任区""党员先锋岗""党员示范岗"等时代内涵,打造一流企业,创造一流业绩,使公司在服务质量、产品信誉、综合效益、企业文化、公司形象、品牌知名度和行业美誉度等方面都有极大的提升,逐步形成以党建品牌为引领,具有鲜明时代特征、具有先进示范作用、领域齐全、互为补充的企业品牌体系。这就要求苏州国有企业要在品牌建设上下功夫,使品牌建设更具影响力;在企业形象的塑造上下功夫,把形象擦得更亮;在企业文化的营造上下功夫,力争使企业的管理文化、员工文化和服务文化成为同行业中的样板。

(课题组成员:刘文洪　方　伟　孙志明　姜春磊)

党建带队建 改革开新局

——苏州车管所积极践行为民服务宗旨纪实

中共苏州市委市情研究基地 苏州市情研究中心

（一）

苏州车辆管理所，作为苏州市公安战线的一个基层单位，承担着全市车辆上牌、查验、驾驶人员考核以及对全市社会服务点车驾管业务的指导、协调和监督等重要的管理职能。近几年来，随着经济社会的快速发展，苏州全市机动车保有量年均增幅超过10%。2017年，达371.1万辆，汽车保有量在全国大中城市居第五位，紧追排名第四的上海。管理对象、业务量大大增加，与车驾管服务力量不足的矛盾日趋突出，广大群众对车管服务的期盼要求不断提高，落实好上级公安机关深化车驾管改革的任务艰巨而迫切。

两年多来，苏州车管所正是在这样的严峻形势面前，坚持以习近平总书记系列讲话精神为根本遵循，坚持以加强党建引领、促进和强化公安队伍建设，以不断深化车管改革、开创为民服务新局面，取得了十分明显的成效，得到了市委市政府和上级公安机关的充分肯定。2017年，公安部将苏州车管所的改革创新实践在简报上刊登宣传，公安部交管局把苏州车管所的创新服务举措编入全国《车驾管微创新集萃》；车管所荣立集体二等功，所长邓苏同志获个人二等功，王大博、奚中联等5人获三等功，还涌现了刘伟、徐峰等一大批受到各类表彰的优秀车管卫士。苏州车管所的优质服务也获得了社会各界的普遍好评，在2017年全省市级公安机关工作绩效考评中，苏州车管所服务满意率达95.82%，位居全省前列。

一、党建引领高质量发展

（二）

最近几年,新的矛盾与挑战、新的形势与任务,摆在了苏州车管人面前。

一是工作量大幅增加与车驾管服务力量不足的矛盾日趋突出。近几年来,随着苏州经济社会的快速发展,宜居宜业之地吸引了大批外来常住人口,全市人口总量超过1 000万;同时也带动城乡居民生活水平稳步提升,消费能力大大增强,汽车已经成为家家户户普遍的代步工具,全市机动车保有量年均增幅超过10%,到2015年已达292.9万辆,其中汽车保有量达286.6万辆,居全国大中城市第七位。10年前日均新车上牌量仅数百辆,而现在超过1 500辆,日均办理车驾管业务1.4万笔,机动车驾驶人员达312.8万人,管理对象、业务量大大增加。与同类城市相比,苏州的机动车保有量遥遥领先,而管理人员则明显偏少,如何有效破解车驾管理的矛盾,变压力为动力,这是摆在苏州车管人面前的一道难题。

二是广大群众对车管服务的期盼要求不断提高。对车管服务来说,随着工作量的增大,"办证拥堵"的矛盾正在凸现,在新的形势要求面前,车管服务已不能仅仅停留在一般性的办理,而是要让广大群众办事感到便捷、规范、舒适。作为服务部门,天天面对的是群众需求,社会监督无时无处不在,如何以更高的标准、更优的服务使群众满意,这是摆在苏州车管人面前的历史命题。

三是深化车驾管改革的任务十分紧迫。党的十八届三中全会作出了全面深化改革的重大战略决策。2015年初,公安部全面启动了深化公安改革的重大部署,车驾管作为其中一项重要改革内容全面推开。2016年初,中央全面部署推开"放管服"改革,要求持续推进简政放权、放管结合、优化服务,不断提高政府效能。围绕贯彻落实中央精神,省委、市委和上级公安部门作出了一系列部署,苏州市公安局、市交警支队进行专题研究,对车管所深化改革提出明确要求,如何加大改革力度、以改革提升车驾管现代治理能力和水平,这是摆在苏州车管人面前的重大课题。

苏州车管所"领导班子"清醒认识到,车管部门是党和政府密切联系群众的重要桥梁,是展示为民服务形象的重要窗口,切实提升车驾管服务质量,是践行党为民服务宗旨的必然要求;努力加强和改进车辆、驾驶人员管理,是切实保障苏州经济社会有序、高效运转的重要环节,是全面加强城市管理和社会治理的重要内容;努力让车管工作跃上新水平,是党赋予车管人的历史使命,也是车管人的职责所在。习近平总书记深刻指出,全面深化改革,是解决中国现实问题的根本途径。面对车驾管工作的问题,必须深刻认识车管改革的重要性与紧迫性,大胆改革传统体制机制,切实提升车辆和驾驶人员管理的现代化水平和行政服务便利化水平,使之更加适应人民群众的新期盼、新要求,使人民群众有更多获得感、幸福感。

(三)

深化车驾管改革创新、提升为民服务质量,加强党建是关键、是引领,强化队伍建设是前提、是保障。两年多来,苏州车管所牢牢把握强化党建这一关键环节,以党建带队建形成了鲜明特色。

一是强化组织建设,努力形成党建品牌。车管所以"一总支、五支部"为组织架构,选优配强支部带头人,这些同志不仅政治素质高,而且业务能力强,有的成为某一领域的专家,得到公安部、省公安厅的充分肯定。五个支部结合工作特点着力打造"智、暖、硬、严、实"党建品牌,业务监管中心支部由监管中心和政秘科组成,该支部创造性依托智能化开展工作,充分体现了"智"的特点;牌证中心党支部是"放管服"改革的主阵地,每天面对群众开展工作,努力做到热心、诚心、细心、公心和恒心,充分体现了"暖"的特点;考试中心支部党员人数最多、作风最硬、战斗力最强,承担着驾驶人员的源头管理,努力守住硬标准,充分体现了"硬"的特点;安全管理中心支部由安全管理中心、检验科组成,车辆安全管理和查验责任重大,努力做到从严把关,充分体现了"严"的特点;非机动车管理科支部面对管理对象变化、工作重心转移,积极创新思路,出实招、求实效,充分体现了"实"的特点。

二是强化权力监督,全面推进正规化建设。车管所全面建立了所长、科长、民警、辅警四级责任体系,同步梳理流程制度,汇编《车管所正规化建设手册》,制定车管所人员"六不准",即不准利用职权违规办证、不准利用职权吃拿卡要、不准与不法中介相互勾结、不准以自营等方式从事相关营利性活动、不准对办事群众推诿扯皮、不准计算机"一机两用",明确规范责任和底线;修订《窗口服务标准细则》,从服务准备、形象、言行、态度、质量、技能等六个方面规范窗口服务标准;加强监管智能化建设,在全国率先研发并应用"苏州车管大数据研判预警平台"和IIS机动车智能查验系统,整合PDA(掌上智能查验终端)与OBD(车载信息读取系统)数据,把全市机动车查验全部纳入远程监管,实行全程监控,研发应用检验监管图文比对系统,使监管手段立体高效;率先把全市科目三考试纳入全国统一的考试监管系统,实现科目二、三考试集中评判、后台监管,显著提升了监管效能;全面加强内外监督,组建了专业化的监管中心,构建起全方位、全流程监管体系,统筹抓好队伍、业务的双监管,同时完善监管方式,率先引入社会化监督,在固化96122平台回访调查基础上,实施全市车管窗口第三方测评,同时对机动车检测机构开展常态化暗访测评,促进行业自律和健康发展。

三是强化示范效应,充分发挥党员先锋模范作用。车管所挑选党性强、业务精、服务优的党员民警和辅警亮出党员身份,全力打造"五心红旗岗",为群众提供高效、贴心、规范的服务,实现牌证、查验、考试三大窗口岗位全覆盖,在面上形成示范效应;打造"红色流水线",由党员骨干负责"通道式"查验的所有岗位管理,以身作则发挥示范作用,带动提升整体服务质量;推出"流动先锋车",针对业务工作区域半径大的特点,建立"流动党支部",由党员骨干负责一体化车驾管综合服务车,深入相对偏远地区或业务集中的大型单位,上门为群众提供一站式服务,以"移动的战斗堡垒"为群众提供"零距离"服务。

(四)

在党建引领下,两年多来苏州车管所大刀阔斧推进改革创新,大大提升了为民服务的质量与效率。

一是全面优化车管服务布局。以往群众办证都需到车管所,经常出现场外车辆拥堵、场内排起长龙的现象。车管所全面推进管理、服务重心下移,在东部工业园区、北部相城区、南部吴中区推动建立公安交通车管服务中心,并下放车管业务、实行委托办理,全市形成"1市所、3中心、5县所"专业车管服务体系,与全市79个公安车管窗口、82个4S店等社会化窗口相配套,全面打造了3公里车管服务圈,原来集中办理的业务70%得到分流,使广大群众在"家门口"就能办理牌证事务,有效解决了群众长距离奔波的问题。

二是大力推进工作流程再造。办理车辆上牌一般有查验、登录、登记、选号、缴费、取证、上牌等7个环节,以往分布在7个窗口,群众办理时需要在7个窗口往返排队,费时费力,办理一个牌证平均耗时在2小时左右。车管所大力推进服务流程再造,把原来分散在7个窗口的业务整合成一条流水线,再造了"汽车上牌一站通"模式,实现了交通流、业务流、信息流、监管流的有效融合,全程办理只需半小时左右。同时,车管所进一步推进互联网服务模式,设立自助服务区,引进全省首台自助制证一体机,实现驾驶证业务自助完成,办理时间缩短至每笔业务仅5分钟。

三是有效提升管理综合效能。随着车驾管工作量的大幅增长,按照传统模式,工作效率很难提高。车管所全面启动了车管三大改革,大大提高了工作效率。大力推进了机动车号牌管理改革,实现号牌资源、号牌发放、号池维护"三统一",促进号牌发放工作更加公开公平公正,同时作为全省首批试点城市之一,率先启用新能源汽车专用号牌;大力推进了机动车检验管理改革,建成远程监管中心,将全市机动车查验、检验工作全部纳入远程监管,实行全程监控,实现预约检验、延时服务、省内异地检验;大力推进驾驶考试管理改革,作为全国试点,率先成功探索了驾驶人考试新标准,在全省率先实现驾驶人考试全科目、百分之百网上自主约考,昆山、常熟、吴江实现全科目考试属地化,在网上成功开展驾驶人满分教育和审验教育。

四是积极探索内外资源整合。围绕提高管理和服务水平,车管所通过改革举措打通了内外对接的屏障,形成了资源整合、互动协同机制。车管所积极探索"警邮""警保""警医""警银"多渠道合作模式,联合邮政部门建立互联网业务办理中心,实现30%以上业务通过互联网"不见面"办理,同时尝试"警邮E站通",首批开通5个邮政受理网点,初步实现市区各行政板块全覆盖;在全国首创与保险公司形成合作机制,建立了9家保险行业车驾管服务点,便民开展保险服务;在全国首创与医院形成合作机制,开发并使用"驾驶证智能全程通系统",由医院一站式完成驾驶证的"提交体检报告",体检结果实时传入公安内网,无须群众来回奔波,每年减少群众出行35万余次;积极协调银行,解决车驾管业务实现网上缴费、移动支付,协同银行设立机动车抵押登记业务办理点,每年有30万人次"少跑路"。同时,车管所积极探索共建、共治、共享社会治理格局,联合质监、环保部门,会同检测协会,对机动车安检机构开展星级服务评比活动,凡列入五星级的启用"先发标、后审核"的服务新模式;协调检测、保险2家行业协会,试行"微信点单、检测派单、保险买单"服务新举措,有效遏制了"黄牛"代办市场。

一、党建引领高质量发展

（五）

党建带队建永远在路上,改革开新局仅仅是起步。

站在新起点上,苏州车管人不忘初心、牢记使命,将努力坚持以习近平新时代中国特色社会主义思想为指引,努力坚持以人民为中心、以党建为引领、以改革为先导、以科技为支点,奋力向"品质车管、智慧车管、效能车管、阳光车管"的战略目标大步迈进!

（执笔:陈楚九）

以党建创新锻铸民族精品

——昆山好孩子集团调研

方世南 周心欣

推动全面从严治党在昆山落地生根的重大价值诉求之一是促进基层党建在"两聚一高"中做出创造性业绩。昆山市好孩子集团认真做好以党建创新锻铸民族精品的文章,以党建创新激发自主创新的内在动力,以党建创新引领民族品牌走向世界,以党建创新联手全球市场合作共赢。

一、以党建创新激发自主创新的内在动力

好孩子集团创立于1989年,原为一家校办工厂,经过27年发展,逐步成长为全球儿童耐用品产业品牌影响力强、经营规模大的领军企业。好孩子集团在昆山市委正确领导下,始终以党的任务和党员的义务为己任,实现以党建创新激发自主创新,引领民族品牌与全球市场合作共赢。

企业的领导核心是党组织,依靠党员的先锋模范作用发挥创新功能,能够有效激活企业自主创新的内在动力。好孩子集团坚持走自主创新、自创品牌、自我创业发展之路,大力实施科技创新战略、名牌战略和人才战略,把引领企业发展、增强企业自主创新能力、打造民族品牌作为党组织的重要职责,主动参与企业生产经营,参与研究、制定企业生产经营战略,为企业发展提供坚强的政治保证,有力推动了企业快速健康发展。

好孩子集团党组织始终将人才资源作为自主创新的强力支撑,始终坚持党管人才方针,把人才队伍列入党组织的重点工作,引导员工树立"人才资源是第一资源"的观念,通过大力培训、优化环境、搭建平台、强化激励,努力培养一支适应企业自主创新发展的人才队伍。一是实施人才培养计划。好孩子集团坚持以人为本、善待员工的理念,每年度举办200多期培训班,提升企业各类人才的业务素质。在制订人才招聘计划时,既注重吸纳紧缺人才,又注重储备人才;

一、党建引领高质量发展

在人才遴选时，既注重才能、经验，更注重思想素质、政治素质。二是优化成长环境。人才引进后，党组织通过建立传帮带机制，帮助人才尽快成长。三是建立激励机制。大力开展"双培双推"活动，从锁定好苗子、放手压担子、勤于铺路子等环节着手，形成了一套科学有用的好机制。把生产技术骨干培养成党员，把党员培养成骨干，把党员技术骨干推荐为企业中层，把负责企业中层管理的党员推荐到企业决策层，有效增强企业自身的核心竞争力。

好孩子集团始终将发挥党工组织领跑作用作为自主创新的发展动力。1989年，好孩子集团面对负债经营的困难形势，书记宋郑还果断做出"我们企业要想生存、要想得到发展，只能依靠我们的智慧、走创新的路、做世界上没有的产品"的决定。在他的带领下，企业党组织充分发挥政治核心优势，扭紧自主创新这个"牛鼻子"，激发广大党员和职工的创造活力，在没有经验、没有专家、没有资料的情况下，硬是靠自己夜以继日的钻研，创造出了一种可以做推车、摇篮、学步车、座椅的多功能婴儿车。这一创新成果不仅挽救了负债80多万元、濒临倒闭的校办工厂，而且还孕育了"好孩子"品牌。

始终将绿色发展作为自主创新发展之本。在平时工作中，好孩子集团党委号召每一个党员继承和发扬党的勤廉优良传统，继承和发展集团20多年来的创业、创新、创优精神，本着求真务实的职业态度，在各自的工作岗位上，扎扎实实地做好每一项工作，全力支持公司创新工艺、扩大经营、发展生产、加强管理、提高生产效率和经济效益。公司党组织通过无纸化办公和信息化管理带头控制各类办公消耗，鼓励绿色办公，不仅降低了党组织的活动费用，还引导公司开源节流，带动整个公司控制生产经营成本，达到降本提效的目标。

二、以党建创新引领民族品牌走向世界

坚持企业信念，实现品牌梦想。好孩子集团产品从无到有，企业从名不见经传到名扬四海，都源自当初那个无畏却振奋人心的信念——"我是第一，因为我可以是第一"。这个信念支撑着好孩子从濒临倒闭的校办厂发展为民族品牌、国际品牌，而且还将一直延续。好孩子集团始终坚信"做世界上没有的东西，自己掌握自己的命运"，"自己打倒自己，全员追求卓越"，"信念筑伟业，实干闯未来"，通过自主研发，不仅获得了业界最多的产品专利，还创造了"好孩子"这一儿童用品行业唯一的"中国名牌产品"和"中国驰名商标"称号。用中国创造整合中国制造，从传统产业向服务业发展，敢于把"全球化、世界级、整合

型、领导者"作为企业的发展愿景,开辟了一条成功的中国企业全球化的道路,为中国制造走向世界树立了成功的典范。

树立服务意识,营造人文氛围。好孩子集团秉承"健康、智慧、爱心"的理念,以"改善儿童生存环境,提供儿童生活品质"为使命,"关心孩子,服务家庭"为宗旨,专业从事儿童用品的研发、制造、分销和零售,为孩子们准备了童车、童床、桌椅、儿童服饰等几千种儿童用品,并为年轻父母们提供了专业育儿网、亲子俱乐部、呼叫中心等全方位、无间隙的服务方式。在好孩子集团内部,不断涌现出为人民服务的优秀员工。党员牟文平,十多年来,时刻以优秀党员的标准要求自己,始终牢记全心全意为人民服务的宗旨,以自己的言行诠释了共产党员的先进性。为了攻克"调湿"改进工艺,牟文平连续工作100余天,组织进行100余次试验,终于取得了成功。从此,员工们在冬天再也不用因为"调湿"而遭受刺骨冰水的煎熬,不仅提高了工作效率,也为节能减排做出巨大贡献。

发扬工匠精神,铸就民族精品。好孩子集团副总经理高翔,始终以优秀党员标准严格要求自己,全身心投入在产品研发战线上。从1994年加入公司以来,勤奋刻苦、潜心钻研业务,常常加班加点。为了工作,高翔甚至放弃了去美国学习的机会,荣获国家级专利数项,更是被评为"昆山市劳动模范""江苏省第四届十大杰出专利发明人",成为公司研发战线的一面旗帜。同时,以高翔为首的"高翔创新工作室",进一步发挥党员争先、领先、率先的时代精神。他不仅自己掌握了丰富的业务知识,还积极发挥传帮带作用,培养了一批善于沟通、善于学习、敢打硬仗、敢于拼搏的产品开发设计人才。高翔创新工作室创建以来,取得了丰硕成果,其新的设计概念和新的设计亮点集创新性、实用性、艺术性、市场性、经济性、先进性于一体,在结构、功能等方面取得历史性的重大突破,代表了中国工业设计最高水平,创造了婴儿车市场上一个又一个奇迹。

三、以党建创新联手全球市场合作共赢

与需求接轨,推动民族品牌走出国门。好孩子集团在国内市场站稳脚跟后,企业党工组织清醒地认识到,好孩子集团要真正做强、做大,必须使产品走出国门、走向国际市场。于是,书记宋郑带领企业党组织和研发中心党小组全体党员,切实发挥党员模范作用,激励广大职工一起攻坚克难,设计出一款专门针对美国市场的"爸爸摇、妈妈摇"秋千式婴儿车。该产品不仅开创了当时世界上所没有的流线型外观,还创造了具有平行、弧形两种秋千摇法的产品功能。

一、党建引领高质量发展

这辆中国造、拥有自主知识产权、世界上独一无二的婴儿推车所表现出的前所未有的创造力,让美国同行为之震惊,不仅因此敲开了美国市场的大门,还决定了"好孩子"在美国乃至国际市场的命运。

与时尚碰撞,提升民族品牌竞争力。稳固占领美国市场后,好孩子集团党工组织又开始将目光瞄准欧洲市场。欧洲是世界时尚的发源地,是世界设计的摇篮,其商品的艺术品位、文化风格和设计品质都是世界一流。企业党组织清楚地认识到,要想真正在童车领域傲视天下,好孩子产品必须向欧洲市场进军。通过多年不懈的努力,2005年初,好孩子集团和 DOREL 欧洲公司共同研发的两款产品,以其改变童车发展潮流的全新面貌在欧洲一炮打响,不仅成功打开了欧洲市场,而且还让好孩子的创新能力、整体开发、设计水平得到了充分的展示,好孩子的品牌影响力也得到了超乎想象的提升,为"做强、做大"的宏伟目标奠定了扎实的基础。

与研发作伴,共享民族品牌新成果。针对国际市场商品需求的变化,公司党组织迅速作出反应,成立突击联合小组,以最快的速度组织新产品开发、生产,成功抢占国际市场中低价位的货架。好孩子集团之所以能及时把握这一难得的发展机遇,从容应对、转危为安,完全得益于企业党工组织坚持科学发展,坚定不移走自主创新、自创品牌、自我创业发展之路;完全得益于企业自身强大的研发体系、快速的市场反应机制和厚积薄发的技术储备。这次联合突击,不仅为企业在这次国际金融危机中赢得了主动、获得了先机,也再一次向企业员工展示了公司党组织坚强的战斗能力和党员形象。好孩子集团先后在美国波士顿、荷兰阿姆斯特丹和日本东京设立了研发中心,企业党组织积极选派优秀党员技术骨干充实到研发第一线,担负起研究国际市场、研发新产品的重要职责。在他们的努力下,公司每年开发数百个具有自主知识产权的新产品,与不同国家的消费者共享中国民族品牌。

(方世南系苏州市专家咨询团成员,苏州大学马克思主义学院教授;周心欣系苏州大学马克思主义学院硕士研究生)

二、改革创新推进高质量发展

创新贯彻落实　谋求跨越发展
——学习省委书记娄勤俭苏州调研讲话精神的若干思考

中共苏州市委市情研究基地　苏州市情研究中心

2017年11月9日至10日,省委书记娄勤俭利用两天时间在苏州深入调研,并强调指出,苏州要深入学习贯彻党的十九大精神,特别是习近平新时代中国特色社会主义思想,在新时代解放思想、大胆实践,坚持系统化思维,注重规律性把握,努力展现发展的创新性、探索性、引领性,更好地发挥对全省发展的示范作用。这是省委对苏州新时期发展的最新要求,也充分体现了省委对苏州发展的高度重视和殷切期望。我们体会,省委提出的坚持系统化思维,就是我们必须系统的、整体的谋划,而不是孤立的、单一的部署,必须把贯彻落实省委对苏州发展的最新要求与贯彻落实党的十九大精神紧密结合起来,与贯彻落实习近平总书记视察江苏时提出的建设"强富美高"和"五个迈上新台阶"明确要求紧密结合起来,与致力"两聚一高"、建设"四个名城"紧密结合起来,以习近平新时代中国特色社会主义思想为根本遵循和方向指引,担负起引领、示范的重大使命,在高水平全面建成小康社会基础上,努力在现代化建设上率先探索。省委提出的注重规律性把握,就是我们必须尊重规律、遵循规律、因势而变,而不是因循守旧、墨守成规、故步自封,必须充分认识和牢牢把握经济社会转型发展的趋势和规律,充分认识和牢牢把握科技和产业发展的趋势和规律,充分认识和牢牢把握经济全球化的趋势和规律,大胆解放思想,顺势而为、主动作为,努力把握苏州发展的重大契机,以创新的思路和举措来贯彻落实省委指示精神,推动苏州在新时期实现新的更大跨越。

围绕"展现发展的创新性、探索性、引领性,更好地发挥对全省发展的示范

二、改革创新推进高质量发展

作用"这一重大任务,经过初步调研,我们感到有必要把握以下环节。

一、强化反思意识,清醒认识苏州发展存在的结构性矛盾

我们感到,省委对苏州发展提出的最新要求,是对苏州以往争先发展、努力争取走在全国全省发展前列的充分肯定,更是对苏州继续保持这种勇气、锐气,奋力当好新时期排头兵、探索者的厚望与激励。我们必须坚定展现发展的创新性、探索性、引领性的自信与决心,担负起省委交办的重任。同时,更为重要的是,我们必须强化反思意识,保持清醒头脑,深刻认识苏州发展中存在的种种结构性矛盾,努力解决发展中的"短板"与"软肋"。

我们初步分析,苏州发展主要存在"四大反差"。一是苏州GDP总量很大,但近年来全国位次持续下降。2011年之前苏州基本保持在第5位,2012年退至全国第6位,2014年退至全国第7位,与前一位相差500亿元,2016年苏州仍居第7位,但与前一位相差1 600亿元。苏州与深圳的对比更能说明问题,2005年苏州居全国第5位,与第4位的深圳相差800多亿元,2010年苏州落后深圳3 000亿元,2016年落后深圳4 100亿元。很大程度上,总量规模的差距,深层次反映出苏州产业转型、动能转换的相对滞后。二是苏州工业经济规模很大,但产业核心竞争力相对偏弱。近年来,苏州工业经济规模一直稳居全国第二,但深入分析,与全国第一的上海不仅存在总量上的落差,更存在产业核心竞争力上的落差,与其他城市相比,即使苏州有总量规模优势,但这种"核心竞争力落差"同样很明显。苏州民营企业"铺天盖地"多、"顶天立地"少的问题仍然存在,2017年进入世界500强企业上海8家,深圳6家,苏州仅2家;2017年进入中国民企500强苏州19家,虽略超上海(13家),但远低于深圳(28家),而杭州达44家;2017年中国制造500强苏州11家,深圳达27家。近年来苏州的研发投入有了快速增长,2016年占GDP 2.7%,但低于北京(5.95%)、深圳(4.05%)和上海(3.73%)。三是苏州名为经济大市,但中心城市首位度仍然偏低。近年来苏州加快推进中心城市发展,实施了行政区划调整,中心城市首位度有所提升,但"强市弱心"矛盾依然存在。2016年工业总产值中心城市占全市比重39.73%,财政收入占51.94%,固定资产投资占55.25%,而上海、杭州这一占比均在80%~90%,充分体现了市一级的经济、财力等的集中度偏低和调控力较弱。四是苏州必须保持相对稳定的发展速度,但发展空间趋紧、可用资源不足的矛盾凸显。苏州始终面临着土地资源、土地指标"双紧缺"问题,目

前土地开发强度已达28%,逼近联合国明确的占比1/3的警戒线,同时水环境保护、生态修复任务繁重。从另一角度看,苏州的地均GDP明显偏低,仅0.98亿元(含水面),而上海、深圳分别达2.19亿元、4.86亿元,苏州加快转型升级的任务十分紧迫。

二、大胆创新思路,努力做强苏州跨越发展的新优势

面对新的形势任务,我们既要"补短板",更要"扬长板",加大实践中的创新与探索力度,把自身优势发挥到极致,形成新的竞争力。

我们经过初步分析梳理,感到有必要进一步做强"四大优势",这既是苏州创新探索的重要抓手,也是苏州发挥示范作用的重要切入点。一是进一步做强开发区的载体优势。苏州拥有17家国家级、省级开发区,在全市各项指标中占有80%左右的比重,集聚了十分明显的产业、人才优势和体制机制创新优势,尤其是苏州工业园区、苏州高新区、昆山开发区,更是成为区域经济发展的重要引擎、战略性新兴产业崛起的重要平台、全面深化改革创新的重要试验田,因此开发区必然是苏州新时期发展的重中之重。一定意义上,开发区兴则苏州兴、开发区强则苏州强。我们必须举全市之力谋划、推进开发区转型发展,使之成为苏州率先发展的尖兵。二是进一步做强苏州制造的产业优势。实践已经证明,实体经济强则区域经济强。无论从区域产业布局、从苏州发展历史、还是从未来发展趋势看,发展制造业都是苏州的一大竞争优势,是苏州实现新跨越的重要经济支撑。党的十九大做出了构建现代化经济体系的重大部署,以制造业为主的实体经济是其重要组成部分。我们应以此为契机,一方面,加快推进苏州由加工装配制造为主,实现向智能制造、现代制造的转型跨越,形成以战略性新兴产业为引领、先进制造业为支撑、传统制造业为补充、生产性服务业为配套的新型产业体系。另一方面,要守牢制造业占比底线。据了解,上海为了防止工业过度下滑,明确了在GDP中工业占比要守住25%的底线。值得注意的是,苏州市工业占比近年来也逞下滑之势,2015年占比43.1%,2016年占比41.1%,我们感到,苏州必须守住占比40%这一底线,以确保经济的稳定增长。三是进一步做强紧靠上海的区位优势。应该说,服务上海、接轨上海、融入上海是苏州发展的一条重要经验,苏州与上海有着传统的、自然的、人文的等诸多联系,目前同城化效应更是十分明显。在新的发展时期,随着上海发展重要性的日益凸显,并且苏州与上海相比又有着能级、机遇等落差,上海的发展客观上会对苏州

产生不可忽视的影响。我们应该主动作为,变"虹吸效应"为"溢出效应""带动效应",我们必须加大主动接轨、全面融入力度,从而带动苏州加快转型升级。四是进一步做强历史文化保护区的平台优势。我们感到,古城、历史遗存等的保护是一个系统工程,涉及保护资金、风貌保存、保护方式、体制创新等诸多问题,而其中最为核心、最为关键的是体制机制的创新问题。应该说,全国唯一的历史文化保护区的建立,使苏州在古城保护的体制创新上迈出了重要的一步,但这一重大的平台优势尚未得到充分、有效的发挥。古城是一个整体,原来存在的三个老城区分治的格局改为一体化,有利于古城保护的整体运作。但是纵向的、市级与区级权限、职责分割的问题凸显,成为当前苏州市理顺古城保护体制的主要矛盾,哪些权限应该下放、如何下放、市级与区级各自应扮演怎样的角色等,都亟待在体制上理顺、机制上创新,以便真正发挥这一平台优势,创造出古城保护的"苏州样本"。

三、实施精准对标,切实提升苏州示范的标杆高度与品牌亮度

苏州要想为全省发展作出示范,必须落到实处,落实到各个环节、各个领域、各个层面、各个板块,必须防止省委的要求仅仅停留在领导层、口号上、文件中。一定意义上,只有在具体的"门类"上苏州是领先的、具有示范性的,各个层面、各个板块是率先、争先的,整体上"苏州示范"才是过硬的、不是泛泛而谈的,否则这种示范、引领就成为无源之水、无本之木。因此,我们建议,当前在贯彻落实省委要求中有必要选择一批先进城市、先进地区,精准对标学习借鉴内容,组成专题调研组,深入调研、找出差距,理清苏州下一步的思路,在全市上下形成一种学有榜样、赶有方向、干有动力的生动局面,从而真正丰富、提升苏州在全省的示范、引领作用。

经过初步调研,我们感到,苏州有必要聚焦以下城市和地区。一是开放创新学深圳。开放是苏州的一大特色,而创新在某种程度上还是苏州的一条短腿,如何通过开放与创新的互动,提升苏州发展水平是一个重要问题。当前深圳已成为创新创业的热土,创新资源高度集聚,创新驱动能力正加快形成。深圳以开放创新推进全球创新布局、以先进制造提升经济质量、以体制创新推进研发创新等做法值得苏州借鉴。二是民营经济学温州。目前苏州市民营经济占全市总量的比重已有很人提升,而民营经济要跨越发展还需引入先进经验,温州有良好的营商环境,其以市场经济为精髓、以实体经济为基石、以有限有为

有效政府为内核的做法值得苏州学习。三是城市发展学杭州。杭州与苏州有许多相似之处,但是近年来杭州大力推进城市有机更新,在形成产城互动的信息经济、以大数据平台支撑来创新城市治理模式、提升城市的舒适度便利度、加快建设国际化一流城区等方面,形成了许多经验,值得我们学习。四是提升城市综合竞争力学上海。上海无疑是全国乃至世界范围重要的经济中心、科创中心、金融中心、航运中心、贸易中心,具有强劲的新兴产业引领力、创新资源集聚力、创新环境吸引力、创新辐射带动力,整体上具有一流的城市综合竞争力,我们应该在接轨、融入过程中加强学习借鉴。五是生态建设学浙江。近年来浙江按照习总书记提出的"绿水青山就是金山银山,保护环境就是保护生产力,改善环境就是发展生产力"理念,积极创新落实,描绘了壮丽的生态文明画卷,浙江实践对于加快转型升级的苏州具有重要借鉴意义。六是深化改革学自贸区。自贸区是重要的改革平台,是全国深化改革的试验田,当前已进入到3.0时代,在先行先试、引领互动、对接国家重大战略等方面推进了众多改革举措。苏州虽然没有自贸区,但拥有园区这一具有开放创新综合试验等重要改革的平台,应该加强对标尤其要对照上海、广东、天津等自贸区,切实加强借鉴创新、集成创新、率先创新。

四、加大保障力度,为苏州更好展现创新性、探索性、引领性提供重要支撑

我们感到,新时期苏州要按照省委要求当好示范和引领,是一项十分艰巨的政治任务,也是苏州努力走在前列的必然要求,我们必须全力以赴构建起保障、促进机制,推进理念创新、思路创新、政策创新、举措创新。

我们感到有必要把握以下环节。一是强化思路保障。我们要大胆解放思想,确立统筹协调的思路,强化改革创新、转型发展的底线思维,即在新的实践中,要确保民生持续改善、安全生产得到巩固、生态环保不受影响、始终维持社会稳定、苏州在全国领先的地位继续保持,努力向经济稳定增长要发展定力,向加快转型升级要跨越助力,向全面深化改革要创新活力。二是强化投入保障。没有投入就没有产出,今天的投入就是明天的产出,尤其是工业的投入,对苏州的持续发展意义重大。问题是目前苏州投入呈下降之势,至2017年7月份,苏州市全社会固定资产投入增幅-2.9%,亿元以上项目投入增幅-11.9%,工业投入增幅-5.4%,必须引起高度重视,千方百计稳住有效投入。三是强化政策

二、改革创新推进高质量发展

保障。要通过精准对标、深入调研,以问题、以发展、以改革为导向,围绕高层人才和团队引进、重大项目落地、促进项目产业化规模化、积极向上争取政策支持等方面,借鉴外地做法,形成具有吸引力、竞争力的又具有操作性的配套政策措施,创苏州政策之新。四是强化改革保障。要强化改革的精准性、系统性、创新性,防止改革的零敲碎打,或以一般工作措施代替改革创新,抓住时机推进具有重大意义、具有全局影响力的改革。比如,党的十九大提出了建设自由贸易港的重大设想,这是国家在自贸区基础上推进开放创新的一项重大举措,目前上海、广东、福建等地积极跟进并加快推进了相关工作。应该说,在国家重大改革开放决策部署中,第一轮苏州抓住了开发区机遇,推动实现了快速发展,走在了全国发展前列;第二轮建设自贸区机遇,苏州相对滞后、没有进入;第三轮建设自由贸易港机遇,苏州应主动作为、努力争取,建议苏州市积极研究争取方案,主动、及早向国家部委申报争取。我们感到,以园区或太仓港为抓手,同时积极向上海靠拢,使园区或太仓港成为上海自由贸易港的配套功能区,操作性相对较强。五是强化干部保障。各级干部是重要的决定因素,要在全市倡导一种主动作为、勇于担当、善于创新的开拓精神,与时俱进,丰富、弘扬张家港精神、昆山之路、园区经验"三大法宝",提振各级干部的精、气、神。与此同时,积极实践容错、防错、纠错机制,努力形成宽容失误者、激励创新者、鞭策慵懒者、惩处妄为者的良好局面。

(执笔:陈楚九)

长三角一体化发展的新格局新规划

阮 青

在2018年1月24日上海市政协十三届一次会议上,上海市委书记李强就长三角地区的一体化发展提出了六个聚焦:规划对接、改革联动、创新协同、设施互通、公共服务、市场开放。紧接着,在3月16日全国人大上海代表团全体会议上,李强书记又提出了五个着力点:聚焦规划对接、战略协同、专题合作、市场统一和机制完善,推进长三角一体化工作,并强调要重点抓好三件事:成立长三角区域合作办公室;制定"三年行动计划";筹备召开2018年度长江三角洲地区主要领导座谈会。6月1日,长三角地区主要领导座谈会如期召开,会议审议原则通过了《长三角一体化发展三年行动计划(2018—2020年)》。

一、长三角地区一体化发展面临的机遇

进入新时代,长三角一体化发展迎来了难得的"天时地利人和"。"天时"就是习近平总书记在党的十九大报告中对长三角地区的发展提出了很高的要求,并专门作出了重要批示,强调长三角地区发展,在目标上,要实现"三个更",更高质量一体化发展,更好地引领长三角经济带,更好服务全国发展大局;在思想上,要凝心聚力、抓好落实;在路径上,要求上海进一步发挥龙头带动作用,苏浙皖各扬其长;在保障上,要求国家有关部门要提供大力支持。"地利"就是改革开放以来,长三角地区经过几十年的发展,已跻身世界第六大城市群,已整体迈入后工业化阶段:区域经济总量达3.1万亿美元,人均GDP超过1.2万美元,三产比重超过50%,城镇化率超过65%。"人和"就是长三角地区各级党委政府、各类企业、社会各界和广大人民群众对加强区域合作、推进一体化发展具有高度共识和热切期盼。为此,在上海倡议、三省领导的共同支持下,长三角区域合作办公室成立,办公室的主要职责是:研究提出一体化发展的重要议题、规划计划和政策措施;协调推进区域合作中的重大事项和重大项目;加强跨区域部

门间信息沟通、工作联动和资源统筹;当好参谋,做好助手,强化三级联动,努力提高三省一市务实合作成效。虽然这是长三角新一轮合作机制建立进程中的一小步,但却是长三角一体化进程的一大步。

二、高标准、高起点编制三年行动计划

《长三角地区一体化发展三年行动计划(2018—2020年)》是推动长三角一体化发展的任务书、路线图和时间表,其制定过程体现了规划的高标准和高起点,体现了四个"注重"和四个"充分":一是注重规划对接,充分体现国家战略。充分体现党的十九大报告要求,特别是习总书记重要指示;充分体现李强书记、应勇市长工作要求;充分体现国家战略,主动对接《长江三角洲城市群发展规划》等重要规划。二是注重多主体参与,充分体现开放融合发展。积极对接地市政府,如苏州、南通、嘉兴等市;上海各区主动对接市场主体;务实开展专题对接,如上海证交所、人行上海总部、中央国债登记结算有限责任公司等。三是注重机制完善,充分体现各方诉求。建立"委办"对接机制,充分衔接面上工作;充分吸纳三省一市合作诉求,如5G先行先试、城际市域铁路网规划等。四是注重分类处理,充分体现一体化发展成果。重点工作重点写,如确定重点合作事项32项;有共识的事情具体写;尚需协调的部分项目原则写,如太浦河后续工程。

三、《长三角地区一体化发展三年行动计划(2018—2020年)》框架内容

《长三角地区一体化发展三年行动计划(2018—2020年)》框架结构为"1+7+1"。"1"即第一章,提出指导思想、基本原则和总体目标;"7"即第二至第八章,主要围绕交通互联互通、能源互保互济、产业创新协同、信息网络高速泛在、环境整治联防联控、公共服务普惠便利、市场开放有序等7个领域、12个专题提出重点任务;"1"即第九章,提出保障措施。

指导思想:以习近平新时代中国特色社会主义思想为指导,深入贯彻落实新发展理念,按照总书记提出的长三角要实现更高质量的一体化发展、更好引领长江经济带发展、更好服务国家发展大局的要求,深入实施区域协调发展战略,深化供给侧结构性改革,建立更加有效的协调发展新机制,提升专题合作质量,凝心聚力抓好落实,加快推动长三角地区质量变革、效率变革、动力变革,在创新驱动、经济转型升级、改革开放和区域一体化发展等方面继续走在全国前

列,努力成为全国贯彻新发展理念的引领示范区,成为全球资源配置的亚太门户,成为具有全球竞争力的世界级城市群。

基本原则:(1)坚持服务全国,强化战略协同。发挥战略交会点作用,推进国家重大战略协同联动;发挥长三角重大改革任务汇集优势,扩大改革创新叠加效应和示范带动效应。(2)坚持共商联动,加强规划对接。努力形成共同行为准则,深入推进各类规划对接,充分发挥规划在一体化中的统筹和引领作用;积极争取国家支持,促进功能布局互动,形成分工合理、优势互补、各具特色的空间格局。(3)坚持质量第一,深化重点领域合作。聚焦重点合作项目和平台,加强跟踪督查,确保重点任务落实落细;滚动实施行动计划,打造高水平合作成果。(4)坚持政府引导,发挥市场配置资源的决定性作用。营造规则统一开放、标准互认、要素自由流动的市场环境;构建各类主体共同参与的合作平台。(5)坚持务实高效,完善协调机制。构建区域合作常态长效机制,增强决策功能,提升协调功能,充实联席会议办公室和重点专题合作组力量。

总体目标:到2020年,基本形成经济充满活力、创新能力跃升、空间利用高效、高端人才汇聚、资源流动畅通、绿色美丽共享的世界级城市群框架,服务长江经济带、服务国家大局的能力进一步增强,辐射亚太的门户地位基本确立,城市群配置全球资源的枢纽作用加快显现,国际影响力和竞争力显著提升。人口和经济密度进一步提高,在全国1/26的国土面积上集聚1/6的人口、达到约1/4的地区生产总值。(1)枢纽性、功能性、网络化的基础设施体系基本建成。省际交通基础设施共建共享、互联互通水平明显提升;区域能源安全供应和互保互济能力明显提高;新一代信息设施率先在长三角布局成网。(2)绿色美丽长三角建设取得重大进展。区域突出环境问题得到有效治理;跨区域环境污染联防联治协同机制进一步完善;优质生态产品供给能力不断提升;基本形成一体化、多层次、功能复合的区域生态网络。(3)全国新一轮改革开放排头兵地位更加凸显。放管服改革取得进一步成效;自贸试验区等成熟改革经验不断复制推广;在形成一流营商环境等方面率先突破;形成一批可复制可推广的新经验;引领全国加快构建开放型经济新体制。(4)创新引领的区域产业体系和协同创新体系基本形成。形成世界级产业集群;初步建成全球创新网络枢纽,成为有全球影响力的科技创新新高地;信息化成为引领一体化的强大引擎。(5)区域优质公共服务供给能力明显提升。合作领域和深度不断拓展;公共服务共建共享机制不断健全;人民群众在人力资源、社会和劳动保障、食品安全、旅游、体

二、改革创新推进高质量发展

育、养老等领域具有更多获得感。(6)更加有效的区域协调发展机制基本建立。统一市场基本形成;区域发展成本分担和利益共享机制得到创新;省际毗邻重点地区一体化步伐加快;多元化主体参与、多种模式并存的治理机制建设取得突破;在区域协调发展制度创新实践方面起到示范引领作用。

重点任务:(1)交通能源领域。目标是建设畅达便捷长三角、安全高效长三角,重点是编制好长三角区域城际铁路网和长三角民航协同发展两个专项战略规划,实施一个专项行动,即打通省际断头路,推进一批高速铁路、高速公路、国省道、天然气管网、电力等建设项目,全面提升长三角交通设施互联互通水平和能源互济互保能力。(2)科创产业领域。布局一批重大项目,建设一批技术研发和转化平台,深化完善一张共享共用的科创资源网络,营造一个具有场效应的创新创业大环境,全面增强长三角地区核心竞争力。一是建设上海张江、安徽合肥综合性国家科学中心,探索深化全脑介观神经连接图谱等国际合作研究,推动硬 X 射线未来网络试验设施、高效低碳燃气轮机等重大科技基础设施集群化发展,加快实施国家科技重大专项,争取一批科技创新 2030 重大专项。二是建设一批关键平台,如长三角技术交易市场联盟,科普场馆联盟,双创示范基地联盟等。三是建设一张共享网络,包括联合开展科技项目攻关,推进大型科学仪器在长三角大仪网的协作共用;促进科技创新券通用通兑;加强科普能力建设。(3)产业领域。以龙头企业区域布局为核,实施新能源+智能网联汽车、集成电路等八个产业专项,探索跨区域城市、城镇、园区合作新模式,推进区域产业科技创新深度融合,建设世界级产业集群。(4)信息化产业领域。协同建设新一代信息基础设施,推进 5G、数据中心、量子通信等;合力打造长三角工业互联网体系,深入推动长三角智慧应用,共筑高速泛在的信息网络、建设数字智慧长三角。支持电信运营企业分步实施建网,在上海、杭州、南京、苏州、宁波、无锡等城市率先建技术试验网,到 2020 年完成 5G 网络规模部署,成为国内首批正式商用地区之一(到 2021 年,中国电信、中国移动、中国联通、中国铁塔在长三角投入资金超过 2 000 亿元,建立以 5G 为引领的新一代信息基础设施)。支持行业龙头企业及长三角重点 IT 企业开展相关技术、设备、产品研发和服务创新,使长三角成为全球 5G 应用最活跃的地区之一(5G 的价值不仅在于提供新一代的通信基础设施,更在于 5G 应用能驱动多个规模万亿级别的新兴产业)。(5)信用领域。围绕建设信用长三角,以深化全国首个信用建设区域合作示范区创建为引领,着力推进区域信用信息共享和重点领域跨区域联合奖惩,不断提升各类主体的信用感受度,显著优化区域整体信用环境。建设一个国家级示范区,打造首个信用长三角一体化平台,聚焦生态环境、食品药品、产品质量、旅游等领域,率先形成"失信行为标准互认、信用信息共享互动、惩戒措施路径互通"的跨区域信用联合奖惩模式。(6)环保领域。重点打好环境保护、污染防治、机制建设三大战役,推动优质生态产品供给能力不断提升,努力建成青山常在、绿水长流、空气常新的绿色美丽长三角。一是打好环境保护持久战。共筑共建长江生态廊道、皖西大别山、皖南—浙西—浙南生态屏障,共建崇明生态岛等区域重点生态节点,强化生态系统修复,加大物种生活环境保护力度。二是打好污染防治攻坚战。强化水源地保护,加快太浦河后续工程等重点水利工程建设,开展长江口、杭州湾等重点海域污染整治;实施区域能源消费和煤炭消费总量双控,强化车辆、船舶等移动源排放控制。三是打好机制建设阵地战。共建排放标准衔接、监测数据共享、协同监督管理、科技联合攻关、生态环境补偿等合作机制,强化日常工作联动,健全环保合作体系;新一轮新安江水环境生态补偿方案和协议已经完成,待浙江安徽两省政府签署后,向财政部和生态环境部报告;拟筹建长三角生态环境联合研究中心。(7)公共服务领域。健全区域公共服务共建共享机制,优化跨区公共服务供给,实现一卡相通、一网相连、异地相融。交通方面,上海公共交通一卡通与长三角20个城市实现互联互通。医保方面,已实现异地就医住院一卡通,正研究探索门诊直接结算的可行性。公共文化方面,将从毗邻地区开始探索图书证的一卡通。建立食品安全追溯体系,签订《长三角地区食品安全信息追溯体系建设战略合作协议》;抓紧制定互认的编码规则、数据共享等食品安全信息追溯标准。推进民生档案异地查询服务,《长三角地区民生档案"异地查档、便民服务"办事指南》基本定稿,即将对外发布。实施高校毕业生就业促进计划,推进区域养老服务合作。(8)商务金融领域。从中国国际进口博览会、长三角单一窗口互联互通、营商环境优化等方面入手,共同做好涉外服务保障;围绕供应链体系、标准体系、市场监管体系建设,对接市场规则,推进区域一体化市场建设,构建统一开放有序透明的市场环境。围绕区域金融改革创新、金融服务实体经济发展、金融风险防控等重点任务,深化长三角地区金融合作。

保障措施:(1)加强组织领导。进一步发挥长三角地区主要领导座谈会在重大问题上的谋划和决策作用;提高联席会议的协调能力,建立由省市分管领导牵头的工作协调平台;创新做实长三角区域合作办公室,扩大合作范围,做实工作机制。(2) 研究政策工具。研究设立长三角一体化发展投资基金：三省一市签署协议，各出资75亿元，共计300亿元；国开行正报请国务院批准从专项建设基金的回收资金中出400亿元，首期200亿元；探索建立区域利益共享的税收利益分享机制和征管协调机制；加强与国家对接。(3) 强化责任分工和考核督查。明确跨区域协调重点事项和责任分工；梳理排摸突出问题清单，明确阶段性主攻方向和突破口，细化任务，形成重点项目推进机制。(4) 营造良好的舆论环境。增强各方对一体化工作的认同感和积极性，形成强大合力；目前已经建立了长三角决策咨询专家委员会，包括陆大道、徐宪平、王一鸣、周其仁、董祚继、陈东琪、陈雯、吴越、陈晓剑、周振华等国内顶尖专家，将保持与长三角决策咨询专家的常态化交流互动，主动联络和服务，寻求智力支持；加强与各类传统媒体和新媒体合作，发挥好长三角网站的平台作用。

四、长三角地区一体化发展三年计划的推进实施

（一）全力实施好三年行动计划

一是依托专题组，分解细化任务，明确责任分工。目前，共梳理分解出具体任务335条；待三省意见正式反馈后，将完善重点工作清单、项目推进机制，正式挂图作战。二是积极推动重点合作事项纳入各省市政府的目标管理系统和日常考核机制，确保各项工作有序推进。三是长三角办将加强跟踪和综合协调，及时掌握各项工作落实情况，适时向主要领导和联席会议报告，并做好计划实施情况通报和宣传服务工作。

（二）前瞻谋划研究推进一批重大事项

信息化、环保、资金保障、交通、产业、民生、科创等领域的重大工程需谋划推进，要根据6月1日长三角地区主要领导座谈会精神，仔细梳理，认真落实。要按照"大家的事大家商量着办、大家的事大家牵头办、大家的事大家发挥各自优势办"的原则，协调明确责任分工，努力找准最大公约数。要不断丰富政策工具：一是在大基金方面，抓紧推进长三角一体化发展投资基金的组建工作；健全基金项目投资决策机制；建立长三角一体化重大基础设施项目库，梳理规划对接清单和标准对接清单，保障三年行动计划项目顺利实施。二是在生态补偿机制方面，借鉴新安江生态补偿试点经验，研究建立跨区域生态补偿机制等。

（三）积极争取国家政策支持

一是建立一个协调机制。建议请国家发改委牵头，相关部委、沪苏浙皖共

同参与,建立长三角一体化工作的部际协调机制,每年定期召开部际联席会议。二是制定一个规划纲要。建议由国家相关部门牵头编制长三角地区高质量一体化发展的规划纲要,作为指导未来长三角一体化工作的纲领性文件。三是制定一批专项规划。争取国家有关部委对相关专项规划的编制工作进一步加强指导和协调,与国家层面的有关规划相衔接,以保障规划日后能落实落地。四是实施一批重大项目。5G在长三角地区先试先用、北沿江铁路、沪乍杭铁路、太浦河后续工程、异地医保直接结算等重大跨区域项目,涉及国家有关战略规划布局和相关政策,争取国家有关部门帮助协调完善,加快实施。五是出台一批创新政策。建议国家把长三角作为区域一体化发展政策和机制创新的试验田,赋予更多的国家重大改革试点任务,如健全成本共担、利益共享机制,长三角一体化发展投资基金等。

(四)深化完善长三角合作机制

一是强化三级联动,充分发挥主要领导座谈会决策议事功能,强化联席会议协调功能,加强对区域性重大问题的协调力度。二是进一步完善长三角区域合作办公室工作机制,加强办公室组织、制度和队伍建设,积极做好统筹谋划、综合协调和督促落实工作。三是三省一市进一步充实人员队伍力量,充分发挥好长三角联席办和各专题组作用,深化完善统分结合工作机制,形成各方共同支持参与、高效务实的工作合力。

苏州在长三角地区一体化发展过程中也可以扮演重要角色。在创新领域、交通领域、环保领域等,苏州发展很快,包括苏州高新区、苏州工业园区等,这些区域本身就是长三角大都市群的一部分,是大城市群的城市核心功能区的一部分,也能够发挥龙头带动作用。在推进硬件合作的同时,在软件上,在城市治理上,苏州也有很多创新经验和创新的制度安排,可以在长三角的更大范围内进行复制和推广。苏州在新一轮长三角一体化高质量发展中完全能够担当更重要的角色。

(阮青系上海市发展改革委副主任、长三角区域合作办公室常务副主任。本文是根据阮主任在苏州市委党校举行的第15届长三角地区党校校长论坛、环太湖发展研究中心2018年年会暨第二届"智论苏州"高层论坛上所作的主题报告录音整理而成,孙志明整理)

如何跨越高质量发展的"江苏拐点"

章寿荣

省委书记娄勤俭指出，江苏要实现党中央提出的"为全国发展探路"的要求，就必须推动高质量发展走在前列，加快跨越由高速增长向高质量发展的"江苏拐点"。经济高质量发展是江苏"六个高质量发展"的重中之重，是决定江苏高质量发展全局的关键环节。面对新时代的高起点、走在前列的高定位、跨越拐点的高要求，江苏必须遵循经济高质量发展的内在规律，强化问题意识，补齐突出短板，不断夯实跨越高质量发展拐点的基础，交出经济高质量发展的优秀答卷。

一、"江苏拐点"有何内涵？

率先跨越"拐点"，是"走在前列"的硬指标。江苏要想实现高质量发展走在前列，必然意味着要率先跨越由高速增长向高质量发展的拐点。

具体来说，改革开放40年来，江苏经济总量增长超过100倍，但支撑高速增长的比较优势却在减弱。江苏推进高质量发展，已不具备高速增长期的比较优势，也不可能再延续过去的增长模式与路径，必须加快跨越由高速增长向高质量发展的"江苏拐点"，把经济发展的动力、模式与路径转到高质量轨道上。

因此，推进高质量发展，需要科学研判当下向高质量发展迈进的态势，把准方位、精准施策，更好谋划经济向高质量转轨的思路，用高质量发展的优秀答卷实现中央对江苏"走在前列"的要求。

高质量发展"拐点"，是由高速增长转向高质量发展而形成的"拐点"，具有三个方面的内涵。

一是质量水平的提升。其中，要素质量的提升，表现为资本、劳动、技术等领域的高级要素和创新要素供给逐步占据主导地位；需求质量的提升，表现为居民消费力的增长、消费品质的提升；供给质量的提升，表现为产业、产品、服务供给质量达到较高水平；体制机制质量的提升，表现为市场机制有效、微观主体有活力、宏观调控有度。

二是结构优化。在产业结构上形成以现代产业体系为主导的产业结构,在空间结构上形成均衡高效的区域结构、城乡结构和开放结构,在微观结构上大幅提升企业整体素质,奠定经济高质量发展的微观基础。

三是时间能量的消耗。一方面从高速增长转向高质量发展需要一个过程;另一方面从高速增长转向高质量发展的拐点,不是一个可精确计量的特定时间点,而是一个具有弹性的时间区间。

对于江苏而言,高质量发展"拐点"具有特殊内涵,要融"拐点"共性与江苏个性于一体。这意味着,跨越"江苏拐点"既要遵循高质量发展的一般演进规律,也要紧扣江苏实际情况,体现江苏区域特质。

因此,判断经济高质量发展的"江苏拐点",一要从高质量发展的演进规律出发对转向高质量发展的进程加以评估;二要体现江苏特色,结合江苏的区域特质、特色定位加以评估;三要树立时间区间理念,既要寻找由特定物理峰值构成的具体拐点,也要通过综合判断,得到标识"江苏拐点"的合理时间区间。

二、跨越"江苏拐点"的研判

(一)基于罗斯托经济成长阶段论的研判:跨进高品质消费、高质量生活阶段的门槛

正如罗斯托经济成长阶段论所指出的,人类经济社会发展普遍遵循从低级形态向高级形态的演进过程。但各经济体面临的具体情况千差万别,向高级形态的演进既具有普遍性,也存在前进、波动、停滞、倒退、飞跃等多种形态。

恩格尔系数是判断罗斯托经济发展阶段的重要参考。江苏城镇、农村家庭恩格尔系数已分别从1978年的51.1%、62.2%下降到2013年的34.7%和36.3%。2017年,中国恩格尔系数为29.3%,江苏恩格尔系数低于这一指标。根据统计,江苏城镇居民恩格尔系数从2016年的26.7%下降到2017年的26.5%。

如果仅从恩格尔系数指标判断,江苏已进入相对富裕阶段。但考虑到住房、教育、医疗等消费上涨与居民收入存在不相适应性,也会导致恩格尔系数偏低。加之地区和不同收入家庭恩格尔系数差距较大,尚不能得出江苏已进入富裕阶段的判断。

近年来,江苏消费力增长强劲,平均增长显著高于同期地区生产总值增长率;伴随内需扩张的则是消费层次的迭代升级,形成倒逼供给体系质量和效益

提升的强大动力,这正是江苏经济实现高质量发展的基础。

2016年,江苏城乡居民拥有汽车比例已超过1/3,洗衣机、电冰箱、彩色电视机等耐用品已经成为家庭"标配"。此外,移动手机、计算机等信息产品也基本普及,中高档乐器、健身器材、组合音响等享受型消费也达到一定比例。这表明,江苏正在进入以耐用品消费为主的"高额群众消费"。

同时,随着居民对消费品品质及服务质量的要求越来越高,江苏现有供给体系质量与效益面临极大的提升空间,这也反映了整个社会存在向"追求生活质量阶段"转变的强烈需求。

居民消费能力的提升使内需成为驱动生产的关键因素,需求结构的升级则倒逼供给体系的变革,由此必然要求改变长期以来形成的以量的扩张为导向的生产模式,要求以更高层次、更高质量的供需匹配推动社会向高阶形态跃升。

(二) 基于工业化发展阶段的研判:整体进入工业化中后期,并向更高阶段迈进

工业化阶段是判断一个地区所处发展阶段的重要参考。根据钱纳里一般标准工业化模式理论(准工业化阶段、工业化实现阶段和后工业化阶段),江苏目前仍处于工业化阶段,2016年江苏霍夫曼系数为0.59,大致处于工业化中后期。但地区差异较大,苏南等地已进入工业化后期阶段。

江苏在经历了改革初期以轻工业为主导的产业结构后,逐步转化为重化工业为主导的产业结构。重化工业惯性大,具有自我强化机制,在较长时期内,仍将在很大程度上决定江苏的产业结构形态。

根据诺瑟姆曲线,以从业人数比例衡量,江苏省第一产业从业人员占比为17.7%,远超同期第一产业在GDP中5.4%的占比,表明农业经营效益仍有很大提升空间;第二产业从业人员占比为45%,与第二产业在GDP中45.0%的占比相当;第三产业从业人员占比为39.3%,低于第三产业在GDP中50.1%的占比,表明服务业吸纳就业能力不足,与西方发达国家服务业就业人口比重普遍达到70%仍有差距。与国际水平相比,江苏产业结构偏离度较大,还未达到成熟状态,仍需要深度调整。

综合判断,当前江苏整体处于工业化中后期阶段,但地区差异性较大。尤其需要看到,江苏实体经济发达,制造业体系完整,现阶段仍需进一步巩固提升制造业的规模、质量与效益。苏南地区制造业基础较好、竞争优势突出,尤其需要推动制造业的高点提升,以强化生产性服务业支撑、提升制造业国际竞争力、塑造制造业新竞争优势为导向,不断赋予工业化进程以新内涵。

在这一阶段,江苏需要深入探讨工业化的深化提升与提升制造业及整个产业体系质量效益之间的关系,防止"去工业化"倾向,促进工业化进程深化与工业化质量内涵提升的良性互动。

(三)基于城市化发展阶段的研判:城市化进程进入从加速期向稳定期转变的拐点,"半城市化""逆城市化"问题得到较好解决

从全球发展规律看,现代化既是工业化的进程,也是城市化的进程。从高速增长转向高质量发展必然建立在高质量的城市化基础之上,高质量的城市化为高质量发展提供可靠的人口支撑和空间支撑。

改革开放以来,江苏城市化进程经历了一个持续扩张的过程,目前城市化率已接近70%,正进入稳定发展阶段。但由于全省各地发展存在差异,一些苏中、苏北地区仍处于城市化的加速期,城市化仍有较大空间。

在城市化进程中,我国不少地区出现了基于传统城乡二元结构的"半城市化"问题,甚至在城市内部形成了特殊形态的"城乡二元结构";一些地区则出现了不同于西方国家在城市化成熟阶段才出现的"逆城市化"现象。

江苏省统计局调查表明,到"十二五"末,全省仍有7%的人口虽然统计在城镇化率中,但未取得城镇居民的待遇,仍然是农民。农业人口大量转移的同时,"两栖"农民大量存在,并未充分彻底转移。

"十二五"期间,江苏共转移农村劳动力125万人,预计"十三五"期间,约800万农村劳动力进城转户,意味着江苏农村劳动力充分、彻底转移将大大提速。与全国一些地区相比,苏南城乡一体化水平走在全国前列,较好解决了"新城市化"特别是农业转移人口城市化问题,未来仍需进一步提升城市化质量,为城市经济高质量发展提供支撑,也为高质量推进乡村振兴提供支撑。

三、江苏经济高质量发展的态势

当前,江苏经济高质量发展态势体现在以下三个方面。

一是支撑高速增长的重要指标相继达到峰值,江苏跨越经济高质量发展拐点已取得实质性成就。要想跨越由高速增长向高质量发展的"江苏拐点",转变高速增长时期形成的粗放型增长方式是前提。这一转变可通过支撑过去高速增长的指标变化加以衡量。从劳动力年龄峰值来看,江苏已越过劳动力供给峰值,这直接决定江苏刘易斯拐点的到来。从主要污染物排放峰值来看,近年来江苏主要污染物排放量持续减少,表明江苏主要污染物排放进入下行通道,已

二、改革创新推进高质量发展

达到或接近达到峰值。鉴于江苏能源消耗在高位运行,加之环境污染具有复杂性、复合性、交叉性,部分指标具有潜伏性、隐蔽性,因此江苏要跨越环境库兹涅茨曲线拐点仍需保持定力,久久为功。从传统产能峰值来看,伴随供给侧结构性改革的深度推进,钢铁、水泥、电解铝、平板玻璃、船舶等传统产业产能陆续达到物理性峰值,这为江苏经济高质量发展腾出了宝贵空间。

二是支撑高质量发展的新要素、新动能渐成主干,江苏跨越经济高质量发展拐点正获得可靠支撑。跨越由高速增长向高质量发展的"江苏拐点",能够支撑高质量发展的新要素、新动力是基础。江苏在全国较早转变经济增长方式,较早开展经济结构调整,一些质量高、效益好、竞争力强的新动能蓄势发力,有效支撑了国民经济平稳发展,避免了经济断崖式下滑造成的破坏。在新动能培育方面,消费对增长的贡献率显著提升。2017年,江苏消费对经济增长的贡献度达61.7%,贡献率稳居"三驾马车"之首,居民消费潜力释放和消费升级,从需求端为经济高质量发展创造了条件。2017年,江苏高新技术产业、战略性新兴产业产值分别提高到42.7%和31%,表明江苏产业结构调整取得明显成效。在新产业、新业态中,江苏数字经济规模居全国第二,仅次于广东。2017年,全省电子信息制造业实现销售32 718亿元,软件与信息服务业实现业务收入9 200亿元,均居全国第二。物联网、云计算、大数据等新兴产业规模和增速领跑全国。新要素、新动能的持续涌现,标志着支撑江苏经济高质量发展的新动能已形成,将成为江苏跨越高速增长向高质量发展拐点的关键力量。

三是质量效益指标稳定提升,正迈向经济高质量发展拐点,但一些关键指标仍有待提高。质量效益指标是经济高质量发展最直接的反映。近年来,江苏全社会劳动生产率稳步增长,从2012年113 594元/人上升到2017年180 578元/人,是全国平均水平的1.8倍,高于世界平均水平(2015年为18 487美元),但与美国(2015年为98 990美元)还存在很大差距。对标上海、广东、浙江等省市,江苏在高新技术产业政策、专利申请量、商标注册量等一些经济高质量发展关键指标上还相对落后。这些指标既反映当前地区发展水平,更影响长远发展后劲,是决定未来地区经济高质量发展的关键因素,必须高度重视,力争迎头赶上,形成支撑江苏未来高质量发展的新优势。

综合分析,江苏正稳步迈向经济高质量发展的拐点。当然,跨越由高速增长向高质量发展的"江苏拐点"是一个持续的过程,在量的积累达到相当程度之后才能实现质的飞跃。

(作者系江苏省社会科学院副院长)

苏州构建现代化经济体系的优势及路径

成涛林

党的十九大报告指出,建设现代化经济体系是跨越关口的迫切要求和我国发展的战略目标。苏州经济社会发展一直走在全国前列,具备率先建设现代化经济体系的基础和优势,应强化责任担当,积极主动作为,努力在现代化经济体系建设上走在全省、全国前列。

一、苏州构建现代化经济体系的优势

一是整体较强的经济实力。改革开放以来,苏州先后抓住农村改革、乡镇企业发展、浦东开发开放和加入世贸组织等重大机遇,实现了"农转工""内转外"的重要转变,经济发展持续量质齐升,综合实力不断实现新跨越。2017年实现地区生产总值1.7万亿元,总量位居全国城市第7位;以全国0.09%的国土面积,创造了全国2.1%的GDP;人均地区生产总值达2.2万美元,相当于已经跨入世界高收入国家行列;规模以上工业总产值连续五年超过3万亿元,位居全国城市第2位;一般公共预算收入达到1908亿元,位居全国城市第6位,财政收入占GDP的比重达到11.2%,比2012年增加1.2个百分点,经济产出效益更高。

二是不断优化的产业结构。苏州紧紧抓住转方式、调结构这一关键,逐步形成了在增长中转型、在转型中发展的良好态势。2015年,三次产业结构比重首次实现"三二一"战略性转变;2016年,服务业增加值占比首次超过50%。2017年,新兴产业、高新技术产业产值占规模以上工业总产值的比重分别达到50.8%、47.8%,产业发展变得更新,产业层次变得更高。

三是持续更新的增长动能。长期以来,苏州经济发展之所以能够走在全国前列,主要依靠改革推动、开放引领、生产要素投入驱动,投资驱动型、出口拉动型增长特征明显。面对新常态,发展动力转换势在必行。苏州坚持通过体制改

二、改革创新推进高质量发展

革破解发展难题,经济增长的内生动力和可持续性不断增强,消费需求拉动作用显著提升,创新驱动取得新突破,2017年科技进步对经济增长的贡献率达64%,高于全国6.5个百分点,科技综合实力连续9年位列全省第一。

四是统筹协调的发展格局。作为全国农村改革试验区和全国城乡发展一体化综合改革试点城市,苏州持续推进城乡发展一体化战略,勇于实践,敢于创新,着力破除城乡二元结构,有效缩小城乡差距,城乡发展一体化已成为苏州的特色、品牌和亮点。2017年城乡居民收入比为1.96∶1,成为全国城乡收入差距最小的地区之一;农村集体总资产1 840亿元,村均稳定性收入815万元,所有经济薄弱村全部完成年稳定性收入超过200万元的脱贫目标。在2013年率先实现城乡低保、基本养老、医疗保险"三大并轨",使发展成果更多更公平地惠及全体人民。县域经济协调发展也是苏州的又一大亮点,四个县级市在全国县域经济发展综合实力排名中始终位列前十位,形成了各具特色的发展之路,这在全国县域经济发展史上也是独一无二的。

五是健全良好的市场体制。苏州对外开放起步早,接受市场经济意识快。早在20世纪90年代,苏州就坚持以市场推动为主,以政府推动为辅,按国际通行惯例办事,严格依法行政,为市场主体建立良好稳定的预期,法治化、国际化、便利化的优良营商环境享誉海内外。近年来,"放管服"改革步伐不断加快,"网上办、集中批、联合审、区域评、代办制、不见面"审批改革在全市推行。商事制度改革持续深化,社会投资活力全面激发,2017年市场主体累计超过140万户,位居全省第一。

六是区域领先的开放水平。苏州是国家扩大对外开放的典型缩影。改革开放以来,苏州始终坚定不移推行对外开放,以开放促转型、以开放促创新、以开放促科学发展,开放型经济发展描绘了一幅波澜壮阔的辉煌画卷。全市规模以上工业总产值的65%、GDP的60%、公共财政收入的45%都由开放型经济直接创造。2017年,进出口总额为3 130亿美元,位列全国城市第4位;拥有国家级开发区14个、省级开发区3个、海关特殊监管功能区8个,是全国开放载体最为密集、功能最全、发展水平最高的地区之一。

与此同时,苏州在构建现代化经济体系方面仍存在一些薄弱环节,主要有:经济发展水平进一步提升受到瓶颈制约,与深圳、广州等标杆城市的差距有所拉大,而杭州、武汉、成都等后起之秀追赶越来越近,苏州下一步究竟走向何方,突破的路径何在,仍有待进一步明确;新旧动能转换仍须加速,传统产业转型步伐需要进一步加大,新经济新业态对经济增长贡献率有待进一步提高,具有苏州标志的品牌和创新高峰亟须加快培育;缺乏更高层次的对外开放平台,对外贸易结构还有待优化,利用外资仍需提质增效,走出去步伐仍需加大。

二、苏州构建现代化经济体系的基本路径

（一）以供给侧结构性改革为主线,加快优化经济结构

党的十九大报告将"深化供给侧结构性改革"列为"建设现代化经济体系"的首要任务,更进一步凸显了供给侧结构性改革在当前政策体系和经济工作中的地位。苏州开展供给侧结构性改革起步早,曾在全省第一家出台降成本政策文件。目前供给侧结构性改革取得明显成效,今后需要进一步深化。一是不断加快新旧动能转换步伐。加快培育和发展新业态、新模式、新技术、新产品,在中高端消费、创新引领、绿色低碳、共享经济、现代供应链、人力资本服务等领域培育新增长点。立足生产和生活消费升级需要,推动传统产业提高核心竞争力和产品附加值,向质量提升、绿色低碳、服务优化、品牌高端等方面发展,不断提高供给质量和效益。二是持续推进"三去一降一补"五大任务。去产能方面,加快推进工业企业资源集约利用综合评价工作,依靠市场化、法治化手段处置低效企业、僵尸企业。去库存方面,目前苏州普通商品房需求比较旺盛,而商铺等非普通商品房需求不足,存在一定的库存压力。要强化土地供应和房地产市场联动机制,根据市场需求变化适时调整土地供应计划,充分发挥市场机制作用,价高者得地,保持房地产用地市场供需基本平衡,从紧控制非住宅土地供应。引导和支持部分库存工业、商业地产改造为孵化器和众创空间,将库存商品房改造用于养老、旅游等项目发展。去杠杆方面,要着力优化杠杆结构,提升杠杆质量,将地方政府特别是乡镇一级政府去杠杆作为重中之重,有效化解乡镇政府债务,切实防范债务风险。规范地方政府举债行为,严禁通过PPP项目、政府购买服务、各类政府投资基金等其他方式违规变相举债,增加政府隐性债务。降成本方面,在严格贯彻落实国家各项税费减免政策、降低企业办税成本的基础上,重点解决企业普遍面临的融资难、融资贵问题。不断强化财政金融互动融合,有效减少企业和银行之间的信息不对称等问题;尽快放大综合金融服务平台作用,大力支持区域股权交易市场建设,有效拓宽企业融资渠道。当前,苏州社保基金结余规模较大,需要密切关注社保费用征管体制改革的最新动态,妥善处理可能引发的中小企业社保成本增加这一问题,保障众多中小企业正常

二、改革创新推进高质量发展

运转。补短板方面,要聚焦人民对美好生活的向往,重点在市政和环保基础设施、就业创业、卫生医疗、教育、养老等方面加大政策支持力度,尤其要在学前教育、普通高中等方面加大投入力度。三是探索发展自主可控制造业体系。今年以来,省委书记娄勤俭在全省各地调研时,多次提出建设"自主可控的现代产业体系"。要下定决心、找准重心、保持恒心,主动作为,在提升关键技术控制力、产业集群带动力、产业链条整合力、信息化引领力和标准主导力等方面下功夫,加快走出一条具有苏州特色的自主可控制造业体系之路。

(二)以创新驱动战略为引领,加快转换新旧动能

党的十九大报告提出,创新是引领发展的第一动力,是建设现代化经济体系的战略支撑。要发挥企业、科研院所和高校、政府三方面的协同作用,群策群力。其中,企业是创新的"主力军",高校和科研院所主要是为企业提供人才和技术,政府主要是营造良好的制度和政策环境,三者都不可偏废。一是加大对企业技术改造和研发试验等创新能力建设的支持力度。鼓励企业采用新技术、新材料、新工艺,提高产品科技含量;进一步加大对企业研发投入的抵扣力度。支持企业在国外设立研发机构、开展跨国并购等活动,充分利用全球创新资源,提升国际分工地位;要高度重视中小微企业在创新中的作用,扶持初创企业发展,着力培育形成一批创新型大企业。二是营造保护企业家合法权益的法治环境。促进营造企业家公平竞争、诚信经营的市场环境,以及尊重和激励企业家干事创业创新的氛围,充分调动企业家的主动性和积极性。要改革和完善人才发展机制,打通人才流动、使用、发挥作用中的体制机制障碍,用好用活人才,为创新人才培养提供更好的生态和环境。三是充分运用好现有的创新中介机构。主要包括孵化器、专业服务机构(例如会计师事务所)、科技咨询机构、创投机构以及行业协会、商会、人才市场、信誉评级机构等,发挥创新中介机构对创新发展的积极带动作用。

(三)以城乡融合发展为依托,加快推进农村现代化

"三农"问题任何时候都是国计民生的根本性问题,也是构建现代化经济体系的重要内容。一是推动城市基础设施向乡村延伸。当前,在燃气、污水、生活垃圾处理等方面,城乡间基础设施还存在较大的差异。要主动加快推动城镇基础设施向农村延伸,补齐乡村发展短板,在保持乡村文化和风情的基础上,推动乡村生活品质提升,实现乡村高质量发展。二是坚决守住生态底线,永久展现姑苏鱼米之乡风貌。坚定不移把"四个百万亩"作为保护战略生态资源的关键

举措,在保持动态平衡的基础上,合理完善布局。大力发展生态、高效、精致农业,推进风景田园建设,积极培育乡村旅游、民宿经济、养生养老、农村电商、田园综合体等新兴产业和新业态。深入推进"三集中""土地增减挂钩""三优三保",实现土地利用空间节约、土地价值空间转移以及土地规模空间集中,提高土地利用效率。三是稳步推进特色田园乡村、美丽村庄建设,真正做到记得住乡愁、留得住根。科学整合古镇资源,合力打造新型国家公园,不断提升古镇品牌竞争力、影响力。加强江南水乡村落和古村落组群保护,打造原生苏式水乡,促进活力、富足、宜居和美丽的苏式水乡与"繁华都市"交相辉映。四是稳步推进区镇合一。当前全市各板块都存在国家级开发区、省级开发区、涉农乡镇等几种类型共存发展的格局。从发展基础、政策权限及区位优势等因素来看,传统的乡镇发展处于"洼地",人才引进、招商引资等都是"短板"。而现有的开发区经过数年开发后,土地等资源受到严重制约,影响了进一步对外开放。实行区镇合一,以强带弱,有利于有效整合开发区开发建设优势与乡镇管理优势,形成工作合力,协同推进功能提升。

(四)以科学处理放与管的关系为原则,加快提升营商环境

改革政府与市场、企业与官员关系是建设现代化经济体系的主线,主要原则有三个:政府应该是更好而不是更多地发挥作用,"更好"的标准是不缺位、不越位、不错位;政府要把"放手"当作最大的"抓手",明确政府的权力边界,对权力清单外的事务多做"减法",为市场活动制定规范,并充当监控者和仲裁者,纠正市场自身的失败;官员和企业之间应该是健康的"亲清"关系,所谓"亲",就是坦荡真诚同企业接触交往;"清",就是不以权谋私,不搞权钱交易。一是深入推进放管服改革。进一步完善政府权力清单、责任清单和企业的负面清单,推进清单标准化改革。持续深化行政审批制度改革,加快"互联网+政务服务"改革,深入推进不见面审批。深化商事制度改革,加快推行全程电子化登记、电子营业执照应用、登记信用承诺等创新举措。二是完善事中事后监管体制。有效整合监管资源,有序推进部门内、跨部门的综合行政执法体制改革,完善以信用为基础的综合有效监管执法体系,实现"双随机、一公开"监管全覆盖。三是不断改进和优化对企业的服务。要克服"多做多错""多一事不如少一事"心理,积极作为、主动作为、靠前服务,对企业发展多关注、多调研、多引导,切实帮助企业解决实际困难。

二、改革创新推进高质量发展

（五）以构建全面开放新格局为目标，加快提升开放质量水平

对外开放一直是苏州的亮点和特色，也是苏州发展史上的显著标志之一。近几年来，受欧美政治和经济形势的影响，"逆全球化"潮流不断涌现。在这种情境下，我们仍需立足自身优势，高举对外开放大旗，全面提升对外开放质量和水平。一是积极向上争取，将工业园区开放创新综合试验拓展到全市。这有利于集成放大工业园区开放创新综合实验区各项政策效应，有利于更合理优化配置创新资源要素，有利于更充分发挥区域前沿领先优势，为全省全国开放型经济、创新型经济发展提供良好示范。二是提升开放合作平台。积极探索海峡两岸产业交流合作新路径、新机制、新模式，努力把昆山海峡两岸产业合作试验区建设成为两岸产业合作转型升级的先行试验区、中小企业深度合作的重要载体和交流合作模式创新的示范平台。加快创建中德产业合作创新试验区，努力打造国家级对德合作载体。三是加快走出去步伐。积极响应"一带一路"倡议，培育境外经贸合作区，打造企业"走出去"发展平台。扩大国际产能合作，加强境外资源开发，提升全球范围资源配置能力。打造全球营销和服务体系，支持企业建设公共海外仓，加快推进跨境电商综试区建设。

（作者系苏州市人民政府研究室科研处处长）

关于新时期苏州加快转型发展的若干思考

中共苏州市委市情研究基地　苏州市情研究中心

江苏省第十三次党代会期间,省委书记李强参加苏州代表团讨论时,对苏州下一步发展提出了四个方面需要重点关注的问题,并对苏州的科技创新提出了具有很强针对性、指导性的"创新四问";此后,李强书记又专程赴苏州调研,要求苏州充分发挥领先优势,在"两聚一高"实践中勇挑重担、探索新路,拿出更大作为,加快转型发展,全面提升水平,在高水平全面建成小康社会中发挥示范引领作用。在2017年江苏省"两会"期间,省长石泰峰参加苏州代表团审议时强调指出,"苏州经济稳,全省经济才能稳";会后,石泰峰省长利用两天时间在苏州调研,并强调指出,作为全省经济的压舱石,苏州既要千方百计稳住经济,还要稳得好、稳得牢,更好发挥引领性作用,加快推动制造业转型升级,为全省经济行稳致远提供有力支撑。省委省政府主要领导高度关注苏州发展,如此高频率对苏州发展提出明确要求,值得我们深思。省委省政府主要领导要求苏州加快转型发展、更好体现在全省的引领性作用,这是对苏州新时期发展的殷切期望,同时我们更应该感受到一种沉甸甸的责任。我们必须贯彻落实好省委省政府的最新要求,担当起这一发展重任。

应该说,改革开放以来苏州取得的一大成就,就是奠定了走在全省全国发展前列的经济地位,许多主要指标基本处于全国大中城市前5位,在全省全国经济版图中扮演了重要角色。然而近年来苏州的位次、占比出现下滑趋势,这种变化引发各界关注。从两个维度分析,我们可以发现,一是,苏州GDP近年来在全国大中城市的位次持续下降。苏州的GDP在全国大中城市中一度跃居第5位,以2005年为例,苏州居第5位在深圳之后,两地相差800多亿元。2008年开始,这一差距持续缩小,2010年仅相差300亿元。然而这种状况从2011年开始悄然改变,苏州与深圳差距不断拉大,深圳领先苏州近350亿元;2012年苏州被天津超越,居第6位,与天津相差近500亿元;2014年苏州又被重庆超越,居第7位,与重庆相差超过500亿元;2016年苏州仍居第7位,而差距进一步拉大,与第6位的重庆相比落差超过1 600亿元。二是,苏州主要经济指标近年来增速低于全省平均水平,且占全省比重呈下降之势。2016年苏州GDP增幅7.5%,低于全省(7.8%)0.3个百分点;二产增加值增幅5.4%,低于全省(7.1%)1.7个百分点,进出口降幅(-4.7%)比全省(-0.7%)多4个百分点,全社会固定资产投资全省增长7.5%,而苏州是-7.8%。苏州经济在全省占有较大份额,然而最近几年占比呈下降之势。我们以10年前后作一比较。2006年苏州GDP占全省比重22.33%,2016年占比20.26%,下降2.07个百分点;二产增加值2006年苏州占比25.89%,2016年占比21.5%,下降4.34个百分点;进出口总额2006年苏州占比61.36%,2016年占比53.76%,下降7.6个百分点;出口总额2006年苏州占比59%,2016年占比51.35%,下降7.65个百分点;一般公共预算收入2006年苏州占比24.16%,2016年占比21.3%,下降2.86个百分点;全社会固定资产投资2006年苏州占比20.94%,2016年占比11.44%,下降9.5个百分点。

对于上述现象,媒体各有解读与议论。我们感到,对此没有必要过于纠结。一种有别于其他地方的发展思路、发展模式的出现,总会有各种各样的议论。10多年前,外界对于当时苏州的发展就有过"只长骨头不长肉"的评价。这类议论有的有其正确部分,有的则失之偏颇,由于视角不同、情况了解不充分等因素,往往不够客观、不够全面,甚至以偏概全,但作为一种"清醒剂",引起我们的警觉与借鉴,还是有其积极意义的。关键在于我们自身必须对此现象有一个清醒、客观的认识与把握。其一,近年来全球宏观环境发生重大变化,受国际金融危机的影响,经济发展中的不确定不稳定因素增加,这是苏州经济增速受阻的重要外部条件。其二,苏州经济基数大,再要保持较高的增速,难度相对就比较大,而其每年新增部分还是有一定规模优势的。其三,从本质上看,苏州位次下移、占比下降,充分反映了自身存在的结构性矛盾,即苏州经济增长以"外"为主、产业层次以"低"为主、企业规模以"小"为主,深刻反映了苏州经济增长的内生动力不足、创新能力偏弱等问题。其四,我们不应片面追求位次和占比,不应唯GDP,但其反映的问题应该引起我们的足够重视,充分认识苏州经济加快转型发展的重要性、紧迫性。任尔东西南北风,咬定青山不放松,加快转型发展,是苏州再创走在全省全国发展前列新辉煌的战略选择。

我们感到,苏州经济要加快转型发展,以下方面值得研究与把握。

一是全面提升苏州经济的创新能力与内生动力。提升创新能力是苏州加快转型发展的重中之重。可以说,创新能力不强是苏州经济的一大短板与软肋,如何尽快改变这一现状,是提升苏州发展竞争力、掌握发展主动权的重要抓手,也是省委极为关注、期望苏州作出示范的重大任务。我们必须清醒认识到,提升创新能力,这是一项长期任务,但是不等于可以慢慢来,而必须以创新的思路与举措,力争苏州创新取得突破性进展;提升创新能力,落脚点在产业创新,核心在创新型人才,必须把引进高层次创新型人才与加快发展战略性新兴产业更好结合起来,形成良性互动格局,以新产业平台集聚高层次人才、以高层次人才引领新产业发展;提升创新能力,重在实现创新型人才项目本土化,省委李强书记要求苏州在推进自主创新中追求原创性成果,具有深刻含义。我们必须坚持引进与培育结合,集聚高端创新要素,既要引进大项目、大平台,更要引进具有潜力的创新企业、创客企业,在引进基础上加大培育力度,使之本土化,形成原创性的创新成果与标志性品牌,探索"内生式"增长路径。

二是加快推进以制造业为主的实体经济的战略升级。加快制造业战略升级是苏州加快转型发展的重要抓手。实践证明,实体经济是确保地区经济增长的重要支撑。从苏州的情况看,第二产业占 GDP 比重在 47% 左右,规模以上工业增加值占二产增加值比重接近 90%,规模以上工业增加值占 GDP 比重 41.13%。可以说,工业尤其是制造业仍然是苏州经济发展的主体经济和主动力,一定意义上,苏州经济要实现"稳增快转",发挥全省经济的"压舱石"、引领性作用,工业尤其是制造业实现战略升级至关重要。因此,必须把握以下基本点。其一,守住占比底线。我们强调转型升级,不仅是指三次产业的结构优化,还包括工业的转型升级,我们绝不能因强调服务业而忽略了工业尤其是制造业在整个经济结构中的位置。近年来苏州工业占 GDP 比重在下降,2016 年规模以上工业增加值占 GDP 比重为 41.13%,而 2015 年为 43.18%,前后相比下降 2.05 个百分点,值得我们关注。近年来上海提出了工业占 GDP 比重必须守住 25% 的底线,从苏州的情况看,有必要确立一个底线,比如守住 40% 的底线,工业占比持续下滑必然会影响苏州经济的稳定增长。其二,稳住有效投入。近年来在宏观环境影响下苏州工业增长乏力,2016 年工业总产值仅比上年实现 0.1% 的微弱增长,而且工业投资呈下降之势,2015 年降幅 4.6%,2016 年降幅进一步扩大到 9.9%,没有投入就没有产出,这将直接影响到未来几年的工业产

二、改革创新推进高质量发展

出。我们必须坚持把立足当前与着眼长远紧密结合,千方百计加快推进工业大项目落地,切实加大工业的有效投入,努力使工业投入企稳回升。其三,提升技术含量。目前苏州工业很大程度上存在"有规模、少技术""有产业、少产品"的矛盾,要加大有效投入,创新与央企、科研院校和国外院校的合作开发机制,优化创新生态,吸引高新技术项目落地,加快推进苏州制造业以研发创新为核心的智能化、品牌化,真正把苏州建成具有国际竞争力的先进制造业基地。

三是努力以提升国际化程度来提升苏州转型发展的高度。以提升国际化程度来提升苏州转型发展的高度,是苏州加快转型发展的战略举措。苏州的转型发展,不仅是经济与产业的转型,还应包括城市建设、人口发展、管理制度等各方面各层面的全面转型。应该说,苏州因改革开放而崛起,改革开放使苏州从一座历史文化名城和风景旅游城市蜕变为经济大市、开放大市和新移民城市。开放使苏州走向世界并融入全球经济体系。目前尽管苏州的开放度很高,但国际化程度不足,从根本上看,苏州一定意义上仍然是一座"打工者城市",产业层次相对较低,也就决定了集聚外来人口以打工者为主。我们应该看到,一个地区的开放度不等于国际化程度,开放度主要是一个经济概念,而国际化程度则还包括了文化发展、制度创新、城市建设、人口素质等不同层面、不同领域与国际水平的对接。因此,在"十三五"时期,苏州有必要确立建设现代化、国际化、创新型城市这一目标,瞄准世界先进水平,借鉴上海、深圳、香港、新加坡等地的先进理念与成功经验,大力集聚高端要素,加快提升经济、产业、科技、管理、城市、人口的国际化水平,高起点推进苏州的全面转型发展。

四是进一步增强聚焦改革、精准发力的主动性、系统性。深化改革是苏州加快转型发展的主动力。当前我们发展中的许多矛盾很大程度上来自体制机制障碍,苏州转型要取得突破性进展,从根本上看取决于体制机制的改革创新。应该说,我们改革的方向、要求、部署已经明确,改革的"四梁八柱"已经构建,亟须在重要领域、关键环节取得实质性进展。从现实情况分析,一方面,要坚持大胆试、大胆闯、主动改。改革不能等、靠、要,要充分利用并发挥各级开发区尤其是园区开放创新综合试验、昆山海峡两岸产业合作试验等改革平台的优势,大胆试、大胆闯、主动改。我们应该看到,苏州历来有主动改革创新的勇气与智慧,改革开放初期就创造了昆山开发区先自费开发再列入国家名册的奇迹,目前苏州尽管没有列入国家自贸区改革,但同样拥有一批改革平台,应该积极借鉴自贸区的各种改革试点,看准了的主动改、主动试,为全国改革提供样本。另一方面,要防止改革的"碎片化"。改革是一项系统工程,这不仅指各项改革之间,还包括改革与发展、改革与达成一个怎样的目标的关系。我们要防止改革的"零敲碎打"和单兵突进,跳出就改革论改革、为改革而改革的误区,坚持改革的问题导向、发展导向、目标导向,把改革的精准发力与加快推进苏州转型发展更加紧密、更加有效地结合起来,切实增强改革的针对性、系统性,为苏州加快转型发展提供强劲动力。

五是积极倡导树立勇于担当、善于创新的开拓精神。在全市各级干部中倡导树立勇于担当、善于创新的开拓精神,是苏州加快转型发展的精神武器与重要保障。当前转型发展的要求高、稳定增长的难度大,我们既需要勇气更需要智慧,既需要创新更需要担当。在改革开放的实践中,苏州各级干部实践并形成了"昆山之路""张家港精神""园区经验",从而推进并保障了苏州发展不断迈上新台阶。可以说,"三大法宝"的核心内涵就是苏州各级干部的责任担当与一种永不满足、永远创新的开拓精神,是苏州的宝贵精神财富与攻坚克难的制胜法宝。我们必须清醒认识到,当前以这种开拓精神为重要内核的"三大法宝"并没有过时,而是比以往时候更加需要弘扬光大,这是我们的"精神之钙"。在苏州加快转型发展的关键时期,省委省政府对苏州发展提出了明确要求,实践中我们又面临着诸多困难与挑战,更加需要我们积极弘扬"三大法宝"、积极实践"三大法宝",并赋予其新的时代内涵,更为坚定地树立起勇于担当、善于创新的开拓精神,在全市上下形成一种团结拼搏、奋发有为的生动局面。

(执笔:陈楚九)

二、改革创新推进高质量发展

数据对比找差距

——苏州与深圳转型发展比较研究(上)

中共苏州市委市情研究基地　苏州市情研究中心

当前,苏州正站在新的发展起点。在江苏省第十三次党代会上,省委书记李强对苏州科技创新提出了"创新四问",并强调"苏州发展一定要跳出江苏看发展,紧盯同类城市,深圳、北京中关村、上海张江都有值得学习借鉴的地方"。此后,李强书记又专程赴苏州调研,要求苏州充分发挥领先优势,在"两聚一高"实践中勇挑重担、探索新路,加快转型发展,全面提升水平。面对省委对苏州发展的最新要求,如何找出差距、创新举措,以实际行动交上一份满意的答卷,是当前一项十分重要的任务。为此,我们选择深圳作为比较对象,就两地之间主要经济指标进行初步的比较分析,并梳理总结深圳推进创新转型的主要举措,供大家参阅。

深圳的发展起步于改革开放初期,作为经济特区,经过三十多年的发展,取得了举世瞩目的成就,尤其是深圳加快转型发展、提升创新能力的实践值得苏州学习借鉴。深圳目前常住人口1 190.84万,与苏州(1 064.74万)大致相当,两地GDP总量也比较接近。从2007年到2016年这十年间两地经济总量对比可以发现,苏州经历了一个逐步接近、缩小差距,然后又不断拉大与深圳差距的过程。2007年苏州GDP总量0.57万亿元,深圳0.68万亿元,苏州与深圳相差1 100亿元,之后逐步缩小差距。到2010年,苏州0.92万亿元,深圳0.95万亿元,苏州与深圳仅差300亿元。之后两地差距逐步拉大,2011年苏州落后深圳1 000亿元,到2016年苏州落后深圳4 100亿元。而且从增速看,2012年之前,苏州增速均超过深圳,2013年开始,深圳不仅GDP总量超过苏州,而且每年的增速均超过苏州。2013年深圳增速10.5%,苏州9.6%,落后深圳0.9个百分点,2016年深圳增速达9%,苏州7.5%,落后深圳1.5个百分点(具体见表1和图1)。

表1 近十年苏州与深圳地区生产总值比较表

单位:万亿元,%

年份	深圳		苏州		总量差距
	总量	增幅	总量	增幅	
2007	0.68	14.7	0.57	16	0.11
2008	0.78	12.1	0.67	13	0.11
2009	0.82	10.7	0.74	11	0.08
2010	0.95	12	0.92	13.3	0.03
2011	1.15	10	1.05	12	0.1
2012	1.295	10	1.2	10.1	0.095
2013	1.45	10.5	1.3	9.6	0.15
2014	1.6	8.8	1.38	8	0.22
2015	1.75	8.9	1.45	7.5	0.3
2016	1.95	9	1.54	7.5	0.41
年均增幅	11.1		10.45		

单位:万亿元

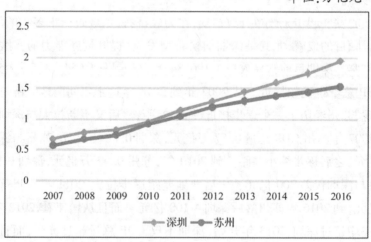

图1 近十年苏州与深圳地区生产总值曲线图

为了进一步看清楚苏州与深圳的差距,我们从7个方面进行了指标对比分析。

一、从GDP平均值看,苏州人均指标增速有所提升,但人均、地均规模都落后于深圳

2015年苏州人均地区生产总值增速为4.93%,深圳是5.2%,苏州落后0.27个百分点。2016年有所改善,苏州人均地区生产总值增速为6.38%,深圳是3.6%,苏州比深圳高出2.78个百分点。但苏州的人均、地均规模落差较为明显。从人均地区生产总值看,按常住人口统计,2015年苏州人均地区生产总值13.63万元,深圳15.8万元,苏州相差2.17万元。2016年这一差距有所缩小,深圳16.37万元,苏州14.5万元,与深圳差距缩小到1.87万元。从地均地区生产总值看,苏州与深圳的落差更为明显。2015年深圳地均地区生产总值8.76万元,苏州(含水面)2.65万元,苏州相差6.11万元。2016年苏州1.78万元,深圳9.76万元,落差拉大到7.98万元。即使苏州扣掉36.7%的水域面积,按陆地面积计算,苏州地均地区生产总值也仅为2.81万元,不足深圳的三分之一(具体见表2)。

表2 苏州与深圳地区生产总值比较表

年份			地区生产总值 (万亿元,%)	人均地区生产总值 (万元,%)	地均地区生产总值 (万元)
2015	深圳	总量	1.75	15.8	8.76
		增幅	8.9	5.2	
	苏州	总量	1.45	13.63	2.65
		增幅	7.5	4.93	
2016	深圳	总量	1.95	16.37	9.76
		增幅	9	3.6	
	苏州	总量	1.54	14.5	1.78(2.81)
		增幅	7.5	6.38	

二、从一般公共预算收入看,苏州纵向比较增长较快,但在总量规模、人均规模和占GDP比重等方面均有较大落差

2015年苏州完成一般公共预算收入1 560.8亿元,2016年完成1 730亿元,增幅达10.8%,超过GDP增幅。与苏州相比,2016年深圳完成一般公共预算收

入达3 136亿元,超过苏州1 406亿元,增幅达15%,领先苏州4.2个百分点。从人均一般公共预算收入看,按常住人口计算,2015年深圳达24 613元,苏州14 710元,苏州相差9 903元。2016年深圳26 334元,苏州16 248元,苏州落差拉至10 086元。从一般公共预算收入占GDP比重看,2015年深圳占比15.58%,苏州占比10.76%,苏州落后4.82个百分点,2016年深圳占比16.08%,苏州占比11.23%,落后4.85个百分点(具体见表3)。

表3 苏州与深圳一般公共预算收入比较表

年份			一般公共预算收入 (亿元,%)	人均公共预算收入 (元,%)	一般公共预算收入 占GDP比重(%)
2015	深圳	总量	2 727.06	24 613	15.58
		增长率	30.9	26.51	
	苏州	总量	1 560.8	14 710	10.76
		增长率	8.1	7.9	
2016	深圳	总量	3 136	26 334	16.08
		增长率	15	6.99	
	苏州	总量	1 730	16 248	11.23
		增长率	10.8	10.46	

三、从工业经济看,苏州具有总量规模优势,但经济效益偏低、企业实力偏弱

2016年苏州规模以上工业总产值达30 679.49亿元,高出深圳(26 870.97亿元)3 808.52亿元,但苏州增速仅为1.1%,比深圳(5.2%)低4.1个百分点。以2015年数据为例,苏州规模以上工业企业数量多于深圳,为10 062家,深圳6 539家,但规模以上企业利润苏州为1 761万元,比深圳(2 015万元)低254万元。苏州规模以上工业企业平均利润是1 520万元,而深圳达2 802万元,深圳是苏州的1.84倍(具体见表4)。再以中国企业联合会、中国企业家协会评选出的"2016中国制造业企业500强"为例,苏州有9家企业入围,比深圳(8家)多1家,但深圳入围企业位次靠前、规模较大。苏州入围的9家企业中有4家居200位之前、5家居200位之后,而深圳入围的8家企业中有6家居200位之前。苏州排名最靠前的恒力集团居第21位,2015年营业收入是2 120.79亿元,而深

二、改革创新推进高质量发展

圳排名最靠前的华为公司居第5位,营业收入达到3 950.09亿元,华为是恒力的1.86倍。苏州入围企业总体实力不如深圳,苏州入围企业总营业收入是66 852 301万元,深圳100 968 607万元,深圳是苏州的1.51倍(具体见表5)。

表4 苏州与深圳工业部分指标比较表

年份			规模以上工业总产值(亿元,%)	规模以上工业企业利润(亿元,%)	规模以上工业企业数量(个)	企业平均利润(万元)
2015	深圳	总量	25 542	1 832	6 539	2 802
		增长率	3	22.46		
	苏州	总量	30 546	1 529	10 062	1 520
		增长率	0.74	4.73		
2016	深圳	总量	26 870.97	2 015		
		增长率	5.2	10		
	苏州	总量	30 679.49	1 761		
		增长率	1.1	14.1		

表5 苏州与深圳进入"2016中国制造500强"企业对比情况表

单位:万元

序号	深圳			苏州		
	企业名称	2015年营业收入	排名	企业名称	2015年营业收入	排名
1	华为	39 500 900	5	恒力	21 207 961	21
2	正威	30 036 385	12	沙钢	20 582 346	22
3	中兴	10 018 639	60	盛虹	8 180 421	71
4	比亚迪	800 0897	76	亨通	4 803 224	137
5	海集	5868 580	110	波司登	2 908 523	217
6	创维	3 342 900	188	华芳	2 864 746	222
7	研祥	2 503 735	257	澳洋	2 730 149	239
8	中金岭南	1 696 571	321	创元	2 727 950	240
9	—	—		隆力奇	846 981	456
总计		100 968 607			66 852 301	

四、从开放型经济看,苏州整体形势不容乐观,尤其进出口总额下滑较快

从实际利用外资看,苏州呈明显下降趋势。2015 年苏州实际利用外资 70.2 亿美元,尽管比深圳(64.97 亿美元)多 5.23 亿美元,但降幅达 15.67%,而深圳增幅高达 11.9%。2016 年苏州实际利用外资 60 亿美元,比深圳(67.32 亿美元)少 7.32 亿美元,降幅为 14.53%,而深圳则增长 3.62%,落差达 18.15 个百分点。2016 年苏州进出口总额和出口总额分别是 18 183.83 亿元、10 889.45 亿元,而深圳分别达 26 307.01 亿元、15 680.4 亿元,苏州分别比深圳少 8 123.18亿元、4 790.95 亿元。在增速上,苏州进出口总额和出口总额分别下跌 10.3%、9.7%,而深圳仅下降 4.4% 和 4.5%,苏州比深圳差 5.9 个百分点和 5.2 个百分点。从纵向看,2016 年与 2015 年相比,深圳相对而言跌幅有所收窄,而苏州呈扩大之势。深圳进出口总额跌幅收窄 3.8 个百分点,而苏州扩大 8.4 个百分点;深圳出口总额跌幅收窄 1.5 个百分点,而苏州扩大 9.9 个百分点(具体见表6)。

表6　苏州与深圳开放型经济部分指标比较表

年份			实际利用外资 (亿美元,%)	进出口总额 (亿元,%)	出口总额 (亿元,%)
2015	深圳	总量	64.97	27 516.58	16 415.39
		增幅	11.9	-8.2	-6
	苏州	总量	70.2	19 018.42	11 302
		增幅	-15.67	-1.9	0.2
2016	深圳	总量	67.32	26 307.01	15 680.4
		增幅	3.62	-4.4	-4.5
	苏州	总量	60	18 183.83	10 889.45
		增幅	-14.53	-10.3	-9.7

五、从全社会固定资产投资看,苏州相对规模较大、结构较优,但增速下滑幅度较大

去年苏州全社会固定资产投资额为 5 648.49 亿元,比深圳(4 078.2 亿元)

多1 570.29亿元。其中,工业投资为1 982.29亿元,是深圳(691.57亿元)的2.87倍;民间投资为3 237.93亿元,是深圳(2 097.16亿元)的1.54倍。苏州工业投资和民间投资占总投资额的比重为64.8%、57.3%,分别高于深圳(16.96%、51.42%)47.84个和5.88个百分点,投资结构相对较优。但值得注意的是,在增速上,无论是固定资产投资总额,还是工业投资,抑或是民间投资,苏州都是负增长,2016年分别下降7.8%、9.9%和1.4%,这与深圳形成鲜明对比,深圳分别为23.6%、17.1%、61.5%的增幅,分别比苏州高31.4个、27个、62.9个百分点。从纵向看,苏州固定资产投资、工业投资和民间投资下降趋势更为明显,2016年比2015年(−1.7%、−4.6%、−1.1%)降幅分别扩大6.1个、5.3个和0.3个百分点(具体见表7)。

表7 苏州与深圳全社会固定资产投资比较表

单位:亿元,%

年份			固定资产投资额	固定资产投资占GDP的比重	其中,工业投资额	工业投资占总投资比重	其中,民间投资额	民间投资占总投资比重
2015	深圳	总量	3 298.31	18.85	590.8	17.91	1 298.55	39.37
		增幅	21.4		13.5			
	苏州	总量	6 124.4	42.1	2 200.5	35.93	3 284.4	53.6
		增幅	−1.7		−4.6		−1.1	
2016	深圳	总量	4 078.2	21	691.57	16.96	2 097.16	51.42
		增幅	23.6		17.1		61.5	
	苏州	总量	5 648.49	36.36	1 982.29	64.8	3 237.93	57.3
		增幅	−7.8		−9.9		−1.4	

六、从科技创新能力看,苏州发明专利授权量增速与占比有优势,但研发投入和国家高新技术企业数存在明显落差

近年来,苏州发明专利授权量大幅增加,尤其是2015年授权量比上年翻一番,2016年即使增幅有所放慢,但仍有26.5%的增幅,比深圳(4.18%)高22.32个百分点。2016年苏州发明专利授权量13 267件,与深圳(17 666件)相比有一定落差,而发明专利授权量占专利授权量比重相近,苏州与深圳均在23%左右。但苏州研发投入和国家级高新技术企业数与深圳相比,有明显落差。苏州研发投入占 GDP 比重为 2.7%,而深圳高达 4.1%,苏州较深圳差 1.4 个百分点。苏州拥有国家级高新技术企业 4 133 家,比上年增长 18.83%,而深圳拥有 8 037 家,增幅高达 45.49%,苏州国家级高新技术企业数量仅为深圳的 1/2,且增幅相差 26.66 个百分点(具体见表 8)。

表 8　苏州与深圳科技创新能力部分指标比较表

			发明专利授权量（件,%）	发明专利授权量占比(%)	国家级高新技术企业数量(个)	研发投入占 GDP 比重(%)
2015	深圳	总量	16 957	23.5	5 524	4.05
		增幅	40.84			
	苏州	总量	10 488	16.84	3 478	2.68
		增幅	106			
2016	深圳	总量	17 666	23.54	8 037	4.1
		增幅	4.18		45.49	
	苏州	总量	13 267	23.5	4 133	2.7
		增幅	26.5		18.83	

七、从城乡居民富裕程度看,苏州城镇居民收入水平较高,但市场消费和居民消费需求相对不足

反映城乡居民富裕程度的指标有多个,我们挑选了社会消费品零售总额、年末银行人民币存款余额、城镇居民人均可支配收入以及农村居民人均可支配收入四个指标进行比较。2016 年苏州城镇居民人均可支配收入为 54 400 元,比深圳(48 695 元)多 5 705 元,苏州增幅 10.7%,高出深圳(8.1%)2.6 个百分点。但苏州社会消费品零售总额和年末银行人民币存款余额均不如深圳。2016 年苏州社会消费品零售总额为 4 937 亿元,而深圳为 5 512.76 亿元,苏州比深圳少 575.76 亿元。苏州年末银行人民币存款余额 25 864.26 亿元,而深圳高达 59 562.25 亿元,苏州只有深圳的 43.4%。而且,苏州人民币存款余额增速为 9.3%,低于深圳(10.71%)1.41 个百分点(具体见表 9)。

表9 苏州与深圳居民消费能力部分指标比较表

年份			社会消费品零售总额(亿元,%)	年末银行人民币存款余额(亿元,%)	城镇居民人均可支配收入(元,%)	农村居民人均可支配收入(元,%)
2015	深圳	总量	5 017.84	51 806.18	44 633.3	—
		增幅	2	16.2	9	—
	苏州	总量	4 424.8	23 659	50 390	25 580
		增幅	9	9.4	8	9
2016	深圳	总量	5 512.76	59 562.25	48 695	—
		增幅	8.1	10.71	8.1	—
	苏州	总量	4 937	25 864.26	54 400	27 750
		增幅	10.7	9.3	8	8.5

(课题组成员:陈楚九 朱 琳)

创新驱动看深圳

——苏州与深圳转型发展比较研究（下）

中共苏州市委市情研究基地　苏州市情研究中心

深圳的成功，不仅在于经济增长的速度，更在于通过动力转换保持了中高速的持续发展，实现了有质量的稳定增长。最近几年，深圳坚持以创新发展为主战略，加快构筑起创新驱动的主引擎，以创新推动经济结构调整和发展方式转变，以创新提升经济发展质量。2016年深圳实现地区生产总值19 492.60亿元，同比增长9.0%，在不到2 000平方公里的土地上，创造了19 492.60亿元的地区生产总值，人均地区生产总值达16.37万元，居全国各大城市首位。与此同时，万元GDP的能耗、水耗居中国内地城市最低水平。深圳转型发展的成效集中体现在：

一是高新技术产业成为第一增长点和第一大支柱产业。深圳拥有国家级高新技术企业8 037家，约占全省总数的40%，2016年深圳高新技术产业实现产值19 222.06亿元，同比增长11.13%；实现增加值6 560.02亿元，同比增长12.18%。其中，互联网产业增加值767.50亿元，增长15.3%；新材料产业增加值373.40亿元，增长19.6%；生物产业增加值222.36亿元，增长13.4%；新能源产业增加值592.25亿元，增长29.3%。"三新"经济增加值9 827.45亿元，占GDP比重50.4%。根据规划，到2020年深圳国家级高新技术企业预计超过1万家，战略性新兴产业规模达3万亿元。深圳正在成为中国高新技术产业化最重要的基地之一和国家创新型城市。

二是各类创新型企业高度集聚。2016年以来，美国苹果华南运营中心、美国高通深圳创新中心、美国微软物联网实验室、美国微软教育产业联盟创新中心、新兴际华国际总部等世界500强项目相继落户深圳。在深投资的世界500强企业总数累计达到275家，且跨国企业投资向高端领域迈进。目前在深圳登记的商事主体累计265万个，其中企业总数达150万家；平均每千人拥有的商事主体达236家,每千人拥有的企业达134家,高端企业密度居全国首位。其中,前海成为全市新登记外资企业首选区域。在广东21个地级以上市开办企业便利度排名中,深圳居全省第一。

三是高层次创新型人才高地快速形成。良好的创业环境和人才政策,吸引高端人才纷至沓来,仅2016年,深圳就新引进全职两院院士7人,使这里的院士总数达到17人;新引进高层次人才1 229人,"孔雀计划"团队12个;新引进回国留学人员1.05万人,同比增长49.3%,总数超过8万人。累计引进广东省珠江人才计划团队31个、深圳市"孔雀计划"创新团队87个,海归人才7万多人。累计培育了66家创客服务平台、237家创业孵化载体、17家国家级孵化器。

四是自主创新能力不断增强。去年深圳全社会研发投入超过800亿元,占GDP比重提高至4.1%。深圳国内发明专利申请量增长40%。PCT国际专利申请量1.964 7万件,同比增长47.63%,占全国46.59%。石墨烯太赫兹芯片、基因测序、无人机、柔性显示等技术处于全球领先水平。根据国际知识产权组织统计,截至2016年年底,深圳累计有69 347件PCT国际专利。在全球创新能力活跃的各大城市中,深圳居第二名,仅次于东京,领先硅谷、首尔等知名地区。

在新的发展时期,深圳的创新实践精彩纷呈。

一、以创新驱动加快培育经济增长新动能

创新驱动,深圳经济增长新动能不断涌现。当前深圳正加快实施"科技创新十大行动计划",提高源头创新能力,壮大新兴产业,努力推动创新生态再优化、创新能力再突破、创新经济再升级。

据了解,深圳编制完成十大科技产业专项实施方案、国家重大科技基础设施建设方案和创新创业基地建设方案,目前已启动各专项组织实施工作。同时,深圳组织实施战略性新兴产业和未来产业扶持计划,第一批共计40个项目,拟安排补助资金3.67亿元。深圳加快布局十大基础研究机构、十大诺贝尔奖科学家实验室和十大海外创新中心,弥补科技基础设施不足短板,提升原始创新能力。据统计,深圳2017年一季度新增各类创新载体18家,其中国家级创新载体8家,省级创新载体10家。培育和吸引创新人才,正在提速。深圳加快深圳技术大学筹设,与德国、瑞士等国的8所知名应用技术大学、2家深圳知名企业签署合作备忘录;深圳墨尔本生命健康工程学院、深圳北理莫斯科大学、

清华伯克利深圳学院等特色学院建设进展顺利。同时,深圳实施人才新政,发放产业发展与创新人才奖约 7 亿元、新引进人才租房补贴约 5 亿元,确认海外高层次人才 240 名,引进留学人员 3 500 人次。

值得一提的是,深圳引导金融与科技协同发展,积极争取中国数字货币研究所及其运营实体落户深圳,鼓励金融机构向先进制造业、战略性新兴产业和未来产业增加资金供给,加强科技产业与金融产业融合发展。

二、以集聚"双创"资源进一步增强创新活力

深圳深入实施创新驱动发展战略,持续推进大众创业、万众创新,作为 2017 年重点工作任务,在全国两会上被写入政府工作报告。深圳前瞻布局,坚持创新驱动发展战略,高度重视创新创业生态体系建设,进一步加快国际创客中心的建设步伐,打造国际资源集聚的高地。

围绕尽快建设成为全球科技、产业创新中心和国际创客中心这一目标,深圳正制订《深圳市建设海外创新中心工作方案》,着手在全球创新资源集聚的国家和地区布局建设海外创新中心,包括美国、欧洲、以色列、加拿大等地,致力于海外科技项目落地、高端海外人才引进、本土企业海外拓展及扩大深圳科技、产业影响力等创新创业活动,服务于深圳科技、产业发展。计划到 2022 年,海外创新中心将成为深圳乃至全国创新资源的重要来源和我国布局在全球科技生态圈的合作枢纽,助力深圳发展成为具有世界影响力的国际创客中心和全球科技、产业创新中心。

作为国家知识产权示范城市、首批知识产权区域布局试点城市,深圳的知识产权工作走在全国前列。截至目前,深圳出台了 20 多个与知识产权相关的指导文件和法规,设立了国内第一个知识产权法庭,为创新营造了良好的环境。

目前,深圳正大力营造浓厚的创新氛围,着力打造适宜"双创"的土壤环境,进一步积极推动大众创业、万众创新。深圳出台促进创客发展的相关计划和若干措施,设立 5 亿元创客专项资金,打造从科技企业孵化器、创客空间到创客服务平台、创客团队和创客企业的全链条支持体系。同时,陆续出台了"三个措施"等各项政策,加大对创新创业的政策扶持力度,累计培育了 66 家创客服务平台和 237 家创业孵化载体;69 家创客空间获得国家级众创空间称号,另有国家级孵化器 17 家。

深圳综合创新生态日臻完善。以企业为主体、市场为导向、产学研一体化

的创新优势进一步筑牢,科技、产业、管理、金融、文化、商业模式等方面融合创新形成叠加效应。产学研合作日益紧密,推动新兴产业协同创新,创新成果持续井喷。无论是深圳屡获多项国家及省科技奖成为获奖大户,还是去年PCT国际专利申请量增长约50%,连续10年位居全国各大城市之首,都反映出深圳原始创新的能力不断提升。

三、以开放创新的高起点谋划全球创新版图

深圳正向世界展现开放、创新的新形象和独特魅力。在博鳌亚洲论坛活动期间,深圳市政府与博鳌亚洲论坛秘书处联手举办了以"深圳·开放之城 创新之都"为主题的投资交流活动,来自国内外政、商、学界的知名人士和嘉宾共同感受深圳"开放之城""创新之都"的魅力。开放和创新已融入这座城市的血脉。

在2017年全国"两会"上,粤港澳大湾区首次写入政府工作报告,还将研究制定粤港澳大湾区城市群发展规划,作为国家层面的经济规划。深圳正在全球坐标系下谋划全方位开放布局,将把粤港澳大湾区城市群发展作为重塑深圳开放发展新优势的重大战略机遇,致力于打造成为粤港澳大湾区城市群的创新型综合枢纽城市,全球创新、现代服务和优质要素集聚的枢纽城市,与香港、澳门、广州一起发展成为世界级首位城市组合体。

作为开放之城的深圳,"朋友圈"也越来越广。83座国际友好交流城市的足迹遍布全球53个国家(地区)。根据规划,到2020年,深圳国际友好交流城市将达到100个,并将重点在美洲、中东欧和"一带一路"沿线拓展新朋友。目前,深圳机场共开通国内外客运航线179条,并实现了欧美澳直飞。

四、以壮大先进制造业加快提升 GDP 质量

深圳先进制造业企业群体加速崛起,构筑起万马奔"先"的良好产业生态。这样的制造业格局,得益于深圳实施创新驱动战略,提前布局先进制造和高端环节,吸引重大项目落地,培育大批创新型先进制造企业,推动传统制造加速向先进制造跃升,为实体经济注入新动能,提升GDP含金量。

得益于自主研发能力的提升,深圳涌现出越来越多的先进制造企业群体,同时还有像大疆、优必选、柔宇、光峰光电等大批深圳本土新锐高科技制造企业。高科新农最新发布的第四代植保无人机,作业精度提升至厘米级,显示出

深圳本土研发和先进制造的优势。

目前,深圳工业高端化发展势头良好,先进制造业和高技术制造业增加值总量及占规模以上工业增加值比重,均高居全省首位。2016年,深圳先进制造业增加值5 428.39亿元,增长8.5%,增速高于全市规模以上工业1.5个百分点,占规模以上工业增加值比重75.4%,对GDP的贡献率进一步提升。

深圳制造的全球影响力渐盛。以华为为例,在稳坐全球通信行业第一把交椅后,华为发力智能终端,在全球掀起一股华为手机热,市场占有率一路快跑。并且,华为最新研发出了石墨烯技术锂电池,全面提升了自身国际地位。同样是先进制造,华星光电布局大尺寸液晶面板生产线,成功打破了外资面板的垄断,在全球拥有更大话语权。

深圳先进制造、智能制造,加速前行。即便是中集这样的传统制造企业,很多生产过程已完全依靠工业机器人,以此实现自动化控制、智能控制,降低生产成本,提升产品质量。

一批龙头企业,成为深圳创新发展的重要名片。比亚迪成为全球唯一同时具备新能源电池和整车生产能力的企业,迈瑞是全球领先的医疗设备和解决方案供应商,大疆已占领消费级无人机全球70%的市场份额。

高端重大工业项目落地,实体经济更加稳固。目前,华星光电G11高世代新型显示面板生产线、中芯国际12英寸芯片、开沃新能源汽车等逾百个重大产业及配套项目已开工建设,柔宇国际柔性显示基地、光启未来科技城等园区也已启动建设。

先进制造,百舸争流,前景看好。深圳正聚焦重点领域,规划建设十大制造业创新中心,主要分布在机器人、3D打印、新型显示、精准医疗、新能源汽车、海洋工程装备、石墨烯等战略性新兴产业和未来产业领域,今年率先启动3个创新中心建设,同时加快军民融合、海洋产业等专项发展基金落地运营,推动建设产业集聚区,培育若干个百亿级、千亿级产业集群,助力中国从"制造大国"迈向"制造强国"。

五、以加大有效投入积极提振实体经济发展活力

据统计,2016年深圳第二产业投资695.47亿元,增长19.1%;其中,工业投资691.57亿元,增长17.1%。2017年,深圳继续狠抓工业和技改投资,形成总投资约1 459亿元的"新开工及储备重点工业项目库"、总投资约2 017亿元的

"在建重点工业项目库"、总投资约25亿元的"重点技术改造项目库"。1—2月,全市完成工业投资66.3亿元,同比增长56.5%。

目前,深圳大力改善营商环境,强化制造业企业支持和服务,加大土地资源、财政资金、政府服务等向制造业企业倾斜力度,推动制造业迈向高端,提振实体经济发展活力。深圳引进中冶、市投控等国有企业和平安集团等有实力的社会资本,参与国际生物谷坝光核心启动区开发建设。同时加快修订总部企业发展实施办法,加大对总部企业的支持力度。商事登记更加便利化,"多证合一"范围得到拓展。2017年1—2月,深圳新登记商事主体5.97万户,同比增长5.8%。

积极推进企业减负。2017年1—2月,深圳工伤、生育、失业保险共减负9.93亿元。强化技能人才队伍建设,优化职业技能培训券政策,审核发放职业技能培训补贴2900万元。同时,深圳全面落实税收优惠政策,完善"互联网+税务"生态,通过缩短办税时间、简并涉税资料、推进网上办税等便民措施,向纳税人提供高效的标准化服务,助推实体经济发展。

(课题组成员:陈楚九　朱　琳)

分析数据看不足

——苏州市主要指标与部分城市比较

中共苏州市委市情研究基地　苏州市情研究中心

2016年,苏州市经济运行总体平稳、稳中有进,为更好、更准地把握发展情况,我们选择了部分城市就有关指标的情况进行了比较,供大家参阅。

一、从地区生产总值看,苏州市地区生产总值规模较大,总体平稳,但增速优势并不突出

2016年苏州市地区生产总值为1.54万亿元,居上海(2.75万亿元)、北京(2.49万亿元)、广州(1.96万亿元)、深圳(1.95万亿元)、天津(1.79万亿元)、重庆(1.76万亿元)之后,在所列12个城市中排第7;增速为7.5%,同样居第7,高于全国平均水平(6.7%)0.8个百分点,但低于全省平均水平(7.8%)0.3个百分点,和居于12城市之首的重庆(10.7%)相差3.2个百分点,与无锡持平。纵向比较,苏州市地区生产总值增速与上年持平,但与居12城市之首的重庆增速的落差缩小0.3个百分点。尽管12个城市中有8个增速趋缓,但深圳、大连、无锡3个城市逆势上扬,比2015年增速提升(具体见表1)。

表1　国内部分城市地区生产总值和增速比较表

单位:万亿元,%

		上海	北京	深圳	广州	天津	南京	大连	杭州	重庆	宁波	无锡	苏州
2015年	总量	2.50	2.30	1.75	1.81	1.65	0.97	0.77	1.01	1.57	0.80	0.85	1.45
	增速	6.9	6.9	8.9	8.4	9.3	9.3	4.2	10.2	11	8	7.1	7.5
2016年	总量	2.75	2.49	1.95	1.96	1.79	1.05	0.82	1.11	1.76	0.85	0.92	1.54
	增速	6.8	6.7	9	8.2	9	8	6.5	9.5	10.7	7.1	7.5	7.5

二、从人均GDP看,苏州市位次比较靠前,但增速落差有加大趋势

按常住人口统计,2016年苏州市人均地区生产总值为14.5万元,仅低于12城市之首的深圳(18.1万元),相差3.6万元。但从人均地区生产总值增速看,2016年苏州市增速为6.38%,居第10,虽比上年提升了1.53个百分点,但低于12城市之首的深圳(14.56%)8.18个百分点。纵向看,苏州市人均地区生产值增速位次比2015年(居第9)落后1位,落差呈加大之势(具体见表2)。

表2 国内部分城市人均地区生产总值和增速比较表

单位:万元,%

		上海	北京	深圳	广州	天津	南京	大连	杭州	重庆	宁波	无锡	苏州
2015年	总量	10.31	10.63	15.8	13.41	10.69	11.82	11.07	11.23	5.23	10.25	13.09	13.63
	增速	6	6.3	5.2	5	3	9.9	0.73	9.1	10.1	3.54	3.56	4.85
2016年	总量	11.36	11.5	18.1	13.96	11.45	12.73	12.18	12.14	5.79	10.88	14.13	14.5
	增速	10.2	8.2	14.56	4.1	7.1	7.7	10	7.7	9.6	6.15	7.94	6.38

三、从一般公共预算收入看,苏州市增长较快,但总量与占GDP比重均不具优势

2016年苏州市完成一般公共预算收入为1 730亿元,与排名12城市之首的上海(6 406.13亿元)相差4 676.13亿元,在12城市中排第6,位次与2015年(居第6)相同。从一般公共预算收入增速看,2016年苏州市增速达10.8%,与2015年(8.1%)相比,增速提高2.7个百分点,排位由第10提到了第5,但和排在12城市之首的上海(16.1%)相差5.3个百分点。从一般公共预算收入占GDP比重看,2016年苏州市占比11.23%,与2015年相比,苏州市一般公共预算收入占GDP比重提高了0.47个百分点,但落后居12城市之首的上海(23.32%)12.09个百分点,在12城市中排第8位,与2015年位次一致(具体见表3)。

表3 国内部分城市地方财政一般预算收入相关数据

单位:亿元,%

			上海	北京	深圳	广州	天津	南京	大连	杭州	重庆	宁波	无锡	苏州
人均地方财政一般预算收入	2015年	总量	5519.5	4723.9	2727.06	1349.09	2666.99	1020.03	579.9	1233.88	2155.1	1006.4	830	1560.8
		增速	13.3	12.3	30.9	8.5	11.6	12.9	-25.7	9.8	12.1	8.2	8.1	8.1
	2016年	总量	6406.13	5081.3	3136	1393.85	2723.46	1142.6	611.9	1402.38	2227.9	1114.5	875	1730
		增速	16.1	7.5	15	5.2	10	12	5.5	13.2	7.1	10.5	5.4	10.8
地方一般预算收入/GDP	2015年	比重	22.11	20.57	15.58	7.45	16.13	10.49	7.50	12.27	13.71	12.56	9.74	10.76
	2016年	比重	23.32	20.41	16.09	7.11	15.23	10.88	7.51	12.69	12.69	13.05	9.50	11.23

四、从全社会固定资产投资看,苏州市规模总体位次靠前,但增速下滑明显

2016年苏州市全社会固定资产投资为5648.49亿元,与12城市之首的重庆相比,不足重庆(17361.12亿元)的1/3,在12城市中排名第7,与2015年(居第5)相比下滑2个位次。从全社会固定资产投资增速看,苏州市2016年持续下滑,为-7.8%,低于全国平均水平(8.1%)15.9个百分点,低于全省平均水平(7.5%)15.3个百分点,远低于增速最高的深圳(23.6%)31.4个百分点,在获得数据的11个城市中排名最末。纵向看,比2015年(-1.7%)下滑6.1个百分点,在12城市中下滑最为严重,同比深圳增速增加了2.2个百分点,南京增加了1.6个百分点,上海增加了0.7个百分点,北京增加了0.2个百分点(具体见表4)。

表4 国内部分城市全社会固定资产投资相关数据

单位:亿元,%

		上海	北京	深圳	广州	天津	南京	大连	杭州	重庆	宁波	无锡	苏州
2015年	总量	6352.7	7990.9	3298.31	5405.95	13065.86	5484.47	4559.3	5556.32	15480.33	4506.6	4901.19	6124.4
	增速	5.6	5.7	21.4	10.6	12.1	0.4	-32.7	12.2	17.1	13	7	-1.7
2016年	总量	6755.88	8461.7	4078.2	5703.59	14629.22	5533.56	—	5842.42	17361.12	4961.4	4795.25	5648.49
	增速	6.3	5.9	23.6	8	12	2	—	5.1	12.1	10.2	2	-7.8

五、从工业经济看,苏州工业经济具有规模优势,但增速下降趋势明显

在收集到的国内部分城市规模以上工业经济效益数据中,2016年苏州市规模以上工业销售产值(30 679亿元)和利润(1 816亿元)同样仅次于上海(31 082.72亿元、2 898.52亿元),保持在第2位。从增速看,纵向比较工业利润总额增长较快,从2015年的2%增长到2016年的15%,提升了13个百分点,在12城市中仅次于宁波(30.5%),提升了15.9个百分点。但规模以上工业总产值增速有较大落差,2015年为0.2%,远低于居12城市之首的重庆(12.4%),在获得数据的11个城市中排第6。2016年苏州市规模以上工业总产值增速为1.1%,在获得数据的9个城市中排第7,与2015年(居第6)相比下滑了1个位次,仅略高于南京(1%)和上海(0.8%)(具体见表5)。

表5 国内部分城市规模以上工业利润与销售产值相关数据

单位:亿元,%

		上海	北京	深圳	广州	天津	南京	大连	杭州	重庆	宁波	无锡	苏州
2015年	规模以上工业总产值	31 049.57	17 408.2	24 529.39	18 712.36	28 016.75	13 065.8	7 401.5	—	21 404.66	13 262.5	14 113.9	30 546
	增速	-0.8	-3	0.9	6.4	0.3	-1.6	-23.8	—	12.4	-2.8	2	0.2
	规模以上工业利润总额	2 650.59	1 580.3	—	1 098.16	—	828.91	263.9	882.63	1 393.8	753.4	886.22	1 510
	增速	-0.9	6	9.6	2.9	—	8.9	-30.7	2.4	16.5	14.6	-0.1	2
2016年	规模以上工业总产值	31 082.72	17 447.3	26 864.79	19 556.25	29 443	13 026.9	—	—	—	13 886.2	14 643.13	30 679
	增速	0.8	2.7	9.52	6.5	5.7	1	—	—	—	4.1	4.6	1.1
	规模以上工业利润总额	2 898.52	1 549.3	—	1 184.56	—	941.81	—	927.94	1 584.97	993.8	977.92	1 816
	增速	8.1	-0.7	10	8.5	—	12.8	—	6.7	12.6	30.5	9.6	15

六、从开放型经济看,苏州市利用外资规模及进出口总额较大,但整体呈下降趋势

开放型经济是苏州市的特色和优势,在全国处于领先水平,对经济增长的拉动作用也十分明显。但近年来,一方面,在利用外资上,苏州市呈明显下降趋势。2015年苏州市实际利用外资70.2亿美元,在12城市中排第5,但降幅达13.55%,是12城市中唯一负增长的城市,与增幅最高的北京(43.8%)相比落差达57.35%。2016年苏州市实际利用外资额60亿美元,在12城市中排名第7,下滑2个位次,比12城市之首的北京(185.14亿美元)少125.14亿美元,降幅扩大为14.53%,仍是12城市中唯一负增长的城市,同增幅最大的天津(12.2%)比较,落差达26.73个百分点。另一方面,苏州市进出口总额持续下降,且降幅有扩大趋势。2016年苏州市进出口总额和出口总额分别达18 081亿元、10 817亿元,在12城市中分别排名第4、第3。在增速上,2015年苏州市进出口总额下跌1.9%、出口总额增长0.2%;2016年苏州市进出口总额下跌4.93%、出口总额下跌4.29%,跌幅有扩大趋势。而去年增幅居12城市之首的杭州进出口总额、出口总额分别增长了8.7%、6.7%,苏州市与杭州落差13.63、10.99个百分点(具体见表6)。

表6 国内部分城市开放型经济部分指标比较表

			上海	北京	深圳	广州	天津	南京	大连	杭州	重庆	宁波	无锡	苏州
2015年	进出口总额/亿元	数量	28 060.88	19 905.3	27 516.58	8 306.41	7 121.99	532.7	3 476.4	4 132.43	4 615.49	6 206.24	4 264.4	19 018.42
		增幅	-2.1	-23.1	-8.2	3.5	-14.6	-7	-14	-1	-21.3	-4	-7.7	-1.9
	出口总额/亿元	数量	12 228.56	3 405.07	16 415.39	5 034.67	3 187.88	315.09	1 635	3 108.03	3 417.03	4 421.3	2 630.38	11 302.05
		增幅	-5.3	-12.3	-6	12.7	-2.7	-3.4	-12.1	2.9	-12.3	-2.3	-4.5	0.2
	利用外资/亿美元	数量	184.59	130	64.97	54.16	211.34	33.35	27.03	71.13	107.65	42.3	32.11	70.2
		增幅	1.6	43.8	11.9	6.1	12	1.3	8.1	12.3	1.3	5.2	3	-13.55
2016年	进出口总额/亿元	数量	28 664.37	18 625.2	26 307.01	8 566.92	6 818.39	3 315.19	—	4 485.97	4 140.39	6 262.1	4 636.66	18 081
		增幅	2.7	-6.1	-4.4	3.1	-10.2	0.3		8.7	-10.3	0.9		-4.93
	出口总额/亿元	数量	12 105.45	3 418.1	10 889.45	5 187.05	2 941.61	1 952.15	1 614	3 313.8	2 677.96	4 359.4	2 850.21	10 817
		增幅	-0.5	0.7	-33.66	3	-13.4	-0.2	0.4	6.7	-21.6	-1.4	1.6	-4.29

二、改革创新推进高质量发展

续表

			上海	北京	深圳	广州	天津	南京	大连	杭州	重庆	宁波	无锡	苏州
2016年	利用外资/亿美元	数量	185.14	130.3	67.32	57.01	101	34.79	30.02	72.09	113.42	45.1	34.13	60
		增幅	0.3	0.3	3.62	5.3	12.2	4.3	11	1.4	5.4	6.6	6.3	-14.53

注:2015年平均汇率为6.2284;2016年平均汇率为6.6423。

七、从科技创新能力看,苏州发明专利授权量增长较快,但研发投入不具优势

近年来,苏州市发明专利授权量大幅增加,尤其是2015年授权量比上年翻一番,增速在12城市中位列第1。2016年增幅为26.5%,仅次于12城市之首的重庆(27.25%)。2016年苏州市发明专利授权量13 267件,与排在第1、第2的北京(40 602件)、深圳(17 666件)相比有一定的落差,但发明专利授权量与专利授权量比重,纵向看,从2015年的16.84%提升到24.79%,比重提高了7.95%,横向看仅次于北京(40.37%)、上海(31.27%)和南京(30.22%),居第4。从研发投入指标看,苏州市明显不具优势。2016年苏州市R&D占GDP比重为2.7%,在获得数据的9个城市中排第7,低于12城市之首的北京(5.94%)3.24个百分点(具体见表7)。

表7 国内部分城市创新能力指标比较表

单位:件,%

			上海	北京	深圳	广州	天津	南京	大连	杭州	重庆	宁波	无锡	苏州
R&D占地区生产总值比	2015年	数量	3.73	5.95	4.05	—	3.08	3	—	3	1.53	2.5	—	2.68
	2016年	数量	3.8	5.94	4.1	—	3.1	3.03	—	3.1	1.7	2.45	—	2.7
专利授权数	2015年	数量	60 623	94 031	72 120	39 834	37 342	28 104	7 181	—	38 915	46 088	—	62 263
		增幅	20.1	25.9	34.3	41.6	41.7	23	22	—	60.06	—	—	13.81
	2016年	数量	64 230	100 578	75 191	48 313	39 700	28 782	—	—	42 738	40 792	—	53 528
		增幅	5.9	7	4.3	21.3	6.3	2.4	—	—	9.82	11.49	—	-14.03
发明专利授权数	2015年	数量	—	35 308	16 957	6 619	4 624	8 244	2 337	8 296	3 964	5 412	5 480	10 488
		增幅	—	51.9	—	44.2	41	56.6	71.4	49.4	70.79	91.1	95.6	99.24

续表

			上海	北京	深圳	广州	天津	南京	大连	杭州	重庆	宁波	无锡	苏州
发明专利授权数	2016年	数量	—	40 602	17 666	7 668	5 185	8 697	—	8 647	5 044	5 669	5 583	13 267
		增幅	—	15	—	15.7	12.1	5.5	—	4.2	27.25	4.7	1.9	26.5
发明专利授权数占比	2015年	数量	29.03	37.55	23.5	16.62	12.38	29.33	32.54	—	10.19	11.74	—	16.84
	2016年	数量	31.27	40.37	23.54	15.87	13.06	30.22	—	—	11.8	13.9	—	24.79

八、从城乡居民收入看,苏州市城乡居民收入水平较高,但农村居民收入增长动力相对不足

2016年苏州市城镇居民人均可支配收入为54 400元,仅次于上海(57 692元)和北京(57 275元),在12城市中位列第3;农村居民人均纯收入为27 750元,仅次于宁波(28 572元)和杭州(27 908元),在12城市中同样位列第3。从增速来看,2016年苏州市城镇居民人均可支配收入增长8%,与上年持平,低于居12城市之首的深圳(9%)、广州(9%),与杭州(8%)并列第7;农村居民人均纯收入增速为8.5%,比2015年(9%)下降了0.5个百分点,低于12城市之首的广州(11%)2.5个百分点,与北京、杭州(8.5%)并列第5(具体见表8)。

表8 国内部分城市城乡居民收入比较表

单位:元,%

			上海	北京	深圳	广州	天津	南京	大连	杭州	重庆	宁波	无锡	苏州
城镇居民人均可支配收入	2015年	数量	52 962	52 859	44 633.3	46 734.6	34 101	46 104	35 889	48 316	27 239	47 852	45 129	50 400
		增速	8.4	8.9	9	8.8	8.2	8.3	6.8	8.3	8.3	8.4	8.1	8
	2016年	数量	57 692	57 275	48 695	50 940.7	—	49 997	—	52 185	29 610	51 560	48 628	54 400
		增速	8.9	8.4	9	9	—	8.4	6.5	8	8.7	7.7	7.8	8
农村居民人均纯收入	2015年	数量	23 205	20 569	—	19 323.1	18 482	19 483	14 667	25 719	10 505	26 469	24 155	25 700
		增速	9.5	9	—	9.4	8.6	10.3	8.3	9.2	10.7	9	8.5	9
	2016年	数量	25 520	22 310	—	21 448.6	—	21 156	15 760	27 908	11 549	28 572	26 158	27 750
		增速	10	8.5	—	11	—	8.6	7.5	8.5	9.9	7.9	8.3	8.5

(课题组成员:陈楚九 李静会 执笔:李静会)

二、改革创新推进高质量发展

加快推动苏州以科技创新为核心的全面创新

中共苏州市委党校课题组

改革开放以来,苏州坚持不懈地探索创新,率先走出了一条以经济社会发展内生需求为驱动,以高新区和区域创新体系建设为载体,以人才等创新要素培育集聚为抓手,政府积极引导和市场驱动联袂并举的科技创新之路,科技综合实力领跑江苏,位于全国前列。但与深圳等科技创新高地相比,苏州的整体创新格局,尤其在企业和产业的创新能力、创新效率、创新体制、创新生态等方面还存在不少差距。加速集聚高端创新要素,加快实现"极化效应",进而发挥扩散效应,推动以科技创新为核心的全面创新成为当下苏州的必然选择。苏州必须紧紧抓住科技创新这个"牛鼻子",走优势发挥与补齐短板并进之路,从夯实创新基础、提升创新能力、提高创新效率、完善创新体制、优化创新生态等入手,协同推进技术创新、产业创新、金融创新、人才创新、文化创新、制度创新、生态创新等各类创新体系建设,出色回答省委提出的"创新四问",进而实现创新经济领先、创新能力卓越、创新生态一流的目标。

一、当下苏州已进入加快推动以科技创新为核心的全面创新的关键时期

(一)苏州推动以科技创新为核心的全面创新有着良好基础

改革开放以来,创新驱动、科技引领犹如一条红线,始终贯通于苏州乡镇经济、外向型经济、创新型经济不同发展阶段,且愈加凸显。20世纪80年代,苏州科技改革伴随经济改革同步启动,以引入"星期六工程师"为突破口,激发企业及科研机构科技人员的积极性,促进了科技工作主动面向经济建设主战场,科技直接进入经济的格局开始形成。20世纪90年代开始,苏州科技体制改革不断深化,进行了"外资引入+开发区建设"的体制创新,先后建设了包括苏州工

业园区在内的一批国家高新技术开发区、国家经济技术开发区等国家开发区,掀起了加强技术创新、实现产业化和区域创新体系建设的高潮,区域创新体系初步形成。2006年以来,苏州进入科技引领转型、创新驱动发展的新时期。2006年实施科教兴市战略,2010年正式被列为国家创新型试点城市,2014年列入苏南国家自主创新示范区。当下,苏州以苏南国家自主创新示范区核心区建设为引领,加快实施创新驱动战略,深入推进产业技术创新、企业自主创新和民生领域科技创新等,深化科技体制与经济体制联袂改革,加快集聚创新创业人才,着力完善区域创新体系建设,科技发展和创新型城市建设成效显著,科技综合实力在全国名列前茅,科技进步综合实力连续8年位居全省第一,连续6年保持福布斯"中国大陆城市创新能力排行榜"前三位。

(二)当下苏州已进入加快推动以科技创新为核心的全面创新的关键时期

客观看,经过多年的积累和发展,苏州科技创新能力和水平快速提升,产出数量位居全省前列,产出质量大幅提高,已成为国内较有影响力的科技城市,这很大程度上得益于我国东部沿海地区发展的极化效应。当前,一方面,虽然苏州创新发展有着不俗成绩,但领跑不多,与深圳等全国创新高地相比,苏州中低端产业产出占比过大,创新促产业转型升级的任务紧迫而艰巨,重大原创成果不多,支撑科技创新的其他创新体制还不够健全,创新生态有机体还未真正形成,亟待实现从量的积累向质的飞跃、从点的突破向系统提升转变,进一步发展仍有赖于发挥极化效应作用。另一方面,苏州还要发挥扩散效应作用,努力实现市第十二次党代会提出的打造"创新驱动发展引领区、深化科技体制改革试验区、区域创新一体化先行区"和"具有国际竞争力的先进制造业基地""具有全球影响力产业科技创新高地"的新目标,出色回答好省委李强书记提出的"创新四问"新要求。为保证极化和扩散效应有效实现,必然要求苏州加速聚集高端创新要素,加快推动以科技创新为核心的全面创新,这既是苏州创新发展的内在要求,也是苏州在科技创新发展的关键阶段做出的重大战略选择,更是苏州新起点上创新发展的必由之路。

二、苏州加快推动以科技创新为核心的全面创新的短板分析

加速聚集高端创新要素,加快实现极化效应和扩散效应,苏州必须正视创新发展方面的短板和深层次矛盾。通过主要科技活动数据,特别是与深圳等创新高地相比(数据来源为各地的2015年、2016年年鉴以及省科技厅和统计局联

合发布的《2015年江苏省科技进步统计监测结果与科技统计公报》),苏州创新短板集中表现在:

(一)产业、企业创新能力有待进一步提升

突出表现为科技研发基础薄弱、科技供给不足以及产业发展层级偏低、创新产出质量不高。

1. 从深圳、上海、北京三地以及三地规模以上企业投入基础研究、应用研究、试验发展人员比例看(表1、表2),尽管苏州缺少这方面的统计数据,但事实上苏州在这方面落后明显,致使苏州原始创新缺乏厚积薄发的基础。

表1　2015年深圳、上海、北京R&D人员投入情况

单位:人

地区	R&D人员	基础研究	应用研究	试验发展
深圳	206 327	2 335	20 926	150 503
上海	242 700	19 600	25 200	127 000
北京	350 721	41 324	61 644	142 763

表2　2015年深圳、上海、北京工业企业或规模以上工业企业R&D活动情况

单位:人

地区	R&D人员	基础研究	应用研究
深圳	174 953	83	13 797
上海	124 753	27	1 133
北京	146 896	535	4 614

(2)苏州高新技术企业不少,但产业结构中低端,产业竞争力不强,产业附加值不高,有国际影响力的创新型领军企业更是少之又少,规模偏小,尤其是独角兽型企业仅有苏州信达科技1家,向全球创新链、价值链上游攀升的产业创新体系尚未形成。制造业虽然体量巨大,但产业附加值和利税率较低,关键领域核心技术掌控能力不强。以2015年为例,工业资本金利税率仅为8.94%,在全省排末位。

(3)企业研发机构建设质量有待提高,典型表现在专利数量有了较大突破但高端专利即发明专利少,与深圳、杭州、上海、北京相比,苏州发明专利授权率比较低,仅为24.25%,与其他地区42%以上相比差距明显,反映了苏州科技创

新的新颖程度较低,研发活动处于较低层次(表3)。

表3 2015年苏州、深圳、杭州、上海、北京专利申请情况

单位:件

地区	专利申请量	发明专利申请	发明专利授权	发明授权率
苏州	98 704	43 241	10 488	24.25%
深圳	105 481	40 028	16 957	42.36%
杭州	60 839	17 777	8 296	46.67%
上海	100 006	26 708	11 636	43.57%
北京	156 312	156 312	94 031	60.16%

(4)一个地区的新三板上市企业数反映了该地区的创新活跃度和未来产业的发展前景,对比各地新三板上市企业数,可以发现苏州明显处于劣势,仅有460家,相较于其他先进城市创业、创新的潜力不足(表4)。

表4 2016年苏州、深圳、杭州、上海、北京新三板上市企业情况

单位:家

地区	上市数量	对比数
苏州	460	1
深圳	763	1.65
杭州	369	0.8
上海	960	2.1
北京	1 577	3.42

(二)内在创新动力有待进一步增强

突出表现为创新投入强度不高和结构不尽合理。

(1)虽然政府科技拨款占财政支出的比重较高,一直在全省排名第一,但是全社会研究与试验发展经费支出占地区生产总值比重相较于杭州、深圳、上海、北京的R&D经费投入差距明显,投入最少、强度最弱(表5);苏州政府在支持规模以上工业企业研发活动中,经费支持力度、强度与上海、北京相比也有明显的差距(表6),科技投入位列省内第五,政府的引领作用及带动企业从事研发活动的影响力弱。

二、改革创新推进高质量发展

表5　2015年苏州、杭州、上海、深圳、北京全社会科技活动经费投入情况

单位:亿元

地区	R&D占GDP比重(%)	经费支出(亿元)
苏州	2.66	385.81
杭州	3.01	302.19
上海	3.73	936.14
深圳	4.18	732.39
北京	6.01	1 384.02

表6　2015年苏州、上海、北京规模以上工业企业R&D经费来源情况

单位:亿元

地区	经费支出	政府	占比
苏州	336.8	3.79	1.13%
上海	474.2	29.38	6.20%
北京	244.1	24.43	10.01%

（2）企业研发经费占销售收入的比例不高(1.13%)，特别是大中型企业的研发投入占销售额比例一直徘徊在1%左右，不到发达国家的四分之一，也低于省内的无锡(1.62%)、常州(1.18%)，与南通基本持平。

（3）在苏州的高校、科研院所虽然有创新的意愿，但是在创业上还是缺动力。

（4）金融资本对新兴领域、初创期企业供给意愿不足，投融资对接效率不高。表7说明苏州与深圳在科技金融方面无论是量还是强度对科技创新创业的支持都有明显差距。深圳创投更倾向于初创型企业，而苏州创投更倾向于成熟型企业，这充分说明了苏州创投在创业创新的最后一程上，资本对创新的支持力度非常脆弱，对科技产业的发展助推强度不够。

表7　2016年苏州与深圳创投比较

单位:家,亿元

地区	创投机构	创投资本	创投阶段
苏州	300	1 000	成熟期
深圳	50 000	300 000	初创期

(三) 高端创新要素有待进一步集聚

突出表现在高端平台、高端人才、金融资本等对经济转型升级的支撑作用不足。

1. 现有重点实验室、工程实验室、工程研究中心、企业技术中心等研发平台数量质量明显落后于深圳，尤其是国家级研发平台总数只有30家，仅为深圳的37.5%（表8）。

表8　2015年苏州、深圳研发平台统计情况

单位：个

地区	国家级	省级平台	市级平台
苏州	30	298	488
深圳	80	129	1 016

(2) 人才数量、结构、质量同样落后于深圳，甚至有的指标落后于省内城市。仅2016年，苏州新增高层次人才超过2万人，高技能人才3.24万人，而深圳新引进全职院士7名、高层次创新团队23个、新增海归人才1.05万人、高技能人才12.6万人。在产业领军人才（如院士、海归）方面，苏州与其有着巨大差距，直接影响了苏州科技创新的领先性和原创性。同时，2015年全市企业R&D活动人员占职工比重仅为4.66%，在全省十三个城市中排名第八，R&D活动人员占科技活动人员比重为59.32%，排名第十，与全省整体科技创新冠军的名次不符。新兴产业高层次人才仍然短缺，人才对苏州经济社会发展的引领作用有待进一步发挥。

(四) 创新体制机制有待进一步突破

突出表现为以科技创新为核心的全面创新生态体系还未真正形成，创新体系不够健全和创新环境有待优化。主要体现在：科技服务链条尚不完整，科技成果转移转化、科技金融、高端人才、知识产权等关键环节有待健全，创新要素有待高效配置；有效激发科研人员创新活力和"人尽其才"的体制机制与政策环境亟待完善，大众创业、万众创新的社会文化亟待加强；科技管理方式与科技创新创业活动仍不相适应，政府在科技发展中的职能亟待进一步转变。

三、加快推动苏州以科技创新为核心的全面创新的几点建议

创新是一项系统而复杂的社会工程，更是一个历史过程，提升发展层级、实

二、改革创新推进高质量发展

现"极化效应"和"扩散效应"更需舍得时间、舍得前期投入去潜心培育。苏州要构建整体创新发展新优势,在江苏乃至全国发挥创新引领作用,必须紧紧抓住科技创新这个"牛鼻子",立足优势优先与补齐短板协同推进,政府、市场、社会联动发力,从夯实创新基础、提升创新能力、提高创新效率、完善创新体制、优化创新生态等入手,协同推进技术创新、产业创新、金融创新、人才创新、文化创新、制度创新、生态创新等各类创新体系建设,进而实现创新经济领先、创新能力卓越、创新生态一流的目标。

(一) 厚植原始创新,夯实创新基础

大力推进创新基础提升工程,夯实苏州基础研究和应用研究,同时加强科技前瞻布局,厚植和增强在苏科研院所、高校的原始创新能力以及平台的集聚能力。突出做好:

1. 更大力度加强校地合作

支持苏州大学等21家高校和39家中等学校因地制宜、集群创新发展,支持苏州工业园区利用集聚的科教优势,进一步推进科研院所与地方企业紧密协作、协同发展。

2. 有选择超常规建设重大科技基础设施

结合苏州科技与产业发展基础,面向世界科技前沿和国家重大需求,在纳米技术、生物技术等领域继续与中国科学院、中国医学科学院等深度合作,构筑国字号创新基地,超常规抢先布局、共建一批"大科学装置"集群;可依托中国科学院、中国医学科学院在苏分院与全球顶尖大学和研究机构合作,探索建设"世界实验室"。

(二) 聚焦产业创新,打造产业创新高地

聚力打造"具有全球影响力产业科技创新高地""具有国际竞争力的先进制造业基地",建设创新驱动发展引领区。突出做好:

(1) 瞄准"高精尖"新技术、新产业、新业态,构建以企业为主体、市场为导向、产学研紧密结合的技术创新体系,提高企业主导产业技术创新的能力。

(2) 大力发展先进制造业产业集群,提升先进制造业技术创新能力,重点发展高端装备制造产业,壮大纳米技术和生物医药等优势产业,促进现有优势产业改造升级与发展新兴产业相结合。推动制造业与"互联网+"深度融合,探索建立智能制造标准化体系,推进先进制造业与服务业深度融合。

(3) 实施高端人才"引领工程",率先建设创新创业人才高地。集中力量重

点引进、培养一批具有成长为两院院士潜力的人才,引进相关领域顶尖人才,形成引进高层次人才、创办高科技企业、发展高新技术产业的链式效应。

(三)突出机制创新,深化改革增强创新供给

改革投入方式,打造深化科技体制改革试验区,更加注重从科技和经济社会领域改革两方面同步发力,增强创新供给。突出做好:

(1)完善财政科技投入机制,深化改革经费使用方式,重点探索建立依托专业机构管理科技计划项目机制、市场化手段支持技术创新机制、基础研究长期稳定支持机制和成果转化激励机制等,着力提高财政科技投入的绩效。

(2)改革创新科技金融深度融合机制,健全省、市、县(区)三级联动运行机制,形成政府、创投、银行、担保、保险、证券、租赁等"七合一"协同支持创新发展的科技金融苏州模式,创建苏州有基础又切合苏州发展需要的国家知识产权投融资综合试验区等,形成高效运转的科技创新金融支撑服务体系。

(3)更大力度改革编制、职称、人才举荐、降低人才停居留和落户门槛、鼓励科研人员离岗创业等,让苏州市的人才引进机制更具竞争优势。

(4)激发全社会的创新活力和创造潜能,尤其是科技型中小企业,营造大众创业、万众创新的政策环境和制度环境。

(四)加快开放创新,拓展国际创新合作空间

弘扬苏州开放优势,面向全球集聚高端创新资源,实施"引进来"与"走出去",构筑全球开放创新高地,不断提升国际资源配置能力,推进苏州从产品国际化为主阶段向以资本和知识国际化为主的新阶段升级。突出做好:

(1)支持亨通、好孩子等行业龙头企业在境外建设科技企业孵化器、高科技园区,参与国际大科技计划、支持企业全球布局研发机构,在全球知识、人才最密集的区域设立研发机构和创新中心,开展原始创新。

(2)吸引跨国公司、海外知名大学和科研机构在苏设立研发中心和创新中心,支持现有外资研发机构升级,支持跨国公司在苏设立地区研发总部。

(3)支持开放发展高等教育,支持跨国公司与苏州高校、科研机构、企业联合建立研发、实验机构,参与实施科技计划项目,建立技术战略联盟。

(4)借鉴中关村做法,建立"类海外"创业创新环境,吸纳海外人才。

(五)优化协同创新,打造综合创新生态体系

全面加强创新环境建设,形成有利于创新的生产关系和生态系统,增强创

新生态吸引力。突出做好：

（1）深化政府放管服改革和管理创新，把工作重心转到战略规划、重大攻关、政策标准制定、评价评估、体制改革、法治保障等方面，着力抓好营造环境、引导方向、提供服务等基础性公共性工作，不断提升政府营造良好创新生态环境的能力。

（2）克服创新中的"孤岛化"和"碎片化"现象，系统布局领军企业、高校院所、高端人才、产业金融等创新因素，协同推进科技创新与制度创新、管理创新、商业模式创新、业态创新和文化创新相结合的全面创新，使各类创新要素形成全面互动和正向激荡。

（3）以工业园区、苏州高新区、昆山高新区为龙头，充分发挥苏州各个板块集群优势，推动创新资源跨区域优化整合，共建区域创新一体化先行区，做苏南国家自主创新示范区、核心区，打造区域创新示范引领高地。

（4）更加突出"创新、创业、创投、创客"的联动发展，更加突出加快发展各类新型研发机构和创新服务组织，培育壮大充满生机活力的创新主体。

（5）大力弘扬苏州"三大法宝"精神，培育新时期创新文化，营造解放思想、敢于创新、勇于竞争和宽容失败的良好社会氛围，营造创新友好的市场、法治、政策、文化环境，提升创新文化软实力。

（6）进一步提升生态宜居宜业的城市品质，提升城市服务能力，把苏州建设为创新天堂。

（课题组成员：方　伟　王　涛　傅伟明　张　莉　孙　强）

借力上海全球科创中心促进苏州产业创新发展

太仓市委党校课题组

2014年5月,习近平总书记在上海考察调研时,对上海提出了"加快向具有全球影响力的科技创新中心进军"的全新要求。与之对应,江苏省提出了要建设具有全球影响力的产业科技创新中心、具有国际竞争力的先进制造业基地,苏州提出了要建设具有全球影响力产业科技创新高地、打造具有国际竞争力先进制造业基地。当前,长三角一体化迎来新的发展机遇期,借力上海科创中心建设,促进苏州产业创新发展,应是苏州谋求高质量发展的一个突破口。

一、苏州借力上海建设全球科创中心建设的机遇分析

一是上海科创载体的蓬勃发展,其成果落地和产业化需求将带来大量机遇。截至2017年年底,上海共有众创空间500余家,其中创业苗圃100家,孵化器159家、加速器14家,创客空间等新型孵化器250余家,在孵科技型中小企业12 000余家,为创业者和创业企业打造了低成本、便利化、全要素、开放式的综合创业网络和载体。苏州优越的地理区位、厚实的产业基础是上海优质科创成果转化的最佳承载地。

二是上海科研设施的集中集聚,其开放性和公益性给周边科创活动提供巨大便利。目前,已有一批国家科技重大设施落地上海,如国家蛋白质科学中心(上海)、上海同步辐射光源、转化医学国家重大科技基础设施(上海)、中科院量子信息与量子科技前沿卓越创新中心(上海)、上海生物样本库等。而在沪高校和科研院所,其科创带动力只会更强而不会削弱。有426家跨国企业在沪设立研发机构,在沪两院院士182人,国家"千人计划"人才896人。

三是上海科技服务业的伴生发展,其中介作用和平台属性更有利于资源要素优化配置。如国家技术转移东部中心采取市场化运作,重点布局技术交易、

二、改革创新推进高质量发展

高校技术市场、国际创新资源合作三大核心功能,铺设国内外渠道212个,建立波士顿分中心、伦敦分中心等,与行业龙头企业共建5个验证平台,汇聚服务机构143家,设立3个科技成果转化基金。相比北京的国家技术转移北方中心和深圳的国家技术转移南方中心,东部中心的优势是国际化,将成为全球技术转移的一个枢纽,是大可为我所用的平台资源。

二、苏州借力上海全球科创中心促进产业创新发展的建议

（一）充分利用科创中心创新创业资源辐射

对接上海重点地区。科创中心建设在浦东张江、临港、杨浦五角场、长阳创谷、闵行紫竹、交大、浦江镇,以及徐汇、嘉定等区域,形成集聚态势,对区域产业集聚和企业创新发展发挥了重要支撑作用。比如张江建设综合性国家科学中心,大型基础研究设施将处于核心位置,在外围则环绕着三个"圈",最内圈是高校、院所、工程技术中心等研究机构,中圈是各类科技中介组织、公共研发平台等创新创业服务圈,最外圈产业承接区将张江产出的原创性成果转化为现实生产力。苏州未来要与内、中圈建立密切关系,成为外圈的重要节点。比如与苏州接壤的嘉定区,集聚着上海硅酸盐所、上海微系统所、华东计算技术研究所、中科院上海技术物理研究所、中科院声学所东海站、核工业八所等"11所2中心2基地"、7所科技型高校以及汽车风洞中心等重大科技基础设施。这些科研院所产业化前景广阔,如中科院上海微系统所,成立了上海微技术工业研究院、上海物联网公司等;如华东计算所建设了中国电科软件与信息服务产业园,上市公司有华东电脑、华东计算所实验工厂、上海华东汽车信息技术有限公司、中电科软件与信息服务有限公司等。对这些机构而言,临近的苏州地区有其发展的广阔纵深,上海硅酸盐研究所太仓园区即是成功案例。

对接上海重点院所机构。抓住上海当前科创科技成果转化的"井喷期",成果转化是上海科创中心建设的一个关键环节,成果只有转化落地才能服务经济社会发展。近年来上海科技成果转移转化机制进一步完善,加大了高校和科研院所科技成果使用权、处置权和收益权下放力度,对科技成果市场化定价机制和提高科研人员成果转化收益比例作了明确规定。比如,在复旦大学、上海交通大学、华东理工大学以及中科院上海药物所等11所高校和科研院所建立科技成果转化管理制度和流程,促进技术类无形资产交易,建立市场化的国有技术类无形资产可协议转让制度。如上海理工大学将太赫兹科研成果作价入股

成立公司,并将72%股权授予研发团队。在孵化器方面,重点对接莘泽、苏河汇、XNODE、杨创、自仪院、吴淞创业园、新微创源等一批有亮点、有潜力、有特色的众创空间。

对接上海科创政策。2015年5月,上海《关于加快建设具有全球影响力的科技创新中心的意见》(科创22条)出台之后,《关于深化人才工作体制机制改革促进人才创新创业的实施意见》《关于促进金融服务创新支持上海科技创新中心建设的实施意见》《关于上海加快发展智能制造助推全球科技创新中心建设的实施意见》《关于进一步促进科技成果转移转化的实施意见》《关于服务具有全球影响力的科技创新中心建设实施更加开放的国内人才引进政策的实施办法》《关于完善本市科研人员双向流动的实施意见》《关于加快推进中国(上海)自由贸易试验区和上海张江国家自主创新示范区联动发展的实施方案》《关于加强知识产权运用和保护支撑科技创新中心建设的实施意见》《国家税务总局关于支持上海科技创新中心建设的若干举措》《关于鼓励外资研发中心发展的若干意见》《上海市促进科技成果转化条例》《关于本市推进研发与转化功能型平台建设的实施意见》等配套政策相继问世。苏州首先是学习、借鉴、引进和参考,填平政策鸿沟。其次,对于上海部分在人才、金融、自贸等方面暂时无法复制的优惠政策,可及早从替代、创新等角度对冲影响。比如上海探索的"科技创新券"模式,大型仪器设备创新券对上海所有申请的中小企业发放比率高达97.4%。

(二)注重加强与创新创业服务类平台合作

从国际经验看,功能型平台是提升一个国家和地区产业核心竞争力的重要支撑,是连接产业界与学术界的桥梁。主要包括两大类:一类是研发与转化类平台,聚焦前沿性重点领域研发与转化关键环节,依托高水平研究和设施,提供技术集成孵化服务。上海拟建设18个此类平台,先期启动微电子、生物医药、集成电路、智能制造、类脑芯片、石墨烯等6个,2018年启动其余12个。研发与转化类平台属于上海科创中心建设的核心环节,苏州要根据自身需求有针对性获得其资源辐射。另一类是创新创业服务类平台,提供全覆盖、全要素、全链条的创新创业服务与科技成果转化服务。此类平台大多采取市场化运作,如国家技术转移东部中心已集聚56家市场化、专业化科技中介服务机构,其中大多数是民营企业,服务业务包含技术搜索、知识产权运营、科技战略规划、首席技术官培训等8类。重点加强苏沪间科创市场化合作好处有三:

二、改革创新推进高质量发展

第一,按照市场规则合作,相关体制机制障碍较小,使得科技服务跨区域化成为可能。如上海盛知华公司与陕西、厦门、青岛等地知识产权局签署战略合作协议;云孵通过政府购买服务模式,挖掘当地企业创新需求;湾谷公司的一半以上技术转移服务需求来自全国多个地方。

第二,可获得专业化服务,且国际化水平较高,借力在全球范围实现资源优化配置。科技服务公司创始人多为跨国公司或国外研究机构从事知识产权或技术转移的高管,将国际技术转移服务理念和模式"本土化",克服外资服务机构的"水土不服"。比如露台、宇墨属于专业服务型模式,即在知识产权管理、技术交易的全流程或某些环节上追求做精、做深、做专。如云孵信息帮助上海某齿科公司寻找新的高附加值产品发展,开展国内外技术分析、搜索与合作路径筛选,并精准匹配到荷兰的一个技术团队。

第三,合作模式丰富多元,适合多重需求主体,可提供个性化转化落地服务。比如一些专业型、平台型等服务模式,在传统佣金收费模式基础上,衍生"技术转移服务+投资"、技术转移服务入股等多种盈利模式。例如,迈坦公司建立了"科技项目合伙人"网络,由"迈科技"平台提供资源,各行业由有企业资源、懂技术的项目合伙人负责推动项目,项目利润的80%给项目合伙人,20%作为佣金给平台。2016年,"迈科技"助力4个科研团队成立公司,解决了74家企业的技术难题,成功转化59项成果。例如,露台公司为上海一家公司开展硅材料多线切割技术领域竞争情报分析及技术战略规划,帮助企业重新调整大型工件精准切割技术及业内首代智能化流水线技术的研发进度,企业随即二次委托露台公司开展技术服务。

(三)积极借力融入全球创新网络

近年来,上海科创中心建设立足国际化的优势,积极参与科技创新领域的国际合作与交流,服务"一带一路"等国家倡议,主动融入全球创新网络,提升上海科技创新的国际影响力。2016年上海市进出口货物中,高新技术产品出口占比达到43.1%;外资研发中心总数为426家,其中世界500强企业研发机构有120多家;上海技术国际收入为140.9亿美元,占全国33%。对苏州来说,这是落实国家战略、融入全球创新网络的捷径。

一要充分利用上海全球科创中心多层次的连接全球创新资源的渠道。在发达国家,可利用上海已经"走出去"的服务机构,吸引海外优秀成果;在发展中国家,可通过技术转移模式参与输出技术、资本。以国家技术转移东部中心为例,已在英国、美国等发达国家设立实体园区。上海创新中心(伦敦)已筛选出超百项未来可在中国落地的技术并进行孵化;建立了规模总量达3.5亿英镑的5个创投基金;上海技术交易所伦敦分中心收集了牛津大学、剑桥大学等33所高校、研究机构的1 464个创新项目,交由上海专业化服务机构筛选转化。

二要充分利用上海全球科创中心各类国际化功能平台。如中国和以色列共同建立的中以上海创新中心,以色列是世界公认的创新国度,在纳斯达克上市企业数量仅次于美国,该中心采取优质项目"双边孵化"模式,在以色列耶路撒冷、特拉维夫、海法和贝尔谢巴四大城市布局了离岸创新资源,已经囊括了以色列的海量项目。如上海企业需求数据库,已经入库的中小型科技企业超1.4万家,这一数据库将和以色列技术库对接,这一模式将有望复制到中美、中法、中英等离岸创新基地。苏州要争取相关准入权限。

三要充分利用上海现有的具有国际化基因的服务机构。如孵化器XNode致力于营造最具国际化背景的创业社区,集聚了来自美国、加拿大、澳大利亚、荷兰、德国等超过18个国家和地区的数百名创业者,机构服务团队也来自法国、印度、加拿大、日本、美国等多个国家。如国内首家专注于国际清洁技术转移的服务机构"宇墨",已产生大量国际合作需求,实现海外项目落地中国和中国项目落地东南亚。

(课题组成员:钱文辉　龚金明　张明康　执笔:张明康)

苏州市专精特新中小企业现状发展报告

苏州市经济和信息化委员会

2013年以来,苏州市经济和信息化委员会根据工信部《关于促进中小企业"专精特新"发展的指导意见》和市委市政府"创新驱动、转型发展"的总体要求,主动适应经济发展新常态,对标《中国制造2025》行动方案,积极推动新产业、新技术、新业态、新模式,力抓专精特新中小企业的培育发展。专业化、精细化、特色化、新颖化的中小企业发展势头方兴未艾,以专精特新中小企业为引领的一大批中小企业创新主体作用不断彰显,为苏州产业经济的转型发展发挥了积极作用。现将有关情况汇报如下。

一、专精特新中小企业在苏州经济转型中发挥着不可替代的作用

综合各部门资料,苏州市专精特新中小企业数量目前已达3 000家,重要产品(塑料机械、线缆、锻件、扳手、二手机床、激光切割、毛条、微波电子陶瓷、液体处理、荧光粉、档位齿、自动化手臂等)高活跃度企业数至少2 000家,列入重点培育扶持的中小企业约1 000家,行业领跑、并跑企业接近200家;工业增加值占全市的20%、就业量占30%、市场份额约占市场增量的40%。据苏州市经济和信息化委员会建立的中小企业"专精特新"评价指标体系和相关企业数据库显示,1 000家入库企业2016年年底总资产1 360.7亿元,从业人员24.4万人,全年实现销售收入1 345.8亿元,上缴税收302.9亿元,实现利润720.9亿元,总体呈现出资产、就业、效益、税收全面上升的良好态势。在2017年7月召开的全市制造业大会上,100家企业被评定为全市首批专精特新百强企业。苏州市专精特新中小企业呈现出以下几个特点:

1. 行业分布广

从入选2016年度苏州市专精特新百强企业情况看,专业设备或通用设备类企业31家,精密零部件类企业17家,新材料类企业16家,新能源类企业14

家,其他22家。其中,有33家上市公司(其中新三板17家,国外上市16家),另有25家企业产品市场占有率居行业前5位,25家企业成立时间长达20年以上。如江苏新美星包装机械股份有限公司是中国液态食品装备领域的上市企业,也是国家重点高新技术企业和江苏省液体包装工程技术研究中心;江苏康沃动力科技股份有限公司,每年将销售收入的10%投入研发创新项目,产品覆盖发电设备、工业水泵、船舶舰艇、农用机械、工程机械、车用及特种机械等行业;科沃斯机器人是全球最早的服务机器人研发与生产商之一,跃居家用机器人全球第二,商用机器人在银行业细分市场占比第一。

2. 创新亮点多

调研发现,中小微工业企业在创新上呈现"三低三高"特点,即研发投入总量低、但产品市场占有率高;研发人员密度低、但人员利用率高;研发层次低、但复制模仿能力高。据第三次经济普查(2011年)数据显示,近80%的中小工业企业没有正式的科研活动,中小微企业技术人员所占比率不到4%。但短短几年来,"专精特新"中小企业不仅具有投入增长快、产出效益高的特征,而且在特定领域精耕细作,成为专业市场的佼佼者,供应链和配套优势日益稳固。2016年度苏州市专精特新百强企业样本企业的研发强度达到8.7%(行业平均仅0.3%),专利申请成功率达到66.3%,3年平均销售增长率为12.04%;而且负债率低于行业平均数(仅54%),净资产收益率和年人均劳动生产值分别高达16.26%和109万元/人。如昆山三景科技股份有限公司专注于光学新材料3D、2.5D双曲面盖板的专业研发,渗透到手机、汽车、智能腕表、VR等行业,成为注塑成型、强化处理、网板印刷、精密镭雕、AF Coating、AG、贴合、精密模具研发制造、显示器LED背光模组研发组装全流程生产的企业。在全市统计的92 343家规模以下制造企业中,民营科技企业已达到11 840家,具有创新点多、面宽、路子广的特点,民营科技企业正在专精特新的发展道路上蹄疾步稳、展示活力。

3. 融资机制活

一是渠道多,通过特色信贷政策导向效果评估,银行业金融机构加大了对科技、文化、节能环保等创新型小微企业的支持力度,提供低费率担保。针对新兴产业、高技术领域的中小微企业,2016年提供低费率担保13亿元,担保家数超千户;提供转贷续贷,为15 862户企业办理贷款226.08亿元;提供"信保贷",基于信用保证基金开发授信产品,已为近1 400家企业提供43.02亿元授信,在保余额33亿元。二是门槛低,通过发展普惠金融,小微企业贷款余额、贷款户数和申贷获得率稳步上升。截至2016年年底,苏州地区小微企业贷款余额6 070亿元;小微企业贷款户数125 286户,同比增加3 794户;申贷获得率89.24%,同比上升2.39个百分点。三是范围广,苏州通过建设综合金融服务平台,促进金融机构供给和企业融资需求对接。平台已为5 400多家企业解决了1 640亿元融资需求,约1 100家企业获得了超过81.7亿元"首贷"资金;700余家企业获得超过300亿元信用贷款。设立首期规模10亿元的信用保证基金,并建立65∶20∶15的信保贷风险分担机制,为以专精特新中小企业为代表的创新型企业融资增信。

4. 政策环境优

一是深化放管服改革。苏州全市累计削减市一级行政审批事项300多项,通过"企业投资项目并联审批"和"多评合一"将时限压缩至15个工作日内,全流程审批总时限提速至70个工作日;苏州市经济和信息化委员会也将行政审批事项100%全部下放,审批时限显著缩短。二是构建服务体系,苏州市经济和信息化委员会通过创新服务模式,提供检验检测、科技创新、创业辅导、融资服务、培训咨询等服务,拥有公共服务星级平台近300家,其中国家级、省级公共服务示范平台达11家和21家,省三星级公共服务平台(机构)82家;省级创业示范基地27家,省级重点培育基地53家。三是加大研发激励,对于符合条件的中小企业给予研发费用额不超过20%的资金补助,2016年补助486个项目,补助资金超过4 000万元。四是减免企业税费。落实小型微利企业税收优惠和研发费加计扣除等政策。2016年,企业享受所得税税收优惠超过40亿元;减轻行政事业性收费负担,取消71项、免征95项、降低21项,减轻企业社会负担17.98亿元。五是调降企业成本。降低能源成本,2014年起,开展大用户直购电试点,目前466家企业年降低用电成本5.34亿元。2015年起三次下调电价,每年为企业节约7亿元。天然气价格降低约可减轻企业负担3.78亿元。2017年4月起,取消了自来水价格中的城市公用事业附加费(每立方米0.04元)。降低人工成本,失业保险费率从3%阶段性降至1%;基本养老保险单位缴费费率阶段性由20%降至19%。多措并举为专精特新中小企业提供更为优质精准的服务,日益成为苏州市创新生态致臻完善的鲜明注脚。

二、发展专精特新中小企业是苏州经济转型的现实路径

专精特新中小企业致力于实现在产业选择上的专业化、在经营管理上的精

细化、在产品定位上的差异化、在模式技术上的新颖化,依据《中国制造2025》、工信部《促进中小企业发展规划(2016—2020年)》等政策和规划,更加精准地对中小企业作出区分界定、分析比较、分类引导,加强政策的针对性、系统性、有效性,从而培育一批中小企业中的单项冠军、隐形冠军,构建更强的制造业基础。我们认为,苏州经济转型应当高度重视把发展"专精特新"中小企业作为现实路径,主要基于以下几方面的考虑。

第一,这是由推动苏州制造业转型的要求所决定的。省委书记李强指出,"江苏靠制造业起家,也要靠制造业走向未来"。制造业是要素集聚、资源配置、产业升级、超额收益、政策服务的主战场,创新难点和市场压力最为显著。苏州的城市地位既源自也离不开制造业的雄厚实力。多年来,苏州市不断调整制造业的结构、层级、生产方式,通过正向引导、反向淘汰、逆向倒逼,经济发生着趋势性结构变化:一是"变新",2016年新兴产业上升到49.8%,传统产业占比降到50.2%,2017年上半年新兴产业占比超过50%,发展动能转换明显;二是"变轻","服务业苏州"逐步叫响,2015年第三产业占比首次超过第二产业,2016年首次过半达到51.5%;三是"变高",挤出低端低效产能,迎进创新资源。通过"去产能"行动三年计划,每年腾退万亩土地,累计关闭2 000家低端低效企业。实践证明,只有制造业经济的整体转型、升级换代,才能最终走上创新经济的康庄大道。苏州制造业中面广量大的恰恰是中小企业,他们称得上"土生土长",却引领着各自所在市场的发展。有的专注于某个行业,主导产品在全国细分市场领域内居前10名,或主导产品收入占销售收入60%以上;有的企业发展战略、产品定位精细,或者拥有知名品牌、自主知识产权或者专有技术,或者单项产品的研发投入占销售收入的比例超过3%,或者采用独特的工艺、技术、配方或特殊原料,在提供特色化、差异化、组合化的产品服务时反应敏锐;有的企业在管理创新、技术创新或商业模式创新方面优势突出,在行业的跨界融合中填补空白,创新产品和服务。由于苏州企业结构、产业基础、城市地位的独特性,有利于制造业资源充分配置,更宜于中小企业生存发展,积累市场扩展、经济转型的深厚势能,长出"参天大树"。可以说,"专精特新"中小企业是转型升级的生力军。

第二,这是由落实创新驱动战略的要求所决定的。一定意义上来说,"专精特新"中小企业是从低端走向高新技术高端的必然过程,也是最为重要的基础。苏州中小企业成长壮大的过程表明,竞争并非技术越高、研发投入越大就越有效。唯有依靠技术的独特性、巧妙性、关键性,才能夺占细分行业领先地位;唯有秉承了狼性和开拓精神的"专精特新"佼佼者才能把握先机,抢占市场份额。专精特新中小企业和高新技术企业互为因果、互为补充,高新技术企业偏重研发投入、发明专利、技术先进,专精特新中小企业看重企业竞争力、市场份额、成长速度——如果说前者是"顶天立地",那么后者就是"铺天盖地"。既有一定资本或人才优势,又善于追求创新、滚动创业、登高望远,可以说,专精特新中小企业是落实创新创业战略的推进器。

第三,这是由实现富民增收的要求所决定的。中小微企业所在的市场门槛低、半径窄、易进入、转产快、活力强、黏性大,截至2016年年底,全市制造业企业15万家,其中10万多家是中小微制造业企业,从业人员达到125万人,在数量上明显占优。同时,中小微企业最大限度发挥"船小好掉头"的灵活性,形成了职业培训、充分就业、层次就业、多种分配方式叠加的自由市场机制。因而,不论经济增长快慢,中小微制造业企业员工收入始终保持在5%~10%的增长水平,实实在在承担着开拓增收渠道、稳定增收来源、提升增收成效的"保障网"作用。可以说,发展专精特新中小微企业是富民增收的"蓄水池"。

三、发展专精特新中小企业应通盘谋划整体推进

纵观国内外中小企业的发展路径,尽管条件迥异、基础不同,但都不约而同地选择了专精特新的发展道路。从国际上看,德国积极培育"隐形冠军",支持中小企业成为细分行业领域的强者。日本实施"一町一品"计划,造就了大批坚守本业、持续创新的"长寿企业"。从国内看,近年来,北京、上海、浙江、安徽、山东等地积极对标国际,植根于区域经济优势,努力培养细分行业的"单打冠军"和企业"小巨人",这些做法和经验值得苏州市结合实际加以借鉴。近年来,苏州市中小企业专精特新中小企业发展也为整体推进、规模化跨越打下了坚实基础,为此,我们建议:

苏州市专精特新中小企业发展路径:依托制造业相对较强的优势,专注某一行业领域,深耕某一细分市场,建立独具特色品牌,持续投入、持续创新,打造一支具有国际化视野、优秀企业文化、先进管理水平的"隐形冠军"集群。

苏州市专精特新中小企业发展目标:用三年时间,以"研发一流技术、制造一流产品、培育一流企业家、实施一流管理"为目标,打造一支在技术、市场、产品、管理等方面具有国际先进水平、具有持续竞争力的中小企业群体,到2020

年,滚动培育专精特新中小企业1 000家,其中在国内细分领域排名前三的"单打冠军"达到100家,在国际细分市场排名前五、亚洲前三的国际"隐形冠军"达到20家。

苏州市专精特新中小企业发展措施:

一是加强分类指导。强化智库和大数据分析的作用,加强政策分析和企业研究,在规划对接、政策协调、机制设计上做好充分安排。制定"隐形冠军"认定标准,遴选一批"隐形冠军"培育企业。紧盯变化大、成长快、创新密集的行业领域,加强产业规划和专业指导,鼓励中小企业以业务、行业和市场的专业化为立足点,增强与大企业配套研发、协调创新、协同发展的能力。构建高新技术企业交流群,扩大溢出效应,提升全社会的研发水平,有选择地帮助专精特新中小企业拓展发展空间,提升区域竞争力。促进面向不同类型中小企业的信用评估、投融资、政策倾斜、咨询提升、市场促进、供应链协同等支持、服务工作,鼓励以集群园区、产业联盟、BAT、投资公司、咨询公司为代表的面向中小企业的投资咨询,提升其参与"两聚一高"发展的热情和能力,每年滚动培育100~200家盈利能力好、成长性高、竞争力强的企业。

二是加强政策联动。重点支持专精特新中小企业采用新技术、新工艺,提高产品竞争力;购置研发设备、仪器、软件,改造相关场地及设施,提升研发能力;支持专精特新中小企业以控股方式收购兼并境外拥有核心技术的企业和研发机构;支持专精特新中小企业与高校、科研院所建立"技术攻关联盟";支持专精特新中小企业参与国企国资改革,与大型企业形成产业链;结合"一带一路"倡议的实施,促进专精特新中小企业参加世界级的中小企业技术交流,推动中小企业"走出去";支持自主品牌创建。促进产融对接,完善转贷机制,防范企业资金风险。主要措施可通过支持企业申报工信部2017年度制造业单项冠军示范(培育)企业,市技改和中小企业专项资金重点支持"专精特新"企业项目;通过融资补贴机制,对在"新三板"、股权交易市场挂牌的中小企业以一定扶持奖励;通过政府购买服务的方式,由专业金融资本机构开辟企业上市服务绿色通道,降低企业上市前期成本、缩短其上市周期。

三是加强服务保障。加快建设"三位一体"(中小企业服务中心+中小企业公共服务平台+中小企业示范服务机构)、"两级联动"(市综合服务平台+县市区窗口服务平台)的中小企业公共服务总体架构。提升中小企业公共服务平台的服务能力,以政府购买服务的方式,建立健全服务规范、服务评价和激励机

二、改革创新推进高质量发展

制,调动和优化配置服务资源,完善政策咨询、创业创新、知识产权、投资融资、管理诊断、检验检测、人才培训、市场开拓、财务指导、权益维护、信息化服务等各类服务功能,为中小微企业提供质优价廉的普惠服务。组织熟悉政策、精通企业管理、热心为中小企业服务的企业家、专业技术人员、专家学者及政府工作人员等组成志愿服务团队,开展针对性的服务工作,发挥好行业协会等社会性组织服务中中小微企业的重要作用。建立政府购买服务扶持中小微企业发展的机制,编制并发布中小企业服务机构和公共服务项目目录。制定中小企业服务机构认证标准和服务评价制度,加强对企宣传,规范服务行为。

四是加强监管引导。用好苏州工业企业资源集约利用平台,完善平台功能,加快推广应用,探索实行差别化要素价格政策,促进工业企业转型升级和资源节约集约利用。运用大数据统计分析等多种手段,对"专精特新"培育企业的产品、产值、税收、用地、能耗、安全、环保等信息进行综合管理,定期开展监测分析。支持国土、环保等部门开展存量土地专项调查清理、深化水环境资源"双向"补偿制度,加强横向协调,优化低碳生态倒逼机制。引导企业改革,鼓励企业创新组织架构,探索员工持股、期权分红的激励机制和内部创新孵化机制。还权于企业、还权于市场,提升事中事后监管的有效性,降低准入门槛、创业成本、退出难度,营造一流的市场环境。

(课题组成员:周伟　杨秀英　王卫一,周伟系市经信委主任)

立足全局看差距

——苏州市与部分城市经济指标比较

中共苏州市委市情研究基地　苏州市情研究中心

2017年11月10日,省委书记娄勤俭专程赴苏州调研,要求苏州在新时代解放思想、大胆实践,坚持系统化思维,注重规律性把握,努力展现发展的创新性、探索性、引领性,更好地发挥对全省发展的示范作用。我们感到,这是省委对苏州发展的最新要求。在新的发展阶段,我们必须要有更加宽广的视野,在更高的坐标系中提升标杆,要在与国内外先进城市的比较中,充分认识自身的优势和不足,找准自己的目标和定位,始终保持一股子冲劲和拼劲,不断实现发展的突破和超越。为此,我们就苏州的经济综合实力、对外开放活力、研发创新能力、发展后劲潜力、工业企业竞争力、居民消费实力等六大类指标,与上海、北京、天津、深圳、广州、杭州、重庆、南京、无锡、宁波等城市进行了比较,现综述如下。

一、从经济综合实力看,苏州市有一定的规模优势,但结构性落差明显

2017年上半年,苏州地区生产总值在全国排名第7。深入分析发现,产业和区域的结构性矛盾比较突出。

一是地区生产总量排名靠前,但增速下滑值得重视。2017年上半年,苏州地区生产总值为8 290.12亿元,居上海(13 908.6亿元)、北京(12 406.8亿元)、广州(9 891.48亿元)、深圳(9 709.02亿元)、天津(9 386.87亿元)、重庆(9 143.64亿元)之后,在11个城市中排名第7;增速为7%,高于全国平均水平(6.9%)0.1个百分点,仅略快于上海(6.9%)、天津(6.9%)和北京(6.8%),和重庆(10.6%)相差3.6个百分点,和深圳(8.8%)相差1.8个百分点,和杭州(8.1%)相差1.1个百分点,和南京(8%)相差1个百分点,也落后于广州(7.9%)、宁波(7.8%)和无锡(7.2%),排名第8(具体见表1)。

二、改革创新推进高质量发展

表1　地区生产总值和增幅比较表

单位：亿元,%

	苏州	上海	北京	天津	深圳	广州	杭州	重庆	南京	无锡	宁波
GDP	8 290.12	13 908.6	12 406.8	9 386.87	9 709.02	9 891.48	5 021.18	9 143.64	5 488.73	4 933.23	4 456.5
增速	7	6.9	6.8	6.9	8.8	7.9	8.1	10.6	8	7.2	7.8

二是地方财政总量排名靠前、增速居中，但占 GDP 比重靠后。从地方财政一般预算收入看，2017 年上半年，苏州市一般公共预算收入为 989.96 亿元，居上海（4 193.62 亿元）、北京（3 033.6 亿元）、深圳（1 845.75 亿元）、天津（1 459.84亿元）之后，在 11 个城市中排名第 6。从地方财政一般预算收入增速看，苏州市为 10.2%，在 11 个城市中排名第 7，和宁波（18.4%）相差 8.2 个百分点，和杭州（17.4%）相差 7.2 个百分点，和南京（16.6%）相差 6.4 个百分点，和广州（16.3%）相差 6.1 个百分点，也低于北京（12.9%）和深圳（12.34%）。从财政占 GDP 比重看，苏州市为 11.94%，远低于居于首位的上海（30.11%）18.21 个百分点，仅高于无锡（9.59%）和广州（8.12%），在 11 个城市中排名第 9（具体见表2）。

表2　地方财政一般预算收入比较表

单位：亿元,%

	苏州	上海	北京	天津	深圳	广州	杭州	重庆	南京	无锡	宁波
地方财政一般预算收入	989.96	4 193.62	3 033.6	1 459.84	1 845.75	802.7	818.21	1 252.8	685.22	473.06	752.2
占GDP比重	11.94	30.11	24.45	15.55	19.01	8.12	16.3	13.7	12.48	9.59	16.88
增速	10.2	8.3	12.9	8.6	12.34	16.3	17.4	7.1	16.6	3.8	18.4

三是人均产出相对靠前，但地均产出排名靠后。从人均看，2017 年上半年，苏州市人均 GDP 为 78 020 元，在 11 个城市中排第 2，仅与居于首位的深圳（81 531 元）相差 3 511 元；人均一般公共预算收入为 9 317 元，居上海（17 331元）、深圳（15 500 元）、北京（13 961 元）、宁波（9 552 元）和天津（9 345 元）之后，排名第 6。从地均看，苏州市每平方公里地均产出 GDP 为 0.98 亿元，排名第 5，而深圳则达到 4.86 亿元，接近苏州市的 5 倍，上海（2.19 亿元）、广州（1.33 亿元）和无锡（1.07 亿元）也均高于苏州市；苏州市每平方公里地方财政

一般预算收入为0.117亿元,远低于深圳(0.924亿元)和上海(0.661亿元),也不及北京(0.185亿元)和天津(0.122亿元),排名第5(具体见表3)。

表3 人均、地均GDP比较表

单位:元,亿元/平方公里

	苏州	上海	北京	天津	深圳	广州	杭州	重庆	南京	无锡	宁波
人均GDP	78 020	57 481	57 098	60 091	81 531	70 435	54 649	29 995	66 369	75 559	56 590
人均地方财政一般预算收入	9 317	17 331	13 961	9 345	15 500	5 716	8 905	4 110	8 286	7 246	9 552
地均GDP	0.98	2.19	0.76	0.79	4.86	1.33	0.30	0.11	0.83	1.07	0.45
地均地方财政一般预算收入	0.117	0.661	0.185	0.122	0.924	0.108	0.049	0.015	0.104	0.102	0.077

二、从对外开放活力看,苏州市尚具一定总量优势,但增速呈下降之势

外向型经济是苏州市的特色和优势,在全国处于领先水平,对经济增长的拉动作用十分明显。近年来,苏州市开放型经济仍具一定总量优势,但发展动力下降趋势明显。

一是进出口总额排名靠前,但增速相对靠后。苏州市2017年上半年进出口总额为9 891.97亿元,低于上海(15 533.02亿元)、深圳(12 325.32亿元)和北京(10 710.3亿元),在11个城市中排名第4;其中出口总额为5 773.04亿元,仅不及深圳(7 448.48亿元)和上海(6 265.91亿元),排名第3。但从增速看,苏州市进出口总额增速为17.7%,低于全省平均水平(21.5%)3.8个百分点,与排名第1的广州(31.4%)相差13.7个百分点,排名第7;出口总额增速为14.9%,低于全省平均水平(18.1%)3.2个百分点,与排名第1的广州(34.8%)相差19.9个百分点,排名第6(具体见表4)。

二、改革创新推进高质量发展

表 4　进出口总额比较表

单位:亿元,%

	苏州	上海	北京	天津	深圳	广州	杭州	重庆	南京	无锡	宁波
进出口总额	9 891.97	15 533.02	10 710.3	3 586.47	12 325.32	5 044.8	2 099.9	2 044	1 950.37	2 520.45	3 620.6
增幅	17.7	18.7	26	11.4	5.3	31.4	8.9	4.7	26.2	23.2	26.2
其中出口总额	5 773.04	6 265.91	1 818.3	1 439.29	7 448.48	3 142.4	1 563.52	1 314.2	1 125.35	1 487.55	2 385.2
增幅	14.9	12	18.5	-0.9	6.1	34.8	8.9	-5.2	25.4	19.1	18.3

二是利用外资规模不具优势,且下降趋势明显。苏州市2017年上半年实际利用外资为22.27亿美元,远低于北京(截至5月,85.2亿美元)、上海(外商直接投资实际到位80.55亿美元)、天津(实际直接利用外资55.01亿美元)、重庆(43.54亿美元)、杭州(39.97亿美元)、广州(37.12亿美元)和深圳(实际外商直接投资33.62亿美元),仅略高于宁波(21.63亿美元)和无锡(20.02亿美元),在10个城市中排名第8;从增速看,苏州市为-39.3%,与深圳(15.4%)相差54.7个百分点,在获得数据的8个城市中排名最末(具体见表5)。

表 5　利用外资情况比较表

单位:亿美元,%

	苏州	上海	北京	天津	深圳	广州	杭州	重庆	南京	无锡	宁波
实际利用外资	22.27	80.55(外商直接投资实际到位)	85.2(截至5月)	55.01(实际直接利用外资)	33.62(实际外商直接投资)	37.12	39.97	43.54	—	20.02	21.63
增幅	-39.3	-7.1	—	5.3	15.4	—	11.8	2.11	—	11.62	-13.6

三、从研发创新能力看,苏州市具有一定数量优势,但创新能力相关指标不尽人意

最近几年,苏州市的科技创新能力有了较快的提升,但是,如果跳出苏州、跳出江苏,与同类城市相比,落差还是十分明显的。

一方面,苏州市专利申请量和国家级高新技术企业数量排名靠前。2016年12月,苏州市专利申请量为106 700件,在11个城市中排名第4,居于北京、深圳、上海之后,与排名第1的北京(189 129件)相差82 429件。其中,发明专利申请量

为47 429件,在10个城市中位列第4,不到排名第1的北京(104 643件)的1/2。苏州市发明专利申请量占专利申请量的44.42%,在10城市中排名第5,比排名第1的北京(55.33%)少10.91个百分点。苏州市拥有国家级高新技术企业4 133家,在11个城市中排名第5,排名第1的北京(15 978家)约是苏州市的3.87倍。

另一方面,苏州市人才数量、研发投入占比、专利申请量增幅和新兴产业增幅等相对靠后。截至2016年年底,苏州市入选国家"千人计划"的人才219人,在获得数据的6个城市中居于末位,而排名第1的北京拥有国家"千人计划"人才1 486人,约是苏州市的6.79倍。苏州市研发经费投入占比为2.7%,在11个城市中位列第8,仅比全国平均水平(2.1%)高出0.6个百分点,不及排名第1的北京(5.94%)的1/2。苏州市专利申请量增幅仅为8.1%,在11个城市中排名第10,和排名第1的广州(56.3%)相差48.2个百分点,低于全国平均水平(23.8%)15.7个百分点;其中,发明专利申请量增幅9.69%,在10个城市中排名最后,比排名第1的广州(58.6%)少48.91个百分点,低于全国平均水平(21.5%)11.8个百分点。与此同时,苏州市战略性新兴产业增加值增长缓慢,2017年6月,增幅仅为7.1%,在8个城市中居末位,不及排名第1的重庆(21.7%)的1/3,较全国平均水平(10.8%)也有3.7个百分点的落差(具体见表6)。

表6 科技创新能力相关指标比较表

		苏州	上海	北京	天津	深圳	广州	杭州	重庆	南京	无锡	宁波
2016年12月	国家千人计划人数(人)	219	894	1 486	—	228	—	—	—	303	241	—
	研发投入占比(%)	2.7	3.8	5.94	3	4.1	2.3	3.1	1.7	3.05	2.82	2.5
	专利申请量(件)	106 700	119 937	189 129	106 514	145 294	99 070	73 546	59 518	65 198	71 673	68 244
	增幅(%)	8.1	19.9	21	33.2	37.7	56.3	20.89	-28.11	16.2	25.82	16.1
	发明专利申请量(件)	47 429	54 339	104 643	38 153	56 336	31 850	24 951	—	31 556	32 610	19 328
	增幅(%)	9.69	15.7	17.7	34	40.74	58.6	40.4	—	13.4	34.8	20.38
	发明专利申请量占专利申请量比重(%)	44.42	45.31	55.33	35.82	38.77	32.15	33.93	—	48.4	45.5	28.32

续表

		苏州	上海	北京	天津	深圳	广州	杭州	重庆	南京	无锡	宁波
2016年12月	国家级高新技术企业数量（家）	4 133	6 938	15 978	3 265	8 037	4 740	3 035	1 443	1 699	1 638	1 739
2017年6月	战略性新兴产业增加值增幅(%)	7.1	—	12.7	8.2	13.9	10	12.5	21.7	—	—	12.8

四、从工业企业竞争力看，苏州市具有一定规模优势，但增速下滑、企业单体规模偏小的问题不容忽视

苏州市工业经济运行保持了总体平稳、稳中有进的态势，工业总量规模较大，但一直以来比较突出的问题是，缺乏"顶天立地"的地标型企业。

一方面，工业经济具有较大规模优势，但增速下降趋势明显。苏州市2017年上半年规模以上工业总产值为16 072.57亿元，在获得数据的7个城市中排名第1；同比增速为9.4%，远低于宁波（16.1%）6.7个百分点，与无锡（15.8%）相差6.4个百分点，在7个城市中排名第4。从规模以上工业增加值看，苏州市为3 461亿元，仅略低于深圳（3 596.3亿元）；但从增速看，苏州市为6%，不仅低于重庆（10.4%）、宁波（9%）、无锡（8.2%）、深圳（7.8%）和杭州（7.7%）等城市，也低于全国平均水平（6.9%）和全省平均水平（7.4%）（具体见表7）。

表7 规模以上工业总产值、增加值比较表

单位：亿元，%

	苏州	上海	北京	天津	深圳	广州	杭州	重庆	南京	无锡	宁波
规模以上工业总产值	16 072.57	16 013.3	—	14 738.26	—	9 388.05	—	—	7 027.87	7 913.7	7832.9
增幅	9.4	8.2	—	13	—	4.9	—	—	9	15.8	16.1
规模以上工业增加值	3 461	—	—	—	3 596.3	—	1 440.2	—	1 705.07	1 676.99	1 612.2
增幅	6	—	5.8	—	7.8	4.8	7.7	10.4	5.8	8.2	9

另一方面,从工业企业来看,实现利润相对靠前。2017 年 6 月,苏州市规模以上工业企业实现利润总额 687 亿元,在 9 个城市中排名第 4,低于排名第 1 的北京(781 亿元)94 亿元;利润增幅为 24.3%,在 9 个城市中排名第 4,低于排名第 1 的宁波(29.9%)5.6 个百分点,高于全国平均水平(22%)2.3 个百分点。单个企业竞争力有待增强。从入选 2017 中国企业 500 强的情况看,苏州市只有 11 家企业入选,在 11 个城市中排名第 9,数量仅是排名第 1 的北京(104 家)的 1/10;从入选 2017 民营企业 500 强的情况看,苏州市有 19 家企业入选,在 11 个城市中排名第 4,比排名第 1 的杭州(44 家)少 25 家;从上市公司数量看,2016 年 12 月,苏州市拥有上市公司 113 家,在 7 个城市中排名第 3,而排名第 1 的深圳上市公司多达 233 家,约是苏州市的 2.06 倍(具体见表 8)。

表 8　企业实力相关指标比较表

单位:亿元,%,家

		苏州	上海	北京	天津	深圳	广州	杭州	重庆	南京	无锡	宁波
2017 年 6 月	利润总额	687	—	781	745.94	—	614.63	436	768.69	488.4	438.75	574.4
	增幅	24.3	14.1	10.4	26.3	—	13.6	7.3	23.3	7.4	15.7	29.9
2016 年 12 月	上市公司	113	—	—	—	233	78	135	—	85	111	56
2017 年	进入 2017 中国企业 500 强	11	29	104	14	27	19	21	13	7	12	9
	进入 2017 民营企业 500 强	19	13	14	13	23	18	44	11	9	15	20

五、从发展后劲潜力看,苏州市投资力度较大,但总体下滑尤其是工业投资下降趋势明显

固定资产投资、工业投资指标决定着区域经济的发展后劲。总体来看,苏州市投资指标增速下降的趋势十分明显,形势不容乐观。

苏州市固定资产投资总量居中,其中工业投资靠前,工业投资占比较高。2017 年 6 月,苏州市全社会固定资产投资总额为 2 887.4 亿元,在 11 个城市中排名第 6,排名第 1 的天津(7 329.89 亿元)约是苏州市的 2.54 倍;其中,工业投资额为 997.5 亿元,在 11 个城市中排名第 3,居于重庆和天津之后,比排名第 1

二、改革创新推进高质量发展

的重庆(2 381.19 亿元)少 1 383.69 亿元。苏州市工业投资比重较高,占固定资产投资总额的 34.55%,在 11 个城市中排名第 2,仅比排名第 1 的无锡(42.13%)少 7.58 个百分点。此外,苏州市房地产投资占比为 42.65%,在 11 个城市中排名第 6,高于全国平均水平(18.04%)24.61 个百分点,低于排名第 1 的上海(58.66%)16.01 个百分点。

但是,苏州市不仅固定资产投资增速下降,而且工业投资增速下降也更为明显。苏州市的固定资产投资增速同比减少 3.1%,是 11 个城市中唯一一个固定资产投资下降的城市,和排名第 1 的深圳(30.6%)相差 33.7 个百分点,低于全国平均水平(8.6%)11.7 个百分点。其中,工业投资增速同比减少 7.3%,在 11 个城市中排名第 10,低于排名第 1 的深圳(54.8%)62.1 个百分点(具体见表9)。

表9　全社会固定资产投资比较表

单位:亿元,%

	苏州	上海	北京	天津	深圳	广州	杭州	重庆	南京	无锡	宁波
固定资产投资总额	2 887.4	2 989.91	3 569.7	7 329.89	2 071.6	2 294.51	2 547	6 922.79	3 005.07	2 264.58	2 697.1
增幅	-3.1	6.4	6.2	3.6	30.6	8.6	1.1	12.3	15.6	4.1	4
工业投资额	997.5	379.03	306.2	2150.49	320.25	252.49	401	2 381.19	845.96	954.02	716.8
增幅	-7.3	-3.9	20.8	7.3	54.8	-10.1	5.9	13	2	5.2	-2.5
工业投资占比	34.55	12.68	8.58	29.35	15.46	11	15.74	34.4	28.15	42.13	26.58
房地产投资占比	42.65	58.66	43.8	16.27	53.8	48.03	44.68	25.85	37.54	24.19	26.73

六、从居民消费实力看,苏州市居民收入水平较高,但增长乏力且消费总量偏低

2017 年 3 月,苏州市正式对外发布了"苏州版"的《关于聚焦富民持续提高城乡居民收入水平的工作意见》,突出更高水平的富民,让发展成果实实在在惠及百姓,让群众更具获得感和幸福感。但总体上分析,还是存在一定结构性矛盾。

从收入水平看,苏州市城镇居民和农村居民人均收入都比较高。2017 年 6 月,苏州市城镇居民可支配收入为 30 230 元,在 10 个城市中排名第 5,高于全国

平均水平(18 322元)11 908元,低于排名第1的上海(31 524元)1 294元。农村居民纯收入为15 360元,在9个城市中排名第4,低于排名第1的宁波(17 099元)1 739元,是全国平均水平(6 562元)的2.34倍。

但是,苏州市居民收入增幅和消费总量均靠后。苏州市城镇居民可支配收入名义增幅为8%,在10个城市中排名第7,低于排名第1的北京(9%)1个百分点,也低于全国平均水平(8.1%)0.1个百分点。苏州市农村居民纯收入名义增幅仅为7.9%,在9个城市中排名第7,低于排名第1的重庆(9.6%)1.7个百分点,也低于全国平均水平(8.5%)0.6个百分点。苏州市社会消费品零售总额虽然拥有较高的增幅,但总额仅为2 645.9亿元,在11个城市中排名第9,不足排名第1的上海(5 670元)的1/2(具体见表10)。

表10 居民富裕程度相关指标比较表

单位:元,%,亿元

	苏州	上海	北京	天津	深圳	广州	杭州	重庆	南京	无锡	宁波
城镇居民可支配收入	30 230	31 524	31 016	—	27 505.07	21 445	31 242	16 913	27 468	26 511	30 340
名义增幅	8	8.6	9	—	8.8	8.4	7.1	8.6	8.8	8	7.2
农村居民纯收入	15 360	15 923	12 953	—	—	8 152	15 979	6 332	12 065	14 482	17 099
名义增幅	7.9	8.8	8.2	—	—	8.7	8	9.6	9	7.9	7.6
社会消费品零售额	2 645.9	5 670	5 257	2 851.03	2 773.91	4 572.31	2 670	3 914.42	2 727.89	1 666.18	1 795.4
增幅	11.1	8.1	5.6	5.5	9.4	8.7	10.6	11.7	11	10.6	9

(课题组成员:陈楚九 李静会 朱 琳)

当前苏州金融风险的形势及对策

宋继峰

近年来,苏州经济实力逐年提升,地区生产总值、经济总量、存贷款额等指标一直居全国主要城市前列,全市金融体系运行总体平稳,资金供给稳定增长,金融监管依法开展,不良比例持续降低,金融生态环境保持良好,金融风险防范整体可控,在全国、全省处在较好位置。但与全国、全省一样,当前苏州经济正处于新旧动能转换进程中,人民群众日益增长的财产性收入需求与金融发展不平衡不充分之间的矛盾较为突出,金融领域和经济社会领域风险关联性、复杂性交织,作为经济发达市,苏州市仍然处于风险易发期,必须高度重视、密切关注。

一、当前全市金融风险形势

一是企业债务风险不容忽视。近年来,部分实体经济结构性失衡、盈利下降问题突出,随着供给侧结构性改革深入推进,相应企业信贷资产质量承压明显,债务风险可能在一段时期内集中暴露。特别是部分领域贷款不良率较高,不良贷款区域、行业集中性态势明显。如制造业不良率2.43%、批发零售业不良率3.05%;部分产能过剩行业贷款不良率处于高位,如纺织行业不良率5.13%,钢铁行业不良率3.47%。个别地区担保圈风险仍存,部分互联互保企业一旦发生风险可能引发横向传染。

二是房地产金融领域的苗头性问题值得关注。目前苏州市未出现涉及房地产的突出金融风险,但房地产开发不良贷款增长较快。在全市房地产开发贷款余额1 443亿元,同比上升36%的情况下,不良贷款同比增长达303%,虽然绝对额不大,不良占比不高,但增速明显。对一些资金链偏紧的中小房地产商,尤其需要关注其资金链安全。此外,部分金融机构大力开展房抵贷业务,抵押率可达到房屋现值的70%,个别银行接受二次抵押。此种行为变相加大了购房杠杆,与个人住房贷款形成替代,需要引起高度关注。一旦房价发生拐点或国家政策发生变化,易引发风险。

三是个别中小法人银行风险需尽快化解。苏州市城商行、农商行、村镇银行等中小法人银行资产质量在全省同类型银行中位居中上游,总体风险较小。但也有中小法人银行风控能力薄弱,资产质量较差,存在流动性及声誉风险隐患。2017年年末,辖内农商行可供出售类债券投资浮亏13.02亿元。在利率水平"易上难下"市场预期下,债券投资盈亏压力可能会进一步增加。

四是防范处置非法集资是攻坚战的重中之重。非法集资具有隐蔽性强、传染性强的特点,严重侵蚀群众财产利益,严重影响区域金融生态,易向系统性金融风险、社会风险、政治风险转化。2017年,全市新发非法集资案件128起,同比增长达94%,涉案金额16.3亿元,参与集资人数1.29万余人。随着周边地区挤压力度的不断加大、互联网金融风险存量的不断释放和金融监管政策的逐步收紧,苏州市非法集资风险仍可能持续增长,需要各地各部门高度重视。地方政府在类似企业招商引资过程中亟须进一步加强对风险隐患的同步甄别力度。

二、苏州市近年来防范化解金融风险采取的措施

针对苏州市金融领域存在的风险和隐患,市委、市政府高度重视,先后出台多个文件提出明确要求,并多次就重大风险事件进行专题研究和协调部署。各级政府及相关职能部门针对金融领域突出风险点,建立健全相关协调机制,落实地方金融监管和风险处置属地责任,积极化解个案风险,坚决守住不发生系统性、区域性金融风险底线。

(一)在化解企业信贷风险上下功夫

金融服务供给侧结构性改革稳步推进,在控制金融机构合理杠杆率、优化政府和企业债务结构、防范金融风险等方面初见成效。一是金融运行平稳健康。银行业发展稳中有进,2017年年末,全市银行业资产总额3.4万亿元,同比增长4.2%;本外币贷款余额2.5万亿元,同比增长9.4%;总体存贷比90.9%。保险业保持快速发展,保费收入648亿元,同比增长23%。全辖不良贷款率0.93%,低于全省不良水平0.32个百分点,低于全国平均0.97个百分点,在全省处于最好水平。二是深入实施《苏州市金融支持企业自主创新行动计划》,为企业提供安全可靠的融资平台。苏州综合金融服务平台注册企业2.4万家,共

二、改革创新推进高质量发展

为 8 172 家企业解决 4 397 亿元融资,业务模式得到省领导肯定并在全省推广。三是加大银行不良资产处置力度,2017 年,在市人民银行、银监分局指导下,全市银行共处置不良贷款 289 亿元,在全省排名第一,有效降低风险水位。新组建的苏州资产管理公司,及时有效地开展工作,帮助金融机构处置化解了一批不良资产。

(二)在重点领域金融风险防范上下功夫

一是及时研究出台《重点企业金融风险监测处置办法(暂行)》和《关于支持企业破圈解链维护稳定发展的指导意见》等一系列意见办法,全市涉及 3 家以上银行、贷款余额在 5 亿元以上的企业已全部组建银行债权人委员会,共 364 家,在全省排名第一;部分风险集中行业得到有效控制,丰立等重点企业风险得到有效化解。二是政府债务管理方面,通过建立风险预警系统,实行政府债务预算管理全覆盖,实现了对全市政府性债务的动态风险防控和全面监测;严格按照限额举借债务,增量债务规模得到有效控制,政府债券置换工作稳步推进。三是在房地产行业中探索"因城施策"的住房调控政策,加强借款人能力等实质性审查,房地产贷款总体稳定。2017 年,苏州房地产贷款余额 8 978 亿元,不良率 0.27%,低于全市不良率 0.66 个百分点。

(三)在处置非法集资风险上下功夫

一是根据形势变化及工作需要,不断扩充成员单位,完善组织领导架构,定期召开全市金融风险防控会议,通报重要风险情况,研究解决涉及金融稳定的重大问题。制定完善了《苏州市预防和打击处置非法集资工作领导小组工作规则》,明确了各地各部门的工作职责和任务目标。二是在全省率先开发完成了"大数据监测预警平台",依托互联网与大数据技术,对全市 1.6 万家理财类机构进行自动监测,及时预警非法集资类高危企业、高风险区域。三是建立了非法集资举报奖励制度,动员全体群众发现、揭发非法集资活动。四是对全市类金融机构实行常态化滚动排摸,先后排摸企业 1.27 万家,立案查处 88 家。五是充分利用电视、电台、报纸等传统媒体及移动端、微信端等新媒体,结合地方特色,以滑稽戏、评弹、动画、微电影等百姓喜闻乐见的形式,持续开展精准宣传。六是互联网金融风险整治效果显著。自 2016 年全国集中开展互联网金融风险专项整治以来,苏州市对近 8 000 家企业开展了风险排查,坚决果断打早打小。市政法委、市公安局主动协调,果断行动,及时查处了一批非法集资案件,目前整改类机构存量不合规业务规模下降了 77.6%,取缔类机构关停失联

21家,立案侦查7家。全市非法集资案件虽有增长,但得益于打早打小的理念,涉案价值和平均案值近两年均呈下降态势。截至2018年6月,全市新增立案涉嫌非法集资案件68起,同比持平,案发金额较去年同期下降10.41%。案值1000万元以上的案件27起,案值1000万元以下的案件42起,分别占查处侦办案件总数的39%、61%;单起案件案值持续走低,案件的平均案值较去年下降11.73%,已连续两年大幅下降。

三、防范化解苏州金融风险的举措和建议

在党的十九大和中央经济工作会议、全国金融工作会议上,以习近平同志为核心的党中央对金融工作作出了一系列重大判断、重要决策和明确要求,并指出打好防范化解重大风险攻坚战,重点是防控金融风险。各级党委、政府和相关部门必须以更高的政治站位、更严的工作标准、更强的工作责任,不折不扣地落实好党中央、国务院和省委、省政府的各项要求和部署。在市委、市政府统一部署下,统筹做好风险防控工作,坚决守住不发生系统性、区域性金融风险的底线,打赢防范化解金融风险攻坚战。针对苏州当前面临的金融风险,建议进一步做好以下几方面工作。

(一)完善顶层设计,形成工作合力

一要按照国家、省相关要求,按照系统化思维,建立健全地方金融监管框架。通过筑牢市场准入、早期干预和处置退出三道防线,探索闭环监管长效机制。二要更加重视和强化功能监管和行为监管,关注涉众风险,形成监管合力,消除监管真空。充分发挥法治、监管等多种手段,强化金融风险防控,切实履行好属地金融监管职责,全力维护金融市场秩序。三要严格对照相关规定要求,严格检查各有关行政部门履职情况,对工作不落实、履职不到位的,严肃追究问责。

(二)立足实体经济,避免脱实向虚

服务实体经济是金融立业之本,是防风险的根本举措。金融工作要以供给侧结构性改革为主线,积极稳妥推进"去杠杆",以解决融资难、融资贵为抓手,将更多金融资源配置到经济社会发展的重点领域和薄弱环节,提升金融服务的精准性。一要狠抓省委省政府及市委市政府关于服务实体经济、推进普惠金融及支持制造业发展的专项政策的落地工作,确保政策执行到位,真正促进企业发展。二要不断提升苏州综合金融服务平台服务实体经济的能力,不断推陈出

二、改革创新推进高质量发展

新、拓面增质,更好地推动普惠金融、科技金融、文化金融、绿色金融等创新发展,更好地为苏州企业特别是初创企业、小微企业的发展添砖加瓦。三要大力发展直接融资,规范发展区域性股权市场和私募股权投资基金,加大对企业上市、新三板挂牌的支持力度,优化培育服务,推动更多企业对接资本市场。争取更多条件成熟的企业纳入上市后备企业,引导一批有基础、有潜力、成长性好的企业加快股份制改造,构筑可持续的上市后备企业梯队。四要引导金融机构有序降低产能过剩行业贷款比重,提升资金配置效率,加强对新兴产业、科创企业的金融支持,深耕金融服务薄弱领域和环节,在金融服务产品方面加大创新力度和完善优化组合。五要协助住建部门调控房地产市场,稳妥降低金融杠杆率。六要对存量的重点行业和重大企业的债务风险发挥好债委会协调统筹的作用,分类稳妥处置,推动"僵尸企业"市场出清,更好地化解存量风险。

(三)防范金融风险,提升地方金融生态环境

坚定不移地守住不发生系统性风险、不发生区域性风险的底线。一要创新推进不良贷款处置。灵活运用现金清收、核销、资产转让等多种处置手段,依法合规地推进不良贷款处置工作。二要扎实开展互联网金融风险专项整治工作。根据专项整治工作进展的时间安排,采取积极稳妥的措施,讲究方法、策略,先后有序,张弛有度,稳扎稳打。针对不同风险领域,根据违法违规情节轻重和社会危害程度区别对待,妥善化解各类存量风险,有效进行风险隔离,切实防范处置风险中的次生风险。三要多举措做好打击处理非法集资相关工作。以"大数据监测预警平台"的投入使用为契机,建立配套工作流程,完善金融业综合统计,以重点领域、重点行业的金融风险为关键点,建立起具有苏州特色的科学防范,有效化解非法集资风险苗头的风险防控机制。进一步完善金融风险跟踪调查和早期处置机制,对监测预警到的金融风险线索及时移送或转交有关部门和地方政府核查,并跟踪、督办处理结果。按照化解存量、防控增量、讲究策略、有序可控的工作要求,建立起分级分层处置机制,把金融风险防范化解与行政监管、案件查办、追赃挽损、维护稳定结合起来,实现政治效果、社会效果和打击效果的三统一。四要密切关注"去杠杆"及各项改革中可能存在的风险点,防范"黑天鹅""灰犀牛"风险发生。

(四)加强综合整治,维护良好秩序

一要抓紧研究《苏州市金融突发事件应急预案》,及时应对和处置各类金融风险,维护全市正常经济金融秩序。二要关注各类涉众面广、影响社会稳定的

风险隐患及金融创新业务中的潜在风险隐患,进一步强化金融机构防范风险主体责任,严防严处互联网金融风险和非法集资风险。三要坚决整治各种金融乱象和干扰金融市场秩序的行为,尽最大力量遏制风险的扩散和蔓延。并将整治和维稳、信访工作相结合,引导投资者合法合理维护自身权益,避免矛盾激化,努力减少社会不稳定因素。四要加强办案结案力度。由公安会同检察院、法院等部门,综合运用民事、行政、刑事等法律手段,构建系统化的追赃挽损工作体系,加快涉案资产处置返还进度,减轻投资者损失。五要持续深入精准地开展专题宣传教育活动,将日常宣传与集中宣传相结合,加强对群众的金融知识普及和金融风险警示教育,推动宣传教育活动进机关、进企业、进学校、进家庭、进社区,提高群众风险意识和识别能力。通过开展常态化的宣传教育,引导广大群众对非法集资及其他金融犯罪做到不参与、能识别、敢揭发,从源头上做好金融风险的防范工作。

(作者系苏州市人民政府金融工作办公室副主任)

关于苏州跨境电商综试区高质量发展的几点建议

王兆喜　金烨武

跨境电商,作为外贸新业态和开放型经济转型升级的重要载体,作为提高贸易便利化水平的重要抓手和促进外贸供给侧结构性改革的重要动力,作为有效应对当下中美贸易摩擦等复杂外贸形势的重要途径,对满足人民的美好生活有着重要的积极意义。庞大的市场需求为我国跨境电商带来前所未有的发展机遇,国内各大电商巨头、各大城市都在加快实现跨境电商布局,跨境电商整体呈现了火速发展态势。苏州跨境电商综试区自2016年1月获国务院批复建设以来,充分发挥苏州开放型经济发达、开放载体功能领先、产业发展实力雄厚、物流配送体系完善、专业市场辐射广泛、开放合作平台丰富等优势,奋力作为,开拓创新,取得了丰硕成果。据市商务局统计,截至2018年6月,苏州跨境电商综试区已累计实现B2B出口业务超100亿元人民币,苏州本地越来越多的机械、电子、纺织等产品通过跨境电商销往海外市场。但与深圳、杭州、重庆、郑州等其他综试区城市相比,苏州跨境电商综试区发展仍有一些短板和挑战亟待我们去破解。

一、苏州跨境电商综试区发展的现状和亮点

苏州跨境电商综试区自获批以来,大力发展跨境电商,并着力在跨境电子商务企业对企业(B2B)方式相关环节的技术标准、业务流程、监管模式和信息化建设等方面先行先试,取得了一系列领跑全国、可复制推广的制度化成果,在探索性发展、创新性发展、引领性发展上展示了苏州风采。

1. 进入全模式业务发展新阶段,发展动能澎湃

按照国务院关于设立跨境电商综试区的批复精神和省政府印发的实施方案要求,苏州拥有出口试点资格,随着2018年1月跨境电商零售进口过渡期政

策覆盖至苏州,苏州跨境电商综试区从原先的直邮进口 B2C、一般出口 B2C、跨境 B2B 出口发展到如今的保税进口 B2B2C,苏州跨境电商进入全模式业务发展的新阶段,而且苏州综试区线上综合服务平台已经实现为跨境电商企业提供全模式业务的"一点接入、一站式服务"。全模式业务与线上"一点接入、一站式服务"优势叠加,必将释放苏州综试区高速发展的巨大动能,为苏州外向型经济高质量发展增添新优势。

2. 积极培育跨境电商企业,发展环境优化效应初显

目前,金阊新城综合物流园已发展成为集公路港、铁路港、互联网信息港为一体的综合性物流园区。吴中综保区聚集了玄通电商、世贸东盟、江苏国速、达毅电商等平台型、总部型跨境电商企业落户发展;花桥跨贸小镇吸引了考拉海购、汇银乐虎等对台电商企业入驻,努力打造台湾商品进入大陆的第一线;苏州高新区综合保税区也汇集了一花一王、佰隆贸易、聚国购等众多跨境电商进口企业,集聚效应进一步凸显。园区涌现出了同程网、八爪鱼等本土知名电商企业,初步形成了以社交类、垂直类、特色化电商企业为支撑的电商产业集群,并把"互联网+"和电子商务作为未来发展现代服务业的重要手段。据综试区线上综合服务平台数据统计,2017 年全年,综试区线上综合服务平台 B2B 出口突破 10 亿美元,主要出口市场为北美、欧洲、日本等地,商品主要为纺织品、机械、IT 制品等。

3. 国内率先打通线上 B2B 出口通道,信息化、国际化和便捷性领跑全国

2017 年 6 月,苏州跨境电商综试区线上综合服务平台 B2B 报关通道成功在全国率先打通,并在全国率先通过平台开展 B2B 出口业务。目前平台与关、检、税、汇等部门系统全部打通,成为全国首家全程电子化的线上综合服务平台以及全国唯一同时能对接海关、国检、人行金宏数据的平台,实现了保税进口 B2B2C、直邮进口 B2C、一般出口 B2C 以及跨境 B2B 出口全模式支持。平台还与东盟"单一窗口"平台成功联调,出口 B2B 业务数据可直达东盟 10 国和印度等国。线上打通 B2B 出口通道这些经验做法已获商务部等 14 个部门复制推广。

4. 助推产业转型升级和小微企业发展成效显著

一是发挥全省最大的邮政国际邮件互换局所在地优势,为中小微企业提供专业化的跨境电商出口全方位服务,大力发展跨境电商 B2C 出口。虎丘婚纱城有近 3 000 家的商户通过亚马逊、eBay 等平台将婚纱礼服及婚庆衍生品销往全

二、改革创新推进高质量发展

球 30 多个国家,每年出口货值约 4 亿美元。二是注重推进采购、生产、支付、物流等跨境电商上下游关联企业间的深度融合,惠及出口企业特别是小微企业。比如,过去个人出口业务收汇是打到商户的个人外汇储蓄账户,受个人年度结售汇 5 万美元的限额限制,超过部分只能通过直系亲属或者通过"黄牛"等灰色渠道收款,资金风险较大,现在通过线上综合服务平台进行名录登记并通过审核,商户即可开立个人外汇结算账户,不仅不受个人年度 5 万美元结售汇的限额限制,而且资金更安全,还省去了中间环节手续费。三是鼓励引导本地制造业企业和传统外贸企业用好线上 B2B 出口通道,支持宝时得、科沃斯等重点制造业品牌企业开展跨境电商 B2B 出口业务,点面结合推动苏州跨境电商综试区 B2B 出口业务的增长。

二、苏州跨境电商综试区发展面临的挑战和问题

看到成绩的同时,更要看到面临的挑战。苏州综试区面临的挑战,主要来自两方面:一方面,市场需求庞大与监管服务要求提升带来的挑战。市场为我国跨境电商带来了前所未有的发展机遇,苏州能否抓住这一风口,大力支持跨境电商新兴业态的发展兴旺,同时又能积极引导跨境电商运营的规范化,这对苏州提出了新要求。另一方面,挑战还来自综试区城市间的赛跑,前有标兵后有追兵。跨境电商综合实验区是国务院批复的,是海关批复的跨境电商试点城市的升级版。自 2015 年 3 月启动开始,截至 2018 年 6 月共有包括苏州在内的 13 个城市获批,苏州是全国唯一获批地级市,也是江苏唯一获批城市。2018 年 7 月 13 日,国务院又新批了北京、南京、无锡、义乌、珠海、东莞等 22 家电商基础条件好、进出口发展潜力大的城市。新试点城市的批复,对于杭州等第一批已有深入布局的跨境电商综试区城市影响有限;而苏州作为第二批试点城市,目前还处于推进建设和招商刚有眉目的初期,无论是通道优势、区位优势、消费力覆盖优势,还是政策力度、市场整合能力等都在进一步推进中,领跑第三批的优势不是很多。当跨境电商政策在试点城市全面推开后,未来将在全国全面推开,苏州能否成为跨境电商新业态的高地高峰,留给苏州的时间已经不多,挑战严峻。

苏州综试区存在的短板,我们可从第一批、第二批综试区 13 个城市的对比中看出。中国电子商务研究中心新发布的《2017 年度中国城市跨境电商发展报告》,对全国 13 个跨境电商综合试验区城市进行分析,并从交易规模、成长空

间、产业渗透、支撑环境、平台集聚5个指标对它们进行了总体排名,苏州总体位居13家城市中后位置,列深圳、广州、杭州、宁波、郑州、上海之后。具体说,苏州存在以下突出问题:

1. 交易规模不大

2017年,苏州综试区线上平台跨境电商B2B出口10亿美元,与深圳跨境电商交易总额491.66亿美元、广州跨境电商进出口总额227.7亿元、杭州跨境电商进出口总额99.36亿美元、郑州进出口总额113.9亿元、宁波跨境电商进出口总额80.11亿元相比有较大落差。尽管苏州综试区获批试点政策只是拥有出口试点资格,位于苏州前列的深圳、广州、杭州、郑州、上海都是同时具有出口、进口双试点资格,但是交易规模与2017年苏州外贸总值全国第四的外贸大市地位并不相称,没有将外贸优势、产业优势、开放载体多的优势转化为跨境电商优势,未来仍有巨大提升空间。

2. 主体集聚不够不强

苏州现有的跨境电商主体,主要为中小企业,具有集聚效应和示范效应的龙头电商企业屈指可数,本土中小型电商企业发展上还不成熟,未形成具有足够市场竞争力与影响力的代表性企业,大部分企业经营规模较小,业务分散,资金链也较脆弱,产品同质化与企业同质化加剧了市场竞争。与此同时,跨境电商龙头型项目在全国的市场布局已基本完成,且与自贸区联动,现在苏州招商压力巨大。

3. 平台建设仍需继续完善

从苏州跨境电商平台运行情况来看,还没有达到当初设计效果。一是出口试点新增的应用系统要更能使试点企业的工作量和经营成本下降;二是国税、外管等各部门对跨境电商所涉环节的流程设计、系统开发与业务创新总体滞后于海关,试点企业难以便捷完成商品出口前的检验检疫及销售后的退税与结汇等。

4. 产业链发展还需加快培育

从产业链发展程度来看,苏州已经落后于周边的上海、杭州、宁波,以及广东的广州、深圳等地。如从电商上市公司来看,截至2018年7月9日,我国电子商务已上市的企业共48家。其中,上海12家、北京11家、杭州5家、南京4家、香港4家、深圳2家,其他的如佛山、武汉、泉州、广州、长沙、太原、宁波、义乌、晋江、成都等均为1家,苏州缺席。再如第三方支付试点,国家首批的22家跨境第三方支付试点企业中,上海8家、北京9家、杭州2家、深圳2家、重庆1家,苏州缺席。在跨境交易渠道方面,苏州主要通过阿里巴巴、敦煌网、eBay等第三方平台开展业务,风险控制、自主发展能力受限,跨境电商仍处于中小企业卖家各自为战的格局。由于产业链培育不足,苏州发达的外向型经济优势并没有转变为跨境电商的发展优势。

5. 电商人才缺口较大

从苏州来看,行业的快速发展与人才供应不足之间的矛盾越来越突出,企业对电商人才的要求与传统教育模式之间的矛盾也越来越突出。一方面由于缺乏有影响力的电商平台、物流企业、第三方支付机构,难以集聚高层次的电子商务人才;另一方面,由于目前从事跨境电商的企业以中小企业为主,规模小、实力不强,薪资水平缺乏吸引力,电商人才流失率较高。据中国电子商务研究中心数据显示,保守估计苏州地区电子商务人才缺口接近4万人。电子商务人才短缺,掣肘了苏州电子商务服务本地化进程,已成为苏州电子商务特别是跨境电商发展的又一软肋。

6. 投入不足,融资能力弱

2017年出口跨境电商融资地域分布上,排在第一梯队的是深圳、北京、杭州;排在第二梯队的是广州、厦门;排在第三梯队的是东莞、绍兴、济南、成都等城市。从投入上看,苏州跨境电商还远未成为苏州投入多、强度大的新兴领域。深圳成为出口电商最为集中的地区,不仅是因为产业基础设施完善,更主要的是投入多、融资能力强,创投生态好,使之成为全国跨境电商引领者,诞生了诸如有棵树、价之链、赛维电商、萨拉摩尔等行业领先的跨境出口电商企业。

三、加快苏州跨境电商综试区再改革、再开放、再创新的发展建议

挑战与机遇并存。随着跨境电商全业务的全面启动,苏州将迎来跨境电商发展的"黄金期"。苏州跨境电商综试区再改革、再开放、再创新的力度必须要加大,步伐必须要加快,重点加快推进以下工作:

1. 强化政府主导与市场化运作的有效结合

苏州要利用开放先发和领先优势,围绕政策环境、人才环境、监管环境、支付环境、金融环境、消费环境进行再改革、再开放、再创新,加强跨境电商基础设施建设,超前做好布局,做好政策储备和政策引领。——要紧盯不同国家在跨境电商涉及的海关通关、当地消费者保护法律、税收、知识产权专利保护等方面的

政策变化,尤其要及时跟踪欧洲、美国、澳大利亚、日本等传统市场和俄罗斯、巴西、印度等新兴市场的政策变化。二要及时了解国家和各省市政策变化,及时关注其他试点城市试点情况。三要与苏州产业发展规划等有机结合,结合苏州实际做好政策储备,升级《关于促进中国(苏州)跨境电子商务综合试验区发展的若干政策》,健全政府投入与社会资本有效融合的投融资机制,引导风险投资基金向电子商务领域倾斜,重点支持电子商务试点示范、重大工程、公共服务平台建设,模式创新和人才培训,努力将跨境电商打造成苏州外贸增长的助力器、产业升级的新亮点。

2. 强化平台优化,推动跨境电商集聚发展

苏州跨境电商平台功能的完善、配套的齐全与否,直接检验苏州跨境电商进出口试点成效。一要加强与苏州各市区、各线下园区以及企业的对接、沟通和服务工作,形成聚合效应。二要继续加强线上平台优化升级,主动对接国内知名第三方平台,着力解决平台运行中出现的问题,进一步优化支付、物流、结汇等服务支撑体系,提升对跨境电商企业的吸引力。三要抢抓当前跨境电商加快发展的"窗口"期,要尽快完成线上综合服务平台三年行动计划和未来五年规划。同时,抬高标杆,承接上海自贸区溢出效应,综合考虑苏州各海关特殊监管区的产业基础、发展空间、区位特征等因素,适度错位发展,以构建集研发应用、公共平台、配套设施、物流配送等于一体的跨境电商产业链为目标,高标准规划建设跨境电商产业园区,大力招引国内外知名跨境电商公司及金融、物流、生产、贸易等相关企业入驻,推动本地跨境电商企业集聚、集群发展,不断优化跨境电商产业链和生态环境。

3. 转变政府职能,加大监管创新

建议关检以机构改革为契机,继续整合优化关检跨境电商监管模式,进一步缩短流程,提高检查效率,进一步优化营商环境。加强风险防范,支持相关部门尽快建好苏州综试区风险监测中心,加强跨境电商行业诚信体系建设,完善信用评估机制。加强产品质量监管,推进以机构代码和商品编码为基础的产品质量追溯体系建设。探索建立风险监测、网上抽查、源头追溯的产品质量监督机制,实现部门间、区域间信息共享和协同监管。引导跨境电商主体规范经营行为,承担质量安全主体责任,营造公平竞争的市场环境。发挥消费者权益保护组织作用,指导企业建立完善售后服务体系,加强国际间解决消费纠纷的双边和多边合作。加大执法监管力度,加大知识产权保护力度,坚决打击跨境电

商中出现的各种违法侵权行为。

4. 加快跨境电商人才培养

继续完善电子商务人才激励措施,灵活采取核心人才引进、团队引进、项目引进等多种方式,集聚一批适合苏州市电子商务发展的领军人物。依托长三角地区高校和知名互联网企业,加大对电子商务、物流配送和互联网金融等领域人才的针对性培养,支持有条件的电子商务企业与科研院所、高校合作建立教育实践和培训基地。

(课题组成员:苏州市委党校王兆喜 苏州市商务局金烨武 执笔:王兆喜)

PPP如何引来有高端运营能力的社会资本

中共苏州市委党校课题组

自2014年以来,作为供给侧结构性改革的重要部分,作为地方政府创新公共产品(服务)社会化供给改革的一种模式,同时也作为地方政府促投资和稳增长的重要手段,政府和社会资本合作(PPP)改革在全国各地掀起了一股热潮。在2017年全国人大会议上,李克强总理在《政府工作报告》中再次强调,要"深入落实支持非公有制经济发展的政策措施……坚持权利平等、机会平等、规则平等,进一步放宽非公有制经济市场准入条件","要深化政府和社会资本合作"。除了李克强总理的再三强调外,财政部部长肖捷在记者会上也作出回应,代表委员在意见建议中多次提及。PPP改革再次成为热点,这主要基于PPP改革领域存在着一些突出问题,深度影响着改革的成效和深入推进。类似的问题,苏州也不同程度地存在着。

一、苏州PPP项目现状、问题及致因分析

1. 现状

从全国看,根据财政部政府和社会资本合作中心公布的最新数据,截至2016年年底,全国PPP项目库录入项目数量11 260个,投资额度约13.5万亿元,累计签约落地项目数量为1 351个,投资额约2.2万亿元,落地率为31.6%,其中民营社会资本参与率39%。入库项目目前已覆盖能源、交通运输、水利建设、生态建设和环境保护、市政工程、城镇综合开发、农业、林业、科技、保障性安居工程、旅游、医疗卫生、养老、教育、文化、体育、社会保障、政府基础设施等19个主要经济社会领域。

从江苏全省来看,根据省财政厅公布的数据,截至2016年年底,全省PPP项目库录入项目数量340个,投资额度6 773亿元,累计签约落地项目数量为

二、改革创新推进高质量发展

113个,投资额2 196.8亿元,落地率为33.2%,其中民营社会资本参与率31%,入库项目涉及交通、保障房(棚改)、环境治理、综合开发、旅游、教育、养老、医疗、污水、垃圾处理、综合管廊等17个领域。

从苏州全市来看,根据市财政统计数据,截至2016年年底,全市PPP项目库共有项目23个(其中部级示范项目1个,省级试点项目3个),占全省入库项目6.76%,全省排名第7;总投资额981.6亿元,占全省总投资额的14.5%,全省排名第二;落地项目共计6个,涉及签约社会资本7家,其中央企2家,地方国企3家,民营企业2家,项目落地率26.09%;入库项目涉及市政工程、交通运输、文化体育、片区开发、保障性安居工程、城镇综合开发、旅游、医疗、生态建设和环境保护、养老等10个领域。

从2017年江苏新增项目来看,在全省2017年度第一批PPP入库的124个项目中,苏州占了2项,即苏州市相城区524国道(原227省道)相城区段改扩建工程项目和苏州工业园区新型城镇化提档升级项目,两个项目总投资达到107.68亿元,投资额仅次于入库15个项目的南京和入库13个项目的常州,但入库项目数则与连云港并列,为全省最少。

2. 问题

综合上述情况,虽然全国、全省PPP项目呈现井喷之势,但从总体上看,苏州PPP项目推进存在总数少、民营企业参与率低、项目落地率低等问题,主要是:

一是投资规模虽然较大,但数量较少;

二是项目覆盖领域主要集中在片区开发、交通运输和保障性安居工程,在医疗、文体、旅游等公共服务领域的项目偏少,未体现经济相对发达地区公共服务需求结构的应有特点;

三是相比于省内的常州、扬州、徐州、淮安、盐城等地,苏州PPP项目的热度有消减之势,项目的落地率相对全国全省也偏低;

四是苏州民营资本虽然活跃,但对PPP项目的参与度低。

3. 致因

导致上述问题,主要有以下原因:

其一,从政府意愿和融资成本上看,苏州市经济增长强劲,政府信用等级高,议价能力强,通过银行贷款解决基础设施和市政建设工程等公共服务领域项目资金,比引入社会资本做PPP项目的融资成本更低。而从融资成本考虑,民营资本往往处于最为不利和尴尬的地位。

其二,从公共需求结构和社会资本实力、运营能力上看,苏州城市化进程居于全国前列,随着城乡一体化的推进,特别是乡镇一级积极招商引资,打造高水平经济技术开发区,城乡基础设施建设已有了明显提升,这和一些城市化进程相对滞后的地区不同,从而对基础设施建设和公共产品运营服务提出了更高要求,使得少数有实力的央企和大型国企才能进入苏州 PPP 市场。众多资金实力较弱和运营能力较弱的民营资本很难与之竞争。

其三,从民营资本投资意愿上看,苏州是制造业发达地区,制造业的转型升级和战略性新兴产业的快速成长,带来了更大的投资机会。很多本土和外来的民营资本看到这一机遇,纷纷投向了短平快的新兴制造业项目上,而 PPP 项目投资收益率显然无法与之相比,而且项目周期过长,对这部分民营资本吸引力有限。

其四,从 PPP 项目推介力度看,各级政府在 PPP 项目向域内外民营资本推介力度上有待加强,各级行业主管部门对 PPP 模式的认知和介入度也需进一步加强,要积极识别公共服务领域中 PPP 项目可行性。

二、深化 PPP 改革,地方政府亟须克服一些认识误区

需要指出的是,地方政府在这个问题上也有误区。一些地方意图通过 PPP 达到多个目标,包括缓解地方债务,拉动地方基础建设甚至房地产市场等,还有依托社会资本合作方如央企或大型国企的实力,在 PPP 之外,引入其他项目,拉动地方经济。诚然,PPP 的确能改变政府唱"独角戏"的单一的公共投资方式,借助社会资本,助力公共投资的作用,起到稳增长的效果。但其目标不宜过度多元化,更不能喧宾夺主。当前阶段,国家推进 PPP 模式最主要的目标还是改变公共产品的供给机制,在提升政府管理职能和治理水平的同时,最终给公众提供高效率的公共服务。

当前,一些地方的做法无疑是偏离了这个根本目标。有报道披露,浙江某地在特色小镇 PPP 项目招选中,要求社会资本方能够为工程建设增加相关产业"配套",实际是以"捆绑"不相关的项目作为 PPP 项目招选条件。苏南地区也发生过这种为 PPP 附加产业项目条件的个案。问题的症结在于,地方政府首先重视和考虑的还是社会资本是否有利于本地产业和经济目标,其次才是社会资本的运营管理能力这一改善公共服务的重要条件,实际上这背离了 PPP 模式的

主旨。这也是推进 PPP 模式应避免的。

三、深化政府和社会资本合作亟须引入有高端运营能力的社会资本

随着苏州"十三五"规划确立了新的发展定位和发展战略,苏州城市及城镇化功能定位也不断升级。在确保实现经济转型、产业科技创新的同时,苏州市更加注重名城保护、生态文明建设和提升民生福祉质量,这对城市民生设施和公共服务提出了更高要求。不仅如此,教育、医疗、养老、旅游等领域社会服务需求也日益增长。总之,公共产品和服务供给的空间与日俱增,与城市功能和城镇功能升级相适应,民营资本或社会资本只有提供高端优质的公共产品,才能满足苏州这类城市对 PPP 项目的需求。

而现实是,截止到 2016 年年底,苏州虽然项目平均投资额均高于全国全省平均水平,但这些项目引入的社会资本大都为央企和国企,PPP 项目落地率、民营社会资本参与率均较低。这的确反映出苏州乃至全省范围民营资本在参与和实施 PPP 项目上的薄弱之处。

苏州民营资本的这种弱势,从更深层次也反映了高运营能力的社会资本合作方极为稀缺。是否能提供高效率的公共产品,PPP 方案设计和工程建设并非决定性因素,项目运营管理以及后期维护才是决定性因素。也只有拥有专业化、领先水平的运营管理才能降低公共服务的成本,使作为使用者的公众受益。因此,在各地 PPP 实践中,社会资本的运营管理能力才是最为稀缺的资源。只是当前,很多国企拼的是工程建设实力或融资能力(如一些金融控股集团),多数民营企业这方面不如前者,只能通过融资工具创新如接入各类理财产品或通过资产证券化的途径参与到一些小的 PPP 项目。从苏州市和全省 PPP 项目类型看,无论是项目数量还是投资额,工程建设类占相当大比重。并非苏州 PPP 市场潜力不够大,而是短期内无法招选到国内国际顶级运营商这种级别的社会资本合作方。

四、PPP 项目引来有高端运营能力社会资本的几点建议

社会资本运营管理这个条件如此重要,那么具有高端运营能力的社会资本从何而来?显然,这应成为苏州下一步 PPP 实践的努力方向。目前《苏州市在公共服务领域推广政府与社会资本合作模式的实施意见》业已出台,必将有力

推动苏州各级政府与社会资本的深度合作。为此,在实践中,我们建议:

一是让社会资本尤其是民营资本深度参与公共产品(服务)供给。当下经济社会转型发展迫切,需要通过政府、市场、社会协同创新破解一系列难题,保障和增进民生福利,创新社会治理,实现公共服务功能优化和可持续发展的目标。对于政府部门来说,这不仅仅需要在基础设施、综合开发、保障性安居、环境治理、生态保护、文化体育、医疗、养老、旅游等领域引入社会资本,更需要从运营上对这些领域公共服务的可持续发展进行顶层设计,为更多有实力的社会资本包括民营资本深度参与运营管理创造机会。当前,四川、山东等一些地区的智慧城市 PPP 项目,就是一个有益的尝试,有助于从运营管理这一核心环节提升 PPP 项目的实施质量。对于苏州市来说,可资借鉴。

二是实质性降低民营运营企业参与 PPP 的门槛。在环境治理、固废处理等行业,很多国内民营企业和上市公司的运营管理达到了较高甚至国际水准。有些企业无法参与 PPP 项目,是因为地方为 PPP 设置了很多看似公平,实则不利于民营企业的条件,如对企业净资产、注册资本以及履约保证金等方面的规定。虽然政策上鼓励和支持民营资本,但这些限制性条件又将其排除在外。因此,可以考虑对专业一流的民营企业降低这类限制性门槛。

三是引导社会资本通过创新提升运营管理水平。要想做成高质量的 PPP,引入国内国际一流的运营企业是必要的,但通过政府监管和引导,让社会资本合作方不断创新运营管理也是不可或缺的。以不断创新来降低运营成本、费用,是培育社会资本运营能力的内生成长之道,特别适用于大型综合开发类 PPP 项目,通过社会资本运营管理的自我成长和不断完善,在一个较长的项目周期内,保持公共服务效率持续提升。

四是减少政策风险,降低社会资本收益预期的不确定性。在 PPP 模式中,政府不但是合作方,也是监管方。监管是为了防止借 PPP 获取暴利,但给社会资本明确的盈利预期是必要的,对于后者来说,投入了运营性资产,理所应当追求合理收益。作为管制者的地方政府部门,要监督运营方维护公众利益,也要最大限度避免地方政策的调整和改变、政府决策失当导致的政策风险,以免影响到社会资本的盈利预期。

(课题组成员:方　伟　秦天程　徐成华　吴晓红　孙智仓　执笔:方　伟　秦天程)

释放海量数据活力　促进产业优化升级
——吴江区工业企业资源集约利用信息系统推广的问题与建议

李沁娟

近年来,随着苏州市工业经济发展水平的不断提高,土地、能源正成为制约经济可持续发展的主要瓶颈。为加强资源集约利用,加快推进经济转型升级,全市上下均采取了一系列有针对性的举措,积极创新资源利用模式,着力解决发展不持续、结构不平衡等问题。吴江区通过建立工业企业资源集约利用信息系统,以大数据为依据倒逼工业经济转型升级的做法非常具有创新意义,目前已被全市、全省推广。但在推广、深化过程中,面临着不少问题,亟待上下联动共同破解。

一、吴江探索实践与当前面临的主要问题

近年来,吴江区工业经济整体健康发展,工业发展活力足、韧性好、潜力大的特征基本不变,但吴江区委、区政府也意识到走粗放型发展道路早晚会遭遇资源"瓶颈",必须及早进行工业结构性改革。基于这样的背景,吴江积极向毗邻的浙江等先进地区学习,借鉴海宁等地将部分工业企业以手工方式分类管理的做法,并紧抓"互联网+"发展机遇,以大数据方式深入探索。2013年下半年,吴江建立了涵盖全区所有工业企业的资源集约利用信息系统。系统基础数据信息包含企业基本情况、用地情况、用能情况、产出情况、排放情况等五大块数据,以及来自安监、环保、消防、科技、市场监督等部门的激励和处罚信息,来自国土部门的空间地理信息。经过三年的努力,全区已有16 766家企业纳入统计范围,涉及全区工业用地15.12万亩。借助该系统,全区初步顺利实现工业经济"优化存量、引导增量、主动减量"的目标,2014年至今,已累计关闭不达标企业183家,通过各种方式盘活土地存量达19 563亩;累计给予镇(区)2 127万元土地回购扶持资金;发放各类新兴产业、智能工业扶持资金4.06亿元。

2016年9月,以该系统为蓝本的"苏州市工业企业资源集约利用信息系统"正式上线,围绕"一平台三机制"大力推进各项工作,即搭建工业企业资源集约利用大数据平台,建立以亩均效益为核心的企业综合评价机制、以资源要素差别化政策为重点的激励退出机制、以大数据为支撑的预测决策机制。据了解,目前大数据平台已基本建成,但在系统指标设计、数据采集等方面尚存在一些问题、困难,"三机制"有的已建立但尚未完全发挥功能,有的尚在积极向上争取中。我们感到,该系统要进一步完善、推广主要存在以下问题:

一是如何处理好当前与长远、可行性与创新性的关系,科学设置评价指标与权重。目前,吴江区工业企业资源集约利用信息系统的评价指标为:普通企业是从亩均税收、亩均销售收入、单位电耗税收、单位能耗销售收入、综合素质等方面进行打分,对重点排污企业是从亩均税收、亩均销售收入、单位电耗税收、单位能耗销售收入、综合素质、单位主要污染物税收等方面打分。苏州市级层面推广设置指标时,综合考虑亩均税收、亩均销售收入、单位能耗增加值、企业研发占销售收入比重、全员劳动生产率以及单位增加值产生的主要污染物等6个方面,其中亩均税收赋予30%的权重,企业研发占比与全员劳动生产率分别赋予10%的权重。根据基层反映,增设的全员劳动生产率等指标在数据获取的可行性与真实性方面可能存在困难,特别是企业用工人数这类数据是动态的,企业在上报给职能部门时可能会根据系统的激励导向进行增减,从而影响数据的精确,并最终妨碍系统的客观性与对产业结构调整的参考价值。尽管增设指标面临上述困难,但作为上级层面的推广,因其参与对象范围更广,设置指标如完全参照基层,则无法体现一定的前瞻性,今后可能出现因缺乏某项重要指标而不能及时反映经济社会发展变化的情况。但增设指标过多的话,则有可能带来缺乏灵活性、限制基层自主创新的问题。因此,指标与权重是否有可操作性以及是否有一定程度的前瞻性,是对系统在更高层面推广的一项较大考验。

二是如何统一衡量尺度,确保系统数据资源的真实性与全面性。目前,吴江区在系统建设时,为确保数据录入以及数据的真实性、全面性,投入了大量的人力、物力、财力。他们通过成立领导小组强化组织协调,确定将企业组织机构代码作为唯一的通用编码,并通过人工转换、录入,实现工商、国土、国税、地税、供电、燃气、环保等多个部门的历年数据在数据库中的整合;通过招投标请专业测绘公司对全区的工业用地进行全面测绘,从而保证录入系统的国土数据是实际占地面积而非产证面积,仅此项数据的测绘、统计就投入了700万元。而系统的其他数据都由政府各职能部门负责采集,并经镇区核实上报,多层复核以保障数据的准确性。但在苏州层面推广时,目前数据有的直接来源于国土部门,有的来源于企业上报,有较大的"失真"可能性。在数据采集环节,如统一由基层上报,则市级层面的系统对数据就仅停留在简单的收集程度,原始数据都要通过各区县自行统计,不能充分发挥国土、税务等条线的"一键获取"作用,降低了统计效率。此外,因不同区域采取的测量方式不同,各地区领导重视程度以及对各部门的统筹协调力度也不同,如何保证各区县对数据统计的真实、全面,从而达到相对的公平也是个难题。

三是在争取省级层面"差别化"政策支持的同时,如何通过自身机制与手段的创新释放系统红利。目前,吴江区正在尝试开展全区工业企业效益综合评价工作,对纳入系统的16 000多家工业企业开展效益综合评价。通过建立亩均税收、亩均销售收入、单位电耗税收、单位能耗销售收入、单位主要污染物税收、综合素质等一系列指标,对企业进行综合评分,形成A、B、C、D、E梯队等级,分别采取鼓励发展、提升发展、提档升级、整治淘汰和暂缓评价的政策。其中,包括通过差别化土地使用税、差别化水电气价、差别化排污指标收费反向约束来倒逼企业转型,加快政府的职能转变,实现发展的动能转换。但在目前省级层面尚未明确"差别化"政策的前提下,苏州市如何通过向内挖掘,加大对企业分类结果的运用,激发分类对企业以及对政府部门带来的激励效应,从而发挥对行业、产业的倒逼作用与风向标作用,这是目前亟待破解的问题。

二、破解难题应把握的四个关键环节

我们感到,针对上述三个问题,无论是吴江等区县一级还是苏州市级,都应将充分发挥系统分类评价作用、促进产业结构升级作为系统建设的出发点与落脚点,并以谋长远、利万年的眼光,科学、规范建设,客观、辩证实施。为此建议:

一是提升系统构建的前瞻性,科学设置指标与权重,争取打造苏州样板。要以兼具普适性与特殊性为目标,精心设立指标与权重,并给予强有力的信息技术支撑。(1)要在对未来较长时期经济发展大势正确预判的基础上,科学设置指标。作为系统牵头建设部门,市经信委有必要及时与市发改、科技、商务等部门沟通合作,邀请经济领域有关专家学者共同研讨,加强对经济大势的预判,把握好中央经济工作会议等重要会议精神,掌握风向,及时聚焦产业重点,为合理设置系统指标、权重提供坚实的依据。在此过程中对于科技创新、节能减排等指标的设置尤其要慎重,要明确正确导向,防止短时期内随意增减指标,影响系统权威性。(2)分层分类进行可行性论证。召集经济与金融领域专家及咨询公司等,在前期指标与权重设计基础上,对系统进行全面论证;召集信息技术领域的专家学者与知名公司,就系统架构、数据存储、网络信息安全等进行论证;召集政府职能部门就数据采集、录入方式进行论证;召集不同行业、类别企业代表,对系统对企业的影响进行论证。通过上述分层分类论证,基本可以得出工业企业资源集约利用信息系统是否具有普遍推广价值,或只适合局部地区小范围推广的结论。(3)对系统运行可能出现的影响经济发展或社会治理等方面的情况进行充分预判。系统推出之前充分考虑正、反面的激励作用,如污染指标方面,在存在主要污染物税收情况下,是否会进一步刺激企业铤而走险、进行垃圾偷排偷放?对于创新等要素的正面激励,是否会一定程度上出现为创新而创新等形式主义倾向?在淘汰落后产能同时是否会带来低端劳动力的过剩?这需要相关职能部门提前做好预案,积极引导化解。(4)在财政可承受范围内,寻找顶尖、权威公司合作,便于系统得到更高层面推广。目前不少地方政府在寻找第三方合作公司时,会优先考虑本地企业。本地企业固然在合作时有诸如沟通方便、对市情更为熟悉等便利条件,但在系统中被省级、国家级层面推广时,地方企业往往会因为缺乏省级重大或国家级重大型项目经验的缘故,在招投标中落选。因此,信息系统建设时,可尽量与阿里等知名企业合作,树立行业权威,因为知名企业业务范围横跨全国,便于上级采纳并大范围推广。这样也避免多级政府机构推广时反复招投标问题,为国家节省了财力、物力,提升了系统运行效率。

二是强化体制机制配套建设,以全流程规范化提升系统可复制性。规范化既体现在体制机制的建立完善,也体现在操作层面的数据采集、录入、取用等方面的流程化、规范化。(1)领导高度重视,做好牵头协调工作。吴江在此项工作中,由于领导高度重视,成立了专门的工业企业资源集约利用工作领导小组,在先期建立了考核机制,小组成员定期开会,建立长期的沟通协调机制,因此有效盘活了部门力量。每季度,各部门、各镇区及时采集、上传相关数据,确保数据的及时、全面。下一步在苏州全市推广以及全省推广时,也应积极争取党委政府主要领导的高度重视,同时成立督查小组,对于怠于履行职责的部门给予相应的通报批评,并记入年底绩效考核。同时,对于整项系统建设工作要出台配套的办法与实施细则,强化指导。(2)高科技+人工辅助,规范数据采集。作为系统发源地的吴江在测量企业占地面积时,采用了请专业测绘公司进行人工测算的方法。横向比较苏州高新区,他们请中科院地理所通过遥感技术提取高新区土地利用信息,可将测量时间缩短至2个月以内(吴江区测绘用了将近1年时间),且经过示例测试,误差不超过2%,在标准范围内。但对于测量租赁企业占地面积等较复杂的情况,尚需依赖专业测绘公司人工测量。综上,随着无人机等高科技手段被运用于土地测量实践,对于一些占用土地性质明确的企业,可通过科技手段实施测量;针对占地情况复杂的企业,建议人工测绘。随着技术与企业占地"家底"情况的摸清,趋势是一步增加科技含量,解放人力。(3)引入第三方开展审计与监督。《南京市工业企业资源集约利用绩效综合评价办法(试行)》中明确提出,"要建立健全审计制度,对各单位上报数据的真实性开展随机抽查审计,形成审计意见,并根据审计结果对数据不实等情况视情采取责任追究等相应措施。要建立健全社会公众举报制度,市工业企业资源集约利用绩效综合评价工作领导小组办公室应设立举报电话,接受社会各界、广大群众对各单位在数据统计上报等方面弄虚作假、失真失实等情况的举报"。这一做法也值得苏州和全省借鉴,一定程度上赋予统计数据以刚性,保证了后续对企业分类评价的权威准确,增加了分类结果运用的说服力。(4)进一步规范系统内数据的取用。除了出台规定,明确有系统登录权限的人员不得随意泄露或篡改相关数据,也要定期做好系统的运维升级与数据备份工作,防止发生信息丢失或被恶意软件侵入导致泄密的事件。

三是加强对考核结果的深度运用。尽管先期系统建设等工作耗费了大量人物、物力、财力,但系统设置的初衷仍在于对考核结果的科学合理使用,促使产业转型升级。(1)通过宣传提升各行各业对考核结果的认可度。深入基层第一线开展对分类考核结果运用的宣传,做好有关评价指标、政策措施的解读说明,加强分类指导和服务,促进企业加快转型发展,在全市营造优胜劣汰的浓厚发展氛围。(2)强化结果关联。要建立绩效综合评价与企业信用、信贷挂钩机制,及时将结果反馈给市信用办和金融部门,作为信用评级和银行信贷的参考。此外,也要将结果广泛关联给环保、电力等部门,作为上述部门资源分配的参考。(3)及时研究制定市级层面的"差别化"政策。积极争取省级层面授权实施差别化土地使用税、差别化许可排污量、差别化供地、差别化水价、差别化用电的政策。但在省级层面政策无法落实到位的情况下,可以采用对企业减免但缺额部门先期由政府补贴的形式,体现对 A 类企业的鞭策。此外,除了上述可量化的差别化政策,还可研究在法律政策范围内,对 A 类企业简化行政手续,提升发展效率。当然,这么做同时也要防止某些 A 类企业利用排名等级,从事非法吸收公众存款等违法犯罪行为。

四是分类考核结果的运用要兼顾刚性与灵活性。因为系统在市级和省级层面推广时间不长,有一个不断探索完善过程,因此对于企业分类考核结果的运用,要注意多方面因素。(1)要兼顾不同区域发展特点。从全市层面看,各区县有各自的发展定位,存在一批特色产业和非物质文化遗产。尽管系统设置了企业综合素质等加分项目,但在系统建设初期,对各类指标的权重存在不断调整优化的情况,因此,此类企业的重要性可能不能及时予以体现。如姑苏区的定位是历史文化名城,鼓励企业发展时也要考虑文化因素,不能一味追求高效益,还要兼顾区域定位。(2)要区别对待成长型与成熟型企业。这涉及妥善处理当前与长远的关系,例如某些新兴企业,刚开始建立时亩均收益较小,但发展潜力较大,仅凭创新等综合素质加分将其与成熟型企业相比有失公平。这点,吴江从设置 E 类暂缓发展类企业,可以看出他们的考虑,但仅仅是不参评或者暂缓发展是不够的,根据经济形势发展也应适时破例优先给予此类企业 A 类发展的特权。(3)要充分考虑全球经济波动带来的行情变化。此外,受某些经济政策或国际国内行情的影响,可能会在某一时期出现某一类行业整体滑坡,而其他行业不受影响的现象。虽然这可能是偶然个例,但要综合长期发展趋势,对于当地经济有重要贡献或今后仍可能有重要贡献的企业,不能仅仅将之归入 C 或 D 类,而要给予重点扶持,帮助其渡过难关。(4)要注意推广中存在的不平衡现象。以 2016 年 12 月苏州市的系统显示数据看,数据记录总数中,发源地的吴江占比 16.45%,吴中也有 15.32%,但工业园区和高新区分别为 5.24%、5.32%,这可能跟这两个区推广工作开展较晚有关,也可能跟区域的产业构成有关,这有待进一步核实。但同时也说明系统在全省、全市推广中,各地步伐不统一是常见现象,将统计完善的区域企业与统计暂不完善的区域企业相比,得出的结果可能会遗漏某些重要企业,造成对工业发展形势的误判。

三、对系统功能拓展与走向的进一步设想与建议

目前,工业企业资源集约利用信息系统得到省委书记李强高度重视,并批示要求全省推广。之后南京等兄弟城市也加快了建设进度,出台了《南京市工

业企业资源集约利用绩效综合评价办法（试行）》等文件，并结合实际进行了深度部署。其中，也沿用了吴江探索实践中的一些先进理念。对苏州以及吴江而言，如何在省级等更高层面的推广中进一步保持先发优势，率先实现对平台的科学利用、创新利用，成为迫在眉睫的问题。结合产业及科技发展趋势，提出以下四点设想与建议。

一是推进系统建设向复合型、综合型方向发展。在工业企业资源集约信息系统基础上，不断开设子系统，如诚信系统、科技创新系统、金融系统、人力资源系统等，叠加形成复合的工业信息系统乃至整个产业信息系统。目前，吴江区财政局根据系统中行业增长率排名以及亩均产出排名两项指标，建立了高成长型创新企业数据平台；盛泽镇在系统平台上增加了企业设备、品牌、专利、各部门处罚情节、银行逾期贷款情况、进出口数据、土地信息（供而未建面积、待出租面积）等内容，完善企业台账。由此可见，今后工业企业资源集约信息系统必将下设更多子系统，复合型功能将得到进一步发挥，届时企业与职能部门，职能部门相互之间的互动将更加频繁有效。

二是进一步打破各部门"信息孤岛"格局。目前，信息平台建设的周边辐射效应初步显现，如吴江区的地税系统通过开展税源登记和系统实际数据比对，清理漏征漏管土地，对差异工业用地进行核准补征，2014年起每年可新增地方税收近1亿元；平望镇为规范全镇工业厂房租赁管理，促进产业集聚和中小企业发展，率先试点开展租赁企业规范管理工作，一年多来，新增入库企业300多家，当年新增销售18亿元，新增税收2 000万元。由此可推测，今后各参与系统建设的职能部门积极性将进一步提升，可考虑将部门数据录入作为各参与部门今后的常态化工作，并研究开发"一键导入"功能，实现数据从国土、国税、地税、环保等职能部门系统向工业企业资源集约信息系统的实时导入，减少人为进行企业组织代码转换等程序，大幅度节约人力。

三是提升系统的自动化、智能化辅助决策程度。目前，吴江以及苏州已形成了集基础数据信息、企业行为信息、空间地理信息为内容的"三位一体"的企业大数据中心，市级层面建立的"一平台三机制"中也包括了以大数据为支撑的预测决策机制，该机制主要利用大数据平台采集的销售、纳税、用地等数据，横向从大市、各市（区）、行业、企业等维度进行分析，纵向从年度、季度等维度进行对比。但该机制一方面是功能有待充分发挥，另一方面也依然是由人来分析数据，海量数据在辅助决策方面，依然是"被动"而非"主动"。今后，随着人工智能的日益发展,有生命力的信息系统必将向自主预警、智能关联、主动分析等方向发展,充分发挥智库作用。企业排污即将超标,将向企业与环保部门同步发出预警;基于大数据掌握数据报送规律后,系统将针对职能部门录入的明显差错及时向该部门发起提醒;根据企业数据体现的情况,除自动将企业进行分类外,还将实时匹配各类政府优惠政策,便于企业同步获知相关信息,信息更加公开透明;充分发挥智能关联作用,及时向企业发送上下游产业规模实力相当的合作企业信息,提供"一条龙"服务,促成优势资源整合。此外,系统一旦得到全市、全省乃至全国范围推广,更可以借助系统实现更大范围内的资源统筹。根据工业产业地图合理布局,扬长避短、因地制宜,实现资源的转移,有效提升资源的可利用率,突出产业"一盘棋"效应。

四是系统推进方式实现以上下结合、协同共进为主的模式。由上级部门进行"差别化"政策的制定以及系统指导性意见的出台、领导机构的统一组建等,以此充分发挥国土、国税等条线客观数据的统一提取。基层负责对具体的难点问题进行基层创新、攻克,提炼出可供各地参考执行的经验做法,破解难题,获得上级吸纳和推广,最终形成规范性做法,统一尺度,实现公平规范。

(作者系苏州市党政机关文秘培训班第五组学员,苏州市人民检察院办公室科员)

三、人才引培助力高质量发展

关于激励干部担当作为的调研报告

陆德峰

如何以严管厚爱激发干部干事创业的内生动力、激励干部担当作为,是新时代干部管理面临的难点问题。本文结合张家港实践拟作以下思考。

一、张家港市激励干部担当作为的探索实践

党的十八大以来,面对从严治党的新形势,少数干部存在着"为官不为"的现象,出现了"为了不出事,宁可不做事"的消极心理和行为。对此,张家港市坚持严管厚爱并重,打出一套刚柔相济的"组合拳",激励广大干部大胆作为、奋勇争先,取得了初步成效。

1. 旗帜鲜明励担当

以建立落实"三项机制"为突破口,出台鼓励激励办法,引导干部把干事创业作为政治担当、价值追求和职责使命;出台容错纠错办法,明确6项容错条件和8类容错情形,为敢啃"硬骨头"的干部"兜住底";出台能上能下办法,亮明涵盖德能勤绩廉的50种负面情形,亮出调整不适宜担任现职干部的"标尺"。开展"担当作为好单位""担当作为好干部"考核工作,选树榜样标杆,强化典型引领。

2. 从严从实强监督

严格贯彻执行上级有关文件精神,开展"三超两乱""带病提拔""裸官"等专项问题整治。全面实施领导干部个人重大事项抽查核实工作,认真开展"三责联审"和离任审计工作。率先推行面向社会发布考察预告,前移监督关口的实施办法。率先推行组织和个人有关事项"双报告"制度,强化单位管理主体责

任。落实干部监督联席会议制度,多途径掌握干部守纪律、讲规矩的动态信息,加强对领导干部私底下、无人时、细微处的监督,形成"八小时之内"与"八小时之外"全覆盖的监督链条。

3. 春风化雨早提醒

研究出台了提醒、函询和诫勉实施办法,设置了适用提醒的6种情形、适用函询的6种情形以及适用诫勉的15种情形,坚持小过即问、小错即纠,防止小毛病演变成大问题。对新提拔干部和退休干部发放告知书,明确告知其出国(境)管理、企业兼职等制度要求,引导干部守纪律、讲规矩。

4. 至真至诚细关爱

全面实施公务员职务与职级并行制度,精准选好用好各年龄段、各领域、各专业类型干部。用足用好非领导职务职数,向长期奋战在一线、扎根在基层、勤勉敬业的"老黄牛"型干部倾斜。常态化开展"暖心行动",持续完善干部健康体检、健康休养、大病慰问、健身培训、谈心谈话等制度。做好老干部工作,肯定退休干部的担当贡献。

二、新形势下制约干部担当作为的主要问题

张家港市在通过严管厚爱、推动干部担当作为方面的探索取得了一定成效。但从调研情况来看,一些领域依然不同程度存在制约干部担当作为的现实问题。

1. 能力水平跟不上形势的发展

新时代对领导干部有效应对重大挑战、抵御重大风险、克服重大阻力、解决重大矛盾等方面能力水平提出了更高要求。在这种情况下,少数干部面对外部环境、发展条件的变化,没有及时跟进学习,想担当、想作为但苦于没有办法;少数干部想干事,也立志干大事,但由于缺少经验,单位领导不敢放手、不敢压担。

2. 积极进取的精神有所弱化

在全面从严治党的背景下,一些干部"面对困难迎难而上、面对名次全力拼"的劲头有所减弱,甚至满足于只要完成职责要求、目标任务就行了。此外,一些同志甘于平凡、安于现状,把工作仅仅当作一份职业,而不是事业来对待,积极进取的动力不够足、意愿不够强。

3. 日常激励关爱的渠道偏少

对干部的激励,主要来源于物质层面和精神层面。但目前,物质层面的薪

酬制度还不够完善、科学,不能很好地反映干部工作业绩和实际才能之间的正向关系;精神层面,受制于职数和身份限制,干部队伍"能进不能出,能上不能下"的局面尚未得到根本性转变。而自上级规范评比表彰以来,先进评比所剩无几,干部激励难以取得理想效果。

三、进一步加强干部担当作为的对策思考

为政之要,首在得人。推动干部担当作为,要把严格管理干部和热情关心干部结合起来,保障广大干部心情舒畅、充满信心,积极作为、敢于担当。

1. 发挥组织的领航力,让干部能干事、干好事

强化各级党委的责任担当,主动担负起锤炼干部的重要责任,强化干部的能力锻造和素质培养。一是加强能力建设,为有志者助力。加强顶层设计,均衡各类干部接受教育培训的机会,引入专业力量设计干部培训课程,探索利用互联网建立"云课堂"学习平台,提高学习的有效性和可管理性。二是亮明规矩,为干事者护航。不断强化干部规矩意识,着重针对处于新提拔、新交流、新下派等特殊节点的干部,在谈心谈话时予以书面告知,重申相关法律法规,严明政治纪律和政治规矩,让干部自觉按原则、按规矩办事。三是鼓励创新,为开拓者鼓劲。把政治激励作为对干部的最大激励,精准选好、用好忠诚干净有担当的各年龄段干部,特别是有计划地提拔、使用埋头苦干的大龄干部。发挥绩效考核"指挥棒"作用,缩小机关与板块、大板块与小板块之间的绩效奖差距,大张旗鼓地表扬身边的有担当有作为好单位、好干部。

2. 发挥监督的约束力,让干部肯干事、不出事

注重从事前事后、用前用后、纪前纪后三个维度着力,强化全过程和全方位管理,最大限度地释放严管厚爱干部的综合效应。一是注重过程督促。继续完善公务员平时考核制度,探索建立平时考核信息化平台,加强对干部履职的日常监管,把平时考核作为年度考核的基础和重要依据,整治部分干部身上"庸懒散浮拖"的消极状态。二是推行量化监管。突出为官不为和"八小时"之外问题,将干部日常工作生活中多发频发、社会关注的负面行为具体化到重点监管清单上。通过干部监督联席会议、巡察、考核、审计、信访、选人用人专项检查等渠道,收集负面行为信息,视情节轻重予以量化扣分。累计达到一定分值后采取提醒、诫勉、离岗培训、调整岗位等措施,实现"让有为者有位,让无为者无位"。三是强化跟踪问效。探索建立"监督档案",通过分类建档、慎重归档、整

改存档,清晰记录提醒、函询、诫勉的工作痕迹,重点提升对后续整改的跟踪问效。根据"监督档案"及综合研判,形成"特别监督名单",作为日常监督管理的重点对象,必要时实行预警响应,开展专项考察调查。

3. 发挥激励的推动力,让干部想干事、勤干事

增强干部干事动能,除了要发挥监督"守底线"的功能之外,还要发挥激励"占高地"的积极作用,实现激励效果最大化。一是重视个人意愿。对干部关心的选人用人导向、奖优奖勤力度、教育培训机会、心理健康关爱等不同需求予以积极回应,有所侧重。在编制、职数允许范围内,探索通过干部任职意愿调查、单位用人需求调查、组织统一调配的形式,推动干部合理有序流动。二是引入职业规划。依托各单位组织人事部门建立干部职业规划信息库,针对干部的性格特点、才能特长,结合单位岗位资源和队伍建设规划,合理规划指导干部职业生涯。通过教育培训、轮岗交流、实践锻炼、实绩考核等渠道,及时评估职业规划实现程度、挖掘履职潜力,帮助干部实现成长成才。三是选树典型标杆。秦振华、沈文荣、吴栋材等一批老先进,为弘扬张家港精神树立了旗帜;吴惠芳、郁霞秋、葛剑峰等一批新典型为张家港干部队伍带来了正能量。要继续放大典型的示范效应,让新生代党员干部感受到张家港精神就在身边,发挥精神引领作用,让干部队伍学有标杆、追有目标。

(作者系张家港市委常委、组织部部长)

关于完善党政机关因公临时出国(境)经费管理的思考

钱金泉

党政机关因公临时出国(境)费用是"三公"经费的组成部分,加强经费管理是强化作风建设的重点内容之一。根据《因公临时出国经费管理办法》的要求,各级财政部门应当加强因公临时出国(境)经费的预算管理,严格控制因公临时出国(境)经费总额,科学合理地安排因公临时出国(境)经费预算。围绕加强出国(境)经费管理的相关问题,笔者调研了市商务局等部分预算单位和市外办等相关服务机构,听取他们对加强经费管理的意见,明确进一步改进苏州出国(境)经费管理的工作思路。

一、苏州出国(境)经费管理的概况

近年来,苏州市财政部门认真贯彻中央、省委、市委的要求,严格贯彻厉行节约、从严把握因公临时出国(境)费用总量,基本实现经费只减不增。根据中央、省、市外事政策、经费预算、出国任务等因素,合理确定各单位出国(境)经费年度控制数,实行总量控制。与此同时,坚持有保有压原则,进一步压缩一般性出访任务支出,落实中央、省、市关于"一带一路"、外贸稳增长、周边互联互通等部署,向经贸类、科教人才类、领导重点团组倾斜,保障重点出国(境)任务顺利完成。但在项目的具体管理中,还存在一些矛盾和问题,需要多部门共同研究协调解决。

二、当前出国(境)经费管理中存在的问题

1. 出国(境)经费的预算编制和管理有待完善

在安排部门出国(境)经费时,各部门按照预定的出国(境)计划,填写出国(境)计划表,经市外办审核后,编入部门预算报财政部门。有的预算单位提出,

部门预算由财政部门审核,出国(境)计划由外事部门审核,两个部门难以做到同步,且通常出国(境)计划的审核滞后于预算编制工作,经常要根据审核后的出国(境)计划修改部门预算,这样无形中增加了预算单位的工作量。另外,对上级部门组团的费用由本单位承担的出国(境)项目,如省级机关组团带苏州部分人员出国(境),预算单位无法使用本单位出国(境)经费付款,给部门预算管理造成不便。

2. 出国(境)经费支出项目仍不够具体

对于因公临时出国(境)的各项费用,中央文件只是明确了住宿费、伙食费、公杂费的标准,其他费用标准如保险费、防疫费等并未明确。近年来,部分因公临时出国(境)团组在原有支出项目的基础上,出现了难以预计的临时情况,如有的部门提出,在参加一些国际组织的国际性会议时,根据外方要求,需要交纳注册费或报名费,现行的经费管理制度,对这些支出项目尚无明确规定,在实际操作中就存在费用标准难以掌握的问题。调研中反映比较突出的问题还有交通费定额,目前境外交通费按亚洲国家300美元/人,欧洲国家500美元/人的标准,实践中,境外除了租车费用,还要负担包括司机向导的工资、小费等,现行标准偏低。

3. 中介服务机构的名录和收费限额尚待明确

根据江苏省《因公临时出国(境)经费管理办法》规定,应将提供因公临时出国(境)的国际机票、境外接待等相关服务的中介机构,列入政府购买服务项目。目前,因公临时出国(境)的国际机票购买可通过政府采购机票管理网站列示的供应商办理,但团组境外接待等其他中介服务尚无明确说法。现出行团组出于安全性等各方面因素,基本都使用出国中介服务,但中介选择无明确标准,中介服务代办费也没有明确来源,无法使用出国(境)经费付款。另外,在中介服务机构的选择上,各地区在组团操作中,只要有旅行社资质的机构,都可以承担中介服务。中介服务的良莠不齐,直接影响了公务活动的成效。

4. 出国(境)预算审批效率有待提升

目前出国(境)审批表还是手工填列,由各单位经办人员填好后,提交有关部门审核。有的预算单位提出,每年因公出国(境)的国家不同,全球每个国家又分不同城市,城市多,标准不同,每次填报需要查找,工作量非常大,且还容易填报错误,一旦发现填报错误,之前的工作全部白干。建议能够开发出国(境)经费预算审批信息化系统,解决出国(境)经费审批的效率问题。

三、加强和完善出国(境)经费管理的几点思考

1. 优化机制,加强出国(境)经费预算管理

预算单位要积极与外事部门沟通,提前启动出国(境)计划的申报工作,将各预算单位的出国(境)计划,在部门预算编制开始前审核完成。财政部门要加强与外事部门协作,财政的户管处室要主动服务,参与到出国(境)计划的审核中,给外事部门提供有益的意见。努力实现各预算单位能够按照相对合理的出国(境)计划方案编制部门预算,减少预算单位、外事部门和财政部门的工作量,提高财政资金的使用绩效。

2. 实事求是,建立更加明确的经费开支项目和标准

加快制定统一经费开支标准,进一步明确除目前文件已定的住宿费、伙食费、公杂费、培训费等以外的费用标准,如城交费、翻译费、宴请费、礼品费等开支条件、范围、标准等;明确各项费用的计算天数;明确出访人员尤其是赴台的护照费、签证费、保险费等开支标准;明确"双跨"团组经费标准由组团单位所属财政部门统一审核,参团单位确定经费来源的做法;明确赴港、澳、台是否需要购汇。同时,不断健全信息公开制度,根据部门预决算公开相关规定,进一步明确出国(境)经费公开相关要求,细化公开内容,从出访行程、支出明细到涉及本团组的相关支出标准等一并公开,避免仅仅公开单一的支出金额,真正达到公开是为了接受社会监督的目的。

3. 主动作为,加强出国(境)中介服务机构管理

探索实施出国(境)中介服务机构准入制管理,推动中介机构服务规范化。按照目前相关文件要求和苏州出国(境)中介服务市场的现状,需要对上争取政策,在取得上级部门同意后,选择试行出国(境)中介服务机构准入制。在具体实施中,可以尝试招投标办法,委托专业机构制定标准化的服务流程和标准,通过媒体发布公告,让符合条件的中介服务机构竞争入场,由相关主管部门备案,作为本地区的一定期限内的专业服务机构。积极与采购监管部门沟通,建立出国(境)中介服务机构名录库,把资质齐全、服务较好的中介服务机构入库,供预算单位选择。

4. 与时俱进,开发因公出国(境)经费预算审批信息化系统

结合预算单位反映的突出问题,把出国(境)经费预算审批信息化管理提上日程。新的管理系统应在充分吸收预算单位、外事部门相关建议的基础上,依

托"金财工程"系统的管理优势,与财政业务管理紧密结合起来。在具体功能上,要集成与苏州往来密切国家的主要城市,核定各城市境外用汇单位标准,并根据情况实时更新。出国(境)经费预算审批管理,应全面嵌入在预算执行系统中,在出国(境)计划提交、审核和执行过程中,能做到部门信息共享。同时,在出国(境)计划的执行过程中,能够与预算执行系统中的出国(境)费用相关联,实时控制出国费用支出规模。

5. 加强培训,提升预算单位出国(境)经费管理能力

财政部门要进一步加强对预算单位出国(境)经费管理宣传力度,开展有针对性的业务培训和业务交流。在每年部门预算编制前,专题培训出国(境)计划和经费的"双控"管理制度,并要求参加培训的人员及时向单位主要领导、组织人事部门、财务部门汇报相关政策和规定,为日常管理做好前期宣传工作。在具体执行中,应就计划执行、经费审批流程、出国(境)用汇审批和核销等相关规定,以及实际执行过程中出现的问题作专题培训和答疑,让出访单位进一步熟悉相关制度规定,督促各项工作严格按制度执行。

(作者系市财政局副局长、党组成员)

三、人才引培助力高质量发展

扭住产业升级的"牛鼻子"
——苏州工业园区科技领军人才工程十年实践调研(上)

中共苏州市委市情研究基地　苏州市情研究中心

在苏州工业园区的发展进程中,2007年无疑是一个重要节点。经过10多年的发展,园区加快迈入以内涵增长为特征的全面转型升级的重要发展阶段,紧紧扭住产业转优化升级的"牛鼻子",启动了科技领军人才工程,致力于从全球范围集聚高端科技创新创业人才,构筑起园区加快转型升级的重要支撑和保障。科技领军人才工程实施的10年,是园区经济又好又快发展的10年。园区地区生产总值从2007年的836.01亿元增至2016年的2 150.62亿元,年均增长17.47%;地方财政一般预算收入从2007的76.3亿元增至2016年的288.1亿元,年均增长30.84%。科技领军人才工程实施的10年,是园区战略性新兴产业快速发展的10年。园区新兴产业产值达到2 380.17亿元,占规模以上工业产值比重达60.2%,高于全市平均水平10.4个百分点。其中生物医药、纳米技术应用及以云计算和大数据为支撑的人工智能产业三大产业产值规模迅速扩大,产值达1 200亿元,年均增长30%左右。科技领军人才工程实施的10年,是园区科技创新能力快速提升的10年。目前园区拥有国家级高新技术企业829家,占全市20%,万人有效发明拥有量112.4件,是全市平均水平的3倍,PCT国际专利申请量179件,占全市的33%。

科技领军人才工程实施10年来,园区从2007年引进领军人才15人到2016年引进166人,累计引进达1 065人,10年增长了107倍。其中已有836个项目完成注册,总计注册资金达104亿元,已经产生销售的项目有430个。其中,销售收入超亿元的企业17家、超5 000万元的企业35家。园区科技领军人才中,同时获国家、省、市、区四级领军人才称号的有24人,同时获得上一级领军人才计划人才认定的有225人,占园区领军人才的21%,其中获国家"千人计划"的有54人,占全市(219人)的24.66%,获省"双创人才"的有106人,占全市(683人)的15.52%,获苏州"姑苏创新创业领军人才"的有167人,占全市(870人)的19.2%。可以说,园区已成为具有较强国际竞争力的"领军人才聚集地、创新创业首选区",园区由此被确定为中组部人才工作联系点,中国科协(苏州)海外人才离岸创新创业基地。具体分析,从项目类型看,总体以创业类项目为主。1 065个科技领军人才项目中,创业类项目达1 023个,占96%。按重大领军团队项目、创业领军项目、创业领军成长项目、创业领军孵化项目和创新人才项目等五大类分,其中重大领军团队项目12个,占1.13%;创业领军项目312个,占29.3%;创业领军孵化项目406个,占38.12%;创业领军成长项目293个,占27.5%;创新人才项目42个,占3.94%。从专业领域看,呈现新兴领域集聚态势。领军人才项目涉及云计算、生物医药、环保技术、先进制造与自动化、电子信息、新材料、新能源与节能等领域。其中生物医药领军292人,占27.4%,云计算领军209人,占19.6%,上述两个专业领域的领军人才共501人,占47%,占据领军人才项目的半壁江山。除此之外,分别是先进制造与自动化、新材料、电子信息、新能源与节能和环保技术等领域。从人才素质上看,层次相对比较高。科技领军人才受教育程度较高,研究生以上学历的人才占87.98%,其中拥有博士学历的占比高达66.95%,国外博士占57.93%;多数拥有海外留学背景,占54%;领军企业获国家级高新技术企业166家,占园区总量24%。从职业背景看,大多具有丰富实践经验。海外引进人才中,行业工作年限超过20年的占43%,国内人才占31%;拥有创业(联合创业)经历的占37%,连续创业者中,自己出任CEO的占94%;从业经历最高职级为科学家或首席技术官的占42%,从业经历最高职级为CEO的占39%;拥有通用电气、微软、西门子等世界500强企业工作经历的共179人,占16.8%。

显而易见,始终坚持以高层次人才支撑高水平发展,已成为园区发展的重要特色,也是园区成功的关键之一。纵观科技领军人才工程10年来的实践,园区牢牢把握了以下环节。

一、牢固确立以高层次人才、产业化项目为核心的精细化招商思路

如果说,以往园区招商引资相对侧重于引进资金、引进项目的粗放招商,那么随着科技领军人才工程的实施,园区招商引资思路进行了重大调整,把招商引资与招才引智更加紧密地结合起来,突出引进高层次科技人才;把招商引资与产业发展更加紧密地结合起来,突出引进战略性新兴产业项目;把招商引资

三、人才引培助力高质量发展

与推进项目投产结合起来,突出引进相对成熟的具有产业化潜质的项目。与此同时,一方面,加快构建起专业化招商团队。在已有CSSD招商部和园区招商局基础上,先后组建了科技招商中心、CBD招商中心以及国际科技园、纳米产业园等各大平台、各大公司的专业化招商团队,形成精细化、专业化招商体系,加强对产业链关键环节与重点企业的前期研判分析,强化引进科技领军人才项目的针对性。另一方面,积极对接国家专家库和国家级平台,筛选、瞄准与园区战略性新兴产业发展紧密相关的人才项目,确保引进的层次和质量,先后建立起各类科技载体380万平方米,聚集了51家国家级研发机构、147家外资研发机构、829家国家级高新技术企业和65家技术先进型服务企业。精细化招商不仅确保了项目的质量与层次,也带来了项目落地的快速产出效应。据统计,2015年,园区430家领军企业实现销售收入91亿元,同比增长53%。其中销售超10亿元的企业2家、超亿元的企业17家、超5 000万元的企业35家。南大光电创业板上市、麦迪斯顿主板上市,26家领军企业新三板挂牌。园区领军企业的快速发展已成为社会投资追逐的热点。信达生物获得礼来215亿元研发合同,同程网吸引万达等资本投资70亿元,开拓药业、派格生物、新科兰德等一批领军企业单轮融资额超亿元。领军企业旭创科技主要从事高端光通讯模块开发与制造,是一个典型的创新与创业结合、以创业为主的科技领军项目。2008年落户园区后快速发展,近年来在国际市场竞争中脱颖而出,成为国内唯一一家能够量产40G光通讯模块的公司,其开发的10G SFP+、40GQSFP+全系列产品在国际市场占有率达60%。2015年,旭创科技销售收入达12.1亿元,在园区领军企业中排名第一。

二、同步构建配套有效的科技领军人才工作机制

园区实行一年一度的科技领军人才项目申报与评审,并根据科技创新创业项目所处的不同发展阶段,探索设立了五种类型,即重大领军团队项目、创业领军项目、创业领军成长项目、创业领军孵化项目和创新人才项目,形成了一种差异化、针对性强的人才项目分类。在具体实施中园区把握了以下环节:一是形成突出重点、部门配合的协同机制。科技领军人才评审工作具体由园区科信局牵头负责,并与组织、招商部门形成协同机制,园区组织部负责、科信局配合制定完善相关政策,招商部门负责引进人才项目、发动优质项目申报,科信局负责组织项目评审及相关政策兑现。二是强化项目评审的专家主导机制。园区依

托所开发的"科技信息枢纽",建立了拥有 2 000 多名技术、产业、创投和知识产权专家的专家库,并进行动态调整;根据项目申报、产业分类情况,由系统随机确定 7 位评审专家,包括 2 名技术专家、2 名产业专家、2 名创投专家和 1 名知识产权专家。10 年来,园区基本形成了首轮由专家进行统一网评,第二轮由评审专家(主导并打分)和园区领导(旁听不打分)合并面试的评审流程,突出了专家评审的客观性、专业性和公正性。三是不断探索完善人才项目的监管机制。园区在实践中尝试建立并不断完善对科技领军人才项目的监管机制,近年来加强了对项目落地后的中期目标和三年目标实现情况的检查,并把检查结果作为政策兑现的依据。同时,园区还利用信息化手段,由科信局会同组织、财政部门排查、辅导经营异常的领军企业,进行适时的支持与帮扶。

三、努力形成人才集聚与产业升级良性互动的格局

形成人才集聚与产业升级良性互动格局,是园区实施科技领军人才工程的一大特点。通过引进高层次人才来带动园区战略性新兴产业发展,以新兴产业为载体进一步集聚更多人才,这已成为园区转型升级的重要举措。10 年来,园区引进的科技领军人才项目中,有 624 个属于纳米技术、生物医药、云计算三大新兴产业,占领军人才项目总数的 58.59%,占三大新兴产业项目的 86%,填补了园区新兴产业链的空白。一方面,园区以领军人才项目带动吸引上下游企业落户。以领军人才项目为龙头,带动形成了以融合通信、核酸药物、纳米技术、医疗器械等为代表的多个产业联盟,形成了纳米新材料、微纳制造、触控技术、纳米新光源、光通信、大数据、抗体药物、微纳米级药物分离纯化、生物诊断与检测等一系列科技产业链。另一方面,园区以领军人才项目进一步集聚各类人才。领军人才项目落户园区,吸引了大批人才进入。在领军企业中,本科以上学历的员工占员工总量的 80%,研发人员近万名,占比达 64%,极大地提升了园区的人才集聚度和区域创新力。以生物医药、纳米技术应用及以云计算和大数据为支撑的人工智能三大新兴产业为例,集聚硕士以上高层次人才近 2 万名,约占园区硕士总量的 60%。园区是全国首个把纳米技术应用产业作为战略性新兴产业的区域,先后建立了中科院苏州纳米技术与纳米仿生研究所、生物纳米科技园、苏州纳米城和江苏省纳米技术产业创新中心等产业创新载体。这些产业载体吸引纳米技术领域高端人才来园区工作,成为纳米人才集聚的蓄水池。截至 2016 年年底,园区纳米技术产业已拥有院士 16 人、国家"千人计划"

三、人才引培助力高质量发展

72人,省"双创人才"66人,"姑苏领军人才"90人,"园区领军人才"261人。高端人才集聚又推动了园区纳米产业的快速发展,2016年园区纳米产业的企业数、就业人数、总产值分别达到407家、3.01万人、381.1亿元,同比增幅15.6%、36.8%、35.6%,其中超10亿元企业7家、亿元企业56家、千万元企业86家,千万元以下企业258家,初步构成了阶梯式产业分布形态。目前园区已成为全球8个纳米产业区域之一、中国纳米技术产业资源集聚度最高的区域之一,产业创新实力得到国内外同行的广泛认可。

四、积极营造充分体现开放性、包容性的良好创新创业生态

园区深刻认识到,选才、引才最终还需留才、用才,留住人才方可用才,能否留住人才事关园区的转型升级与创新发展。为此,园区切实加强领军人才的扶持服务工作,着力营造良好的创新创业生态。一是优化创新创业环境。园区全面建立科技数据平台,面向企业、人才等,尤其是向科技领军人才等重点人群开通"SIP科技领军"订阅号、"园区科技领军"企业号等和24小时在线的"企业专家助手"等服务系统,为他们及时答疑解惑,帮助解决具体问题,使创新创业人才项目快速成长。与此同时,园区专门设立中小企业服务中心,"一站式"提供投融资、项目申报、企业认定、知识产权等服务,实施领军人才"创业赢家"计划,建立与科技型中小企业成长阶段相匹配、集创业课程培训、创业工具应用、创业导师指导"三位一体"的创业辅导体系。二是优化项目推进环境。在项目启动阶段,园区对重大领军团队项目、创业领军项目、创业领军孵化项目和创新人才项目,分年度分别给予100万~500万的启动资金,并对办公场地实行三年免收租金;在项目深化阶段,园区给予150万~500万的风险投资。2011年开始,园区进一步加大扶持力度,实施科技项目扎根计划,按照上年度企业销售收入、投资强度、产业类型、建设资金来源及用地紧迫性等指标进行评估,对30个重点项目在土地供应上进行扶持,以确保这些项目加快推进。2015年30个扎根项目实现销售额达65.8亿元,平均每亩产出799万元,高于园区平均工业用地项目(亩产533万元)。三是优化科技金融环境。围绕推进人才项目与科技金融深度融合,园区引进一批科技支行、科技保险机构、小贷公司和科技金融超市,建立了东沙湖股权投资中心暨国家"千人计划"创投中心,集聚超过110家股权投资机构,管理资金达530亿元,为各类人才提供资金服务,为企业提供股权融资、贷款和担保等服务。在股权投资方面设立了规模达2.4亿元的领军直投基

金,已累计在投64个领军人才项目;在债权融资方面设立统贷平台,成立了全省首家政策性创投小贷公司,为处于种子期、初创期的科技小微企业提供政策性金融服务,目前已向80家科技小微企业发放贷款超1.26亿元。还基于1.25亿元风险补偿资金池开发了"苏科贷""科技贷""园科贷"等创新金融服务产品,撬动10倍金融资金。四是优化后勤保障环境。园区对领军人才项目分别给予50万~100万元购房补贴,在落户、子女入学和就医等方面开辟"绿色通道",其配偶、子女户口可随迁至园区,子女入学可享受区内地段生同等待遇。特别是建设了总面积达77万平方米、7 600多套可直接拎包入住的全装修优租房,有效解决1.7万人初创时期的居住问题。

(课题组成员:陈楚九　李静会　朱　琳)

附表1:

苏州工业园区四类科技领军人才工程基本要求

	重大领军团队项目	创业领军项目	创业领军成长项目	创业领军孵化项目	创新人才领军项目
项目团队和技术水平	国际领先	国际领先	国际/国内领先	国际/国内领先	国际/国内领先
产业化程度	申报项目具有战略意义,有产业带动性、技术领先型和广阔市场前景。申报人才在国际相关领域具有重要的创新地位和学术影响,创业创新能力和资源整合能力强,研究水平和成果居本领域、本行业前列,业绩突出	申报项目已在相关技术领域实现重大突破,1~2年内能够实现产业化。申报人在相关领域成绩突出	申报项目技术已较为成熟。1年内能够实现1 000万元人民币以上销售收入且企业以后每年销售额增长率不低于30%或1 000万元人民币	申报项目属于早期项目,已在相关技术领域实现突破且2~3年内能够实现产业化。申报人的技术领先或商业模式创新	申报人为园区有一定资质的企业引进的掌握关键技术且取得较突出业绩的,能够促进企业自主创新、技术升级的高层次人才

三、人才引培助力高质量发展

附表2：

苏州工业园区科技领军人才扶持政策

	重大领军团队项目	创业领军项目	创业领军成长项目	创业领军孵化项目	创新人才项目
项目启动资金	200万~500万元人民币	资助100万元人民币	—	分三年给予100万元人民币	—
创业股权投资	根据项目需要，经评估，园区领军创业投资基金等可给予股权投资支持，不受金额限制	根据项目需要，经评估，园区领军创业投资基金可给予不超过650万元人民币的股权投资	根据项目需要，经评估，园区领军创业投资基金可给予不超过650万元人民币的股权投资	根据项目的需要，园区领军创业投资基金将结合项目进展分2期给予不超过400万元人民币的风险投资	—
项目贷款贴息	给予项目提供初创期三年内按照银行基准利率计算的贷款利息补贴	为项目提供三年期按照银行基准利率计算的贷款利息50%的补贴，补贴总额不超过150万元人民币	为项目提供三年期按照银行基准利率计算的贷款利息50%的补贴，补贴总额不超过300万元人民币	不受资产总额和销售收入的限制，为项目提供三年期按照银行基准利率计算的贷款利息50%的补贴，补贴总额不超过150万元人民币	—
科贷平台支持	提供200万元人民币2~3年期贷款支持	提供200万元人民币2~3年期贷款支持	提供200万元人民币2~3年期贷款支持	提供100万~200万元人民币2~3年期贷款支持	—
销售收入奖励	—	—	一年内达到创业领军成长条件的，经核查，给予100万元人民币产业化奖励；根据创新成长情况，连续三年给予成长奖励，累计不超过1 000万元人民币	—	—

续表

	重大领军团队项目	创业领军项目	创业领军成长项目	创业领军孵化项目	创新人才项目
项目资金配套	协助企业争取部、省、市各条线项目资助,并对获得各级资助的项目给予相应资金配套	协助企业争取部、省、市各条线项目资助,并对获得各级资助的项目给予相应资金配套	协助企业争取部、省、市各条线项目资助,并对获得各级资助的项目给予相应资金配套	协助企业争取部、省、市各条线项目资助,并对获得各级资助的项目给予相应资金配套	—
研发用房补贴	根据项目实际需要,提供办公启动场所,原则上三年内免收租金	提供200平方米左右的项目启动场所,三年内免收租金	提供500平方米左右的项目启动场所,三年内免收租金	提供200平方米左右的项目启动场所,三年内免收租金	—
租用住房补贴	提供项目团队100平方米左右公寓住房一套,三年内免收租金	提供项目团队100平方米左右公寓住房一套,三年内免收租金	提供项目团队100平方米左右公寓住房两套,三年内免收租金	提供项目团队100平方米左右公寓住房一套,两年内免收租金	—
购买住房补贴	提供在园区购买自用住宅的领军人才100万元人民币购房补贴	提供在园区购买自用住宅的领军人才100万元人民币购房补贴	在园区购买自用住宅的,提供领军人才50万元人民币的购房补贴	在园区购买自用住宅的,提供领军人才50万元人民币的购房补贴	给予30万~100万元人民币的人才奖励,分三年拨付
家属子女安置	关键岗位人才的配偶子女户口可随迁至园区,子女入学享受园区居民待遇	关键岗位人才的配偶子女户口可随迁至园区,子女入学享受园区居民待遇	关键岗位人才的配偶子女户口可随迁至园区,子女入学享受园区居民待遇	关键岗位人才的配偶子女户口可随迁至园区,子女入学享受园区居民待遇	创新人才的配偶、子女户口可随迁至园区,子女入学可享受园区居民待遇

三、人才引培助力高质量发展

正视现实矛盾　理清目标思路
——苏州工业园区科技领军人才工程十年实践调研（中）

中共苏州市委市情研究基地　苏州市情研究中心

我们感到，园区科技领军人才工程经过10年的实践，取得了很大进展，但从新的形势要求看，跳出园区与其他发达地区相比，仍然存在一定的落差和矛盾，迫切需要我们正视现实矛盾，理清今后一个时期的目标思路。

一、"短板"现象亟待重视

近几年来，在宏观形势相对趋紧的情况下，园区仍保持了快速发展，尤其是转型升级、创新驱动也取得了长足进步，然而如果从更大范围比较分析，园区在创新相关指标方面"短板"现象比较突出。一方面，从国家高新区评价指标看，尚未走在前列。根据科技部对全国116个国家级高新区2015年的评审结果，园区总体排名位列第九，4项分指标中，尽管国际化和参与全球竞争能力指标位列第一，但与创新能力相关的3项指标均相对靠后，产业升级和结构优化能力指标排第8位，知识创造和技术创新能力指标排第16位，高新区可持续发展能力指标排第22位（具体见表1）。

表1　2015年度国家高新区总体排名和四个一级指标排名

高新区	总排名	知识创造和技术创新能力	产业升级和结构优化能力	国际化和参与全球竞争能力	高新区可持续发展能力
北京	1	1	1	2	3
上海	2	8	3	5	2
成都	3	4	5	3	10
西安	4	3	7	13	4
深圳	5	10	2	4	21

续表

高新区	总排名	知识创造和技术创新能力	产业升级和结构优化能力	国际化和参与全球竞争能力	高新区可持续发展能力
杭州	6	2	6	9	12
合肥	7	6	4	12	11
武汉	8	5	9	17	6
苏州工业园区	9	16	8	1	22
天津	10	9	11	16	38

另一方面,园区相关创新指标与国内其他地区相比,落差更为明显。我们把园区与深圳、北京中关村、上海张江、杭州高新区(滨江)进行比较,从研发投入占GDP比重看,园区只有3.36%,处于末位,深圳4.1%,北京中关村10.7%,上海张江3.7%,杭州高新区(滨江)13.3%;从发明专利申请数看,园区5 896件,处于末位,深圳56 336件,北京中关村37 843件,杭州高新区(滨江)5 901件;从发明专利申请数占比看,园区43.79%,虽高于深圳(38.8%)、杭州高新区(滨江)(41.43%),但明显低于北京中关村(62.44%);从发明专利授权数看,园区2 631件,高于杭州高新区(滨江)(1 466件),但低于上海张江(2 745件),远低于深圳(16 957件)和北京中关村(12 818件);从发明专利授权占比看,园区33.4%,虽高于深圳(23.51%)、杭州高新区(滨江)(21.89%),但远低于北京中关村(36.68%)、上海张江(53.16%);从PCT国际专利申请量看,园区179件,远低于深圳(19 648件)和北京中关村(3 357件);从国家"千人计划"人数看,园区135人,高于上海张江(96人)和杭州高新区(滨江)(67人),但远低于北京中关村(1 091人),也不及深圳(250人);从国家高新技术企业数看,园区711个,略高于杭州高新区(滨江)(607个),远低于北京中关村(17 645个)、上海张江(6 071个)和深圳(8 037个)(具体见表2)。

表2 苏州工业园区部分创新能力指标与国内其他地区比较表

	深圳	北京中关村	上海张江	杭州高新区(滨江)	园区
R&D占地区生产总值比(%)	4.1	10.7	3.7	13.3	3.36
发明专利申请数(件)	56 336	37 843	—	5 901	5 896
发明专利申请数占比(%)	38.8	62.44	—	41.43	43.79

续表

	深圳	北京 中关村	上海张江	杭州高新区 (滨江)	园区
发明专利授权数(件)	16 957	12 818	2745	1 466	2 631
发明专利授权数占比(%)	23.51	36.68	53.16	21.89	33.4
PCT国际专利申请数(件)	19 648	3 357	—		179
入选国家千人计划人数(人)	250	1 091	96	67	135
国家级高新技术企业数(个)	8 037	17 645	6 071	607	711

注:深圳发明专利授权数及占比为2015年年底数据,其他均为2016年年底数据;北京中关村和上海张江为2015年年底数据;杭州高新区(滨江)、园区均为2016年年底数据。

二、清醒认识"三大矛盾"

我们感到,上述数据可能存在一定的不可比性,但园区创新能力存在一定"短板"是一个十分严峻的现实问题,这深层次反映了园区在产业化创新项目、高层次创新人才等方面存在的不足。针对园区科技领军人才工程实践情况,我们分别召开了园区行政部门、招商部门和领军人才代表等不同层次的座谈会,广泛听取意见,初步归纳了科技领军人才工程实施中反映出来的三大矛盾。

一是领军人才项目初具规模与标杆性、带动性尚未形成的矛盾。从总体看,园区科技领军人才工程经过10年的实践,项目总量达到1 065个,年均引进人才项目超过100个,因2016年的项目签约等尚在进行中,我们按2015年情况分析,项目的签约落户率很高,接近90%,但项目产出率相对偏低,为53.68%(投产项目占签约数比重)。尤为重要的是科技领军人才项目在园区产业发展中的标杆、带动性尚未形成。一方面,在引进的科技领军人才项目中,具有标杆意义的重大项目不多,在五大类项目中,重大领军团队项目仅占1.13%;有的项目在技术上缺乏领先性,离重大原创尚有距离;有的项目局限在学术研究层面。另一方面,已经产生销售的430个项目,产出规模尚偏小,2015年平均销售规模仅2 100多万元,其中年销售规模最大的企业仅10多亿元。

二是领军人才项目快速推进与配套保障相对不足的矛盾。10年来,随着园区领军企业不断发展,各类配套保障相对不足的问题逐渐呈现,这很大程度上影响到企业的发展。主要是,场地配套落差较大。据统计,领军成长类项目平均需要场地面积为1 214平方米,而政策支持仅为500平方米,领军孵化类项目平均需要场地面积为621平方米,而政策支持仅为200平方米,创业领军类项目平均需要场地面积为1 983平方米,而政策支持仅为200平方米,无法保证领军企业在场地上的使用。人才政策的配套性存在不足。据企业反映,目前园区实行的科技领军人才政策,侧重点在"领军",而企业发展亟须的中端人才如研发骨干、名校毕业生等,尚无具体对应的有吸引力的政策,这类人才虽然不属"领军",但对企业研发创新等至关重要,是领军人才的重要"帮手",却往往因无法解决具体后顾之忧等问题而难以在园区落户。融资配套服务尚不完善。总体看,园区目前支持高层次科技领军人才项目的投融资体系尚不健全,园区相关政策中明确的股权、债权融资办法,在实际操作中存在一定难度。企业反映,扶持创新企业的资金比较分散,而且扶持规模也十分有限。

三是其他地区人才吸引力、集聚力不断增强与园区政策措施创新相对滞后的矛盾。应该说,园区在平台、区位、机制、服务等各方面具有较大优势,在人才吸引中也具有较强竞争力,但随着宏观形势发展变化,各地争相创新举措,园区的优势正在递减。从周边地区看,比如,昆山的创新团队计划3年内给予创新团队300万~5 000万元项目资助和融资支持,对每位团队核心成员(不超过3名),按照领军型人才购房津贴的50%发放购房津贴;创新创业人才计划,给予领军型创业人才100万~300万元项目资助和100万~200万元购房津贴,给予高层次创新创业人才50万~100万元项目资助和50万~100万元购房津贴,对发展好、后劲足的人才项目,择优给予滚动支持。比如,苏州高新区分重点创业团队、创业领军人才、创新领军人才三类给予科技领军人才支持。其中,在科研启动经费上,重点创业团队、创业领军人才、创新领军人才分别给予400万元、100万元、50万元的项目启动资金;在安家补贴上,创业类人才可给予50万元的购房补贴或提供不高于4 000元/月、为期5年的租房补贴。获批重点创业团队的项目,团队成员可分别申请购房补贴或租房补贴;在办公用房补贴上,提供100~500平方米的工作场所,三年内免收租金;在风险创业投资上,经论证审批,可给予最高1 000万元的风险投资,或可给予不少于风险投资基金首次投资额10%的配套投资。从一线城市看,这类地区由于城市能级相对较高,对人才本来就具有不可比的吸引力,近年来政策力度不断加大,人才竞争优势凸现。以深圳为例,2016年专门出台"促进人才优先发展的若干措施",明确每年人才工作的经费预算从原来21亿元增加到44亿元。对海外高层次人才按A、B、C三类,分别给予300万、200万、160万元奖励补贴;对留学创业人员分三类分别

三、人才引培助力高质量发展

资助100万、50万、30万元;对创新团队平均资助额度达2 000万元,最高可达1亿元;同时还设立引才伯乐奖,根据人才层次,每引进1名,分别奖10万、15万、20万元不等。相比之下,园区在扶持资金的吸引力上存在一定落差,这不仅影响到园区重大科技人才项目的引进,也是导致近年来部分科技人才项目流失的因素之一。

三、立足全局,理清目标思路

我们感到,今后一个时期,如何谋划好新时期科技领军人才工程,对于园区加快转型升级、继续走在全省全国发展前列至关重要,必须立足全局,理清园区科技领军人才工程的目标思路。从园区发展所处历史方位与使命担当看,当前园区正处于转型升级、创新发展的关键时期。2016年年底召开的省第十三次党代会上,省委作出了"聚力创新、聚焦富民、高水平全面建设小康社会"重大部署。会议期间省委书记李强在参加苏州代表团讨论时,对苏州的未来发展进一步提出了"创新四问"这一重大命题。园区作为苏州乃至全省全国改革发展的重要板块,如何争当"聚力创新"排头兵,率先回答好"创新四问",更好发挥示范引领作用,这不仅是园区在新的发展时期肩负的光荣使命和历史责任,也是园区破解资源要素瓶颈制约、加快实现动能转换、努力提升发展质量的战略举措。从园区产业发展定位看,园区经过初步调研,明确了未来产业发展目标:通过3到5年的努力,打造"3+2"产业布局,即生物医药、纳米技术应用和以云计算与大数据为支撑的人工智能产业三大战略性新兴产业和电子信息、机械装备两大主导产业,形成一批地标型、龙头型、创新型、科技型企业。其中三大战略性新兴产业均将达到千亿级规模,带动新兴产业产值超过5 000亿元,总体形成"雁形"产业集群发展态势。从园区人才发展需求看,"十三五"时期是园区产业转型升级的重要阶段,根据园区的人才规划分析,到"十三五"末,园区人才规模总体达到34.5万人,增长25%左右,其中三大战略性新兴产业人才15.5万人,占人才总量45%,机械装备制造业、电子信息制造业人才12.5万人,占人才总量36.2%。

基于上述分析,我们认为,园区要推进"聚力创新"、回答好"创新四问",加快形成新的产业优势,核心是人才,重中之重是构筑起科技领军人才的新高地。因此,"十三五"期间,园区科技领军人才工程应确立"聚焦产业、优化结构、引育结合、改革助推"的工作思路,引领、推进园区科技领军人才工程实现新的跨越。

所谓聚焦产业,即强化科技领军人才工程与产业转型发展、创新能力提升的结合度与互动性。围绕产业发展来谋划科技领军人才工程,紧扣"3+2"产业布局,细分产业、行业,牢牢把握与产业发展紧密相关的关键环节、重点领域,引进培育前瞻性高科技人才项目、龙头型企业、产业化项目,支持具有引领性、原创性、标杆性重大项目实现产业化,以大项目促进大产业、以大产业带动大发展。

所谓优化结构,即打造以科技领军人才为主体、各层次人才配套形成梯度的创新型人才结构。紧紧围绕打造创新型人才高地,在继续做大做强科技领军人才队伍的同时,加快构建与之配套、协同的研发创新团队、企业骨干研发人才和企业市场开发人才队伍,形成相对优化的人才组合结构,整体提升人才队伍的创新力、协同力与竞争力,以人才结构的优化来促进并支撑产业转型升级。

所谓引育结合,即致力于高层次、创新型、产业化人才项目引进与培育的协同。针对重大的成熟型、产业化项目难以引进的客观现实,立足在推进自主创新中追求原创性成果、在全面提升创新水平基础上打造标志性品牌,坚持以引进为先导、培育为关键,引进关键领域、核心环节、潜质优势明显、成长性好、带动性大的人才项目,加大培育扶持力度,使之成为扎根的本土企业,加快构筑起园区发展的内生动力,牢牢掌握人才竞争与产业发展的主动权。

所谓改革助推,即以改革创新破解体制障碍,助推科技领军人才工程实现新跨越。充分利用园区开放创新综合试验这一重要改革平台,梳理并努力破解制约科技领军人才工程跨越发展的体制机制矛盾与问题,加快构建人才队伍建设中更好发挥政府优势与充分发挥市场作用的联动、协同机制,战略性新兴产业快速发展与科技领军人才工程快速推进的互动机制,高层次、创新型、产业化人才引进与培育结合的配套、联动机制,部门之间统分结合、协调高效的人才工作机制和招商亲商机制,同步构建相应的政策保障体系;努力形成人才改革方面可复制可推广的做法,以改革创新打开人才工作新空间,以改革率先确保科技领军人才工程的领先。

(课题组成员:陈楚九　李静会　朱　琳)

三、人才引培助力高质量发展

具体工作建议

——苏州工业园区科技领军人才工程十年实践调研(下)

中共苏州市委市情研究基地 苏州市情研究中心

为深入贯彻落实省委关于"两聚一高"的总体部署、回答好省委书记李强提出的"创新四问",自2016年年底以来,园区工委管委会围绕新一轮园区转型升级、创新发展作出了全面部署:建立了园区主要领导挂帅的招商亲商工作领导小组,把招商亲商摆在更加突出的重要位置,致力于形成招商亲商的浓厚氛围和强大合力;由工委管委会领导牵头,组织开展了13个重大调研课题,积极谋划新思路、新举措;筛选一批重点企业、成长型企业,建立领导挂钩联系制度,全面加强服务与协调。应该说,这对于园区新一轮发展具有十分积极的意义。当前,园区的发展正站在一个新的起点,无论从宏观环境还是从园区目前的资源要素情况分析,无论从园区的使命担当还是从自身转型发展的把握,园区抓创新的极端重要性、紧迫性都是显而易见的。在新的发展时期,园区有必要牢固确立"抓创新就是抓发展""抓创新就是抓人才"的理念,把构建创新型人才高地、更好推进科技领军人才工程摆在突出位置,进一步弘扬"园区经验",积极实践"园区经验",赋予"园区经验"以新的时代内涵。围绕进一步实施园区科技领军人才工程,我们初步提出以下工作建议。

1. 尽快制定相应的规划方案

目前园区已就未来产业发展作出初步谋划,确定了"3+2"产业布局思路。我们感到,园区的产业发展,重点在项目、核心在人才,关键在于如何加快构筑起创新型人才高地。因此,有必要尽快组织力量,就今后3到5年创新型人才高地建设提出明确的目标思路和行动方案,包括创新型人才总量、结构和重点产业、关键领域的人才需求等,确定总体目标、年度目标和具体政策措施,明确相关责任部门和考核要求,以便有序快速推进创新型人才高地建设。

2. 切实加大对重点领军项目的倾斜支持力度

我们感到,要加快科技领军人才项目早出成效、快出成效,重点引进、重点扶持十分重要。为此建议对于和园区"3+2"产业布局契合度高的项目、产业链重要环节的项目、重大成熟的产业化项目及潜质优势明显的项目,按照"存量全面筛选、增量加强引进"要求,列出重点扶持名录,在资金扶持、场地平台供给、土地供应等各方面给予倾斜支持;对于重大项目,建议在评审中尝试直接立项、重点扶持。我们在调研中了解到,领军人才一般往往长于研发创新,而在市场开发、企业管理等方面存在一定"短板",这在很大程度上会影响到人才项目的产业化进程。目前园区已建立了10多个产业联盟,这是组织、协同产业、企业发展的重要平台,建议加强完善运作机制,使其更好发挥服务企业、协同创新、互助互利的作用。同时,建议尝试建立领军人才项目产业化帮扶推进指导小组,由园区相关部门、企业家、投融资专家及法律、管理和市场营销专家组成,定期研究、开展重点辅导,为人才项目产业化提供专业化服务。

3. 积极探索构建柔性引才机制

2015年中国科协在深圳、上海、武汉、苏州、成都建立了5个海外人才离岸创新创业基地,园区也列入试点。"离岸创新"模式对于吸引海外高层次人才具有很大优势,为海外人才提供区内注册、海外经营的载体,创造低成本、便利化、全要素、开放式、高起点的配套的空间环境,构建起具有引才引智、创业孵化、专业服务、政策保障等功能的国际化在岸与离岸相结合的创新创业平台。据了解,目前这些试点城市都开启了柔性引才的探索实践,上海张江以此为契机,制定了"离岸创新"模式的配套政策,以吸引更多海外高层次人才项目。比如,在离岸基地初期3年,政府给予一定托底政策,包括租金、基础设施购置、网络平台构建等费用,运营成熟后按市场化管理;简化外籍高层次人才申办永久居留证程序,在海外人才出入境、落户、结汇、通关等方面制定配套政策;为离岸项目提供跨境融资、知识产权质押融资等服务。建议园区整合形成综合优势,围绕打造具有国际影响力的海外创新资源聚集平台,积极借鉴创新,按照"不求所有、但求所用",探索柔性引才、离岸创新模式,以此为载体,积极吸引世界著名大学在园区建立联合研发中心,构建创新创业孵化平台;积极引进支持创新创业的国际风险投资,帮助离岸创新创业者提高成功率;积极推进离岸创新与在岸创新的结合、互动,形成更大的人才项目效应。

4. 进一步强化科技领军人才项目的金融支持

金融支持是科技领军人才项目做大做强的重要保障。总体来看,园区目前对人才项目的金融支持力度不强,缺乏聚焦效应。建议围绕加快形成"人才、科技、金融、产业"四链融合机制进行积极探索。一是充分发挥财政专项资金的积极作用。尽管园区财政近年来不断加大投入力度,但与深圳等地相比仍有较大差距,尤其随着支持项目的不断增多,造成平均单个项目的资金支持力度减弱,建议围绕"3+2"产业布局,整合各类政府资金建立"3+2"产业发展基金,确保财政资金的产业聚焦与支持强度。二是积极拓宽融资渠道。根据企业特点,研发金融创新产品,探索民间资本参与投资的途径,比如,依托园区金融资产交易所、股权交易中心等平台,完善制定创新型企业开展股权、债权融资的扶持措施和配套政策,重点引入央企、国企参股投资、民间资本参与人才项目产业化,解决创新型企业"成长中的烦恼"。三是进一步做大做强融资平台。在建设园区科技金融服务大数据平台和科技企业信用平台基础上,引导银行、证券、保险等金融机构及创业投资等资源主体,为企业提供专业化、个性化、系统化的金融服务,建立多形式、多层次融资担保体系,为创新型企业搭建更高融资平台。

5. 全面实施人才落户的"安居工程"

住房问题某种程度已成为影响园区科技领军人才项目落户的重要因素。据了解,目前园区实行的科技领军人才落户购房补贴标准还是2007年制定的,实行30万~100万元的补贴,而园区房价已从2007年5 000元/平方米左右上涨到2016年30 000元/平方米,涨幅高达6倍左右,但购房补贴并未作出相应调整,与深圳等地相比,落差悬殊。深圳2016年作出调整,对于高层次人才出台安居办法,杰出人才可选择600万元补贴,或选择面积200平方米左右免租10年的住房。选择免租住房的,在深圳全职工作满10年、贡献突出并取得本市户口,可无偿获赠所租住房或给予1 000万元购房补贴。符合条件的其他高层次人才,可选择最长3年、每月最高1万元的租房补贴,或选择免租入住最长3年、面积最大150平方米的住房。借鉴深圳做法,我们建议,园区应加大人才公寓、优租房等建设力度,同时适当提高购房补贴标准,尤其对于重大科技领军人才项目,要实行重点激励,通过购房补贴促进人才项目落户与本土化。

6. 探索建立项目评估监督全程跟踪机制

目前园区科技领军人才项目主要侧重在引进前的评估,一年评选一次,如果列入项目,则可在规定期限内享受各种政策性待遇,总体缺乏一种激励机制和监督机制,因而往往会发生承诺兑现率偏低、项目转移、异地再申报等问题,建议完善评估监督全程跟踪机制。① 适当增加评选次数,如一年2次;或尝试全年全天候网上申报,申报数达到一定开评比例,则进入评审程序;对于重大项目、产业发展紧缺项目,实行一事一议,建立专项评审机制。②进一步完善项目申报、评审、立项、验收、资助等环节的操作细则,确保项目实施有明确依据。尤其在各项资金的资助标准上,应加大项目落地后及税收贡献的评估权重,加大项目中后期的资金资助规模。③尝试人才项目评审"前宽后紧"的办法,即引进评估条件适当放宽,重点看项目落地后的发展情况,加强对适时评估、中期评估、结题评估的奖惩力度。比如,对于产出快、贡献大的项目实行相应的奖励措施;对于与申报情况不符合或引进后一定期限内没有产出效应、不符合评估要求的取消政策享受,并建立追究、惩处机制;经实践证明后不合格的项目,制定项目退出的操作办法,并建立相应淘汰退出机制。④建立更加有效的领军项目企业各类相关数据定期采集机制,由科信局牵头,建立数据采集平台,协调各条线的主管部门,提高企业数据采集的效率和质量,并通过数据分析,加强对企业技术研发、生产经营、企业效益等情况的分析评估。

7. 加快制定吸引企业中层骨干人才的配套政策

这方面问题在座谈中反映比较集中,科技领军人才落户园区后,项目的开发需要有一批骨干人才,尤其是投产、进入产业化阶段,更需要有技术研发、经营管理、市场开发等方面配套人才。而目前园区这一环节的人才政策尚属空白,这方面人才无法享受安家落户、子女入学等待遇,企业因招不进、留不住这方面人才,某种程度上被制约了发展。据了解,园区主要通过"一事一议"个案解决,缺少规范性、制度性安排。建议配套研究制定企业中高级人才评定制度,由企业为主引进并申报,园区相关部门考核评定,适当享受相关优惠政策。资金来源方面,是否可由园区财政与企业按比例负担,这样既减轻财政压力,也可对企业形成一定制约与激励。我们感到,企业中层骨干人才是领军人才高地的重要补充,这类人才的引进既可促进企业发展,也在无形中为园区培育未来的项目创始人打下基础。

8. 努力创新与市场经济体制机制相适应的招商机制

一定意义上,招商引资、招才引智是推进科技领军人才工程的龙头,因此,一方面,要进一步强化政府招商优势。根据园区"3+2"产业布局,按照统分结合、有分有合的原则,在整合招商机构和招商人员基础上,实行与产业发展相匹配的功能定位,明确各机构的招商重点和目标责任,更好发挥政府招商的作用。另一方面,要更好发挥市场化招商机制的作用。更多探索依靠市场化手段优化配置招商资源,激励、鼓励企业引进配套企业,实行相关税收奖励,或探索政府购买社会招商服务新路径,有效引进第三方招商服务供应商,增强园区的招商能力。与此同时,加快构建招商人员奖惩机制。目前园区招商人员流失是一个比较现实的问题,如何整合招商机构、留住招商人才、提升招商功能,形成对招商机构、招商人员既有约束、又有激励的机制十分重要,这方面应尽快采取相应措施。可尝试建立相应的目标责任考核、问责和激励、奖励机制,对一线招商人员提供具有竞争力的薪酬待遇,招商人员待遇与个人业绩、工作质量、项目成效等挂钩,保障招商经费,从而充分调动招商人员的积极性、主动性和创造性。

(课题组成员:陈楚九　李静会　朱　琳)

推动人才载体转型 释放创新发展活力

——关于吴中区人才情况的调研

吴中区委党校课题组

习近平总书记强调指出:"人才就是未来。"全面深化改革、实现创新驱动的关键在人才。近年来,吴中区人才队伍与经济社会协调发展,人才优势转化为发展优势的作用逐步显现,人才载体作为人才发展的主要平台是人才工作的重要抓手。按照苏州勇当"两个标杆"、建设"四个名城"的决策部署,围绕吴中区产业发展布局,提升人才载体吸纳和承载能力,全面提高载体质数,对于促进吴中区经济转型升级具有十分重要的现实意义。

一、吴中区人才载体现状

(一)人才量、质稳步增长

截至2016年年底,人才总量达到229 048人,占全区户籍人口的35.38%,比2010年总量增长了25.3%,人才密度(每万人人才拥有量)超过3 538人。人才总量与人才密度始终保持持续稳定增长,为吴中区产业经济发展奠定了良好基础。

从人才学历结构来看,截至2016年年底,吴中区具有专科学历142 852人,本科学历74 649人,研究生及以上学历4 168人,逐年稳步增长。从职称结构来看,具有初、中、高级职称的人才分别达到20 243人、29 041人、5 851人,高级职称人才占职称人才总数的10.61%,人才质量显著提高。

(二)人才载体建设不断完善

吴中区积极落实省市科技创新载体建设工程,目前全区已建成各类科技创新创业载体20个,具有孵化功能的载体面积150万平方米,其中省级以上科技企业孵化器6家(国家级4家),市级以上创新型科技孵化器8家(国家级2家),50%以上的区级以上领军人才项目全部集聚在省级以上孵化器内。此外,吴中区已与欧美同学会建立了双向合作联系,欧美同学会留学报国苏州基地、海归创业学院苏州学院等高端人才载体2017年正式落户吴中。一箭河文创园暨全省首家科技镇长团众创空间、苏作工艺学院等特色文化人才载体建成运营(具体见表1)。

表1 省级以上科技孵化器领军人才入选情况表

科技孵化器	级别	省双创	姑苏领军	区领军	合计
吴中科技创业园	国家级	6	8	21	35
东太湖科技金融城	国家级	2	8	32	42
博济创业园	国家级	3	5	13	21
东创科技园	国家级			7	7
中博科技创业园	省级			1	1
节能环保产业园	省级		1	1	2
合计		11	22	75	108

(三)人才载体相关政策持续优化

在认真落实省"人才新政26条"和市"人才新政40条"的基础上,深化人才发展体制改革,多举措聚集人才、分类实施引人才、精准服务留人才,强化激励用人才。《苏州市吴中区人才发展第十三个五年规划纲要》指出在建设创新创业载体平台上做到"三个着力":即着力打造双创集聚区、着力发展新型孵化器、着力发展创业服务机构。在建立新型科技金融支撑平台上不断创新科技金融服务、发挥引导撬动作用、健全风险补偿机制。在建设产学研创新成果转化平台上加强协同创新平台建设、建立科研人才双向流动平台、提升公共技术支撑能力,进而推动吴中区载体平台进一步发展。2017年2月出台的"吴中人才新政20条",突出对人才载体的政策扶持,第11条专门列出"加大人才载体建设力度"条目,具体规定"落实人才项目三年免租政策,推行人才载体绩效考核和奖励政策,鼓励人才载体成立孵化基金等。对经区级人才路演平台给予专项运营经费补贴。对新认定的高技能人才公共实训基地给予20万元奖励"。吴中区人才载体建设在量、质上不断提升,各项新政陆续落地生根,使人才的聚集功能得到充分发挥。

二、吴中区人才载体发展中存在的问题

（一）人才载体专业化建设较缓慢

吴中区人才载体发展起步早，但在创新、科技转化能力上整体不足，专业化亟待提高。6家省级以上科技孵化器均呈现重点不突出、引才方向模糊等问题，东太湖科技金融城、博济科技创业服务中心、东创科技园都将生物医药作为重点引才方向，引才方向出现重叠，导致人才载体核心竞争力不足，引才效果大打折扣。

（二）人才载体与人才依存程度低

在吴中区，人才载体与培养对象之间存在"寄居蟹"现象。当培育对象发展到一定规模时，就会脱离原有人才载体，这种培育对象脱离人才载体，寻求新载体的过程，可以看作是"寄居蟹"的脱壳现象。培养对象规模不断扩大，对人才载体在资金、土地、软硬件环境等方面提出更高需求，由此产生供需矛盾，迫使企业选择脱离原有载体，寻找新的发展方向。

此外，吴中区人才载体体系尚不健全，初级孵化器较多，但层次高、容量大、培育能力强的载体数量少并且功能发挥不足，造成培育对象孵化数量多，升级空间小。同时，交通、落户、住房、子女入学、环境等硬件服务不到位，公共交通通勤效率较低等问题都会引起人才外流。

（三）人才载体宣传力度相对薄弱

缺少全媒体意识，利用网络公共平台意识不强，6家省级以上科技孵化器都没有通过微信、微博渠道进行自身宣传。此外，人才载体建设工作分散在多个职能部门，虽然各个部门都有一块宣传阵地，但是各自为政，弱化了人才政策综合效应。如吴中区出台的《江苏省苏州市吴中区人才政策指南》包括了引育、开发、平台、服务保障在内的各项政策，但由于宣传力度不足，该政策在人才载体和培育企业中的影响力有待进一步提高。

（四）人才载体奖励机制亟待完善

吴中区出台了多项人才新政，从纵向上看，领军人物逐年递增速度明显，但从横向上看，我们与周边先进地区仍然存在差距。目前吴中区千人计划2人，工业园区69人，昆山市25人，吴江区17人。人才载体政策缺乏有效的奖励机制成为培育优秀领军人才的一大瓶颈，当前吴中区人才政策仅有部分内容涉及

人才载体奖励机制,如"吴中人才新政20条"中的第10、11、12条对不同种类创新平台提出了相关支持办法,但缺少关于奖励支持人才载体的具体实施细则,认定对象缺少明确标准,政策支持范围有待进一步细化。根据区委、区政府《关于贯彻落实苏州市委、市政府〈关于进一步推进人才优先发展的若干措施〉的实施意见》的文件精神,结合吴中区人才载体奖励支持的具体需求,要加快出台关于吴中区人才载体绩效奖励的具体实施办法。

三、关于吴中区人才载体转型升级的建议与对策

吴中区要想推动产业结构调轻、调高、调优,必须依靠科技进步、劳动者素质提高和管理创新,这三大因素都依赖于高层次人才的有力支撑。而人才载体作为人才引育重要的平台和抓手,也必须转型升级,助力提升人才质效。

(一) 突出重点产业方向,加快管理队伍建设

1. 突出人才载体培育方向

吴中区人才载体在运行过程中要有意识地集中力量推进自身专业化程度,加强载体间交流,逐渐形成特色产业培育能力,适度收缩培育范围,有所取舍,集中精力致力于培育个别优势产业。结合吴中区产业发展布局,聚焦最有条件、最具优势的重点领域集中培育,提升人才载体吸纳和承载能力;整合载体优势,以电子信息、装备制造、生物医药三大主导产业作为主要培育方向,推动机器人制造及智能制造业的上下游产业发展,着力突破引领产业高端发展的关键技术,把规模优势转化为技术引领优势,加快形成特色竞争优势,提高优势产业的引领作用。

2. 打造专业团队进行管理

人才载体需根据培育产业方向配备专业团队从事服务与管理工作,提高人才载体服务管理的精细化水平。优化人才载体内部管理制度,以服务人才为核心,以孵化企业为重点,要积极探索企业化管理服务模式,规范内部管理工作,打通管理服务人员晋升通道。注重管理服务团队建设,定期开展管理服务人员业务知识培训与管理能力培训,提高管理人员综合素质。

(二) 健全载体层次体系,提高人才生活质量

1. 完善人才载体层次建设

要建立健全区内人才载体体系之间的沟通机制,初级孵化器、众创空间、高级产业园、创新创业园等要加强交流与协作,形成人才载体从初级孵化到高级

培育的完整体系。做优人才载体之间的交流互通,实现人才载体之间信息共享。组织人才载体之间互访、学习,实现重点行业与特色产业专利信息分析交流,推进项目联合资助与企业联合培育,人才载体间构建联合培育基金,提高企业存活率与项目培育成功率,降低培育企业所承担的经营成本与风险,打通人才培育通道。

2. 改善培育对象生活环境

完善人才载体周边公共基础设施,推进超市、学校、商场等设施建设,方便人才日常生活。增加公共自行车投放量和公交车车次密度,提高人才载体与城区间的通勤效率。此外,90%以上的访谈企业提到了住房难所导致的引才、用才、育才、激才、留才等问题,要加快落实人才安居政策,将人才住房政策纳入全区房地产规划当中,提高人才公寓建设比例,降低人才居住成本。积极探索离岸人才孵化,对符合条件的外籍人士在创新创业及签证、居留等方面予以便利。

(三)创新政策宣传方式,发挥板块宣传作用

1. 利用网络平台,实现宣传方式多样化

利用新媒体拓宽人才政策宣传方式,以吴中区主流媒体为依托,加快不同网络平台之间资源共享,发挥微信、微博网络公共平台的作用;做好载体信息收集,实现网络管理,利用邮件、OA平台等方式实现信息时时传递。

2. 发挥板块功能,扩大人才政策影响力

鼓励各个板块积极参与人才报告会、人才交流会、人才联谊会等活动,支持各个板块举办如"苏州国际精英周""吴中技能英才周"等活动,利用板块管理优势,将人才政策延伸到社区(村镇)中,将人才政策影响力扩大到普通群众当中。

(四)明确扶持奖励对象,细化扶持奖励细则

1. 提出明确的对象认定标准

根据吴中区产业发展的整体布局,选择一批人才载体进行支持。从人才载体的规模大小、运营状况、产业特色等方面进行综合考虑,将人才载体的科技成果、项目数量、成果转化率作为重要认定指标,尽快出台支持对象的扶持标准。

2. 出台详细的奖励实施办法

提高人才载体政策的创新力度、投入强度、精准效度,保持人才资源的集聚优势和开发优势。根据人才载体的不同情况,细化政策分类,可分为鼓励性政

策与奖励性政策。鼓励性政策以人才载体在培育企业上的投入成本作为标准,划分不同补贴额度,对人才载体孵化企业、举办活动、人才引进、企业发展、评奖获奖等给予资金鼓励。奖励性政策以人才载体在硬件建设、管理水平、成果产出、人才培育、企业规模增长等方面做出的突出成果给予资金奖励。

(五)吸收先进建设经验,突出吴中载体优势

1. 学习先进建设经验

面对沪宁杭等大城市及周边区域的"虹吸效应",唯有进一步营造良好的政策环境,形成"人无我有、人有我优、人优我特"的比较优势,方能在人才资源的争夺战中立于不败之地。吴中区人才载体要主动借鉴北京、上海、武汉、苏州工业园区人才载体在科技人才、科技创新、产业升级等方面的新思路。苏州工业园区作为苏州人才载体建设水平较高的区域,在智慧人才服务平台打造方面,紧紧围绕创新创业着力打造智慧人才服务平台。园区进一步整合组织人事局、科技局、中小企业服务中心、人力资源管理服务中心、一站式服务中心等机构的人才服务职能,整合区内领军人才的政策资源、服务资源和信息资源,发放智慧人才服务卡,形成"信息系统+人才专员"线上线下相结合、点面兼顾的立体服务模式,为领军人才提供全方位、一体化和个性化的服务。武汉光谷未来城作为以电子信息产业为重点的人才载体,在培育产业方面与我区产业发展方向存在相似之处。光谷未来城定位发展"2+1+2"五大产业,打造未来科技城产业集群。对科技成果的处置权和收益权进行改革,从体制机制层面推进科技成果转化和产业化,下设10个产业技术研究院,努力建成"自由创新区",实现技术、人才、资本等要素的自由流动和高效配置。

2. 发挥吴中载体优势

吴中区要利用环境优势、区位优势,盘活本区人才资源,引导优势企业,为高新技术企业、民营科技企业积极创造条件建设技术研究中心、科研工作站等人才载体。深化产学研合作,充分利用国际教育园的资源优势,加强与国内外著名高校、科研机构的联系与合作,探索建立健全多方共投共建、利益驱动、共生互动、深度融合的长效运行管理机制。突出吴中生态环境优势,通过鼓励、并购、参股等形式,努力实现海外研发机构落户吴中,提升本区人才载体培育能力,打造好吴中人才名片。

(课题组成员:张伟炜 杨晓晨 执笔:杨晓晨)

苏州民营企业家群体特征及能力提升

潘福能

改革开放四十年来,苏州经济发展迅猛。2017年,作为一个地级市的苏州,其GDP总量已达到17 000亿元。苏州经济有这么大的总量,给人普遍的印象是苏州有大量的外商投资。在苏州有14个国家级开发区,世界500强企业中有100多个在苏州设厂和机构,在2017年全市规模以上工业中,国有及国有控股工业产值785亿元,外商及港澳台资工业产值19 653亿元,民营工业产值10 400亿元,民资是外资的1/2。苏州的民企和民营企业家就这样生活在外资的背影后面。

但是,苏州民营经济总量仍列全国前茅。2016年年中,苏州民营企业率先在江苏省内突破了100万户。就发展的质量而言,2015、2016、2017年中国民营企业500强企业里,苏州一地就占有19、20、19个席位。但苏州企业的知名度和品牌在国内并不高,"有高原没高峰",在苏州既没有产生茅台、华为、万达、阿里巴巴、格力那样的一流品牌,也没有产生像马云、王健林、任正非、张瑞敏、柳传志这样的顶尖企业家,哪怕像位居全国第10、第14位的苏州企业(2017年度世界500强268、365位),多数人们却不知道它们的品牌是什么、董事长是谁?即便如此,苏州的民营企业和民营企业家却有着独特的文化基因和行为方式,他们构成了苏州今后民营经济乃至整个经济持续健康发展和做大做强的基础。(具体见表1)

表1 苏州入围"2017中国民营企业500强"名单

序号	全国排名	企业名称	所属行业
1	10	恒力集团有限公司	化学原料和化学制品制造业
2	14	江苏沙钢集团有限公司	黑色金属冶炼和压延加工业
3	33	盛虹控股有限公司	纺织业
4	70	亨通集团有限公司	计算机、通讯和其他电子设备制造业

三、人才引培助力高质量发展

续表

序号	全国排名	企业名称	所属行业
5	121	江苏永钢集团有限公司	黑色金属冶炼和压延加工业
6	180	华芳集团有限公司	纺织业
7	187	通鼎集团有限公司	计算机、通讯和其他电子设备制造业
8	188	波司登股份有限公司	纺织服装、服饰业
9	200	澳洋集团有限公司	纺织业
10	268	攀华集团有限公司	金属制品业
11	272	永鼎集团有限公司	计算机、通讯和其他电子设备制造业
12	282	苏州金螳螂企业（集团）有限公司	建筑装饰和其他建筑业
13	308	震雄铜业集团有限公司	有色金属冶炼和压延加工业
14	312	同程网络科技股份有限公司	互联网和相关服务
15	323	常熟市龙腾特种钢有限公司	黑色金属冶炼和压延加工业
16	379	江苏爱康实业集团有限公司	综合
17	428	江苏吴中集团有限公司	综合
18	433	苏州胜利精密制造科技股份有限公司	计算机、通讯和其他电子设备制造业
19	474	中亿丰建设集团股份有限公司	房屋建筑业

一、苏州民营经济成长的环境

一个企业的成长，特别是一个企业群体的成长，离不开当地历史、人文、地理、资源和社会条件，并不可避免地被打上地域文化的烙印。与外资企业相比，苏州民营企业有其独特的成长环境。

1. 厚重的文化积淀

苏州历史上经济繁荣、文化昌盛，这里有作为中国传统手工艺标准范式的"苏作""苏式"工艺，人们追求生产过程的精致完美；这里是吴文化的核心区域，崇文重教和爱国主义、集体主义等中华优秀传统文化影响深厚；这里曾是各地商帮云集之所，明清以来，洞庭商帮在苏州强势崛起，他们共同营造了诚信经营为核心的商业文化；苏州园林内部精致而外部朴素，粉墙黛瓦、寻常巷陌，显示出富豪们低调的生活方式。

2. 苏南模式的历史遗产

社队企业从19世纪70年代发展到80年代形成了影响全国的"苏南模式"。随着经济形势的发展、经营环境和政策环境的变化,"苏南模式"自身经历了辩证的否定和自我突破的过程。直到20世纪初,原来的乡镇企业通过改制,逐渐形成了与现代市场体制相适应的企业制度。截至2017年3月,苏州上市企业达到118家,其中八成是民营企业。"苏南模式"给民营企业留下了产业基础,以制造业尤其是传统制造业为主,服务业尤其是现代服务业相对滞后;第一代企业家虽然多数退出经营,但他们塑造的经营理念、管理风格和企业文化将会在今后较长的一段时期发挥作用。

3. 开放包容的政商环境

苏州在历史上就有十分开放和包容的经济环境。经济全球化使得苏州的开放面向了世界。苏州有中国一流的投资环境,就发展民营企业而言,苏州大力解决企业关心的融资、市场准入、公共服务体系建设等突出问题,营造有利于非公有制经济发展的良好环境。截至2016年8月底,苏州私营企业共吸引自然人投资者75.8万名,其中来自本市的有30.76万名,来自省内其他城市的有14.13万名,来自省外的有29.59万名。外来民营创业者不仅带来了大量的民间投资,还带来了产业结构的新变化和经营理念、经营策略的多元化。

二、苏州民营企业家的行为特征

改革开放40年来,苏州的民营企业发展呈现出自身的发展特色,苏州的民营企业家也展现出自身的特质。

1. 低调处世、务实稳健

苏州的民营企业相对于外资显得相当低调。他们的产品大多不属于大众消费的终端产品,也没有投入巨资在权威媒体上做广告。即便是当地媒体的宣传,也因为苏州作为一个普通的地级市,媒体的级别和影响力有限,对提高他们的知名度帮助不大。但这种低调也不是没有好处的,20世纪初苏州的企业大规模改制成功,他们没有处在社会舆论的风口浪尖,很大程度上也得益于这种低调。这次改制为苏州民营企业的发展打下了坚实的基础。

苏州民营企业的务实稳健表现为他们的战略定力。他们不赶时髦,并不因为什么产品好卖、什么是当时时髦产业和政策热点就头脑发热一哄而上,而是在自己熟悉的行业和产业里稳扎稳打、精耕细作,在企业多元化过程中也始终围绕主业做强做大自己。在苏州的民营企业里,鲜见那种轰轰烈烈却短命的企业和企业家。

苏州上规模的民营企业大多属于传统产业,这些企业如果没有创新是发展不到今天的。在企业创新方面,他们突出问题导向,着眼企业的竞争力,而不是仅仅把创新当作一种口号。沙钢集团在钢铁去产能和钢铁亏本或微利时代,创新成本管理、引进信息和自动化设备,开发高品质产品,展现了很强的生存和发展能力。近年来,沙钢的优质线材生产量和出口量连年位列全国第一。

2. 敢冒风险、善抓机会

管理很重要、创新也很重要,但如果抓不住机遇,就可能是事倍功半。经济发展有周期,产业发展也有周期,苏州的民营企业家善于发现机遇,并很好地把握机遇,他们能够在企业发展很好的时候有危机意识,而在危机到来的时候能够变危为机,甚至"反向操作",达到事半功倍的效果。

2002年,在全世界钢铁市场一片萧条的形势下,沙钢几乎用"买废钢"的钱买到了位于德国莱茵河畔多特蒙德市的蒂森克虏伯钢铁公司凤凰钢厂整体,并与世界著名的奥钢联合作,对引进装备进行提升改造,使其技术性能达到国际先进水平。项目投产以后,2005年,沙钢钢产量就达到1 045万吨,位居全国同行第五,并跻身全世界最具竞争力的20家钢铁企业的行列。更重要的是沙钢赶上了钢铁业大繁荣的一个新的周期。

1998年,亚洲金融危机爆发,国内纺织业遭受巨大冲击,当时的吴江化纤织造厂趁喷水织机价格下降一半的机会采购了500台,并引进韩国产的整浆并机,投产后赶上了纺织业的复苏。2008年全球金融危机爆发,纺织业又来"寒冬",此时由吴江化纤织造厂发展而来的恒力集团却在上新项目,引进的世界最先进的8台纺设备比原先的4台纺设备效率高一倍,价格却低一半,原计划的20亿元投资资金实际只用了12.8亿元,一举奠定了全球单体产能最大的PTA工厂、全球最大的功能性纤维生产基地和制造企业的地位。

稳健和冒险看似完全不同的特质,但在苏州民营企业家那里却很好地统一起来,因为这种冒险是一个企业家对自己熟悉的行业长期研究,谋定而后动的结果。这种冒险是"稳健"的冒险。

3. 诚信为本、质量第一

诚信是商业发展的第一品德。历史形成的诚信为本的苏商精神对当代苏州民营企业家仍有着极深的影响。苏州多数民营企业从乡镇企业转制而来,它们扎根在地方,接受强势政府的管理。这两个因素使得苏州的民营企业家总体上体现了较高的商业品德,假冒伪劣、坑蒙拐骗在这里形不成气候。

常熟蒋巷村的书记常德盛是2011年第三届全国道德模范评选中全国诚实守信模范称号获得者。19世纪90年代,村办企业起步之初遇到了骗子,被骗200万元,那是全体村民几十年的劳动成果。当时,村里债主盈门,15家法院找常德盛打官司。常德盛既没有推诿也没有消沉,在家当书记,出门当推销员,拿的工资最少,干的活却最苦最累。还清债务后,他的常盛集团得到了快速的发展,但常德盛认为这些成绩不是自己一个人的功劳,而是全村人的信任和付出所致,集团改制时他没有要股份,1 000多万元的提成也分文不收,却给全村人盖起了别墅、医院、学校、养老院……

制造业的生命来自质量。苏州的民营企业在国内外竞争中没有资源优势,取胜的最基本途径就是拼质量。位于昆山市的好孩子集团有国际业界领先的产品研发团队和制造基地,产品销往全世界70多个国家和地区,其中婴儿车产品在中国连续15年销量遥遥领先,在欧美市场连续多年销路领先。他们始终把质量作为竞争取胜的第一手段。一款小小的儿童汽车安全座椅,好孩子集团竟然花了如此大的人力物力和财力:5年时间、6亿元投资、12万次实验室撞击、解构航天器安全着陆技术发明GBES宇航吸能装置……

4. 回报家乡、政商和谐

苏州民营企业发家的基础主要是原先的乡镇企业,一方面他们是在本乡本土上成长出来的,另一方面是在当地政府关怀下发展起来的,不少企业家还担任过村、乡、甚至县(市)领导职务。他们发展起来后自然会延续以前的传统,为乡亲谋福利,并积极支持配合政府工作。

苏州民营企业从乡镇企业时起就热情地反哺农业、反哺农村,常熟常盛集团的常德盛只是他们中的一个代表,对他们还可以列出长长的一串名单,蒋巷村、康博村、梦兰村、永联村……

前任永钢集团董事长吴栋材在19世纪90年代末开始的两次企业转制中,坚持给村集体保留了25%的股份。虽然有不少元老和精英反对,因为这不符合"市场规则",但更加强势的吴栋材就是坚持把这部分股份留给了"最弱势"的乡亲们。这笔股份被村民们称为"摇钱树",保证了每年8 000万元以上的集体可支配收入,通过扶贫帮困、奖学助学等8项福利保障机制,村民每年人均可获得6 000元以上的福利待遇。

三、人才引培助力高质量发展

配合和响应当地党和政府的工作,维护政商关系的和谐也是苏州民营企业的一大特点。位于吴江区的亨通集团,是全球光纤通信前3强,中国光纤光网、电力电网领域规模最大的系统集成商与网络服务商,不仅在技术进步上突飞猛进,获得了"第四届中国工业大奖",而且在党的建设上也做得风生水起。作为亨通集团的当家人,崔根良一直强调"党建也是生产力"的企业发展理念。自1991年公司成立之初就建起了自己的党支部,最初党员只有3名,如今已经逐步发展壮大到超过600名。党员身份已成为集团内部总经理、副总经理等重要职位竞聘上岗的第一要素。各级管理岗位80%以上由党员承担。作为吴江第一家成立党委的民营企业,亨通集团努力探索非公有制企业党建的运行模式——"融入式党建"。此模式受到了中央各大媒体和省市各级政府的高度肯定,成为地方党委和政府引以为荣的金字招牌。

三、苏州民营企业家能力提升的重要领域

20世纪初,著名媒体人和财经学者秦朔在研究中国民营企业的崛起和变革,特别在分析他们失败的原因时说过:"我自己接触过不少困境中的企业,他们的困境令人同情,但仔细了解困境的根由和脉络,我又不能不得出一个令人沮丧的结论:命中早已注定,只是时间早晚。他们盖着没有打好地基的楼房,他们的基因里就埋藏着悲剧。"他呼吁民营企业要"回到根本"。所谓根本,包括以下四点:其一,理念,也就是为什么做企业的问题,包括企业家的利益观、自我实现和诚信问题;其二,战略,也就是赚什么钱、能赚什么钱的问题,避免战略误导如多元化陷阱、上市陷阱、创新陷阱等;其三,科学管理,首要的是从老一辈一人独断和经验主义模式下走出来;其四,健康心态,既有激情又有理性,能经受磨难又能不被胜利冲昏头脑。

世纪之交的二十年是中国民营企业的激情年代,很多企业迅速崛起又快速溃败,秦池、爱多、飞龙、三株、太阳神、健力宝、科龙、三九、托普……在这个时代,保健品的高额利润、资本运作的超额利润以及多元化的无限可能的利润令人发狂,苏州的民营企业家以其良好的心态、稳健的经营、诚信的品质实现了企业的健康发展。但这并不意味着今后就是一片坦途。能力提升,仍是苏州的民营企业家需要高度重视的问题。当前,主要应关注以下领域:

1. 健康的心态

当今社会充满机会,充满诱惑,各种新的业态、经营模式层出不穷,政府、社

会舆论对各种"创新"的偏好和政策诱导时时刺激着企业家的大脑,民营企业如果偏离主业、偏离核心竞争力、没有充分的准备和积累,就贸然进入陌生的领域,很可能带来灾难性的后果。苏州的民营企业仍然需要专注主业、做强核心、抓住机遇、提升竞争力并寻找合适的增长点。

2. 开阔的视野

苏州民营企业有"离土不离乡"的传统,不少企业家"本土情结"太过浓厚,缺乏全国和全球视野;缺乏高层次的交往平台和与"大人物"思想撞击的机会;喜欢"自顾自"闷声发大财,团队合作少,抱团意识相对薄弱。这些都大大限制了企业成长空间,促使企业失去了很多合作机会、更好的商业机会。视野的拓展与健康的心态是相互补充的两个方面。

3. 管理的转型

第一代企业家大多退出或正在退出历史舞台,第二代领导者正在全面接管企业。第一代民营企业家所处的时代环境已完全不同于今日,习惯于第一代企业家管理风格的企业骨干、员工、合作伙伴的关系需要调适和改变,过去那种英雄主义和绝对权力的管理方式需要用更为稳定科学有效的现代管理体系来替代。

4. 人才的培养

作为普通的地级市,苏州并没有人才优势,苏州民营企业善于借助外部人才和外脑,从乡镇工业时期的"星期日工程师"到今天与国内外大院、大所、大机构合作研发,促进了技术的创新和转化。但运用各种技术于生产经营过程当中还需大量的本土人才。苏州的民营企业大多处在县级市层面,在信息、生活、交往平台和学术环境上都处于不利的地位,需要花大力气研究留住人才、发挥人才作用的各种机制。

5. 良好的政商关系

著名财经作家吴晓波曾经断言:"在今后相当长的时间里,如何有技巧地游刃有余于越来越复杂的政商博弈之中,将成为考验中国企业家的最大挑战。"发端于乡镇企业的苏州民营企业大多与当地政府和官员保持密切的关系,总的来说,双方都能按市场规则、按政治规矩办事,在苏州没有发生政商交恶和政商勾结而导致的企业重大失败案例,但也确实存在一些暗箱操作、利益输送和权钱交易的情况,一些企业家的负面新闻甚至给企业的发展带来了困惑。民营企业家一方面要继续配合政府和地方的工作,加强企业层面的合作,另一方面要淡化与官员的个人层面关系,营造"亲、清"的政商关系,防止负面事件给企业带来损失。

(作者单位:中共苏州市委党校)

加快苏州农业科技特派员队伍建设的调查和思考

苏州农业现代化研究中心

农业科技特派员是近年来国家实施支农慧农的具体措施,是农业科技知识有效转化为生产力的主要手段之一。2014年,中央一号文件首次明确提出了"推行科技特派员制度",这对各地加快农业科技服务队伍建设提出了更高要求。2016年,国务院出台《关于深入推行科技特派员制度的若干意见》,进一步明确了推动农业科技特派员的建设任务和建设方向。2017年,江苏省将"深化'五有'乡镇农业技术推广服务体系建设,推行农业科技特派员制度"写入省委1号文件。

当前,全面梳理苏州农业科技特派员队伍建设现状,总结引进和培育的主要做法和成效,分析制约因素,提出加快农业科技特派员队伍建设的具体路径,对于加快构筑农业科技服务体系、推动农业现代化进程具有重要作用。

一、苏州市农业科技特派员引进和培育的主要模式

近年来,苏州市充分集聚地方特有的科技、经济、文化、人才、平台等优势,持续加强农业科技特派员引进和培育工作,先后探索了以下五种模式。

(一)基层选派型

2007年以来,根据《江苏省科技特派员工作实施方案(试行)》的有关要求,苏州市积极引导和支持企业、农业技术推广服务机构等基层单位的科技人员到农业生产一线,开展创新创业和科技服务。截至目前,已累计选聘6批"送科技下乡、促农民增收"活动科技特派员。这些科技特派员均来自基层农业技术服务一线,有比较丰富的农业技术推广经验。根据对市第六批405名科技特派员的统计,拥有本科及以上学历的人员共222人,占总数的54.8%,这反映科技特派员整体素质较高,能够有效开展农业技术推广等服务工作。

(二) 高校援助型

根据《江苏省科技特派员工作实施方案(试行)》的有关要求,苏州市积极鼓励高校、科研院所涉农专业教师参与地方农业技术推广工作。根据对江苏省第四批科技特派员的统计,苏州市共选聘科教单位科技特派员213名,分别来自近50所高校、科研机构。其中拥有博士学历的有91人,占总数的42.7%。这些人员农业理论知识丰富,掌握农业发展前沿技术,对基层农业技术推广示范效果明显。

与此同时,苏州市还以常熟市率先开展科技特派员试点为契机,按照省委、省政府统一部署选派9批次高校和科研院所、政府机关人员到基层工作。据不完全统计,涉农挂职人员近50人。这些人员以行政挂职的形式参与地方农业建设,能够更有效地调动所在单位的科教资源,深入推进农业产学研合作。

(三) 法人参与型

根据江苏省法人科技特派员的工作部署,苏州市明确将从事"农业科研、技术推广、特色产业开发及农副产品加工流通的企事业法人"整体列为科技特派员管理体系。根据对2014年江苏省首批法人科技特派员的调查,苏州市共认定24人,占全省的10.6%。从行业分布看,主要涉及设施蔬菜、特色畜禽、特种水产、经济林果、园林花卉、大宗农作物等六大门类。与一般农业科技推广人才相比,法人科技特派员非常熟悉当地的农业特色产业,具有从事农业一线生产、经营和管理的丰富经验,拥有带动周边农民共同致富的独特优势。

(四) 超市依托型

根据江苏省"农村科技服务超市"的建设要求,苏州市积极面向现代农业科技园区、农业科技型企业、科技型农业专业合作社、农业专业大户和广大农民的实际需求,开展多形式、多层次的综合科技服务。截至2014年,全市累计认定农村科技服务超市分店4家、便利店13家,主要经营蔬菜、花卉、水果、水产等。根据农村科技服务超市"六有"的建设标准,苏州市加快建立专家服务队和专家服务组。据不完全统计,全市农村科技服务超市已拥有200人左右的农业科技服务队伍。

(五) 园区集聚型

近年来,苏州市按照城乡一体化发展的新要求,以建设现代农业为目标,以推进农业适度规模经营为重点,不断加快现代农业园区建设步伐。截至2015

年,全市拥有1个国家级农业科技园区、6个国家级现代农业示范区、9个省级农业园区,现代农业园区面积累计达105.9万亩。各园区也根据自身实际情况,以农业科技特派员引进和培育为抓手,形成"政府—高校院所—企业"三螺旋产学研合作长效机制,合力推动农业科技创新。例如,2011年太仓市启动建设"太仓现代农业园区科技特派员工作站"。利用现代农业科技园区科技企业多、研发和推广条件好的优势,重点在新兴产业发展、新品种选育、新成果推广、新模式建立、新载体培育等方面开展服务,促进了高校技术、人才等要素向园区集聚。目前太仓拥有省级科技特派员120名,农技推广机构与基层的挂钩联系机制不断健全。

二、苏州市农业科技特派员培育存在的主要问题

（一）农业科技特派员制度建设有所滞后

根据调查,现阶段农业科技特派员选派主要涉及科技、教育、农业等多个部门。由于分别来自不同部门并且隶属于不同派出单位,客观上导致农业科技特派员身份比较复杂。目前尚未建立农业科技特派员统一管理平台,存在人员数据重复计算现象。与此同时,对于农业科技特派员的聘任级别、活动经费、下派类型、工作年限、激励保障没有统一规定,客观上存在管理松散、协调困难等问题。

（二）农业科技特派员选派方式相对单一

目前,农业科技特派员主要来自高校科研院所、基层农业推广机构。部分地区对于农业科技特派员选派没有充分考虑基层一线的实际需求,与地方农业产业结构匹配度不高,存在流于形式现象。此外,农业科技特派员选择面相对狭窄,尚未有效整合当地农业科技资源,对当地法人科技特派员的重视程度不够,"有经验、懂技术、会管理"的科技人才仍然普遍缺乏。

（三）农业科技特派员服务模式仍显粗放

根据调查,目前农业科技特派员服务方式仍停留在新产品、新技术的简单推广应用阶段,产学研结合不紧密、合作层次不高、载体平台少的矛盾依然突出。与此同时,农业科技特派员与地方金融机构、社会组织、行业协会、就业人才服务机构互动不多,"技术链""人才链""服务链"缺乏有效支撑,尚未形成多元主体服务地方农业发展的合力。

(四)农业科技特派员运行机制缺乏活力

目前,农业科技特派员关于知识产权归属、利益分配、成果转化、职称晋升等方面政策仍处于摸索阶段。受身份、经费等多种因素影响,农业科技特派员到基层开展服务积极性不高,仍然处于上级下发通知、下级被动完成任务的初级阶段。尤其是高校、科研院所农业科技特派员对离岗创业、合股创业仍存有顾虑,服务短期性、功利化色彩较浓,以市场运作方式组建的经济利益共同体比例不高。

三、加快苏州市农业科技特派员队伍建设的主要路径

(一)完善"保障性+激励性"的农业科技特派员任用机制

深化农业科技特派员管理体系改革,落实政府经费资助、监控跟踪、考核评估、激励培育、退出制度衔接的工作机制,强化相关政策指导。一是强化制度建设。尽快出台地方性农业科技特派员管理办法,按照主体多元化、服务专业化、运行市场化要求,完善科技特派员社会化管理制度。条件允许的,将农业科技特派员纳入地方科技镇长团管理范畴,实行统一管理。二是落实资金保障。认真落实国家、省有关促进农业科技特派员制度的相关政策措施,依托星火计划,加大各类财政专项资金对农业科技特派员的支持力度。在现有财政体制下,将农业科技特派员经费纳入地方人才专项资金并明确资助比例,对科技特派员实施的短平快科技富民项目给予启动经费支持。三是优化考核评价制度。创新农业科技特派员考评机制,制定科学合理的考核评价制度,完善以能力、实绩为导向的多元考评体系,细化考核指标和标准。建立健全农业科技特派员任用和退出制度,实行动态管理,形成优胜劣汰的长效管理机制。四是完善激励措施。按公益服务、农村创业等不同类型,实施农业科技特派员分类管理。对普通高校、科研院所、职业学校等事业单位从事农村科技公益服务的科技特派员在工资福利、岗位、编制、职务职称晋升等方面予以倾斜。探索农业科技特派员的资助管理办法,对服务绩效突出、带动作用明显、农民认可度高的农业科技特派员,在科技项目申报、成果转化应用等方面予以重点支持。

(二)完善"本土性+开放性"的农业科技特派员集聚机制

围绕地方农业发展需要,加大省级农业科技特派员选派力度,进一步扩大区域覆盖面和覆盖比例,夯实基层人才保障。一是突出基层培育。围绕地方农

三、人才引培助力高质量发展

业发展需要,重视挖掘当地优秀人才,积极吸纳优秀基层农业科技推广人员、青年致富带头人、农民专业合作组织负责人、优秀民营企业家、大学生村主任加入科技特派员队伍,增加地方农业人才储备。二是扩大选派范围。在原有农业生产、加工领域选派农业科技特派员的基础上,着力在物流体系建设、农产品安全、农业面源污染和畜禽养殖污染防治、农村健康等方面加大选派力度。三是注重柔性引进。积极组建"苏州市农村科技特派员联盟""苏州市农村科技特派员促进(协)会",设立农业科技特派员人才库。持续加大省级科技特派员选派力度,支持涉农高校、科研院所在地方设立农业科技特派员工作站、培训实习基地、社会调研基地,增强全面服务基层能力。四是强化载体支撑。根据地方产业和企业发展的需求,充分利用农业科技园区、农业发展研究院、高新技术产业园区、大学科技园、农业科技超市、科技型农业专业合作社等各类载体平台,以科技项目为抓手,以农业科技特派员引进为纽带,促进各类创新要素向基层集聚。

(三)完善"公益性+市场性"的农业科技特派员利用机制

面向现代农业科技园区、农业科技型企业、科技型农业专业合作社、农业专业大户和广大农民的实际需求,充分依托农业科技特派员资源,加快完善科研、教育、推广"三位一体"新型农村科技服务体系,提高科技公共服务能力和水平。一是共建技术服务基地。依托专家大院、农业科技超市等平台,支持农业科技特派员面向农村开展农业技术服务。明确将科技特派员提供公益性农业技术服务纳入政府购买范围,加快构建公益性与经营性相结合、专项服务与综合服务相协调的技术服务网络,提高农业生产、加工、储运等整个技术体系的水平。二是共建教育培训基地。借助农业科技特派员所在单位教育资源,以农业信息化、产业化、品牌化培训为重点,以扶智扶能为方向,持续开展农业专项技术、创业辅导、信息技能、生产服务与管理等专项培训,增强农民科技意识和创新意识,加快培育农民新型经营主体。三是共建成果转化基地。借助农业科技特派员在农业生产经营中的信息和技术优势,围绕当地产业和科技需求,重点支持一批具有自主知识产权、重大原创价值、适应本地生产的新品种、新技术、新设施推广应用,切实解决农业科技成果转化最后一公里的问题。大力发展以高、新、特为标志的农业技术贸易,推动现代农业全产业链增值和品牌化发展。

(四)完善"示范性+带动性"的农业科技特派员开发机制

充分发挥农业科技特派员的引领示范和辐射带动作用,注重将农业科技特派员队伍建设与地方农村发展、农业增产增效、农民创收致富结合起来,带动资金、人才、信息、管理等其他生产要素向农村聚集。一是支持创业示范。以打造各级"星创天地"为抓手,制定出台科技特派员落户创业的优惠政策。依托农业园区、产业基地、科技服务机构、农业龙头企业、高校和科研院所共建创业基地,吸引科技特派员带项目、带资金、带技术到基层创业,支持科技特派员领办、创办、协办农村科技型企业,带动更多农民创新创业。二是强化人才引领。打破地域、身份、行业界限,持续推进人才交流,支持和选派"讲政治、敢担当、有作为"的农业科技特派员采取挂职、研修等方式担任科技村主任,大力推进"能人治村",全面提升村行政领导班子业务能力与综合素质。以培育企业法人科技特派员为重点,提高农业组织化程度,加快现代农业发展和农民就业增收。三是深化长效合作。加快产学研用融合发展,鼓励引导科技特派员采取承包、租赁、入股等多种方式与专业大户、龙头企业建立"风险共担、利益共享"的利益共同体,支持按其生产要素实际贡献份额获取合法报酬,加快构建"科技特派员+示范园(基地)+专业协会+公司+种养殖大户+农民"的长效合作机制,推动农业生产经营方式转变。

(课题组成员:施 杨 童举希 曹春艳 王 峥 辛 磊)

三、人才引培助力高质量发展

多措并举打造高层次人才出入境服务品牌

苏州公安局园区分局

苏州工业园区高度重视高层次人才引进工作，截至2016年年底，园区共有国家、省、市、区四类高层次人才3 138名，其中，国家"千人计划"人才135名，江苏省"双创"人才161名。近几年来，为进一步顺应园区加快转型创新发展，强化高端性人才支撑，苏州工业园区公安分局出入境管理大队主动践行"出入有境、服务无境"理念，认真贯彻落实人才强区和人才优先发展战略，推出了多项专门针对园区高层次人才的出入境服务举措，积极营造舒适安居、便捷生活的软环境，受到了广泛好评。

一、主动向上争取创新政策服务

园区被列入国家级开放创新综合试验改革试点后，围绕如何吸引高层次人才和紧缺人才，园区公安主动参与，通过积极向上级争取政策、召开高层次人才座谈会、组织专家团论证等方式，研究制定园区的出入境优惠政策。2016年4月底，经公安部出入境局批复同意，园区获得了全省首个国家级开发区公安分局受理外国人签证证件权限。2016年9月，园区对外发布了《园区工委、管委会关于苏州工业园区引进高层次和紧缺人才优惠政策的意见（2016—2019）》，把"出入境便利"作为一项重要政策，在实践中取得了十分积极的成效。

二、搭建微信群，实现网上互动服务

为及时了解园区高层次人才居住、就业和出入境等方面的实际困难和需求，2017年年初，园区公安分局出入境管理大队邀请园区组织部、市公安局出入境管理支队相关负责人，专门搭建了园区高层次人才出入境服务微信群，提供实时便捷的沟通渠道，便于园区人才能及时反映各类相关问题，并得到快速解决。目前，已有近百名园区高层次人才主动加入该群。针对群成员提出的问题,分局出入境管理大队负责人实时互动,答疑解惑。一位微信名为"户部尚书"的国家"千人计划"人才在群内留言:"园区出入境为我们提供的是真正的走心服务,如此服务,让园区的投资环境美上加美,选择在苏州园区投资和生活是正确的。"

三、开设专门窗口,提供便捷服务

园区出入境服务大厅日常受理量大,为了提升高层次人才出入境业务办理效率,出入境管理大队专门在服务大厅内开设"10号专窗",作为园区高层次人才服务窗口(Top Taleng Service),平时由2名业务精通的民警专门负责,为高层人才及其家属、子女和创业团队提供快速办理通道。2017年4月20日,园区国家"千人计划"人才龚某在出入境民警的协助下,仅一天时间就办理好了回国签证,如期参加了公司重要会议。事后,龚某专门联系出入境大队负责人,称赞园区办事效率,并表示感谢。

四、走进企业,推行送法上门服务

针对如何办理就业证、居留许可和申请永久居留等反映较多的普遍性问题,分局出入境大队制作了PPT和课件,主动走访辖区企业,开展出入境政策专题宣讲。自2017年以来,出入境大队先后至生物纳米园、苏州信达生物制药有限公司等知名企业举办主题讲座4场。2017年4月27日,在园区中小企业服务中心举行的专题讲座,吸引了100余名外籍人员、高层次人才和企业人事部门负责人参加,在近3小时互动交流中,工作人员现场解答各类问题上百个,收到了良好的反响。

五、送证入户,点对点贴心服务

高层次人才的签证延期或居留许可证件办结后,出入境管理大队民警主动送证到家,现场告知相关政策和注意事项;针对申请办理永久居留的外国人,民警主动预约时间,提前告知需准备的办理材料,并会同市公安局出入境管理支队上门进行受理服务。截至目前,已受理近百人次。园区出入境管理大队民警热心、专业的服务得到他们一致好评和信任,许多高层次人才与民警建立了友好关系,民警成为他们在园区生活的好朋友、好帮手。

四、乡村振兴促进高质量发展

党建引领乡建　创新绘就树山新颜

中共苏州市委党校课题组

近年来,高新区通安镇树山村党总支在上级党委正确领导和关心支持下,坚决贯彻以习近平同志为核心的党中央治国理政新理念、新思想、新战略,带领树山党员干部群众投身"两聚一高",推进"两高两新",把生态文明建设与新农村建设有机结合起来,着力深化村庄整治,着力推进发展方式转型升级,着力开拓生态富民路子,着力提升农民素质、促进农村充分就业,有力提增了树山发展的动力和活力,提升了美丽乡村的建设水平。树山生态建设的高度、经济转型的力度、创新发展的速度和农民就地增收致富的幅度都有了长足进步,成为"宜居宜业宜游"的美好家园,迈进了美丽乡村建设的先进行列,先后获评"全国农业旅游示范点""国家级生态村""江苏省文明村""江苏省四星级乡村旅游区""苏州市美丽村庄"等荣誉,生动呈现了一个生产发展、生活宽裕、乡风文明、村容整洁、管理民主的社会主义新农村的美好画卷。树山村党总支也因领导核心作用坚强、村庄治理能力提升、村庄和谐稳定、党群联系密切、村民群众获得感增强,充分发挥了基层党组织在高水平全面建成小康社会中的重要作用,实现了党建强、发展快的目标,成功走出了一条以"党建引领乡建",凝聚各方建设力量共绘树山锦绣画卷的发展道路,获得了"苏州市先进基层党组织"称号。树山村党总支的主要做法是:

一、塑坚强核心,夯实引领树山发展的政治基础

1. 选优配强班子

坚决贯彻好干部标准,选优配强一把手和领导班子。在镇党委直接领导的

关心下,经过公开推选,政治品行过硬、党员群众公认、能够驾驭全局、敢抓敢管敢担当的党员高票当选领头雁,产生了村领导班子。通过选优配强关键少数,提高了党总支在群众中的公信度。目前村干部平均年龄39岁,均为大专以上学历,有较好的群众基础和工作能力,有较强的责任心和事业心,为全村发展奠定了坚强的政治基础和组织保障。

2. 扛起责任担当

新班子坚持党建和发展责任共担,着力在政治引领、发展引领和作风引领上发挥领导核心作用。抓政治引领,推进"党建+"工程,严抓领导班子自身建设,执行"树山村党员干部工作责任书",严格"一学两评"制度,加强对基层各类组织的统一领导和对群众的教育引导;抓发展引领,推进"树山+"工程,抓实发展方向、发展目标、发展资源集聚和发展项目推进,带领党员群众投身"两高两新",推动"四个全面"战略布局在树山落实。推进高水平全面建成小康社会在树山的实践,探索改革创新树山发展,切实推进树山法治型党组织建设和全面从严治党,教育引导基层党员干部带头尊法学法守法用法,带领群众尊法学法守法用法;抓作风引领,推进"风尚+"工程,落实基层党风廉政建设主体责任,把村党支部和党员队伍建设牢牢抓在手上,着力解决发生在群众身边的"四风"和腐败问题,带领党员干部带头发扬党的优良传统作风,带领群众弘扬传统文明家风,推进以党风、民风、家风为核心的社会主义新风尚显著提升。

3. 培育新生力量

充分利用上级党委"选""聘""引""派""调"的机会,培育村级后备领导力量。推进新"上山下乡"活动,及时把大学生村干部等一批综合素质高、关心树山发展的有为青年列入村级后备干部管理,培育树山建设生力军。

二、强战斗堡垒,推动美丽树山建设走在前列

1. 推进阵地建设,强基固本

一是完善党建平台建设。积极发挥一站式便民服务大厅和党员服务中心以及村史陈列室等平台效用,促进党组织和党员发挥作用。与此同时,积极打造高校现场教学基地、树山美丽村庄案例教育基地和科研信息基地等载体平台,提升基层党组织和党员服务发展的能力和水平。二是深入推进全面从严治党,规范党内政治生活。不断完善积极分子培训、积极分子入党、预备党员转正、民主评议党员、谈心谈话、年度党员登记、组织档案等基础工作,全面落实

"三会一课"、民主生活会、党员评议制度和干部考核机制,严格实行村干部"月学习、季述评、终测评"制度,增加民意在党员干部评价中的比重,对不合格党员按照党章和有关制度规定进行严肃处理,纯洁党员干部队伍,打造政治过硬、思想坚定、业绩突出、群众认可、德才兼备的党员队伍,有效提高党组织的先进性纯洁性和战斗力。

2. 突出品牌创建,彰显先锋

围绕"两聚一高",推进"两高两新",组织开展党员讨论献策,创新推进"党建+""树山+"("1+1+1+X",一条主线、一个联盟、一个品牌和X种产品)"风尚+"(党风、民风、家风等共建)三大品牌工程,并使之形成体系,交相辉映,植入党员干部和群众心中,不仅凝聚发展共识,而且集聚发展动能,深入推进树山发展方式转型升级,深度激发党员创先争优意识,丰富党组织"服务农村、服务农业、服务农民"时代内涵。三大品牌工程领跑树山发展,党建、乡建、乡创同步推进同步发力,有效吸引天然温泉、特色餐饮、精品民宿、文创产品等业态,裸心谷、都喜富都、田园东方等品牌不断向树山集聚,集约形成"树山梨花节""温泉养生节""乐活树山""树山娃""树山守""通安良仓"等发展品牌。苏式乡村全域旅游已然形成,推动了美丽树山建设走在苏州新农村建设前列,使树山广大群众有了更多的获得感。

3. 做优民生实事,提升福祉

深化村庄整治建设,开拓生态富民路子。党总支带领群众掀起"环境革命",对农田承包养殖户违章搭建、柴火随意堆放、生活垃圾乱倒等问题集中整治,开展房屋外立面出新、道路改扩建及维修、农村生活污水接管、河道清淤改造、田园风貌整顿等美丽乡村建设工作,实现村庄面貌、基础设施、人居环境、生态文明"四跃迁"。环境好了,村庄美了,村民精神足了,致富的路更宽了,农民的"自我发展"能力显著增强了。

4. 打造高效服务,便民利民

除了完善基本公共服务体系外,树山党总支还开展党员干部与农户"一对一"结对走访等活动,及时掌握农户需求,瞄准群众需求提供精准化、针对性的服务:加强与市农村干部学院和苏州科技大学城市与规划建筑学院共建合作,为新型职业农民培训、农业技术指导、对外合作推介等方面提供智力支持;以组织农家乐、民宿培训、协助农户办理营业执照、监督农家乐、民宿规范经营、加强协会建设等方式,扶持、助推农家乐及民宿有序、规范、健康发展,提档升级。以农业合作社为载体,扶植特色农业,大力发展以"杨梅、云泉茶、翠冠梨"为核心的特色产业,加大品牌宣传力度,搭建果品销售平台,提升了农旅农商融合效益,不断提升百姓的获得感。

三、优先锋队伍,谋增群众福祉,展现党风新貌

1. 率先垂范当发展先锋

在江苏省三星级"康居乡村"、苏州市美丽村庄创建中,树山村党总支按照"组织先行、党员带头"要求,强化党组织战斗堡垒意识,强化党员先锋模范意识,党支部、党小组、党员全部行动起来,协助开展村庄环境整治工作,对村庄建设施工段进行监督和协调管理。在这个过程中,这支先锋队伍充分发挥聪明才智,在村庄建设上直面问题,主动学习,创新工作方法,协调工程建设和群众利益之间的矛盾,让群众信任支持党组织的安排,支持美丽树山的各项工作。

2. 率先垂范当文明先锋

党总支深化基层精神文明创建活动,广泛开展党员经营户、党员示范岗、党员示范户和文明村、文明户等评选申报活动,设立"善行义举榜"和"乡风文明岗",开设道德讲堂,坚持党的领导和村民自治相统一,推动法治、德治、自治相结合,涌现了一大批先进典范。村干部率先垂范,以上示下,党总支书记吴雪春干事创业有思路,村务管理有规矩,服务群众有感情,带领队伍有办法,廉洁公道有口碑,深受群众欢迎。全体党员带头牺牲个体利益,支持乡村整体利益,积极做好与群众沟通解释的工作,在村民自治组织、志愿团队、公益活动中展现出党员优秀风采,促进了村农民公益性服务组织良性运转,形成了良好乡风。村民自发开展的乡建平台、乡村活动逐步走上正轨,"树山情"系列主题活动深入民心,得到了群众广泛支持。党员带头转作风、亮党风、促乡风、睦家风,尤其是倡共同创富致富的良好风尚,进一步展示了树山党风新貌,也让乡村群众精神面貌发生了巨大转变。

四、活党建乡建,绘就"强富美高"树山新颜

树山村党建与乡建双赢发展表明,党建活,才能乡建活。树山做活党建与乡建,奥妙就在于:一是坚持以党建为核心,并且致力于努力提升村干部的责任感、党员的自豪感和村民的获得感;二是积极践行发展新理念,创新发展新路径,集聚发展新资源,借鉴互联网思维,甚至灵活运用众创、众筹等手段,撬动发

四、乡村振兴促进高质量发展

展,同时挖掘出更多的乡土文化,形成具有特色的发展路径。三是充分发挥桥梁纽带作用,整合社会各界资源,让资本回到乡村,让渠道回到乡村,让文化回到乡村,最重要的是让人气回到乡村。四是不能割裂地看乡村发展,要融入镇、区乃至苏州整体发展规划之中,以"树山+"拓展树山发展新空间、新平台。

正是以这样的方式,树山党总支在上级党委领导下,以党建带乡建,从"党建+",到"树山+",再到"风尚+",交出了"两高两新"的树山答卷,在实现强富美高的道路上迈向了新征程,为高新区高水平打造创新引领发展示范区做出了贡献。

(课题组成员:方　伟　何亚娟　杨征征　王永灿)

吴江现代农业发展新的挑战与思考

王 悦

"适应新常态,保持战略上的平常心态"是党的十八大以来习近平总书记关于中国经济发展重大战略的新研判。新常态之"新",意味着不同以往;新常态之"常",意味着相对稳定;转入新常态,意味着经济发展条件和环境即将或者已经发生重大转变。"新常态"观点具有重大的现实意义。农业是国民经济的基础性产业,已由单纯的产品供给功能拓展到了集经济、社会、生态、文化诸多功能为一体。农业既是粮食安全的基本保障,也是解决农民就业和农民增收的重要途径,还是维护生态环境和实现可持续发展的有效载体。习总书记2014年12月考察江苏并发表重要讲话,这是江苏发展史上具有里程碑意义的一件大事,总书记提出了"五个迈上新台阶",专门强调要"推动现代农业建设迈上新台阶",为当前和今后一个时期现代农业发展指明了方向。因此,结合吴江发展实际,贯彻好习总书记指示精神,正确把握现代农业新常态,分析新特征,迎接新挑战,谋求新突破,对于在工业化、城镇化、信息化进程中同步实现农业现代化,具有重要意义。

一、吴江现代农业发展的新特征

进入新时期,科学把握国内外和吴江经济社会发展形势,立足吴江农业生产实际,现代农业发展新常态主要有四个方面的特征。

1. 宏观经济"三期叠加",将成为农业发展大有可为的黄金期

当前,宏观经济正处于增长速度换挡期、结构调整阵痛期、前期刺激政策消化期的"三期叠加"阶段,"三期叠加"为吴江农业发展带来了难得的历史机遇,将促使各级党政干部重新审视发展的方式和路径,农业作为国民经济基础产业的关注度将明显提高。农业作为生态文明建设的重要领域和可持续发展的重要依托,各项支农惠农措施将陆续出台,政策扶持力度将逐步加大。农业将成

四、乡村振兴促进高质量发展

为社会资金热捧的对象,市场推动使农业发展有了更加长效的资金支撑。

2. 农业发展方式深刻变化,已经进入显性、理性转型升级阶段

当前,吴江农业发展方式、产业结构发生深刻变化,内涵和外延不断演进,农业发展已经进入显性的发展阶段,信息化、科技化、园区化已成为新一轮发展的动力,已从主要追求产量增长和拼资源、拼消耗的粗放经营,向数量质量效益并重、注重提高竞争力、注重可持续的集约发展转变,已经进入理性的发展阶段。特别是吴江已拥有一个国家级、两个省级、五个苏州市级的现代农业示范区,其中,吴江国家现代农业示范区2016年名列全国同级第四位。

3. 农村土地三权分置思想成熟、政策完善,土地流转适度规模经营将成为主流

中央出台的《引导农村土地经营权有序流转发展农业适度规模经营的意见》,明确农村土地所有权、承包权、经营权三权分置,引导土地经营权有序流转,积极发展多种形式的适度规模经营。吴江人多地少,按户籍人口80万测算,人均耕地不到0.44亩,若按常住人口160万计人均耕地只有0.22亩,这决定了吴江现代农业生产组织形式必须走集聚化、规模化发展道路。同时,吴江作为全省首批16个试点县之一,土地确权将解除农民后顾之忧,进一步提升土地流转速度。党的十八届三中全会提出了"建立城乡统一的建设用地市场",为农村集体建设用地入市创造了条件,将加速促进农业农村改革发展。

4. "民以食为天、食以安为先","舌尖上的安全"已经成为各方各界备受关注的焦点、热点

当前,农产品质量安全问题已经成为人民最关心、最直接、最现实的问题。在中央农村工作会议上,习总书记指出"食品安全社会关注度高,舆论燃点低,一旦出问题,很容易引起公众恐慌,甚至酿成群体性事件"。吴江人口集聚度高、开发强度大、环境容量低,对农产品质量安全的需求更加迫切,一旦发生重大农产品质量安全事故,必将带来重大影响。因此务必深刻领会习总书记讲话精神要求,以最严格的监管、最严厉的处罚、最严肃的问责,把保障农产品质量安全作为民生大事和政治任务抓紧、抓好、抓出成效,切实保障"舌尖上的安全"。

二、吴江现代农业发展的新挑战

吴江现代农业发展的新特征构成了农业发展的新常态,将贯穿于今后一个

时期农业现代化发展的全过程。在此过程中,我们还需正确面对新常态带来的新的挑战。习总书记视察江苏时就现代农业建设强调了三方面,一是加快培育新型农业经营主体;二是加快构建现代农业产业体系;三是加快提高农业物质装备和技术水平。结合吴江实际,如何来认真贯彻落实习总书记的工作新要求,当前和今后一个时期,关键是解决好四个问题。

第一个问题:"谁来种?"。习总书记指出的"加快培育新型农业经营主体",我们的理解就是要解决好"谁来种"的问题。近年来,随着农村劳动力大规模转移就业,农业劳动力不断减少、素质结构下降,农忙季节缺人手的问题越来越突出,务农劳动力老龄化越来越明显,农业兼业化、副业化越来越普遍,许多地方留村务农的以妇女和中老年为主,农业经营以"3860"部队为主,呈现出"70后不愿种田、80后不会种田、90后不谈种田"的现象,农业生产面临"后继乏人"的困境,"谁来种地"的问题越来越突出。

第二个问题:"种什么?"。习总书记指出的"加快构建现代农业产业体系",我们的理解就是要解决好"种什么"的问题,核心是丰产丰收和安全高效的问题。近年来,吴江粮食生产在选种繁种上作出了很大努力,但同时也出现了一些新的情况和问题,如病虫害等现象频发,小麦赤霉病、水稻稻瘟病和倒伏等现象较为严重。究其原因,主要有两方面,一方面,在选种环节上,部分种粮大户只考虑多售粮,一味追求高产量、选择高产品种,而忽略了从品质、产量、抗性等多方面科学评价品种适用性。另一方面,在繁种环节上,吴江只有同里北联现代农业示范区一个繁种育种基地,种子培育质量还不够稳定,急需加大技术投入。因此,破解"种什么"问题,必须在选种育种上下功夫、求突破。

第三个问题:"怎么种?"。习总书记指出的"加快提高农业物质装备和技术水平",我们的理解就是要解决好"怎么种"的问题。一方面,技术手段上,虽然现代农业发展的技术手段已经有很大幅度提升,但是目前已有的农业技术、农业设施还是难以适应农业现代化发展的新要求,突出反映在农业机械装备、农田水利基础设施建设相对滞后等方面,如农业机械作业能力只有30%,远远低于60%的基本要求。另一方面,种养方式上,目前吴江粮食生产过程中普遍存在盲目施肥和过量施肥现象,化肥、农药、农膜的过量低效使用造成面源污染、土壤退化,畜禽养殖和农村生活垃圾污染日益凸显,推行"生态种养"的农业生产方式迫在眉睫。

第四个问题:"种哪里?"。在贯彻习总书记关于现代农业建设三方面指示精神的同时,针对吴江现代农业发展现状,还需解决好"种哪里"的问题,主要是土地保护发展的问题。当前,农业资源利用强度高、转化效率低的矛盾日益加剧,加快转变农业发展方式、促进农业可持续发展面临新的挑战。吴江素有"鱼米之乡""丝绸之府"的美誉,历来是重要粮食生产基地。据统计,全区耕地面积1980年为102.3万亩,2016年减少到34.8万亩,36年减少了67.5万亩,年均减少耕地1.9万亩,农业种植面积极大缩小了。目前,吴江年消耗粮食30万吨,自产率不到50%,蔬菜自给率也在60%以下。面对土地资源日益稀缺,人地矛盾越来越突出的新形势,既要确保国家基本农田保护红线不动摇,又要保障合理适度的工业用地需要,必须在节约集约用地上做足文章,以"三优三保"优化空间布局,以"四个百万亩"划定生态红线,这是破解"种哪里"的根本出路。

三、吴江现代农业发展的新作为

适应新常态,直面新挑战,客观上要求我们克服以往的惯性思维与做法,拓宽发展思路,遵循发展规律,创新创优,主动作为,抓好落实。当前和今后一个时期现代农业发展的总体思路是:认真贯彻习总书记关于现代农业建设的最新要求,立足长三角中心腹地、江苏南大门、苏州南部新城区、上海西部后花园的地理位置特点,坚持工业化、城镇化、信息化、农业现代化"四化同步"发展,重点打造园区、品牌、生态、放心、信息"五型"农业,建设长三角都市圈健康生态消费的"米袋子""菜篮子""内花园""集散地",打造农业现代化示范区、农业先进生产要素聚集区、农业多功能开发样板区,力争通过几年的努力,打造一个产值500亿元的现代农业产业集群,真正实现习总书记"带好头、领好向""力争率先实现农业现代化"的重要嘱托。

1. 突出适度规模经营,推进现代农业园区化

依托产业基础和区域优势,积极推进产业向园区集中、人口向城镇集中、土地向规模经营集中"三个集中",打造一批产业特色明显、功能设施完善、运行机制合理的现代农业园区,当前和今后一个时期,重点建设好国家现代农业示范区,积极创建两至三个省级现代农业示范园区。一是优化园区布局规划。以国家现代农业示范区建设为核心,深入推进"一镇一园"建设,着力提升"一核七片"八大农业园区建设水平。二是提升园区科技水平。加快现代农业园区科技化、信息化建设,以工业化理念提升改造农业,重中之重抓好同里现代农业产业

园区科技服务中心、农机服务中心、工厂育秧中心和农资配送中心等"四个中心"建设,打造集信息化、专业化和研发组培、生产、营销、展示于一体的现代农业综合体系。三是完善园区管理体制。完善园区政策扶持、财政投入、招商引资、项目整合等多元投入手段,建立扶持园区建设的长效机制。进一步理顺园区管理体制,成立专门公司进行市场化运作,真正实现园区管理"区镇"合一。

2. 突出特色品牌创建,推进现代农业产业化

推动吴江特种水产、苗木、桑园等特色产业向优势产业转化,在"特"字上做文章,继续加强"公司+农户""合作社+农户""基地+农户"产业化体系建设,提升现代农业产业链建设水平。力争通过2~3年努力,建设1~2家国家级农业龙头企业,打造1~2个全国知名的农产品品牌。一是壮大龙头企业。坚持以培育壮大农业龙头企业为关键,加快建立从田间到餐桌、从原料到成品、从生产加工到消费,一二三产业紧密联系的现代产业体系。力争用2~3年时间,新增省级以上农业龙头企业3~5家。二是建设新型经营体系。重点培育以家庭成员为主要劳动力、以农业为主要收入来源,从事专业化、集约化农业生产的家庭农场。加快建设一支有文化、懂技术、会经营的新型农民队伍。力争到2020年,全区新型农业经营主体经营面积占总承包耕地面积的90%以上。三是打造知名品牌。推进无公害、绿色、有机食品"三品"建设,培育一批产品竞争力强、市场占有率高、影响范围广的知名品牌。充分发挥吴江已经形成的树苗、鸭苗、鱼苗、虾苗、蟹苗、龟鳖苗等六大种源农业体系优势,培育和扶持具有自主知识产权和创新能力的种源行业品牌。

3. 突出城乡环境改善,推进现代农业生态化

把生态作为现代农业的重要功能,挖掘农业生态保护、观光休闲、文化传承等方面的潜力,将吴江建成长三角地区知名的拥有观光、休闲、体验、科普、展示等多种功能的休闲农业生态基地。一是加快绿化建设。深入开展植树造林,着力抓好河湖林网构建、生态片林建设、村镇环境美化、果园苗木增效、湿地恢复保护等"五大工程",确保林木覆盖率继续保持苏州大市领先地位。二是加大水环境保护力度。以全面完成"三网"整治拆除、大力推进畅流活水工程和启动实施"三水同治""263"专项行动为契机,逐步恢复河畅、水清、岸绿、景美的江南水乡风貌。三是加快生态湿地资源的保护开发利用。重点抓好同里国家湿地公园建设,规划建设好一批湿地公园群,努力用3年左右的时间,使吴江拥有1个国家级森林公园,若干家省级生态主题公园,3~5家省级湿地公园、5家以上

市级、区级湿地公园。

4. 突出质量安全监管,推进现代农业标准化

严格贯彻最严谨的标准、最严格的监管、最严厉的处罚、最严肃的问责"四个最"的要求,重点把好产地环境、生产过程、质量监管三个层面的标准化,全面提升农产品安全生产能力和质量水平。一是产地环境的标准化。加大无公害农产品基地建设,重点推进畜禽、水产品、水果、蔬菜四个方面的生产基地标准化建设。加快建立农产品产地安全监测管理机制,从土壤、水、大气等主要因素入手,重点对农产品主产区进行产地环境"体检"。二是生产过程的标准化。加大对家庭农场、龙头企业、农民专业合作社扶持力度,督促落实标准化生产要求。广泛开展环保知识和法规宣传教育讲座,普及标准化清洁生产技术,引导农民科学施肥、合理用药,确保"第一车间"源头安全。三是质量监管的标准化。加大检测体系建设,坚持生产基地自检、镇级巡检、区级例检制度,继续推行基层网格化监管。建立健全农产品质量安全可追溯管理体系,实现生产记录可存储、产品流向可追踪、储运信息可查询,实现主要农产品生产、流通、消费等环节的可追溯管理。

5. 突出技术装备建设,推进现代农业信息化

充分应用信息、网络、科技等手段改造提升现代农业,推进重点园区和种养殖重要领域、重点环节的信息化建设,抢占现代农业发展的制高点。一是构建网络营销体系。更加突出三次产业融合发展,推动电商与实体流通相结合,全面建设集农产品营销、农资配送等于一体的电子商务信息平台,提升农业的附加值和整体竞争力。二是强化信息资源整合。推进农业技术集成化,加强地理信息、遥感、自动控制、智能农业机械等在农田基本建设、种植养殖、农产品加工营销等领域的开发和应用。开展农业物联网示范应用,促进精准农业、感知农业发展。三是加强信息人才培养。强化高校与地方技术合作与对接,加大专业人才培养力度。落实农民培训资金,加大职业农民培育力度,确保到2020年,持证农业劳动力占比达50%。

(作者系苏州市第42期县处级干部进修班学员、吴江区人大常委会副主任)

关于鼓励引导工商资本深度参与乡村振兴的调查及政策建议

吴江区委党校、苏州市委农办联合课题组

2018年苏州市委一号文件提出，要鼓励引导工商资本深度参与乡村振兴。工商资本参与乡村振兴能有效破解乡村发展的"人、地、钱"困境，对乡村振兴战略的实施有明显的带动效应。而苏州工商资本比较发达，有条件也有基础在鼓励引导工商资本参与乡村振兴的体制机制上率先探索。为此，吴江区委党校和苏州市委农办组成课题组，就鼓励引导工商资本深度参与乡村振兴进行专题调研。

一、苏州市工商资本进入农业领域已呈多样化

农村改革40年，极大地解放和发展了苏州农业农村生产力，形成了具有全国影响力的苏州城乡发展一体化新格局新特征。一方面小农生产基本退出舞台。家庭经营成为少数派（自种承包地不足6%），合作经营、种养大户成为主力军（适度规模经营超过90%），企业经营、园区农业成为新兴力量，一些新型经营主体可以获得与二三产创业同等的收入，农民不种田流转土地可以拿到比自己种田更多的收入（亩均流转收入870元/年，优势地区1 200元/年甚至更高）。另一方面，工商资本全面进入农业领域，助推乡村建设，成为现代农业发展的主力军。据不完全统计，截至2017年年底，全市农业专业大户14 719家、登记注册家庭农场381家、农业生产经营类合作社1 363家、农业龙头企业271家。从经营业态看，家庭农场、合作社、专业大户以种粮为主，其中家庭农场种粮比例高达56%；农业龙头企业以农产品加工为主，占比为40%。16 734家4类主体仅有248家从事一二三产业融合业态，比例不足1.5%。从经营面积上看，4类主体经营土地总面积191.53万亩，占全市承包土地面积的90%以上。其中专业大户经营面积最大，为128.48万亩；农业龙头企业直接经营面积最

小,为 6.07 万亩。从经营效益看,农业龙头企业年均销售额 44 955 万元,合作社 188 万元,家庭农场 59 万元。

二、工商资本进入农业领域后的主要困扰

苏州工商资本虽已全面进入农业领域,但层次上相对初级、结构相对单一,且以中小主体为主,以种养业态为主,农业龙头企业多以农产品加工为主,产业链、价值链、利益链开发不充分,一二三产业融合发展潜力未充分挖掘。主要困扰表现在五个方面。

1. 土地流转关系稳定性问题

在现行土地制度下,工商资本下乡对土地租用的稳定性要求较高。当前,出于对租金上涨的预期和可能存在的征占用补偿问题,农民往往倾向于短期流转,流转期限一般在三年以下,常熟等地甚至出现一季一流转的极端情况,这与工商资本中长期流转的期望相悖,不利于现代农业和乡村振兴产业发展。这一现象在二、三产业鲜见,但在农业农村投资领域普遍存在。

2. 用地指标落实难问题

国土资源部、农业部在《关于进一步支持设施农业健康发展的通知》中明确了设施农用地管理有关要求和支持政策。在当前严守基本农田红线和土地指标紧缺的大环境下,工商资本投资农业获取设施用地指标和建设用地指标的难度都很大,对符合条件的农业设施临时用地建设审批许可也因为操作从紧而难以落地。

3. 金融服务跟不上问题

工商资本进入农业领域反映在信贷上主要存在三个问题:一是缺少抵押物或者抵押物不符合金融机构要求,难以获得贷款审批;二是涉农项目投资长、见效慢,贷款的不确定因素多、风险大,影响信贷投入的积极性;三是农业领域投资风险控制制度远不及二、三产业完善可控,尽管目前苏州各金融单位普遍设立"三农"工作部门,但农业农村领域经营主体小而散的现状加大了工作量和投资成本。

4. 投资领域不平衡问题

苏州市工商资本投资农业的领域大多集中在一产和三产,主要集中于种养业、观光餐饮民宿等项目,投资二产领域的较为稀少。工商资本以农业为主题投资一二三产业融合的田园综合体项目几近空白,反倒是出现少数村级集体经

济投资一二三产业融合的典型范例。从国内外工商资本参与乡村振兴较为发达的地区看,投资一二三产融合体是工商资本的方向,也是乡村产业链、价值链、利益链所在。

5. 技术人才短缺问题

企业化生产要求规模化、集约化和标准化,技术含量高,而工商企业过去大都没有农业背景,进来后才发现搞农业同样需要懂技术的专门人才,离不开专业人员。人才少难聘到,而且聘到后也难留住人。受传统观念影响,高等院校和职业技校在涉农专业设置上难以适应实施乡村振兴战略的需要,致使农业专业人才普遍紧缺。

三、鼓励引导工商资本深度参与乡村振兴的建议

1. 对工商资本参与乡村振兴做出全面部署

从世界范围看,凡农业农村发展好的国家和地区,工商资本都发挥了关键性作用,美国的"资本+家庭农场"、法国的"资本+合作社+家庭农场"、日本的"直接投资"都是如此。从苏州的实践看,多主体、多渠道、广领域的工商资本进入,打破了一家一户的生产组织方式,将新理念、新技术、先进管理模式等生产要素带入农业农村,逐渐破解制约乡村振兴的要素困境,对实现乡村振兴有革命性影响。苏州农业农村具有良好的基础,城市工商资本也有较为充裕的积累,现阶段,苏州具备了工商资本高质量下乡的条件,需要把握这一发展大势,把工商资本参与乡村振兴作为集聚生产要素的关键支撑和重要着力点,加快打造乡村振兴"苏州标杆",推动苏州市乡村振兴走在全国前列。

2. 强化土地流转和建设用地指标保障

一是鼓励工商资本流转土地。建议制定并实施土地流转财政补贴政策;创新农用地经营权长期流转试点,探索"村级连片经营"等流转新模式;落实国家和省设施农业用地政策,鼓励利用非耕地建设农业设施。二是鼓励农户中长期流转土地。政府可用以奖代补的综合政策工具引导工商企业与农户签订稳定性高的流转合同;支持"公司+农户"共同发展,通过签订订单合同、领办创办农民合作社、提供土地托管服务等方式,让农民更多地分享产业增值权益。三是鼓励工商资本通过村级集体组织对闲置农房统筹有效使用。在当前用地政策趋紧、设施用地难以落实的大背景下,用流转使用承包地方式流转使用闲置农房,既可解决设施用房急需,也可减少占用耕地,还可解决农民增收和社会管理

问题。四是鼓励多渠道、多途径为工商资本投资农业农村发展供给建设用地。落实国有建设用地以长期租赁、先租后让、租让结合方式提供乡村休闲游建设用地政策；城乡建设用地增减挂钩节约建设用地指标，优先用于发展休闲农业和乡村旅游；允许对通过村庄整治、宅基地整理等方式节约的建设用地采取入股、联营等方式，重点支持都市田园综合体创建和农村产业融合发展；允许将通过土地整治、美丽乡村、生态特色小镇、郊野公园建设增加的耕地作为占补平衡补充耕地指标，按照"谁投入、谁受益"的原则返还指标交易收益。

3. 在土地流转上，维护好农民的利益

一是要在土地的流转上把好关。本着平等协商、互利共赢的原则约定合同条款，确定双方认可的流转费用，并积极探索土地升值部分在企业和农民之间合理分享的有效办法。二是建立健全风险防范机制。探索设置土地流转风险保障基金，有效开展土地流转风险预防、控制和处置，及时协调和化解可能出现的土地流转纠纷，保障农民流转土地的权益和农村社会稳定。三是建立企业与农民的利益联结机制。鼓励各地探索农民土地入股等多种方式，使农民能够得到企业发展壮大的"红利"。同时，发挥农民合作社在农户和企业之间的纽带作用，构建各主体的有效合作机制。四是建立健全跟踪监管机制。重点是监管流转土地的用途、流转土地租金的支付、工商资本注入农业的进度。

4. 加强引导，明确工商资本投资重点领域

一是引导工商资本进入适合企业化经营的现代种养业。鼓励工商资本投资资本、技术密集型产业，把产业链、价值链、供应链等现代经营理念和产业组织方式引入农业，优化资源配置。其中，专业大户和家庭农场作为土地主要经营者，应更多鼓励工商资本投入现代种养业，提升土地产出效益。二是引导工商资本发展农产品加工业。鼓励工商资本投资建设农产品加工企业，或通过技术入股、资金入股、联合经营等方式与农业产业化龙头企业合作，提升农产品加工水平。三是引导工商资本发展农业新兴业态。鼓励工商资本把高新技术、新兴业态、新商业模式引入农业，大力发展农产品电子商务、"互联网+"、冷链物流等新型经营业态，以市场为导向，大力发展特色农业、品牌农业、生态循环农业，示范引领农业现代化进程。

5. 规划建设一批工商资本参与乡村振兴项目

建议苏州市实施工商资本项目带动战略。一是筛选一批工商资本参与乡村振兴的项目。建议相关职能部门对有投资意向的工商资本进行调查摸底，注

重与乡村振兴规划搞好衔接,按照乡村振兴五大战略目标,突出农村一二三产融合、基础设施建设、公共服务等领域,筛选一批投资规模大、产业关联度高、辐射效应强的工商资本参与乡村振兴项目,建立全市工商资本参与乡村振兴重点项目库。二是鼓励工商资本参与乡村振兴项目推介招商。成立专门机构,依托国家和省、市各类农业博览会、投资贸易洽谈会、农业投资情况说明会等载体,搭建投资对接平台,发挥好企业招商主体作用,将苏州市策划包装的项目与有投资意向的工商资本企业进行对接,促成双方合作。三是建立工商资本参与乡村振兴项目推进机制。建议有关部门研究借鉴先进地区经验,并考虑涉农项目建设周期长的特殊性,提供从落地注册、施工建设、要素保障、安全环保等全流程服务,构建简政放权、优化前置、并联审批、现场办公、负面清单、信用管理、阳光监管等服务体系,及时解决企业遇到的困难问题。

6. 做好政府服务,提供有效支持和保障

一是信息服务。依托现有公共资源交易中心、行政服务中心公开农村土地流转相关信息,为有需求的工商企业提供服务;建立和完善农产品产销信息、土地流转信息网络,为企业提供农业产业投资指南和法律法规咨询服务。二是专业服务。涉农部门和农技推广等机构定期联系企业,及时指导企业解决生产过程中的技术难题;农业龙头企业要扩大资金优势,提供育种、肥药、加工、仓储、销售等产前、产后服务;人力资源部门要帮助工商企业加强与农业大专院校和农业科研机构的联系,保障专业人才供给和加快科研成果转化;在土地流转比较集中的地区建立农村劳务合作社,加强劳动力培训,促进劳动力供需对接。三是金融服务。发挥苏州政策性农业担保优势,放大城乡一体化,引导基金与金融机构开发工商项目投资;充分运用银行扶贫再贷款资金,为涉农企业提供资金支持;引导金融机构创新金融产品,探索设施设备、土地经营权等多种抵押贷款方式;设立农业产业化投资基金,引导工商资本增加投入;积极推进农业保险,有针对性地增加保险品种和覆盖范围。四是政策服务。2018年"中央一号"文件提出要"加快制定鼓励引导工商资本参与乡村振兴的指导意见",目前,山东、重庆、武汉、成都、廊坊等地已相继出台了鼓励和规范工商资本下乡的意见。建议苏州市抓住实施乡村振兴战略这个新时代"三农"工作总抓手,尽快研究出台指导意见和相关政策,全力支持工商资本参与乡村振兴。

(课题组成员:苏州市吴江区委党校徐枫、肖安元　苏州市委农办倪志强、石晓泉、凌玉龙　执笔:徐枫)

四、乡村振兴促进高质量发展

"新乡贤"更好参与乡村社会治理的调查与思考

张家港市委党校课题组

2018年中央一号文件强调"要培育富有地方特色和时代精神的新乡贤文化,积极引导发挥新乡贤在乡村振兴,特别是在乡村治理中的积极作用"。苏州市委一号文件也提出"要创新乡村人才引进培育机制,促进各路人才投身乡村振兴"。吸纳新乡贤等优秀人才参与乡村振兴,可以充分发挥其精神标杆、道德教化和社会调解等作用,有效弥补或缓解当前政府治理缺位、失位、错位等问题;其所形成的新乡贤文化作为一种"软约束""软治理",也是促进社会主义核心价值观扎根乡村、提高乡村治理现代化水平、推进美丽乡村建设的有效途径。

一、"新乡贤"在推动乡村治理现代化中发挥的作用

"新乡贤"是指中国特色社会主义现代化进程中在各行各业取得突出业绩且有一定影响力,又愿意为乡村建设和治理尽力的时代精英。"新乡贤"与传统乡贤的区别在于:"新乡贤"突破了家庭出身、籍贯居所的限制,只要在某领域取得突出业绩,且有一定社会影响力,愿意为农村和社区建设出力,都可以认定为"新乡贤"。从实际情况看,主要包含文人学者、企业家、科技工作者、优秀基层干部、最美乡村教师、中国好人、道德模范人物和海外华人华侨等群体,他们不断传递向上、向善的正能量,逐渐成为"新乡贤"的主体。"新乡贤"在重塑乡村价值认同、重建乡村社会秩序、构建新型乡村社会治理格局过程中已经发挥了作用。

1. 加强民意沟通,搭建政府和群众之间的联系纽带

"新乡贤"既是基层政府的参谋、助手,也是群众的贴心人,是政府和群众之间的媒人。目前这种联系桥梁主要通过"乡贤议事厅"的形式呈现。2016年太仓市城厢镇成立了首个"乡贤议事厅",其后相城、吴江、张家港等县市区"乡贤

议事厅"相继建立。通过这一平台,政府要求和群众意愿之间得到了良性互动,人民群众通过这一平台反映问题、提出建议,党委、政府与群众的民意沟通更加顺畅、信息传递更为便捷、互动交流更加有效,进一步凝聚了城乡社区治理的合力。

2. 扩大社会参与,凝聚基层治理的社会合力

当前,经济社会发展带来的新情况、新问题要求社会治理必须多元化、整体协同发展,尤其需要凸显社会协同,不断培育发展社会组织,形成党委政府与社会力量互联、互补、互动的社会治理和公共服务网络。"新乡贤"因其政治优势、经验优势、威望优势,成为乡村治理中的一支重要的社会力量。苏州市乡贤们目前参与乡村社会治理的方式主要有:反哺家乡,助推乡村振兴,带动创业致富;开设"老娘舅""志愿工作室"等平台,调解邻里矛盾纠纷;成立志愿团队,组织慈善公益活动,开展扶贫济困;开设"道德讲坛",传播乡贤文化,传承乡土文明等。如相城区设立103个"相贤志愿工作室",工作室成立仅半年时间,就成功调解了家庭矛盾和邻里纠纷112起,带动志愿者活动464次。

3. 传承乡土文明,带动乡风民风的持续好转

"新乡贤"本身就具有较高的道德素养,也正是这些良好的道德素养和拯救情怀促使他们躬身示范、立德立言。如张家港市连续10年开展"寻访身边好人张闻明"道德风尚行动,累计宣传各类最美人物、身边好人1 000多名。全市共有全国道德模范1人,江苏省道德模范3人,17人荣登"中国好人榜",这些"身边好人"和"道德模范"本身就是"新乡贤"的重要组成部分,他们的一言一行在涵育文明乡风、凝聚正能量过程中发挥了引领作用。中国好人倪永祥人民调解工作室、中国好人黄艳公益心理咨询热线、道德模范徐光助学团队等10多个道德模范引领的志愿团队就是典型代表。另外,随着苏州现代化进程的不断加速,一些传统"江南水乡"的乡村文明正面临颓废或正在消失,村落凋敝、破旧,古碑刻、古建筑遭破坏,村志、村史无人续写等问题时有出现,"新乡贤"利用自己的学识和兴趣,在记录、珍藏乡土历史和文明,使乡民记住根、守住魂,传承乡村文明,增强乡村的民族特色方面也发挥了积极作用。

二、当前苏州"新乡贤"参与乡村治理存在的问题

1. 挖掘培养不够深入,"新乡贤"资源没有得到有效整合

一方面,部分村(社区)对"新乡贤"的理解还停留在"两委员一代表"的层

四、乡村振兴促进高质量发展

面,没有对辖区内的"新乡贤"进行深入挖掘和梳理,很多"新乡贤"多是通过志愿形式,零散地参与有限的村(社区)社会治理。另一方面,外来"新乡贤"没有得到重视。苏州作为全省第一大移民城市,拥有外来人口831.8万,占比63.6%,其中许多外来人口已经融入苏州经济社会发展,通过参加志愿活动的方式,成长为参与基层社会治理的优秀成员,但在乡村社会治理基层组织中还是很难看到外来"新乡贤"群体的身影。

2. 文化氛围不够浓厚,"新乡贤"道德引领和影响作用没有得到充分发挥

乡贤志愿活动产生于民间,作为一种农村乡土文化,跟不上信息化时代全媒体传播的趋势,所依托的传播形式难以进入精英视野,使得文化交流交融阻滞,路径不畅。由于城乡一体化发展,苏州原有的村庄形态发生了很大的变化,当前农村集中居住区多由隶属于不同村的村民集中居住,老百姓之间多了陌生感,因此"新乡贤"的道德引领和影响作用不再能完全靠老百姓口口相传,但"新乡贤"的宣传推广依然延续传统方式。老百姓接受度不高,全市范围内敬贤爱贤的舆论氛围也不够浓厚,在一些动迁社区,社区居民甚至根本不知道自己身边存在"新乡贤","新乡贤"的作用没有得到充分发挥。

3. 平台建设不够充分,"新乡贤"参与乡村社会治理缺少途径

一方面,"新乡贤"联络平台建设不够完善。乡贤信息资料是对乡贤科学管理,发挥其作用的重要基础。目前苏州对乡贤进行管理还是集中在村(社区)范围内,缺少"新乡贤"联络平台以及乡贤信息库,而乡贤的走访制度在很多村(社区)还只是流于形式。另一方面,"新乡贤"参与村(社区)以及镇社会治理的模式不成熟、不完善,"新乡贤"在参政、议政、辅政以及维护公序良俗等方面都难以充分发挥作用。

4. 机制保障有待强化,"新乡贤"参与乡村社会治理激励不足

目前苏州针对"新乡贤"充分参与乡村社会治理的机制保障不足,虽然制定出台了一些政策,但更多的是对"新乡贤"参与捐资助学、修桥、铺路、扶危济困等公益事业给予的精神或物质奖励,而对于选拔"新乡贤"中有威望、有能力、有德行、有知识的回乡担任村(社区)干部参与社会治理,以及吸纳杰出"新乡贤"加入党组织,杰出"新乡贤"担任"挂职村主任""镇长顾问"等制度方面的探索不足,因此出现了"新乡贤"参与社会治理的积极性不高等问题。

三、创新苏州"新乡贤"参与社会治理的对策建议

深化"新乡贤"参与现代乡村治理,要以提升乡村治理能力和水平为目标。

苏州在实施乡村振兴战略中,要继续深入推进固本强基先锋工程,强化农村党组织领导核心地位,将"新乡贤"纳入"新时代新接力"农村基层党组织带头人培养计划中,重点选树一批农村基层党组织书记先进典型(如"中泾村范益民""沙家浜徐耀良""永联村吴惠芳""长江村郁秋霞");通过深化文明创建活动,积极发挥"新乡贤"(乡村精英、民间人才)在文化传承、道德教化和参与乡村治理方面的重要作用,构建新型乡村社会治理格局,扎实推进农村社会主义核心价值观建设。

(一)重塑"新乡贤"群体,有效整合"新乡贤"资源

1. 拓展乡贤范围

突破传统意义上的乡贤概念,丰富现代"新乡贤"的内涵外延。"新乡贤"的主体可以分为三类:一是"在场"乡贤,因品德、才学受乡人推崇敬重的本土精英,他们生于本土、扎根本土、服务本土,如老党员、老干部、老教师、复退军人、道德模范等;二是"不在场"乡贤,因求学、致仕、经商而走入城市的乡村精英,他们人在外,但关心家乡的发展,如企业家、"返乡走亲"机关干部、社会工作者、经济文化能人、教育科研人员等;三是"外来"乡贤,来农村创业建设的外来生产经营、管理人员等,愿意为第二故乡奉献自己的智慧和力量。

2. 创新建立"新乡贤"联络平台

以建立苏州市乡贤信息库为契机,组织开展乡贤普查,全面收集和掌握外出乡贤的名单、工作单位和联系电话等信息资料,并根据村籍、行业、区域等对乡贤进行分类管理和开展联络联谊活动。完善走访乡贤制度,在外乡贤逢年过节回家时,镇、村干部可上门走访慰问、联络感情,平时到乡贤相对集中的区域进行走访联系。

3. 挖掘培养身边"新乡贤"

推出"新乡贤"寻访活动,注重发现各行各业、各层次先进人物和典型事例,组织群众寻找身边的贤人贤事,使大家学有榜样、赶有目标,让典型的影响力渗透到全社会。利用"新乡贤"组织开展形式多样的城乡文化结对活动,引导群众参与社区公共事务,维护社区公共规范,使得社会主义核心价值观深入人心,使"新乡贤"文化成为涵养社会主义核心价值观的重要源泉。

(二)强化机制保障,激发"新乡贤"参与乡村社会治理的积极性

1. 给政策,强化发挥"新乡贤"作用的机制保障

制定出台"新乡贤"参与乡村振兴建设的相关政策,对"新乡贤"参与捐资

助学、修桥、铺路、扶危济困等公益事业,给予精神或物质奖励;同时探索出台"新乡贤"在村(社区)的选举权和被选举权等参与乡村社会治理的政治权利政策,强化"新乡贤"参与乡村治理的机制保障。

2. 给荣誉,增强"新乡贤"为家乡做奉献的荣誉感

探索"新乡贤"激励机制,组织开展"星级文明诚信商户""寻找最美家庭""道德模范""新五星文明家庭""最美乡村""文明户标兵"等评选活动,对做出积极贡献的"新乡贤"给予表彰奖励。综合运用社会宣传、新闻宣传、网络宣传、文艺宣传等宣传方式,将"新乡贤"的影响力扩大到每一个角落,深入每个群众心里,让乡贤文化落地生根。例如吴江区为充分发挥当代乡贤在全区农村精神文明建设中的重要作用,树文明乡风,引领广大群众见贤思齐、崇德向善,开展了"当代乡贤"评选活动,共选出20名候选者,授予"当代乡贤"荣誉称号,其中包括老中医、企业家、普通党员、退休教师、退休干部等。

3. 给待遇,提高"新乡贤"参与乡村振兴建设的积极性

积极吸引、选拔一批有威望、有能力、有德行、有知识的"新乡贤"回乡担任村(社区)干部,投身家乡新农村建设;吸纳杰出乡贤加入党组织,探索杰出乡贤担任"挂职村主任""乡(镇)长顾问""荣誉镇长"等制度;推荐杰出乡贤担任省市县政协委员,政府工作报告出台前征询优秀乡贤代表意见,在当地开展的一些重大活动中邀请优秀乡贤代表参加。

(三)搭建多种平台,拓展"新乡贤"参与乡村治理途径

1. 搭建"新乡贤"参与村级公益事业建设平台

部分事业有成,经济基础较好的乡贤,愿意积极投身到村级公益事业的建设中去,因此应该完善"新乡贤"参与村级公益事业建设的平台。建议参照张家港志愿服务协会做法,成立"新乡贤"社会组织,借力市(区)文明办平台,不定期发布公益项目,公开招募,集聚"新乡贤"力量,有钱出钱,有力出力,使得"新乡贤"有途径参与修桥铺路、建设文化礼堂、奖教助学、慰问老年人、救助困难群众等公益活动。

2. 搭建"新乡贤"参与调处矛盾纠纷、优化乡风平台

通过设立乡贤调解室、乡贤接待室、乡贤法律援助室,组建乡贤"老娘舅"、乡贤帮扶组等多种平台,利用"新乡贤"声望,发挥亲缘、人缘、地缘优势,协助化解邻里矛盾纠纷,促进农村和谐稳定。

3. 搭建"新乡贤"参与乡村治理平台

探索"新乡贤顾问"模式,成立乡贤咨政智囊团,聘请乡贤当顾问、任理事,听取他们对家乡经济社会发展等方面的意见建议,让乡贤有荣誉感,激发热爱家乡、建设家乡的责任感,为"新乡贤"参与社会治理提供便利和保障;探索建立"开放参与"的乡村治理体制机制,在基层换届选举中赋予回归乡贤选举权与被选举权,建立以村民为主体的乡贤监督评价机制,为更好发挥"新乡贤"作用提供制度保障,激发"新乡贤"参与乡村社会治理的积极性。与此同时,在推进苏州社会综合治理联动中心建设的过程中,积极吸引"新乡贤"参与其中。

(四)推广"新乡贤"文化,在全市范围内形成敬贤爱贤的氛围

1. 挖掘乡贤文化资源

苏州,作为一座具有悠久历史的文化名城,具有深厚的乡贤文化底蕴,从古至今,孕育了无数的乡贤,他们在国家治理和社会稳定方面发挥了不可替代的作用。例如天平山范公祠奉祀有"先忧后乐"高尚品德的范仲淹;昆山亭林公园建有顾炎武纪念馆,敬奉具有"天下兴亡、匹夫有责"爱国情怀的顾炎武;沧浪亭内建有著名的"五百名贤祠",集中展示了2 500多年来苏州的历代乡贤。应该对这些传统优秀乡贤文化进行搜集整理、挖掘整修乡贤文化史料和历史遗迹,使得苏州优秀乡贤文化得以推广和传承。

2. 加强乡贤文化教育

通过编写通俗易懂的乡贤故事作为中小学的乡土教材,深入挖掘本地乡贤文化的丰富宝藏,讲述精彩的"乡贤故事",展示乡贤崇德向善的人文形象,弘扬时代主旋律,传递奋发向上的正能量。比如,昆山市玉峰实验学校积极开发《走近乡贤》德育校本教材,颇有成效。通过《走近乡贤》的引导,学生们可以穿越时空,感受到乡贤独特的人格魅力,从而更加热爱家乡,增强了建设美好家园的道德责任感。

3. 丰富乡贤文化活动

挖掘、运用历史文化资源,制定实施优秀传统文化传承弘扬计划,广泛开展中华优秀传统文化的宣传普及工作。通过开展"我们的节日"、全民阅读等各类紧跟时代、贴近民生的群众文化活动,增进文化民生,提高群众的文化涵养,用优秀传统文化滋养心灵、陶冶情操,使得乡贤文化真正深入人心,形成"一人义则一家举义,一家善则一地向善,一地仁则一国兴仁"的良好乡村社会风气。

(张家港市委党校课题组:雷莹,付辉辉　执笔:付辉辉)

四、乡村振兴促进高质量发展

探索具有产业特色的金融小镇发展之路

——以苏州金融小镇为例

刘 亮

金融聚集是金融业发展的重要组织形态,随着金融产业聚集在区域经济发展中的作用越来越重要,金融小镇的发展理念应运而生。苏州金融小镇的成立是苏州市响应"十三五"特色小镇建设和实现科技金融助推创新驱动发展的重要内容。苏州金融小镇是苏州市首批 15 个特色小镇中唯一的金融小镇,依托苏州高新区良好的生态环境和雄厚的产业基础,形成具有产业特色的"新三板金融小镇"。对苏州金融小镇的形成条件和区位优势进行分析,进一步提出相应的发展建议,对于苏州乃至全国的金融小镇发展都具有理论和实践价值。

一、苏州金融小镇的发展现状

苏州金融小镇位于苏州高新区生态科技城核心腹地,总规划面积 3 平方公里,投资总额达 4.5 亿元。小镇围绕"私募股权投资基金发展聚集区"这一核心定位打造"新三板金融小镇",一期于 2016 年初启动建设,现已完成主体结构封顶,引进基金 160 多家,管理资本总额达 400 亿元。二期规划方案已定稿,目前处于投入建设阶段。金融小镇规划建设先导发展区和核心发展区,分别实现前期综合探索实验和核心金融服务功能。截至 2017 年 7 月,小镇累计引入以私募股权基金为主的各类金融机构 300 多家,管理的资本规模超过 500 亿元,后续管理规模将超过千亿元,小镇已入选为江苏省服务业重点项目。

二、苏州金融小镇的形成条件

（一）地理位置优势

苏州金融小镇濒临太湖,由锦峰山、玉屏山等五山合围而成,生态环境优美。苏州高新区生态、旅游资源丰富,依据独特的山水生态优势,塑造出融生态、金融、旅游为一体的生态格局。金融小镇位于苏南国家自主创新示范区的核心区,可以充分依托苏州市已有金融产业基础和地处长三角经济腹地、毗邻上海的区位优势,吸纳上海溢出的金融资源,以高新区内太湖金谷新三板服务平台这一产业优势为支撑,打造独具特色的新三板金融小镇。

(二)产业基础优势

苏州高新区具有良好的金融产业基础和资本市场金融服务水平。2014年高新区与全国股转系统签订战略合作协议,成立太湖金谷这一国内唯一委托服务机构,目前已累计服务全国新三板挂牌和拟挂牌企业超万家。2016年高新区与上交所签订战略合作协议,加快建设"上交所新兴产业培育基地",搭建金融创新研究所和新三板大数据研究中心等金融服务平台。近年来,高新区重点引入私募股权投资基金和创业风险投资基金等多种私募类基金、券商投行和财富资管等新三板产业链机构、科技担保和科技小贷等各类科技金融服务机构,为金融小镇的发展奠定了良好的金融产业基础。此外,苏高新创投集团是金融小镇的支撑型企业,目前集团已累计设立基金30余支,累计投资项目200多个,并且先后推动了60多个项目在国内外资本市场上市(挂牌)。集团通过构建区域科技投融资平台,建设科技招商服务以及其他新型金融服务平台、创新型科技园区,着力探索发展各类新型金融业务,助力建设金融小镇,推动区域转型发展。

(三)政策优势

2016年7月,国家住建部、发改委和财政部联合提出,到2020年我国将培育1 000个富有活力的特色小镇,江苏省也计划通过"十三五"的努力,到2020年形成100个地域特色鲜明的特色小镇。为了推动苏州市金融小镇的发展,《苏州高新区关于打造"新三板"特色金融小镇的若干意见》于2016年6月正式出台,形成了"黄金五条"招商政策,包括100~1 500万元的落户奖励、20%自然人LP税率适用和每年1%~5%的投资收益奖励的发展奖励、每年最高60万元的人才贡献奖和办公用房补贴,并设立规模100亿元的金融小镇专项引导基金。这一扶持政策的出台,吸引了众多银行券商、私募基金及管理机构等在苏州金融小镇落户。2017年7月,苏州市政府发布《加快培育苏州市特色小镇的实施意见》,对于如期完成年度规划任务的单位给予50%的增减挂钩指标配套奖励,对列入市级创建名录的特色小镇,一次性安排奖补资金1 000万元。另外在创新融资手段、增强配套服务等方面制定了一系列政策措施。这些政策在资

四、乡村振兴促进高质量发展

金、税收、人才和基础设施服务等多方面为金融小镇的发展提供了良好的生存环境和竞争优势。

（四）创新优势

金融小镇所在的苏州高新区科技生态城是首批国家级高新技术产业开发区，成功入选为江苏省首批省级科技金融合作创新示范区，获批全国首家知识产权服务业聚集发展试验区、全国首批"科技保险创新试点区"，全国首支"科技型"中小企业集合票据在此发行。高新区厚植创新基因，已累计引入70多家知名企业和研究所，如阿里巴巴落户在此的阿里创新中心、江苏和澳大利亚维多利亚州打造的科技转化平台——"江苏—维州研创中心"等。金融小镇背靠高新区的创新优势，进一步打造全方位金融服务平台，将营造出"金融助推科技，科技反哺金融"的"创新—金融"生态系统。高新区创新产业的发展将为金融小镇未来的发展奠定深厚的产业基础，为小镇金融业务的可持续发展提供源源不断的活力。

三、苏州金融小镇的发展建议

（一）完善规划和布局，核心产业与全产业链并重发展

金融小镇目前尚处于建设规划期。一期内先导发展区已完成主体封顶，科技金融广场已经具有一定规模，而核心发展区规划的金融总部园式办公室、私募投资基金特色街区、科技金融综合配套区、金融国际精英人才社区、众创社区核心示范区和文化旅游休闲观光区六大功能区尚处于建设阶段。完善金融小镇的规划和布局是高效、科学建设小镇的前提条件，为后期业务运营和规模扩张提供良好的基础。另外，打造全产业链配套设施与服务是发展小镇核心业务的必要保障。太湖金谷的金谷演播厅、金谷商学院和金谷微平台是金融小镇建设"新三板产业服务综合示范区"的重要配套设施，除此之外，完善的新兴产业培训基地、金融创新研究基地、科技与文化交流中心等高端平台的建设将推动"产—研—投"新型联动模式，实现资金流、人才流、技术流和信息流的充分融合，为小镇发展提供丰富的资源和业务。

（二）做好宣传和招商推介会，引入各类金融产业

苏州金融小镇尚处于发展初期，加大宣传力度和推广小镇的优势、前景将会吸引更多金融机构落户。政府机构可以牵头举办金融业相关专场推介会和

论坛活动,加强对"金融小镇"的建设推广,以提升知名度和影响力。小镇还可以借助苏高新创投集团和太湖金谷这两大颇具影响力和号召力的平台来宣传金融小镇工作,办好招商大会,加快新兴金融产业向小镇聚集,重点引进私募股权投资基金、私募证券投资基金、创业风险投资基金和其他类别私募基金;引进证券公司、投资银行、财富管理机构和律师会所等新三板相关产业机构;引进科技小贷、科技统贷、融资担保、融资租赁、商业保理、科技保险等科技金融类准金融机构。

（三）配套最优政策和环境,构建金融产业生态圈

纵观国内外金融小镇的成功经验,政府对小镇建设的推动作用功不可没。一方面,各项扶持政策的出台既为小镇建设提供资金和场地来源,又为落户产业提供奖励金、税收减免和住房补贴等优惠。另一方面,政府加大硬件设施配套力度来构建完善的金融产业生态圈,打造一流的交通通信、人才公寓、医疗教育等生活配套服务环境,创建金融业孵化基地、金融文化交流中心等平台来实现金融与实业、投资与创业的深度融合。苏州金融小镇的发展也离不开政府的支持和服务。在产业方面,政府可聚焦高新区核心产业要素,进一步出台有竞争力的产业政策和人才政策,对品牌效应大、发展前景广的创新金融业态给予激励类基金;在人才方面,打造人才培训和就业平台,重点引进新兴金融项目人才团队,评选优秀创新人才;在硬件设施方面,扩大科技金融广场的规模,优化已有金融服务平台的基础设施条件,进一步完善金融小镇核心业务区的六大功能模块的建设,实现金融产业的有序聚集和金融资源的有效配置。

（四）大力发展科技金融,为小镇发展注入永久活力

苏州高新区内成熟的一站式科技金融服务平台为金融创新发展提供了优质的科技金融资源和环境。苏高新创投集团拥有深厚的金融行业积淀,是国内知名的科技金融投资服务集团,其丰富的投资项目和基金管理经验为小镇建设奠定了行业基础,可担当金融小镇的"市场操盘手"。因此,金融小镇的科技金融业态要紧紧围绕"科技招商、科技金融、科技保险、科技载体"的发展定位,着力探索发展各类新型金融服务业,力争通过金融资源、科技资源、产业资源的紧密融合与协同发展,将苏州金融小镇打造成为国内独具特色和品牌亮点的科技金融集聚发展示范区。

（作者单位:苏州大学）

关于特色小镇培育和建设的思考

——以苏州市吴中区为例

吴中区委党校课题组

特色小镇作为一种新的经济社会发展形态,应是产业特色鲜明、体制机制灵活、人文气息浓厚、生态环境优美、多种功能叠加、宜业宜居宜游的小镇。培育和建设特色小镇,不仅是推进供给侧结构性改革的重要抓手,也是推动经济转型升级和发展动能转换的重要平台,更是落实"聚力创新、聚焦富民"的重要载体。本文通过对苏州市吴中区及浙江周边地区创建特色小镇的调研,旨在直面吴中区在创建特色小镇过程中遇到的问题,以进一步提高当地政府在培育与建设特色小镇中的有效性和针对性。

一、特色小镇创建的由来与概况

1. 难得的历史机遇

2015年12月,习近平总书记在中央财办报送的《浙江特色小镇调研报告》上亲自作了批示,强调"抓特色小镇、小城镇建设大有可为,对经济转型升级、新型城镇化建设都具有重要意义"。2016年3月,《"十三五"发展与建设纲要》提出:"要因地制宜发展特色鲜明、产城融合、充满魅力的小城镇"。2016年7月,国家住建部、发改委、财政部联合发文,正式出台了"关于开展特色小镇培育工作的通知",决定在全国范围内开展特色小镇培育工作。同年10月,住建部公布首批全国127个特色小镇。同日,住建部、中国农业发展银行联合发布了《关于推进政策性金融支持小城镇建设的通知》,要求"发挥政策性信贷资金对小城镇建设发展的重要作用,做好中长期政策性贷款的申请和使用,不断加大小城镇建设的信贷支持力度,切实利用政策性金融支持,全面推动小城镇建设发展"。

2. 不同的创建层级

特色小镇的培育和建设主要分为三个层次,分别为国家级、省级和市级。

其中,国家级由住建部、发改委规划司和财政部农业司三个部门负责审批,原则上为建制镇(县城关镇除外),并优先选择全国重点乡镇,目标到2020年培育1 000个左右各具特色、富有活力的休闲旅游、商贸物流、现代制造、教育科技、传统文化、美丽宜居等特色小镇;江苏省2016年年底印发了《关于培育创建江苏特色小镇的指导意见》,提出了"非镇非区"的新理念,用"宽进严出"的创建制,力争通过3年至5年分批培育创建100个左右的特色小镇,侧重点在产业发展上,形成高端要素集聚的创新创业平台;苏州市在创建特色小镇上,与国家级、省级标准不同,更突出地方特色产业定位、文化内涵、旅游功能和社区特征等融合叠加的发展模式。

二、吴中区创建特色小镇的现状

2016年吴中区政府工作报告中提到,全区正在深入推进7个美丽城镇和190个美丽乡村建设,并努力打造外显生态风光、内含文化底蕴、兼具产业张力的江南镇村形态。从我们调研了解的情况来看,甪直作为第一批入选国家级特色小镇已初具规模,东山镇正在打造全国首个纪录片小镇,光福致力于创建传统工艺小镇,临湖提出了创建原乡园艺小镇的概念,越溪街道朝着旺山文旅风情小镇目标迈进。

1. 国家级特色小镇——甪直模具小镇

甪直镇素有"神州水乡第一镇"之称。改革开放以来,历经乡镇企业、外向型经济、新型城镇化三轮发展,甪直镇逐步形成了独具特色的"三个三"产业和城镇发展的框架格局。澄湖农业园区突出生态保护优先,打造农业、生态、绿色小镇,是甪直的绿色生态区;新镇片区突出产镇融合发展,培育发展先进制造和城镇经济,形成了模具装备产业园、节能环保产业基地等产业集聚。被誉为工业生产之母的模具制造业已成为甪直支柱产业,"模具小镇"已成为甪直古镇新名片。古镇片区突出保护和利用并重,稳步推进江南水乡古镇联合申遗,培育发展慢旅游、慢生活业态以及配套居住、商业、文化产业,是甪直的文旅新名片。目前,甪直已形成符合生产、生活、生态"三生融合"和产、城、人、文"四位一体"的发展模式。

2. 省级特色小镇——东山碧螺春原乡小镇

江苏省发改委公布首批25家省级特色小镇,苏州高新区苏绣小镇、园区东沙湖基金小镇和昆山智谷小镇的成功入选,让想要创建碧螺春原乡小镇的东山镇看到了希望。东山镇是一个历史文化名镇,人杰地灵、自然资源丰富,素以花果之乡著称。已有一千多年历史的碧螺春茶就生长在区域内,是中国十大名茶之一。作为原产地保护的"碧螺春"这个商标不仅具有唯一性的特质,更具有很高的知名度。当地政府拟与企业合作打造"碧螺春原乡小镇",规划面积3平方公里,计划每年投入3亿元,建设品茶、民宿、采摘、茶文化研究、主题公园、休闲观光等为一体的产业链。目前已达成苏州农业职业技术学院新校区建设项目,并配套建设1000亩农产品培育、养殖、农业教育等为主的教学实践基地。

3. 市级特色小镇——光福工艺小镇和东山纪录片小镇

2016年12月,申报苏州市级特色小镇39个,苏州市选择了15个作为试点,光福工艺小镇是第一批试点之一。光福镇不仅拥有优质的生态宜居的环境、深厚的文化,更有玉雕、核雕、红木雕、佛雕等特色产业,打造"工艺小镇"恰逢其时。全镇工艺从业人员7 000余人,2016年各类手艺人在国家、省、市级获奖119项,年工艺经营销售额约为15亿元。

2016年北京国际电影节纪录片单元上,东山首次正式发布打造"中国•东山纪录片小镇"消息,并发起成立了"中国东山真实影像基金"。东山镇以纪录片为影视文化的切入口,努力打造独具特色的"天然摄影棚",通过纪录片及相关产业链的引入作为东山"文化产业+"的新形态,带动东山文化产业、旅游产业和服务业的全面发展。

三、浙江省创建特色小镇的经验与做法

浙江省在创建特色小镇过程中走在全国前列。2014年10月,时任浙江省省长李强参观"云栖小镇"时,提出了在全省创建"特色小镇"的发展思路,并写入浙江省政府工作报告,后续又出台了一系列政策文件加以推广。由此相继创建了杭州基金小镇、余杭梦想小镇、智慧小镇、龙坞茶小镇、丝绸小镇、桐庐健康小镇、诸暨袜艺小镇、上城玉皇山南基金小镇、海宁皮革时尚小镇等各具特色的小镇。李强还在《特色小镇是浙江创新发展的战略选择》中诠释,"特色小镇不是行政区划单元上的'镇',也不同于产业园区、风景区的'区',而是按照创新、协调、绿色、开放、共享发展理念,结合自身特质,找准产业定位,科学进行规划,挖掘产业特色、人文底蕴和生态禀赋,形成'产、城、人、文'四位一体有机结合的重要功能平台"。

1. 主推"一镇一品",明确产业发展定位

一是主推一个产品。每个特色小镇在产业导向上,力求主推一个特色产

品,如诸暨的袜业、桐乡的毛衫、海宁的皮革、黄岩的智能模具、越城的黄酒、龙泉的青瓷、青田的石雕等,避免同业竞争;二是细分不同市场。如同为信息经济小镇,云栖小镇主攻云计算,而上虞小镇主攻手游,很好地避免了同质竞争;三是打造品牌效应。不仅引进阿里巴巴、富士康、英特尔等知名企业进驻小镇,还在茶叶、丝绸、黄酒、中药、青瓷、木雕、根雕、石雕、文房等传统产业中,打造行业领军企业,激发市场活力。

2. 注重生态人文融合,实现多种功能叠加

浙江特色小镇在选址上十分注重周边人文环境与生产、生活、生态有机融合。如梦想小镇——仓前古镇,文化积淀深厚,地处余杭塘河、西溪湿地,保持了生态景观资源与地域文化特色的高度融合;如杭州玉皇山南基金小镇,紧靠杭州西湖景区,人文资源丰富,流动资金充足,居住富人较多,创建基金小镇优势明显。

3. 提供发展资源保障,重视建设规划引领

浙江省实施有奖有罚的土地供给方式和期权式的财政奖励方式。土地方面。按照节约集约用地原则,要求充分利用存量建设用地,对确需新增建设用地,各地可先行办理农转非供地手续。对如期完成年度规划目标任务的,省里按实际用地指标50%给予配套奖励,对用于发展信息经济、节能环保、高端装备制造等产业类的按60%给予配套奖励。反之,如果3年内未达到规划目标任务,需加倍倒扣省奖励的用地指标;财政方面。创建期间及验收命名后,在特色小镇范围内新增财政收入,上交省财政部分,前3年全额返还,后2年返还一半给当地财政;规划方面。对特色小镇的建设空间给予明确的限定,一般规划面积控制在3平方公里左右,建设面积控制在1平方公里左右,不能超过规划面积的50%,并要求在创建时,根据当地的地形地貌,结合产业发展特点,做好整体规划和景观设计,尊重旧城的街道肌理、空间格局、文脉延续,避免大拆大建。

4. 出台政策全面扶持,体制机制比较灵活

在服务企业层面,通过设立"一站式"窗口,提供精准服务,营造众创空间氛围,建立超级孵化器。如云栖小镇已成立了全国首个云计算产业生态联盟,吸引了130多家涉云企业入驻;在社会服务层面,上城区基金小镇为入驻企业提供了完备的医疗、教育、商业等优质的生活配套服务,解决人才子女的入学等问题;在政府主导层面,采用宽进严出的创建制,在3~5年的创建期内,严格执行"竞争入列、优胜劣汰、达标授牌"的新机制;在政策配套层面,实施动态考核机

制,年度考核合格的兑现政策,不合格的淘汰出局,3~5年后创建不合格的,要加倍倒扣土地奖励指标。

四、创建特色小镇的建议与对策

1. 突出当地特色产业,构建小镇生态与文化相融业态

特色小镇最重要的特色在于产业。要找准当地的比较优势,挖掘特色产业潜力,形成相对独立的产业生态体系。首先,要摒弃"大而全"产业定位,力求"特而精"发展理念;其次,要有超前意识,瞄准产业链高端,引进行业领军企业及高端人才,构筑特色产业高地;再次,要依据本地区经济社会发展的实际,注重对新兴产业挖掘,尽量与新兴产业相结合,及时嵌入前沿产业,紧跟发展步伐,淘汰落后要素,为特色产业发展保驾护航;最后,要学会融入所在城市圈产业体系中,形成一体化竞争优势。只有因地制宜,利用好吴中区特有的产业优势、区位优势、环境优势和人文优势,注重历史文化遗产保护和非物质文化遗产传承,形成吴中独特的文化标识,实现与特色产业高度融合,才能真正打造富有吴中特色的小镇实力。

2. 突破传统发展模式,科学谋划人居环境与区域发展

功能体系方面,摒弃"散而弱",力求"聚而合",重点在于生产功能、生活功能和生态功能科学合理融合。突破行政区划单位,以产业发展为载体,同业企业协同创新,形成产业规模优势。根据资源环境承载力和未来发展潜力,合理规划经济规模、人口规模、用地规模,形成清晰完善、相对独立的功能体系。空间布局方面,整体布局与周边自然环境要相协调,路网布局合理,建筑高度和密度相适宜,彰显传统文化特色和地域特色,提供便捷完善的设施服务,营造宜居宜业的特色小镇。

3. 政府和市场各自要找准定位,探索实现管理多元化

李强书记指出,特色小镇不是政府大包大揽的行政平台,而是以企业为主体、市场化运作、空间边界明晰的创新创业空间。在特色小镇的建设中要遵循客观规律,政府在产业选址、统筹规划、土地置换、人才引进、基础设施建设等领域扮演重要角色。在资金方面,积极引入社会资本,鼓励银行等融资平台机构介入,由企业为主体推进项目建设。通过建立多方参股发展基金、采取PPP及众筹等方式融合各方资本,激发市场活力。在运营管理上,采取多元化方式,招聘专业企业和引进专业人才进行高效管理,提供精准的个性化服务。

4. 制度设计要摒弃陈旧模式,力求体制机制创新

创新特色小镇考核评价制度,采用动态考核倒逼机制,依据政府既有标准和考核,达标后再"授牌"。在机制建设上,采用"政府引导、企业主体、市场化运作"的机制,构建起公平有序、优胜劣汰的市场竞争环境。在顶层设计和发展理念上,要明确产业导向,特色小镇优先作为政策试点示范基地,把握政策先试先行机遇,突破原有发展理念限制,实现制度供给的"个性化",形成充满活力的体制机制,激发内生动力,为特色小镇的培育和建设保驾护航。

5. 善于借鉴国外先进经验,要取长补短,发挥自身优势

西方发达国家创建特色小镇已有悠久历史,已形成了瑞士达沃斯小镇、美国格林尼治对冲基金小镇、丹麦卡伦堡工业共生生态小镇、法国薇姿温泉小镇等一批闻名全球的小镇。如法国的格拉斯是享誉世界的香水之都,小镇重点产业是花卉种植业及香水工业,它为法国赢得了"香水之国"的美誉;如英国的海伊书香小镇,是一个家家都有图书馆的特色小镇,每一个游客可以到任意住户的家中去借书,寻找心灵的寄托,这不仅带来了经济上的收益,也丰富着人们的精神世界。这些特色小镇在空间选址上,不仅以产业需求为首要因素,有着鲜明的产业和综合性的功能,还兼具独具韵味的传统文化、充满魅力的生态环境和景观风貌的可识别性,更以全球市场作为创建目标,吸引世界各地人士前往发展企业和旅游观光。这样的特色小镇创建模式,也许可以给我们创建中国特色小镇提供一定的启示。

(课题组成员:姚月明　谢景芳　杨景铄　执笔:杨景铄)

一个全新样本的炼成之路

——相城区望亭镇率先探索乡村振兴实践解读

中共苏州市委市情研究基地　苏州市情研究中心

望亭,位于苏州最西北,地处北太湖之滨,京杭大运河穿镇而过,是一个具有两千多年历史的古镇,同时,也是一个具有现代农业特色的"稻香小镇",一个具有很高知名度的物流重镇。如今,在这片近40平方公里的土地上,一个全新的望亭正在呈现,她改变了人们对望亭的固有印象。望亭率先探索乡村振兴之路,为我们提供了一个全新样本。望亭实践值得解读。

一、乡村振兴的新亮点

2016年是"十三五"开局之年,也是望亭镇率先探索乡村振兴的起步之年。经过两年多的实践,望亭已初步展现出乡村振兴的新亮点,集中体现在以下几个方面。

一是镇村经济稳步增长。在宏观环境相对趋紧的情况下,两年来望亭经济保持了稳中有升的发展态势。从全镇角度看,2017年完成地区生产总值48.96亿元,同比增长7.6%;完成一般公共财政预算收入5.29亿元,同比增长23.2%;完成全社会固定资产投资15.7亿元,同比增长84.8%;实现工业总产值95.79亿元,同比增长7%,其中规模以上工业完成产值56.06亿元,同比增长15.3%;完成高新技术产业产值14.3亿元,同比增长16.2%。这些指标显示望亭经济正进入新一轮增长的上升通道。从村级经济层面看,2017年全镇7个村的村级集体收入达到1.1亿元,在全区12个板块中位列第4,共有5个村收入超过1 000万元。在全区97个村(含涉农社区)中,宅基村以2 564万元排名第4,迎湖村以2 023万元排名第10,项路村以1 929万元排名第11,何家角村以1 695万元排名第13,华阳村以1 277万元排名第19,望亭村级经济的实力可见一斑。

二是现代农业引人瞩目。智慧农业快速推进,实现大田作物、设施蔬菜、相关资源环境监测,农产品质量控制与全程追溯等现代技术应用;"农户+品牌"效应日益凸现,形成"虞河"蔬菜、"金香溢"大米、"林莓莓"草莓等16个知名农产品。其中,"金香溢""虞河"被评为江苏省著名商标、江苏省名牌农产品,全镇品牌农产品年累计销售收入超过7 000万元;御亭现代农业产业园获得全国科普惠农兴村先进单位、全国百个新型职业农民培育示范基地、全国农村创业创新园区等国家级荣誉。

三是美丽家园崭露头角。全面启动镇域环境改造,完成重点路段改造和环境提升工程,镇区内以乐享生活广场、望亭商业广场和明珠商业街等为主体的商业服务中心全面形成;全面推进村庄水环境整治,实现行政村污水处理设施全覆盖,生活污水处理设施运行率达90%以上,推进雨污分流管网建设,生态河道建设取得阶段性成效;全面推进镇区道路提档升级,10条主干道两侧绿化景观美化提升;全面推进空气治理工程,电厂、堆场码头等地的挥发性有机物得到有效治理。目前望亭已建成苏州市美丽村庄2个,三星级康居村庄17个,二星级村庄7个,一星级村庄6个。在省首批生态文明建设示范镇、村评选中,望亭镇和迎湖村双双入选,省级荣誉集中在一个镇,这是绝无仅有的。

四是农民生活品质提升。全镇农民人均纯收入稳步提升,去年达到32 196元,同比增长4.6%,比全区水平高出1 200多元,社区股份合作社股权分红808万元,同比增长16.5%;公共设施不断完善,建立首个公益电影固定放映点,御亭市民广场达到市级标准化优秀文化广场,"我们的节日""三下乡"等惠民文艺精品活动常态化开展;政府牵头创新开展商会结对帮扶工作,联系镇知名企业和个人成立了望亭镇慈善会,动态跟踪农村贫困人群,针对因病、因祸、因学、因残四类致贫家庭进行一对一帮扶,两年来发放各类生活救助资金2 320万元,优抚资金1 160万元。

二、新突破来自换脑筋

望亭短短两年的乡村振兴探索,为什么能够取得如此明显的成效、发生如此深刻的变化?实践充分表明,望亭推行乡村振兴实践的不断探索、不断深化过程,就是望亭党政领导班子思想不断解放、新思路加快形成的过程。某种意义上,望亭党政领导班子大胆解放思想,乘势而为理清新思路,是望亭蝶变的思想根源和关键因素。

四、乡村振兴促进高质量发展

望亭紧靠太湖，镇域大部分属于一、二级保护区。这种特殊的区位条件，使得望亭在历史上很长一段时期内形成了农业为主的特色与优势。目前拥有2万亩农业基地，是相城区最大的水稻种植区域。进入到改革开放时期，随着312国道、苏州环城高速公路等交通路网的形成，依托便捷的交通优势，望亭大力发展乡镇工业和外向型经济，实现了工业经济的快速崛起。进入新世纪，依托铁路、高速公路、国道、运河的便捷交通网，望亭于2007年启动建设了11.1平方公里的国际物流园，经过10年的发展，望亭国际物流园先后集结了普洛斯、天地华宇等109家知名物流企业，形成了一定的产业规模和集聚效应。

从宏观上看，党的十八届五中全会开启了率先实现小康的新征程，2016年开始的未来五年是小康建设的决胜阶段。是按照既有格局与模式守成发展，还是突破原来框框实现提质跃升，这是摆在望亭党政领导班子面前的重大命题，必须作出正确抉择。面对现实与未来，望亭党政领导班子进行了深刻的反思。他们清醒认识到，探索乡村振兴，是重塑望亭、实现高质量发展的重要抓手。对于相对发达地区而言，这种振兴不仅仅是"村"的概念，而必须是以镇带村、镇村互动，从而实现望亭的转型与重塑，再创新的辉煌。探索乡村振兴，实现产业振兴是关键，是支撑。而这种支撑仅仅依靠农业是不现实的；物流园按现有模式运作，综合效益近乎饱和，而且占地规模大、土地利用不经济；望亭的工业发展尽管形成了一定的产业基础，但小、低、乱、污特征比较明显，尤其是近10年来增速持续走低，综合效益不高，亩均产出税收仅6万元左右。望亭必须走以做强工业为主、带动物流、反哺农业、繁荣旅游的产业振兴之路。探索乡村振兴，必须牢牢把握机遇。今后五年是望亭加快转变发展方式、提升综合竞争力的机遇期，也是望亭全面实现乡村振兴的关键期，责任重大、使命光荣，必须强化担当意识、创新意识，在乡村振兴的实践中大胆探索、开拓奋进，使人民群众在新望亭的建设中有更多获得感、幸福感。

2016年5月，望亭镇召开第十三次党代会，对未来发展做出了全面谋划，确立了打造"西部新门户、美丽新家园、产业新优势"的发展定位，明确"以产业强镇为主线，建设实力望亭；以改革创新为动力，建设活力望亭；以生态宜居为导向，建设美丽望亭；以民生共享为目标，建设幸福望亭；以和谐向上为追求，建设平安望亭"的目标思路，全面开启了乡村振兴的新征程。

三、新发展要有新举措

从望亭实践看，望亭党政领导班子在解放思想、转换脑筋的同时，采取了一系列务实的创新举措,从而在乡村振兴中实现了望亭重塑。

1. 努力坚持规划先行,高起点形成"一体两翼"发展格局

乡村振兴、规划先行,望亭紧紧抓住规划这一重要环节,全面启动了望亭镇总体规划、控制性详规及产业布局、人文旅游发展等专项规划,使规划在望亭乡村振兴实践中充分发挥出了先导性、引领性作用。

从城镇格局优化看,望亭全力重整山河,坚持功能提升、产城互动,规划了"一体两翼"城镇发展格局。一体即中心区域,以长洲苑路以东、运河以西为界,是城镇综合功能区和原有工业区;东翼为京杭运河以东,以望亭国际物流园和望亭智能制造产业园为依托,重点发展物流产业和精密智能制造;西翼为长洲苑路以西,以御亭现代农业产业园为主,重点发展现代农业和生态旅游。

从产业转型升级看,望亭全力提升产业层次,坚持突出重点、协同互动,规划了"一体两翼"产业发展格局。即以工业转型发展为主体,以推进农文旅创融合发展、国际物流园提升发展为两翼。主体是,重点推进智能制造产业快速发展,加快发展高端装备、高精密仪器加工、机器人生产制造等高端智能制造项目,使之成为望亭未来重要的经济增长点、持续发展的新引擎。一翼是,加快推进国际物流园提升发展,使原来"运输+仓储"的发展模式加快向"仓储+销售"的电子商务型转变。另一翼是,加快推进农文旅创融合发展,以物联网、云计算为依托,以智慧农业为重点,融合农业休闲观光旅游,全面打造智慧农业。与此同时,规划沿太湖休闲观光旅游区建设,全面打造"一带两翼"生态景观带,以御亭路生态景观廊道为主线,全面提升北翼的精品民宿、精品农家乐,打造集景观、餐饮、社交、创业等多元素为主题的社群村落;南翼以水稻田为腹地,提升稻田绿化景观,融入健身、养身等元素,形成生态健身圈,全面打造江南农旅特色小镇。

2. 紧紧扭住做强工业,牢固确立并全面实施"两条腿走路"方针

望亭乡村振兴的一个鲜明特色是,紧紧扭住做强工业经济,围绕工业经济转型升级,牢固确立并全面实施"两条腿走路"的方针。

一方面,积极开辟工业增量。以发展先进制造业为方向,规划建设了智能制造产业园和贡湖新兴产业园,确立了亩均税收不低于50万元的招商引资硬性指标,着力引进税源型、成长型、规模型项目。经过两年多的努力,目前智能制造产业园项目已全面铺开,引进智能制造项目8个,累计总投资达17亿元,其中3个项目已开工投产,预计当年税收可达3 000万元。

四、乡村振兴促进高质量发展

另一方面,大力盘活土地存量。仔细梳理全镇工业土地,以土地"三优三保"试点为契机,以"263"行动为抓手,通过回购、置换等方式换取工业发展空间,建设高标准厂房,引进高质量项目,实现腾笼换鸟、滚动发展。重点整治过去的钢材、废塑加工、废轮胎、废金属等五大市场,收回一批低效土地用于工业发展,目前已盘活闲置土地近800亩,盘活闲置库房5万余平方米,关停、淘汰劣势企业434家。腾出来的土地主要用于建设贡湖产业园,重点发展智能制造、精密加工和电子科技等新兴产业。

3. 切实强化资金保障,高质量、高效率推进乡村振兴实践

乡村振兴、重塑望亭,必须具备强有力的资金保障。两年多来,望亭坚持资金向乡村振兴倾斜,重大项目必须确保资金投入,为乡村振兴提供了重要的资金支撑。

一方面,坚持突出重点、精准投入。望亭针对乡村振兴的重点环节,主要投向四个方面。一是完善基础设施。这是百年大计,资金必须确保,望亭大规模推进城镇基础设施,包括道路改造、公共设施配套等,两年来共投入3.5亿多元,从而使得城镇功能得到极大提升。二是提升镇村生态。这是乡村振兴的底色,必须实现绿色振兴。望亭实施13个三星级康居村庄和10个一星级康居村庄提升工程,全面推进创建省级生态文明示范镇、村工程,两年来投入超过7 000万元。以迎湖村为例,村党委紧紧抓住生态宜居建设,先后投入近4 000万元,生活污水接管率100%,工业园企业雨污分离接管率100%,全村绿化覆盖率36%,被评为全区唯一的省级生态文明建设示范村。三是实施景观提升工程。这是美丽乡村建设的重点。两年来望亭利用太湖、运河的资源优势,全面推进沿太湖7公里生态景观建设和运河主题公园建设,推进了码头建设、驳岸整治、企业搬迁等工程。两项景观工程已投入资金1.2亿元。四是散污企业地块回购。这是解决土地制约、促进工业转型升级的关键,望亭启动了对废塑市场的整治和企业回购,目前已回购5家企业地块,投入达2亿元。

与此同时,积极尝试拓宽财源。一方面,在功能配套基础上,适时推出成熟地块的拍卖。望亭原来地块拍卖每亩价格只有585万元,随着城镇功能设施的完善配套,2017年6月拍卖每亩价格达1 200万元,这为进一步推进乡村振兴新增了财源。另一方面,望亭积极探索引入社会资本。为打造太湖旅游风景区,望亭探索市场化、项目化运作方式。由御亭现代农业产业园发展有限公司与上海慧域文化发展股份有限公司合作成立项目运营公司——苏州慧亭文化

旅游发展有限公司,双方出资比例为66:34,在引进社会资本方面作出了积极尝试。

4. 积极打造文化品牌,切实提升乡村振兴的文化内涵

作为古镇,望亭的历史悠久、文化底蕴深厚,这是望亭实践乡村振兴的一大优势。两年多来,望亭充分利用这一优势,把历史文化弘扬与城镇改造、景观工程建设等紧密结合起来,使望亭的乡村振兴更具有文化内涵与文化魅力。

一方面,积极挖掘历史文化。望亭努力传承弘扬运河文化,挖掘并恢复御亭、驿站和沈宅,推出御亭、望亭驿、皇亭碑、乌角溪(沙墩港)遗址、螺蛳墩遗址、月城遗址、伍象桥、迎湖禅寺、电厂红洋房等文化旅游项目;收集古代文人歌咏望亭的诗词,碑刻于运河公园、御亭公园、长洲苑湿地等区域。望亭还深挖农耕文化内涵,建立了望亭地方志博物馆,展示出土的玉璧、锛、石犁、炭化稻谷等文物,让人们深入了解了农耕文化。望亭在乡村振兴中充满了文化韵味。

另一方面,积极打造"文化+"品牌。望亭结合本地特点,开展"家在苏州·美丽望亭"特色民俗文化、特色农副产品、特色文明成果"三进城"活动,展示"鱼米之乡""杏帘在望"的乡村文化特色;以沿太湖仁巷港村为中心,重点发展精品民宿、精品农家乐,打造集观景、餐饮、社交、创业等多元素为主题的社群村落。设计开发了一系列精品线路与产品,如以"稻香公园""油菜花海""七彩金沙滩""风情顺堤河""欢乐小世界""二十四节气印象田园"等为主题的生态景点,使望亭的旅游线路与景点充满了文化魅力。

5. 全力推进精准改革,积极构建乡村振兴的新体制、新机制

望亭实践表明,实施乡村振兴,改革是关键环节,两年多来,望亭坚持问题导向、需求导向,改革精准发力,有效促进了乡村振兴。

一是着力理顺镇村管理体制。望亭全面推进"政经分开",村一级脱离经济活动和招商引资,回归本职工作,主要抓基层党建、社会管理、环境保护、生产安全、矛盾排查等工作。与此同时,一方面创新项目运作机制,镇建立招商中心,全力强化项目引进的镇集中会审机制,项目从预审到工商登记有严格的程序,由消防、安监、国土等部门参与预审,项目达到一定数量由镇领导进行评审,否决票达到三分之一即取消该项目的引进,有效把住了项目进入关。另一方面,以农村"三资"专项治理为契机,镇一级建立管理机构,全面加强村级集体经营性资产集中经营管理、资产的发包租赁、交易、合同签订、租金收缴等工作,促进农村集体资产保值增值。2017年望亭被评为苏州市农村集体"三资"管理专项

治理先进集体。

二是积极构建科技富民和创业扶持机制。望亭积极构建现代农业产业体系,发展家庭农场、合作社和农业龙头企业等各种形式的适度规模经营主体,着力培育新型农业主体,目前已有4家家庭农场,17家农业企业(合作社),市级农业龙头企业2家。依托省院士工作站等载体,打造集技术研发交流、创业辅导、科技培训于一体的综合性平台,提供创新创业、线上与线下、孵化与投资相结合的创业助推服务,引进高质量创新团队。尤其是对本地青年回镇创业给予重点扶持,比如,鼓励望亭人回镇创办精品民宿,给予一定资金扶持。又如4个望亭女孩辞去外企工作,筹资创办了"稻田里的咖啡厅",镇政府奖励回乡创业,给予资金补贴,并为其宣传,扩大影响力。

三是加快推进农文旅创融合互动。以御亭农产园为载体,望亭紧紧围绕"立足农文旅创、打造江南特色小镇"的主题,推进智慧农业、农业文化、休闲观光旅游、农业众创的资源整合、机制融合,形成了具有望亭特色的重要品牌。与此同时,组建御亭文化旅游发展有限公司,专门从事旅游项目开发、管理和景点基础设施建设,积极探索构建专业化运作机制。

6. 全面加强党建引领,为乡村振兴提供坚强组织保障

望亭在率先探索乡村振兴实践中,始终牢牢绷紧加强党建这根弦,一方面,切实加强镇党委对乡村振兴实践的领导,两年多来始终把"三农"工作摆在重中之重的位置,坚持把方向、谋全局,使望亭乡村振兴探索实践迈出了扎实的步伐。另一方面,切实加强党的基层组织建设,努力使党建在乡村振兴中起到重要的引领、保障作用。两年来,望亭镇党委积极探索农村党建"区域化党建、小型化管理"新模式,着力打造"红色驿站"党建品牌。望亭以村(社区)党群服务中心为枢纽,分设若干"基层党群服务站",健全工作例会、组织生活、党群座谈等工作机制,打造结对共建、党群联系户、惠民服务领办等党建项目,负责片区内党员日常教育管理和部分农村事务办理,实现片区内有人管事、有钱办事、有场所议事。全镇建立党群服务站(中心)15个,覆盖全镇基层党支部,有效打通了基层党建"最后一公里"。2017年为群众解决交通出行、环境改善等问题448件,答复房屋拆迁、翻新等咨询324件,服务群众14 296人次。

与此同时,望亭积极探索党建引领社会综合治理的网格化管理新模式,把党建网、综治网整合成为社会治理"一张网"。以望亭镇为一级网格,10个村(社区)为二级网格,下设38个三级网格,坐落于各个片区的党群服务站作为协

商、议事、信息共享的联络平台。遇到重大事件,召集网格干部、村(居)民组长(代表)、党员群众代表等共商共议,逐步推动民主协商向行政村、自然村、村民小组延伸,不断提升化解社会矛盾和预测预警预防安全隐患水平。把支部建在三级网格上,党建贯穿社会治理,实现支部建在社会治理网格上全覆盖、镇村干部进驻网格督导全覆盖、网格内党员联户全覆盖。带动广大党员群众开展基层公共安全综合治理等工作,使党建在网格中引领、群众在网格中参与、民生在网格中落实、矛盾在网格中化解。党组织的战斗堡垒作用得到充分发挥,为望亭乡村振兴构建起重要组织保障。

四、新时期谋划新蓝图

望亭率先探索乡村振兴实践已经有了很好的开端。但是,望亭党政领导班子清醒认识到这仅仅是起步,必须不忘初心、久久为功,更艰巨而繁重的任务还在后头。

党的十九大作出了全面实施乡村振兴战略的重大决策,2018年中央一号文件就乡村振兴作出了全面部署。省委明确提出要坚持农业农村高质量发展,推动江苏乡村振兴走在全国前列。苏州市委围绕贯彻落实中央决策、省委精神,要求坚定沿着习近平总书记指明的乡村振兴道路前进,率先展现农业农村现代化的现实模样。

望亭乡村振兴实践正站在新的起点。根据新的形势要求,望亭率先作出了全面谋划:未来三年将聚焦高质量发展、加速绿色崛起,奋力书写好乡村振兴的"望亭答卷":着力强工业、抓改革、兴城镇、优生态、惠民生,推动全镇经济社会各项事业取得跨越发展。在提高发展平衡性、包容性、可持续性的基础上,三年间地区生产总值年均增长10%以上,全社会固定资产投资年均20亿元。至2020年,全镇一般公共预算收入达10亿元,工业总产值突破140亿元。村级经济平均超2100万元,至少4个村的稳定性收入突破2000万元。

围绕实现上述目标,望亭将继续在乡村振兴的实践中作出新的探索。一是突出质量效益,更高层次推进乡村产业振兴。以提高经济发展质量、效益为主线,重点发展智能装备、机器人等高端制造业,挖掘特色旅游资源,以重点推进北太湖(望亭)旅游风景区建设,积极推进现代物流、现代商贸等优势服务业转型发展、提档升级,加快形成以现代农业为优势、高端制造业为支撑、现代物流业为特色的产业体系。二是突出人才支撑,更高标准推进乡村人才振兴。以构筑人才保障为关键,加强引进高层次创新型人才,加大新型职业农民培养力度,加快创新干部培养使用机制、正向激励机制和容错纠错机制。三是突出地域特色,更高水平推进乡村文化振兴。以挖掘历史文化、促进融合互动、创新文化服务为抓手,深度挖掘、弘扬运河文化,探索文化与经济、文化与农业、文化与旅游的融合、互动发展,常态化开展"三下乡"等形式多样的群众性文化活动。四是突出品质品位,更高起点推进乡村生态振兴。以建设幸福美丽镇村为核心,切实提升富民水平、完善社会保障,不断优化城镇规划与建设管理,全面提升生态文明建设水平。五是突出党建引领,更高要求推进乡村组织振兴。以强化基层党建深度融入为保障,进一步拓展"区域化党建、小型化管理"的模式创新,全力打造"红色驿站"党建品牌和"一村一品"党建子品牌,创新探索党建引领网格化和社会综合治理新模式。

（课题组成员:陈楚九　李静会　杨征征）

创新思路 准确定位
——相城区北桥街道工作实践与思考

王雨来

根据市、区学习贯彻落实省委常委会专题研究苏州市工作会议精神的部署,相城区北桥街道第一时间对照上级要求,传达、贯彻会议精神,结合北桥工作实际,组织开展学习研讨和专题调研,充分酝酿,提高认识,统一思想,并按照省、市、区重要指示精神,特别是按照江苏省委常委会研究苏州工作中提出的"当好改革探索者"的要求,同时按照苏州市对标"两个标杆"和建设"四个名城"的新要求,就如何找准定位,因地制宜,结合自身特点和特色,进行差异化、特色化发展,探索实践发展新路径等方面进行了思考。

一、加快推进产业转型升级

北桥的二产发展具有一定的基础,特别是以灵峰、庄基为代表的村级工业为北桥实现经济快速发展注入了强大动力。但随着社会的发展与变革,曾经以粗放方式奠定经济发展基础的乡镇工业,面临占地多、产出少、业态低、隐患大等诸多诟病,原先的优势正逐渐消失,反而成为推进城镇转型升级和"绿色发展"理念的劣势所在。为此,街道积极探索、实践,充分借助国家级开发区的载体和平台,加强二产转型升级力度,重点加快淘汰落后产能和清理"散乱污"企业,进一步腾出优势空间,筑巢引凤,努力把有限的二产空间、要素、资源向智能制造、新能源等科技型、环保型优质企业集聚;按照"因地制宜,特色发展,优势互补"的工作理念,进一步拓展成效,使特色更特、优势更优,大力挖掘与整合农耕资源、自然资源、文化资源、生态资源,发挥交通便利、民风淳朴等优势,激活、优化特色产业,实现特色化、差异化发展;坚持规划引领城镇绿色发展思路,启动制定古镇综合保护和开发利用规划、旅游规划、水系规划和文创规划等,积极探索和实践农旅、文旅、商旅"三旅融合"的发展道路,率先启动鹅东、北渔、新北乡村旅游项目建设,扩大牧谷农场、漕湖农产园等现有项目品牌影响力,推进一产、三产融合发展,有序推动城镇转型升级。

二、切实加强环境治理和生态保护

近几年,街道聚焦环境污染治理、城乡面貌改善的热点,始终坚持绿色发展理念,以"不达目标不罢休"的决心,加快废水、废气和村庄环境治理,推进交通畅通、清水畅流工程,规划建设大坝河生态湿地公园,规划全镇域水系,加强生态保护力度,区域环境面貌得到明显提升。街道将继续按照"两减六治三提升"专项行动要求,以面再扩大、任务再加码、措施再加强、曝光再常态、考核再细化"五个再"为抓手,持续对全街道各类环境问题重拳出击,各个击破,争取做到发现一个、解决一批、带动一片。根据区委区政府最新文件精神,街道将进一步统一思想,层层压实责任,按照"两个一批"(关停取缔一批,治理改造一批)要求和"三年计划两年完成,两年计划超前完成"的目标,加快"散乱污"企业(作坊)淘汰、整治,下定决心三年内关停取缔、治理改造"散乱污"企业1 030家,确保加快"减存量"、严格"零增量",切实改善区域环境质量。根据"条块结合、突出重点、整体推进"的原则,街道将加快村庄环境整治向纵深推进,通过进一步强化责任意识,提升社会参与度,落实长效管理机制,确保全面提升村庄环境质量。用心研究城市建设的每一处细节,街道将按照国家级开发区整体规划布局,加快区域城镇化进程,着力推进基础设施完善、城镇品质提升工程,全面启动新镇区地域性基础设施和景观功能设计,有效整合可开发的商业点、片资源,加快文旅、商旅招商,注入新的业态和活力。充分利用觉林寺、沿河老街、古戏台等文化积淀和村庄生态自然风光,以打造"旅游风景道"为纽带,将自然、历史、生态景观串联起来,着力打造人文新生态,以切实的行动,还百姓一个青山绿水,不断增强百姓的幸福感和获得感。

三、立足"四借"推进文化创新发展

北桥街道将立足新起点、新高度,创新推动区域发展,通过整合、集聚和优化空间资源,深入挖掘自然和历史资源,创新性地开展工作,实行区域性错位发展,努力使优势更优、特色更特,积极在文化创新引领上加强探索实践,加强对外交流,以借智、借资、借力、借势"四借"来引资、引智、引人、引项目。2017年以来,街道推进实施全镇域文化创新规划,进一步明确了以"文旅"为核心和纽带的农旅、文旅、商旅"三旅融合"发展思路,注重将传统文化与现代文化交相融合,利用当地戏曲文化特色优势和觉林寺禅宗文化的影响,旨在打造集国医养生、国学讲堂、禅修与禅学、禅宗、民族戏曲、生态休闲等内容为一体的传统文化创意园,成为文化创意、文化创新的平台。街道目前正在紧锣密鼓实施的"大国工匠·智慧谷·中国艺术类高校产学研集聚区"项目,将集聚全国近200所艺术类高校,拟将其打造成为艺术类高校大学生社会实践创新基地,同时,挂牌引入了中国传统手工艺专业委员会。通过艺术类大学生与拥有精湛技艺、具有工匠精神的传统手工艺大师这两个群体的交融、碰撞,激发出文化创意和产业发展的新活力。同时,街道将以"新中式"大众生活美学为引领,进一步探索和实践"新、美、特、精"文化创新平台及载体建设,引入并激活"中国书房""全民阅读"等文化类产业项目,遵循"事业化推广、产业化运作"的发展模式,不断搭建文化创新载体,加快驱动区域文化创新发展。

四、以党建引领优化社会管理

近年来,北桥街道在社会综合网格化管理工作推进过程中,紧紧抓住"以党建为引领"这一主线,积极探索并实践党建引领社会综合网格化管理工作,将基层党支部(党小组)建立到区域网格上。2017年,区委四届六次全会提出,村和社区要回归工作本职,主要职责就是一手抓党建、一手抓社会管理。北桥街道认真贯彻区委四届六次全会精神,迅速作出反应,由街道主要领导带队,赴各板块围绕"村(社区)工作如何回归本职"开展专题调研,理清工作思路,在创新实践党建引领社会综合网格化管理中,进一步做实做细网格化工作,切实有效解决各类问题,创建了网格化管理"22231"工作法,即党建网、社会综合管理网"两网合一",列好两份清单,用好两个全科,建好三项机制,形成一个闭环。通过进一步融合党建网、社会综合管理网,实现"两网合一"全覆盖;明确和细化责任清单、服务清单,实现网格内党建目标任务和社会综合管理事务全明了;用好社区AB岗全科社工、全科专职网格员,实现社区人力的下沉,化解网格清单内的问题矛盾;建好工作、考核、监督三项机制,实现网格内党员、网格长、网格员规范管理到位;走好采集上报、核实立案、指挥派遣、处理反馈、核查结案、考核评价一套流程,形成网格化工作闭环,确保做到精细化管理、便捷化服务,真正打通服务群众的"最后一公里"。通过"22231"工作法,进一步提升网格化社会管理服务工作实效,确保全街道网格有效运行,真正做到有问题及时发现、有矛盾及时化解、有需求及时服务。与此相同步,又以"相城风气"为引领,创新推广严党风、优民风、好家风的"三风联倡"工程,不断激发党员参与社会管理的责任心和积极性。

五、努力创新机制提升群众获得感

近年来,街道扎实推进村级"三资"规范化管理试点工作,深化社区股份合作社股权固化改革,落实惠民政策,保障和提高百姓收入。下一步,街道将根据区委区政府最新要求,积极探索由街道层面组建集体资产经营管理公司,集中管理村级集体经营性资产,转变村级集体资产各自为政、各自经营的管理模式,将村级集体经营性资产的经营管理集中到街道层面,坚持"统一管理、权属不变、符合产业发展、遵循市场规律、片区综合发展、收益合理分配"六大原则,积极探索"政经分开"改革模式下的经济发展新路径、新方式。加强古镇总体规划,加快对北桥古镇综合保护与开发利用论证,优化功能布局,美化生活环境,提升古镇综合形象,全力打造具有"乡贤、愉悦、生态"三道特征且具有江南特色韵味的古镇。以"三旅融合"发展为抓手,通过"三旅"工作的推进、旅游资源的开发,以贯穿各片区的旅游风景道为串联,将各村现有的节点资源有机融合,在提升沿线村庄环境的同时,进一步为富民搭建平台,鼓励百姓参与和融入民宿、农家乐、当地特色手工艺、乡村美食等自主创业项目,引导其到延伸产业链中增收致富。

六、狠抓基层党建和党风廉政建设

近年来,街道通过全面从严治党,旗帜鲜明讲政治,把党的政治优势和组织优势转化为推动发展的强大动力。下一步,街道将进一步深化党建引领社会综合网格化管理工作,以基层组织"六化"建设为核心,全面增强基层党组织的创造力、凝聚力、战斗力;发挥各基层党组织履行职责和领导核心作用,推动各基层党组织积分考核管理落到实处;加大非公企业党组织的党建工作力度,全面提升非公企业党建工作水平。进一步发挥好"关键少数"特别是各单位"一把手"的作用,带头旗帜鲜明讲政治,带头强化党性修养,带头严格自律、担当负责;引导广大党员干部不断增强"四个意识",发挥模范带头作用,进一步激发党员同志干事、创业的热情和激情。按照"20字"好干部标准,努力打造一支有激情、勇担当、堪重任的基层党员干部队伍。让想干事的干部有事干,能干事的干部有机会,干不成事、不想干事、怕干事的干部退出市场。调优配强各地各部门领导班子,进一步深化和拓宽基层年轻干部培养机制。继续深化"两学一做"的学习教育活动,开展好、参加好"周三午间一小时学习会"、村(社区)书记工作"双月谈""相城大讲堂"等专题学习,切实推动"两学一做"学习教育常态化、制度化。以"党建引领"为着力点,不断深化和丰富"情韵戏乡·党旗飘"和"三凤联倡"两个品牌建设。开展"树家风,促党风,带民风"系列活动,进一步加强正面典型的宣传和引导,进一步强化负面典型的警示和教育工作。不断深化党风廉政建设"两个责任"落实,坚持问题导向,突出抓早抓小,综合运用检查、督查、审计等手段和渠道开展日常监督。把握重点环节,严肃执纪问责,精准落实区委巡查反馈意见的整改,营造北桥风清气正的政治生态。

北桥街道将借助国家级开发区的载体优势,在习近平总书记提出的"绿水青山就是金山银山"的绿色发展理念的指引下,力争通过三至五年的不懈努力,在产业转型及优化、生态环境治理及保护、文化创新实践及引领、基层党建及社会管理、百姓创业增收及富民、基层党组织建设和党风廉政建设等六个方面取得新的突破,得到有力推动,真正还生态于自然、还自然于社会,打造出以文化为特点,以戏曲为特色,以生态为特征的江南文旅小镇。

(作者系相城区北桥街道党工委书记)

五、文化兴盛支撑高质量发展

聚焦"水韵苏州" 打造"东方水城"
——苏州创建国家全域旅游示范区路径研究

苏州市江南城市发展研究所 苏州市情研究中心

习近平总书记在视察江苏时指出,要努力建设经济强、百姓富、环境美、社会文明程度高的新江苏。江苏省第十三次党代会要求,要聚力创新、聚焦富民,高水平全面建成小康社会。苏州市第十二次党代会提出,要争当建设"强富美高"新江苏的先行军、排头兵。"强、富、美、高"四个新坐标构成一个有机的整体,涵盖了经济、民生福祉、环境生态和人的素质、社会治理水平。在新的发展阶段,苏州要当好先行军、排头兵,就必须结合苏州实际,把"强、富、美、高"目标具体化,找准突破口,探索新路径,启动新引擎。

无论从经济社会发展阶段来看,还是从人民群众消费需求来看,旅游业作为与经济、社会、文化、城市发展和市民素质都有极强关联度的综合性产业,将不可避免地推动相关产业发展以及整个经济的转型升级,对于培育发展新动能,推动大众创业、万众创新,建设生态文明,都具有十分重要的意义。第一,旅游业是最能体现"强富美高"新要求的产业之一。就"经济强"而言,旅游业集"吃、住、行、游、购、娱"六要素于一身,在整合资源、拉动投资、促进消费等方面优势明显。就"百姓富"而言,旅游业是地道的富民产业,就业门槛相对较低,对不同层次劳动力吸纳能力强,能为社会提供大量的就业岗位。就"环境美"而言,旅游业万元产值能耗仅为全国单位 GDP 能耗的 1/6 和单位工业增加值能耗的 1/11,是典型的绿色产业、循环产业、低碳产业,发展旅游业能有效降低资源消耗,减少环境污染。就"社会文明程度高"而言,旅游是人与人、人与社会、人与自然的互动,旅游业的加快发展必将有力带动城市设施的进一步完善、市民文明素质的进一步提升、城市形象的进一步塑造。第二,旅游业是新常态下经济增长的动力之源。新常态下,经济增长仍然要保持在一定的合理区间,但是,稳增长不是被动地稳增长,更不是消极地稳增长,而是要通过调整产业结构,激发经济内在动力,增强经济增长活力。旅游业兼具消费、投资、出口三驾马车功能,旅游业本身又是第三产业,旅游业与一产、二产融合,可以直接带动一产向三产提升,带动二产向三产转化,发展旅游业又能使人民群众得到实惠,得到收益。因此,面对稳增长、调结构和惠民生三大任务,旅游业具有独特优势。第三,供给侧结构性改革为旅游业发展提供了重要机遇。推进供给侧结构性改革,是中央作出的重大决策。旅游的供给侧也有总供给不足,有效供给不足,供给结构不合理、不科学的问题。从苏州旅游现状来看,黄金周期间,各重点旅游景区人满为患,交通拥堵、停车困难、吃住不便、景区拥挤、欺客宰客等问题突出,另外一些景区却是门可罗雀,无人问津,这突出反映了旅游供给结构不合理的问题。这就需要我们在着力增加旅游总量供给的同时,加快转变发展方式、调整产业结构,大量增加休闲度假产品、个性化旅游产品,提供全要素的生产率,提高有效供给,提升旅游供给的精准度。

近年来,国家旅游局提出旅游业要从景区向全域转变,即发展全域旅游。这一旅游发展战略的再定位,准确把握了新时期旅游业发展阶段性特征和发展规律,是旅游业自身发展的正确方向,更是整体推进经济社会转型发展的需要。2016年年初,国家旅游局公布了首批262家创建"国家全域旅游示范区"名单,苏州成为江苏省8家创建单位中唯一的地级市,这是历史赋予苏州的又一次难得的机遇,也是苏州争当建设"强富美高"新江苏先行军、排头兵的重要突破口。目标已经明确,路径如何选择?本文试就此作一些浅显的分析,供大家参考。

一、基础分析:苏州创建国家全域旅游示范区的核心竞争力在于水和城的和谐统一

习近平总书记多次强调"上有天堂,下有苏杭",并亲自推介"太湖之美""风景如画"。总书记在讲话中特别指出:"人们称苏杭为天堂,不仅是因为这里经济繁荣、社会安稳,而且还有自然风光、生态环境的美丽。"2015年11月,总书记在出席二十国集团(G20)领导人第十次峰会时,再次引用"上有天堂,下有苏杭"并释义,指出这两座城市"风景如画,堪称人间天堂"。总书记反复强调这句中国俗语,并多次亲自推介,这在我国的任何一座城市中都是十分罕见的。始

五、文化兴盛支撑高质量发展

建于2 500多年前的苏州古城,历史文化底蕴深厚,自然山水风光秀美,历来就以旅游城市闻名。其旅游资源之丰富世所罕见,既有园林之美,又有山水之胜。寺观名刹,遍布城乡;文物古迹,交相辉映。加以文人墨客题咏铭记,作画书联,更使之名扬中外。不论是列入世界文化遗产的苏州古典园林、中国大运河苏州段,还是列入非物质文化遗产的昆曲、古琴艺术等,名人故居、历史街区、水乡古镇、自然村落,都已成为苏州旅游的重头戏,深受海内外游客喜爱。自1982年至今,苏州先后被列为首批国家历史文化名城、全国重点风景旅游城市、国家古城旅游示范区、国家商务旅游示范区和全国休闲旅游示范城市等。凭借着这些金光灿灿的城市"名片"和"头衔",苏州在全国范围内已拥有较高的旅游知名度和良好的城市形象,可以说,这些都是苏州创建国家全域旅游示范区所具有的得天独厚的资源优势。但资源优势并不等于比较优势、竞争优势,更不等于核心竞争力。

所谓核心竞争力,顾名思义,就是竞争力的核心,它具有唯一性、独特性、垄断性的特点,偷不去,买不来,拆不开,带不走,溜不掉。江苏临江临海,河道纵横,湖泊众多,江、河、湖、海四水皆备,这个特征在苏州表现得尤为明显。苏州地处太湖流域、长江三角洲腹地,临江临海,是一座典型的因水而生、因水而兴、因水而美、因水而名的城市。苏州水系以古城为中心,向四方发散,数量众多,形成具有江南水乡特色的水文化空间。从苏州水系的空间布局、景观特色、文化传承来看,苏州城市的最大特点,就在于水和城的和谐统一、完美结合,这样的城市,不但在中国独一无二,在世界也不多见。这正是苏州旅游业的比较优势和竞争优势所在,也是苏州旅游业核心竞争力的基础所在。

1. 从空间分布看,"江河湖海"四水皆备孕育了古吴特色的地方文化

苏州地处太湖流域。现有各级河道2万余条,总长1 457公里。大小湖荡323个、421万亩。其中,500亩以上的湖荡129个,千亩以上的湖荡87个。水域面积约占全市面积的42.52%。太湖是长三角的母亲湖,吴文化的发源地。苏州古城依傍太湖,与水相生相伴,是吴文化中心。

水为吴文化的孕育、成熟源源不断地提供动力和养料,将具有浓郁古吴特色的地方文化通过水道向江海扩散,促成吴文化区域的形成。大运河在太湖与古城中间穿过,将沿运河城市如扬州、镇江、无锡、杭州与苏州紧密联系在一起。胥江西引太湖水,东注环城河,是古城与太湖联系的重要孔道。北连尚湖的元和塘,建立了古城与县级历史文化名城常熟稳定而持久的联系。代表着古城最

经典的历史文化遗存的平江河,纵贯古城,东出葑门,经环城河与运河相通,直达同里、周庄等江南水乡古镇。吴淞江西连金鸡湖、澄湖,东到上海,汇入大海。娄江一江挑两湖,南有金鸡,北有阳澄,流经昆山,从太仓浏河汇入长江。苏州"太湖为首,古城为心,立足江海,直面世界"的水系格局尽显水城融合、兼容并蓄的气质。

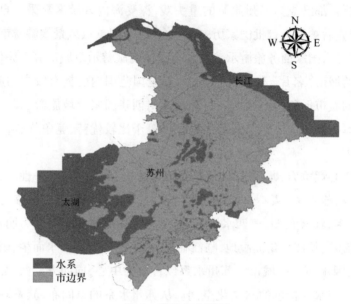

图 1　苏州市水系图

2. 从景观特色看,"四角山水"自然形态体现了丰富生动的城市特质、长期沿承的城市发展,使苏州形成了鲜明的"四角山水、河街相邻、枕河风貌、依水而居"的水城景观特色

一是四角山水的城市自然形态。苏城内外河湖密布,东北阳澄、东方金鸡、独墅,城南澹台、石湖,城西太湖、大运河,城北尚湖、十字洋湖。水流自西而东,穿过古城,下泄大海。城内外水系通过环城河互联互通,构成气息相应的有机整体。二是河街相邻、水陆并行的基本格局。线性的河道在城内纵横交错,与街道并行而前,将城市划分成较为规整的块状空间。流动的水使街景步移景换,并使城市有机地融为一体。高低错落的水边建筑使城市天际线曲折多变。城市肌理清晰,城市形态在规整中又有变化,充满生机。三是贴水建筑形成的枕河人家风貌。苏城建筑沿河而建,以低层的木构框架建筑为主,粉墙黛瓦,素雅精洁,与河水一起构成一幅优美的图卷。河道两侧的空间形态变化多样,分

布有码头、寺庙入口广场、桥头小广场等公共空间,是传统公众生活的场所,也是重要的空间节点。四是依水而居的水城生活方式。水是苏州城市的脉络,水上交通繁忙,水上市场流动,水文化形态丰富而又生动。千年延续的滨水生活,使苏州的城市精神与水文化密不可分。

3. 从资源特点看,"水趣古韵"造就了最具生气的旅游景观

河道水系是苏州城市景观中最具生气的元素。一是资源品类全。长江体现了滨江风情,太湖代表了优美生态,平江河、山塘河、上塘河凸显了传统风貌,金鸡湖体现了现代时尚。江河湖海的不同水体,全面反映了苏州城市人文与水乡风光。二是资源品位高。古城因水而筑,园林依水而设,昆曲水磨腔唱到了世界,水将两大世界遗产串联在一体。石湖内设世界遗产研究中心,有国际知名的华南虎养殖基地;太湖设立了国家旅游度假区,金鸡湖地处中国最成功的开发区,尚湖是国家城市湿地公园,均具备世界或国家级的影响。三是文化特色浓。以水为媒介的水城生活方式丰富多彩,既有城居的喧闹,又有田园的宁静;既有丰富的物质文化遗存,又有多姿的非物质文化旅游资源。2 500多年历史的"水趣"与"古韵",使苏州水体现了吴文化的博大与深厚。四是空间分布广。苏州水系以太湖为源头,古城为中心,四向发散,联结长江、大运河,将古镇、园林等各种优势旅游资源联结在一起。这既给历代苏州人创造了宜居的生活环境,也为城市带来了丰富生动、富于变化的景观风貌,使苏州成为东方水城的杰出代表。

因此,水和城的和谐统一、完美结合是千年古城苏州的最大特色,也是苏州旅游业的核心竞争力。创建国家全域旅游示范区,必须立足于此,做好水文章,打响水品牌,集中力量把东方水城打造成一个世界级旅游景点。

二、比较分析:苏州创建国家全域旅游示范区与兄弟城市相比,短板明显

"十二五"以来,苏州旅游业取得了长足进步,入境游客人数、国内游客人数、旅游总收入三项旅游业主要指标位于全省第一,旅游外汇收入占全省近60%,旅游产业增加值占 GDP 比例达 5.75%。特别是 2015 年,全市接待入境过夜游客 151.2 万人次,旅游创汇 20.02 亿美元,延续了 2014 年以来的"双反弹"态势,两项数据分别占全省总量的 50% 和 57%,实现旅游总收入 1 863.6 亿元,在全国城市中名列第七。可以说,苏州旅游的发展成果丰硕,但短板也十分

明显,特别是在发展思路、品牌塑造上,和国内先进旅游城市相比存在着不小差距。与创建国家全域旅游示范区的要求相比还有很多薄弱环节。我们感到,同有"天堂"之称的杭州是苏州重要的学习、比较对象,从杭州的旅游发展实践中可以得到诸多启示。

1. 在发展思路上,应注重顶层设计,突出"龙头项目","一盘棋"整体做强

旅游特别是全域旅游是一个系统工程,更是"一把手"工程。要实现旅游功能与城市的完全融入,需要城市决策者做好顶层设计,统筹协调,充分发挥核心优势,突出"龙头项目",以一发而牵全身,方方面面通力协作,整体推进。"多规合一"固然重要,"规规有旅"才是佳途。在这一点上,杭州不管是在理念还是在行动上,都远远走在苏州前头。早在20世纪初,杭州就把旅游作为促进区域协调发展的重大战略、作为增强城市综合竞争力的重要途径来抓,全力推进"旅游西进"工程。通过整合以"三江两湖一山一河两址"为重点的大杭州旅游资源,实现规划共绘、交通共建、市场共拓、产业共兴的目标。在构筑全市1小时半交通圈基础上,形成全市1小时半旅游圈,打造全市1小时半经济圈,进而增强杭州中心城区集聚辐射功能,带动杭州西部5县(市)加快发展,解决好杭州东西部地区发展不平衡问题,实现大杭州区域经济社会协调发展。在这一过程中,杭州市把旅游作为龙头,充分发挥旅委的统筹协调作用,市委主要领导亲自挂帅,旅游、规划、交通、财政、国土、城建、农业、水利、公安、城管等部门分工协作,形成合力,经过几年的努力,大旅游、大杭州格局基本形成。

反观苏州,长期以来,苏州旅游并没有真正被纳入全市经济社会发展工作全局,旅游发展规划与城市基础设施、城乡建设、土地利用、环境保护等各类规划脱节。旅委作为全市旅游工作的协调指挥机构,职能作用没有得到充分发挥,更多的是单纯的部门抓旅游,导致了部门联动机制缺失、综合治理机制缺失。对旅游缺乏整体性和全局性认识,以及部门、板块壁垒造成了板块之间、景点之间各自为政,各搞一套,项目多而小,散而乱,"吃、住、行、游、购、娱"不成体系,各要素杂乱无章。长期以来,苏州旅游遍地开花,亮点纷呈,但能够代表苏州的标志性旅游产品至今不见踪影。表现在产业规模上,2011年苏州旅游产业各项指标均高于杭州,但2013年情况开始反转。2011年苏州市旅游人次及收入分别为0.81亿人、1 196亿元,而杭州为0.75亿人、1 191亿元,人次数和收入指标均高于杭州,但入境收入指标却低于杭州。2013年苏州旅游人次及收入分别为0.96亿人、1 523亿元,杭州为0.97亿人、1 604亿元,人次数和收入各项指

标均低于杭州。截止到 2015 年年底,苏州市旅游人次及收入分别为 1.08 亿人、1 864 亿元,杭州为 1.24 亿人、2 201 亿元,人次数及收入各项指标差距与杭州逐渐拉大。从旅游增速看,以 2011 年为基期,杭州旅游人次数同比增速从 1.14 上升至 1.65,旅游收入增速从 1.17 增至 1.85,增长幅度较大;苏州旅游人次数同比增速从 1.11 上升至 1.34,旅游收入增速从 1.15 增至 1.56。由此可见,杭州增速处于加速状态,而苏州处于匀速状态,苏杭旅游增速差距逐渐加大。

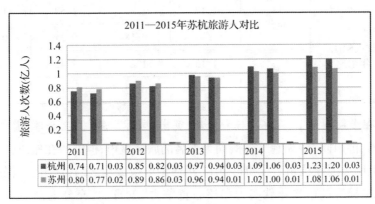

图 2 苏杭旅游总人次数、国内及入境人次数比较

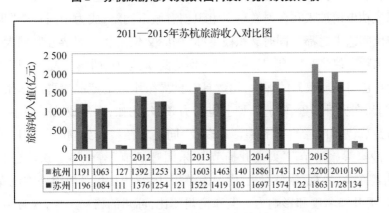

图 3 苏杭旅游总收入数、国内及入境收入比较

表1　苏杭旅游人次及收入增速比较

年份		2011	2012	2013	2014	2015
旅游人次同比2011年增速	杭州		1.14	1.3	1.46	1.65
			—	0.15	0.16	0.19
	苏州		1.11	1.19	1.27	1.34
			—	0.08	0.08	0.07
旅游收入同比2011年增速	杭州		1.17	1.35	1.58	1.85
			—	0.18	0.24	0.26
	苏州		1.15	1.27	1.42	1.56
			—	0.12	0.15	0.14

2. 在形象塑造上,应注重核心优势,突出"国际品牌","组合拳"整体做靓

苏州、杭州同有"天堂"之称,同为著名的旅游城市,但苏州在旅游国际化品牌塑造上明显弱于杭州。杭州自2011年西湖申遗成功之后,提出了"保护城市特色,就是提升城市文化软实力和核心竞争力"的理念,充分挖掘西湖文化景观、丝绸文化等优质资源,集合优势,积极走具有杭州特色的"国际路线"。2012年杭州成功申请加入联合国教科文组织创意城市网络,成为中国首个"世界手工艺与民间艺术之都",同时又积极主办"国际文化大会""世界互联网大会"等一系列国际会议。2015年,杭州又提出推动西湖、运河、西溪三大核心区块旅游产品的特色与品质提升的理念,构建具有世界级水准的产品集群。苏州在"十二五"期间在提升形象、塑造品牌上也着力颇多,比如,多年成功举办中国苏州国际旅游节、寒山寺新年听钟声活动以及"同里之春""春到湖畔""周庄国际旅游节""沙家浜旅游节""太湖开捕节""乐园啤酒节"等众多节庆。也和英国BBC、台湾东森、央视、旅游卫视、中国旅游报社、新华日报等境内外主流媒体紧密合作,提升知名度和影响力。但和杭州相比,苏州的格局不大,视野不宽,给人一种小打小闹、杂乱无章的感觉,多年前所提的"东方水城、人间天堂"品牌并没有在国际上真正打响,苏州园林似乎还是苏州唯一一张叫得响的"名片",苏州距离世界级旅游城市尚有不小差距。这主要表现在占比值上,2011年杭州旅游业产值占全市GDP比重的17%,2015年为22%,旅游业产值约占总产值的五分之一,说明旅游业是杭州经济发展的支柱产业和重点产业。2011年苏州旅游业产值占全市GDP比重的11%,2015年13%,旅游业产值约占总产值的

十分之一,说明旅游业在苏州经济发展中地位一般。在占比增幅上,杭州旅游业产值占全市 GDP 比重逐年增长,而苏州旅游业占比增幅几乎没变。从 2011 年到 2015 年,杭州旅游业产值占比增幅达 5%,占比增幅较大;而苏州旅游业产值占比增幅仅为 2%,占比增幅不明显。

表 2　苏杭旅游收入占全市 GDP 比重比较

(亿元)

城市	指标	2011	2012	2013	2014	2015
杭州	旅游总收入	1 191	1 392.3	1 603.7	1 886.3	2 200.7
	全市总收入	7 011.8	7 803.98	8 343.52	9 201.16	10 053.58
	旅游占比	17%	18%	19%	21%	22%
苏州	旅游总收入	1 196.21	1 376.24	1 522.9	1 697.78	1 863.6
	全市总收入	10 500	12 011	13 000	13 761	14 500
	旅游占比	11%	11%	12%	12%	13%

3. 在配套服务上,应注重品质提升,突出"细节打磨","一体化"整体做优

一体化的旅游公共服务体系是衡量全域旅游水平高低的重要标志,尤其是在旅游业态更趋休闲、出行方式更趋自由的形势下,公共服务体系的高标准显得尤为重要。近年来,杭州致力于构建人本化的旅游公共服务体系,打造智慧旅游三大平台,即智慧服务平台、管理平台以及营销平台。景区、酒店、旅游度假区等重点场所基本实现了免费 WIFI 全覆盖。优化大杭州旅游交通服务体系,实现了杭州旅游集散中心与四县(市)旅游集散中心旅游交通线路互通、客源互送、业务互联,地铁、公共汽车、出租汽车、"水上巴士"、公共自行车互补的五位一体城市旅游大公交体系,构筑了各交通枢纽及主要景区之间便捷、通畅的城市公共交通网络。在提升城市旅游的国际可进入性上持续完善机场中转旅游服务体系,对亚洲和国内短途廉价航空公司中引进入境游客和经营杭州旅游产品的实施财政补助政策。旅游服务热线 96123 一体化建设基本实现了全域化覆盖,全市旅游电话咨询实现"统一号码呼入、自动分区受理、属地解决咨询问题"。可以说,在建设"一体化"旅游公共服务体系上,杭州的表现可圈可点。尽管经过多年努力,苏州旅游公共服务体系也较为完备,但一体化程度还需提高。从全域旅游的视角来看,城乡非景区地带的服务供给不足,开放程度不高等问题依然存在。从城市角度看,建筑形态、色彩和城际线的美感度,各项

设施的美学追求,城市公园的开放空间,各种艺术小品和商店标牌的艺术设计,城市街区和游人的舒适度关系,各种博物馆、艺术馆、纪念馆、名人故居的艺术化呈现,城市中心区、休闲区、城市林地、城市餐饮住宿的精心打造等细节处尚显粗糙,品质不高,要充分认识到旅游在各种业态下表现出的美感尚有许多地方需要完善和提升。在旅游营销上,除了在旅游行政部门统一协调下的对外整体营销,以及旅行社以线路为产品的跨区域营销外,基本还处于各自为战、各自分销产品的阶段,不利于打造苏州整体旅游形象。表现在收入构成上,浙江旅游业中住宿、餐饮和购物比重较高,而景区游览比例较低;苏州旅游业则是景区游览比重极高,住宿很低,购物几乎没有。2015年浙江旅游业中购物比例为33.6%,占旅游总产值的三分之一,住宿和餐饮占比也较高,而门票经济却不明显。2015年苏州旅游业中景区和度假区收入占比超过50%,门票经济非常明显,但购物几乎没有。在资本主体上,浙江旅游业中民营经济主体地位明显,而苏州旅游业则是国有经济占主体,杭州旅游市场较苏州更加有活力。

三、路径选择:苏州创建国家全域旅游示范区应牢牢抓住水城融合这一核心优势,全力推进"东方水城"工程

全域旅游不仅需要细节的雕琢,更需要宏大的叙事。苏州处于长江三角洲腹地,通江达海,河道纵横,湖泊众多。拥有2500多年历史的苏州古城人文底蕴深厚,正如前文所述,苏州旅游的核心竞争力就在于水与城的和谐统一。因此,苏州创建国家全域旅游示范区必须放眼江苏全省,立足苏州全域,聚焦"水韵苏州",牢牢抓住水城融合这一核心优势,全力实施"东方水城"这一龙头工程,深度挖掘"江、河、湖、海"临水生态景观和文化,架构多业融合、全域联动的旅游发展新格局,突出并丰满苏州"东方水城"旅游形象,使之成为苏州旅游最大的强势品牌,为全省"水韵江苏"建设发挥好示范引领作用。

1. 以"三江、四河、五湖"构建"东方水城"主要载体

苏州江、河、湖、海四水皆备,但不是所有的河道都具备成为旅游河道的条件。应该确立标准,加以选择。我们认为,作为一条旅游河道,必须具备下列条件:河道自然形态较好,具有一定通航能力;河道旅游资源较密集,能提供游客多种体验;基础配套设施较好,能满足游客的多种需求;内外联通,能够形成环线,同时串联一些知名旅游吸引物,增强旅游竞争力;具有旅游改造的可行性。同样,作为以旅游及其相关活动为主要功能或主要功能之一的空间或地域,湖

荡亦需具备一定的条件。包括:湖荡水域宽广,具备一定的水上活动空间;湖荡水质较好,拥有一定的水生动植物景观;湖荡周边旅游资源分布相对密集,且具有显著的地方特色,能给游客提供多种体验;周边有完备的基础配套设施,能满足游客多方面的旅游需求;交通便捷,具有旅游开发的可行性。根据上述条件,我们建议,以"三江、四河、五湖"即7条河道和5个湖荡为主,构建"东方水城"龙头工程的主要载体。三江,即长江、胥江、娄江;四河,即大运河、环城河、山塘河、平江河;五湖,即太湖、石湖、金鸡湖、阳澄湖、尚湖。

2. 以"1-2-3-4-5"构建"东方水城"空间布局

按照特色互补、差异竞争的原则,结合苏州实际,根据各水体空间位置与场所特征,确定各区域、各廊道旅游主题及功能。我们认为,可以围绕"1-2-3-4-5"来进行空间布局,"1"即一个中心,把苏州古城确立为"东方水城"的中心。古城既是旅游资源的集聚地和服务基地,又是苏州城市生长机制的中心。以桃花坞河、临顿河、平江河、十全河、道前河、学士河组成水城内环,从艺术、生活、夜市等方面树立"东方水城"形象。"2"即平江河、山塘河与上塘河环线两条文化水廊。平江河是古城内南北向的重要水道,传统生活风貌保存最为完整。山塘河、上塘河以阊门为连接点,向古城西北和西面延伸,是苏州最为典型的因水成街的街市,把平江河、山塘河与上塘河环线确立为两条文化水廊,可以体现苏州独特的地域文化景观与滨水生活方式。"3"即环城河休闲观光带、京杭大运河观光带、沿江休闲观光带三条特色旅游带。环城河休闲观光带可水上看苏州,全面体验苏州独特风情。京杭大运河苏州段人文资源荟萃,与古镇周庄、同里一线相牵。长江沿岸具有丰富的生态湿地景观。"4"即娄江、胥江、元和塘、外塘河四条通道。娄江河道较长,开发商旅条件得天独厚。胥江是联系太湖、古城与大运河的主要通道,两岸吴文化沉淀丰富。元和塘沿线和外塘河生态物产丰富,美食休闲特色突出。"5"即太湖国家旅游度假区、石湖生态休闲旅游区、金鸡湖现代风情休闲旅游区、阳澄湖美食休闲旅游区、尚湖湿地生态旅游区五大特色旅游区。太湖是长三角地区的绿心,石湖佳山秀水,阳澄湖大闸蟹闻名于世,金鸡湖充满着浓浓的现代风情,尚湖动植物资源丰富,风光秀丽。"1-2-3-4-5"空间格局将苏州古城内外的旅游资源融为一体,构筑了以古城为中心、太湖为重点,以水为魂,以水为脉,环通互动的网络化格局,全方位体现"东方水城"的魅力。

图 4 "东方水城"空间布局

3. 以"太湖—胥江—大运河—环古城河—娄江(浏河)—长江"构建"东方水城"主要骨架

我们认为,应该将"东方水城"龙头工程定位为苏州最大的旅游项目,作为苏州最大的旅游品牌和城市形象来打造,因此,必须在更大平台上做足水文章。"东方水城"的发展主轴应依据太湖的水势与流向,由西而东,建构出太湖—古城—江海一线相牵的动态格局,根据这一发展走向,体现以古城为中心,太湖、长江为重点,环城河为中枢,大运河为依托,廊道为补充的"东方水城"旅游新格局。太湖、长江、大运河是"东方水城"的重点旅游资源,具有较高的国际知名度,太湖70%的水域面积在苏州,周边有江苏无锡、浙江湖州等地。大运河北连省内城市扬州、镇江、无锡等地,南通浙江,长江更是和沿江城市一江相连,旅游辐射作用明显,应作为重点开发对象。胥江至太湖一线,文化积淀极为深厚,尤以古吴史迹最为丰富。娄江(浏河)一江挑两湖,南有金鸡,北有阳澄,流经昆山、太仓入江,是太湖入江的重要水道,全长 53 千米,沿途所经之地众多,如苏州工业园区是中国现代工业园区的典范,昆山经济技术开发区是台资企业的摇篮,太仓港港口开发区是走向世界的开端。

通过环城河,可以和城内水系相连。古城内水系现存骨架为三纵三横,其所处空间位置不同,反映的文化特质也不一样,应选择标志性河道,体现苏州文化的丰富性,树立文化地标的地位。我们认为,古城内应着力提升"上塘河、山塘河、平江河"三条精品文化水廊。上塘河沿线有寒山寺、西园寺两大佛教著名寺观,宗教文化积淀深厚。山塘街典型地体现了苏州水巷的多种景观形态,具有独特的文化价值。平江河北起白塔东路,南至干将路,资源密集,区位优越,沿线有平江历史街区、苏州博物馆、观前商圈、拙政园、狮子林、耦园等,是最具有开发价值的河道。

通过环城河,又能向周边湖泊景观辐射联动。一是金鸡湖。金鸡湖是中国最大的城市湖泊公园,也是苏州工业园区人气汇集的焦点,经过多年建设,湖滨景观风貌极佳,充满现代风情,极具旅游休闲价值。二是阳澄湖。阳澄湖风光秀美,可以体验不一样的河湖风情。三是尚湖。尚湖是国家太湖风景区的重要景点,湖区宽广的湖面与十里虞山山水相映,通过环城河的联结,可以串连成一道美丽的风景线。

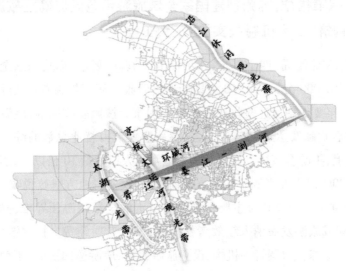

图5 "东方水城"主要骨架

4. 以"观光+休闲+度假+特色旅游"构建"东方水城"产品形态

苏州是吴文化的发源地,吴文化本质上就是一种水文化。苏州密布的水系绝妙地体现了苏州文化的本质与特色,使玄妙深远的文化得以具象展示。我们认为,"东方水城"旅游产品应立足于水,根植于城,以观光为基础、休闲度假为重点、特色旅游为补充,全方位构筑"观光+休闲+度假+特色旅游"的复合型、多元化产品形态。同时,要确立特色互补理念,树立精品意识、以整合资源为主,避免大拆大建。城内河道重点发展体验、休闲、文化类旅游产品,城外河道在发挥其旅游通道作用的同时,重点培育观光、休闲、特色类旅游产品。湖泊重点发展文化、生态、康体类为主的休闲度假产品。我们感到,开发"东方水城"旅游产品,着眼点必须是让游客借助于水、亲近于水、活动于水,并深度体验吴文化的博大精深。太湖应以绿色生态文化、健康休闲文化和山水文化为主题,胥江突出名人文化,石湖可以关爱自然、亲近生态为主题,大运河连接苏杭两个"天堂"城市,上塘河以宗教文化为特色,山塘街体现市井文化,平江河表现家居文化,环城河可看苏州的游览文化,元和塘可见购物文化,尚湖展现湿地生态,金鸡湖独具特色的是现代休闲娱乐文化,阳澄湖主要是以大闸蟹为代表的美食文化,娄江的商旅文化与长江通江达海的港口文化也各具魅力。这样,通过不同的水体,从不同层面,全面展示吴文化的风采,体现"东方水城"的独特魅力。

四、保障措施:苏州创建国家全域旅游示范区应确立旅游引擎战略,全力构筑"三大机制"、实施"三大工程"

按照国家旅游局"四个基本,八项标准"的验收要求,创建国家全域旅游示范区总分为1 000分,达到750分即为通过验收。从苏州旅游业实际发展状况来看,2018年要如期通过验收还面临很多困难。按照验收标准,旅游业增加值对GDP综合贡献要达到15%以上,旅游从业人数占就业总数的综合贡献要达到20%以上,年游客接待人次要达到本地常住人口数量10倍以上,当地农民年纯收入的20%以上要来源于旅游收入,旅游税收要占地方财政税收10%左右。同时,应建立由党委或政府主要领导牵头负责的全域旅游领导推进机制,将全域旅游创建或旅游发展纳入绩效考核范畴,设立专项经费支持旅游发展,设立旅游委或类似综合协调管理机构,设立旅游警察、旅游巡回法庭、工商旅游分局等类似功能机构,设立旅游数据中心,构建数据统计体系,创建旅游改革先行区、各级旅游综合改革、专项旅游改革试验区等,旅游住宿、旅游餐饮、旅游购物、旅游文化娱乐等配套设施应完善、到位。而据公开资料显示,2015年苏州旅游业产值占全市GDP的13%,2018年占比要达到15%,难度颇大。而旅游从业人数占比、农民纯收入占比、旅游税收占比在以制造业为主的苏州,尤其是苏州工业园区、苏州高新区、昆山市、张家港市难度更大。苏州也尚未将全域旅游发展纳入绩效考核范畴,旅游统计指标体系不科学、不合理,2015年购物指标贡献率为零,旅游购物仍以团队、一日游游客为主,缺乏散客购物通道,旅游文化娱乐活动缺乏,尤其是夜间文化娱乐活动严重不足。

五、文化兴盛支撑高质量发展

因此,创建国家全域旅游示范区,必须把旅游产业作为苏州的战略性支柱产业,把旅游作为拉动苏州经济社会发展的强大引擎,党政"一把手"亲自挂帅,各部门通力协作,全社会共同推进。我们认为,推进"聚焦水韵苏州、打造东方水城"龙头工程,必须改变以旅游资源单一要素为核心的开发模式,构建起旅游与产业、旅游与民生、旅游与城市功能完善相结合的开发模式,推动苏州旅游由资源开发向城市环境建设转型。必须改变以旅游部门为核心单打独斗的管理体系,构建以旅游领域为核心,党政主要领导挂帅,各部门齐抓共管的社会管理体系,推动苏州旅游由行业管理向社会管理转型。主要体现在"六个全",即全时空,在空间上做到全覆盖,在时间上实现全天候;全要素,吃、住、行、游、购、娱等要素配套协调,全产业链发展;全业态,一切资源都是旅游资源,旅游与三次产业充分融合,实现全面发展;全窗口,所有的管理部门和对外服务的社会机构都是旅游服务的窗口单位,都应展示旅游形象;全民化,旅游产品能满足人们不同消费需求,人既是主人,同时又是游客;全媒介,各部门行业和每一个苏州人都是旅游形象的宣传者、代言人,同时利用所有媒体和宣传机构推广苏州旅游。具体来说,就是要构筑"三大机制",实施"三大工程"。

"三大机制",即统筹协调机制、政策促进机制、考核评价机制;"三大工程",即人才工程、环境工程、智慧工程。

1. 统筹协调机制

全域旅游需要各产业融合、各部门配合、各企业整合,这依赖于政府的统筹协调。目前,从苏州市一级层面来说,已经有类似于旅委这样的机构来统筹协调全市的旅游业发展,但在实际操作上还是不尽人意,很多问题都源于地方保护主义和部门利益,要让全域旅游真正落地生根,真正成为主导拧成一股绳,就需要有一股绳的管理体制。"东方水城"工程是苏州创建国家全域旅游示范区的主要抓手,涉及的区域、部门众多,必须要有一个强有力的指挥机构统一领导,推动实施。我们建议,把"东方水城"工程作为苏州市一级层面的项目来抓,并参照"旅游特区"的做法,成立"东方水城"工程指挥部,市委或者市政府主要领导担任指挥长,旅游、规划、交通、财政、国土、住建、农业、水利、公安、市容市政等相关部门作为成员单位参与其中,统筹开发旅游资源、统筹安排项目资金、统筹行使管理职能。在统筹资源上,建议参照海南省的做法,成立旅游元素(所谓旅游元素,指的是组成旅游产品的最小单位元素,例如酒店、机票、景点门票、小交通、导游资源等)期货交易所,统一开发网上平台,把全市域所有旅游资源、旅游单位、旅游产品进行线上统一开发、管理和控制。在统筹资金上，建议财政部门设立"东方水城"项目专项资金，并积极向省争取，力争把苏州"东方水城"作为全省旅游重点项目，在省级旅游规划、资金配套、交通架构、区域协调上加大扶持力度。在统筹管理职能上，把相关部门的相关职能集中到"东方水城"工程指挥部，各部门抽调专门人员到指挥部办公，统一协调工程建设过程中出现的诸如规划、交通、治安、市容市政、资金、土地等问题，在公共服务体系建设、旅游综合执法、旅游国际营销、环城游憩带建设、古城旅游提升、智慧旅游建设、旅游产品创新等领域实行统一管理。制定"东方水城"建设项目规划，研究制定更具针对性的分行业、分阶段配套政策。按照"规规有旅"的要求，把"东方水城"建设纳入国民经济和社会发展规划，优先支持该项目及配套设施建设。

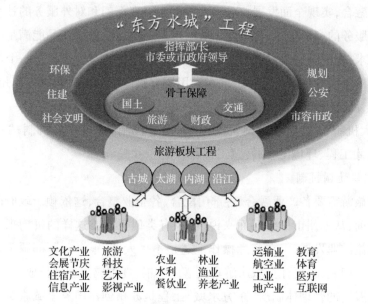

图6 "东方水城"组织架构

2. 政策促进机制

将"东方水城"工程专项资金列入财政预算，根据工程需求，逐年增加财政资金投入，重点用于旅游公共服务、产品创新、宣传营销、人才培养等方面。各地要将符合条件的旅游企业和项目纳入支持服务业、文化产业、古城产业转型、新农村建设、生态文明建设等专项资金范围。用好政府相关产业基金，积极拓展旅游企业融资渠道，鼓励吸引和支持社会资本参与全域旅游产业发展。业已成立的苏州文旅集团作为"东方水城"工程的开发主体实施开发，实行项目化管

五、文化兴盛支撑高质量发展

理。并以此为平台,通过参股或新组公司等,引入旅游产业投资运营商。鼓励投资者以合资、合作、股份制、PPP等多种形式参与旅游基础设施建设和旅游项目建设运营。支持文旅融合类项目享受科技、文化创意、总部经济等用地政策。支持符合条件的旅游企业上市,探索发展旅游项目资产证券化产品,探索项目产权与经营权交易平台建设,完善旅游资本市场运作。积极争取国家政策试点,特别是在旅游业便利化营商、入境旅游便利化、旅游消费、资金奖励等方面争取政策突破。

3. 考核评价机制

一项好的政策和措施,如果没有好的约束考评机制,将只能是一纸空文、一句空话。为了保证各项政策制度得到落实,加快形成推进"东方水城"工程的合力,应强化市政府对发展全域旅游的目标考核,将旅游项目建设、旅游基础设施建设、旅游经济效益、旅游服务质量等考核指标纳入政府目标责任制考核体系,对全市重点旅游板块、涉旅部门和重点旅游企业加大旅游专项考核力度,明确责任和义务,实施"一票否决"制。建立"领导联系、季度例会、督查通报、年终考核"的常态化运作制度,指导督促各地各部门落实各项工作任务。

4. 人才工程

人才是创建国家全域旅游示范区的重要保障。我们建议,在市级层面应设立专门旅游人才专项资金,推行"人才绿卡"政策,支持企事业单位引进领军、重点、国际化旅游人才。通过动态培训和分层培训等多种形式,举办旅游人才专题培训班,邀请国内外知名旅游专家开讲座授课,提升苏州市旅游从业人员的专业素质和服务水平。结合乡村旅游发展和建设实际,鼓励大学生、专业技术人员、文艺界人士到乡村创作、创业。重点扶持区内旅游企业,苏州旅游与财经职业技术学校可探索订单式人才培养模式,为苏州市全域旅游发展量身定制人才。建立苏州市全域旅游专家咨询制度,在条件成熟时成立苏州旅游智库,为全域旅游发展提供智力支撑。

5. 环境工程

环境是创建国家全域旅游示范区的重要基础。要按照一体化的要求,在交通、信息、标识、厕所、酒店、营销等方面,用"中国工匠"的精神精心打磨每一个细节,实现旅游功能在城乡的完全融入,努力营造良好的旅游环境。城际旅游交通组织是全域旅游的关键要素,应实现跨城市间、跨城乡间的旅游交通无障碍便捷体系。城市游客集散中心更应当成为全域内信息互通、组织一致、客源互换的游客集散体系。目前,"苏州好行"已经取得不俗的业绩,但仍有很大的域内联动空间,可以在全市域通过互通旅游车、互惠对方游客等方式,实现市域内旅游的无边际。旅游咨询中心应实行全市域联动服务,互相投放旅游信息资料,整体推出苏州全域旅游产品,形成大旅游格局。旅游信息咨询中心应强调温馨、人性化,可以通过行政和市场共同设立的办法,选择一些小型商业门店,增设旅游咨询柜台,提供常规、标准化的旅游咨询服务,政府对这些柜台每年予以适当补贴,以保证游客无论走到哪里,都能得到旅游咨询点的帮助。完善城乡旅游休憩系统,如在街区合理配置椅凳,适当增加游憩项目,增加对一些小众化旅游项目的目标指引等。在全市的旅游空间,尤其是在博物馆、旅游集散区、城市著名休闲中心,以及著名的旅游景区,可以构建起完备的旅游志愿者服务。这种人性化的服务是对全域旅游公共服务体系的重要补充。建立一体化营销格局,共同确定游客目标市场,共同推出旅游产品,共同选择营销模式,营销经费整体投放,以取得一加一大于二的效果。如在苏州地区,太湖分属吴中、吴江、高新区三地,可以形成太湖大旅游圈概念,集中推出太湖旅游产品,进一步打响太湖旅游品牌。

6. 智慧工程

观光旅游时代,旅游管理依靠"人治",全域旅游时代,旅游管理应依赖技术,用数据说话。应将智慧旅游作为智慧城市建设的重要组成部分,借助本土大数据公司技术优势,建立数据采集更新机制、数据互通共享机制、数据安全运维机制,逐步实现数据采集、数据交换、数据分析、科学决策和应用开放,构筑集行业管理、公共服务、决策分析于一体的苏州智慧旅游综合平台、旅游综合监管平台和旅游公共服务平台,力争建成全国旅游大数据示范区。全面完成3A级以上景区、三星级以上饭店、游客集散中心免费WIFI全覆盖,加快推进车站、码头、城市人员集中的公共场所免费WIFI覆盖,继续推进景区电子门禁系统、语音导览系统、视频及流量监控系统建设,着力提高全市旅游管理部门及旅游企业智慧服务、智慧营销、智慧管理的综合水平。

苏州沿江地区生态保护和发展的思考和建议

王建国

党的十八大以来,习近平总书记先后对长江经济带发展作出了一系列重要指示,沿江11个省市深入贯彻落实"共抓大保护、不搞大开发"的理念,积极探索生态优先、绿色发展的新路子并取得积极成效。2018年4月,习近平总书记在深入推动长江经济带发展座谈会上再次强调,必须把修复长江生态环境摆在压倒性位置,共抓大保护、不搞大发展,进一步为长江生态保护和发展指明了方向。笔者结合常熟地区生态保护和发展的实践,对苏州沿江地区生态保护和发展提出一些思考和建议。

一、常熟的实践有哪些?效果怎么样?

苏州是长江经济带上的重要城市,沿江岸线总长约156.7千米,下辖的张家港、常熟、太仓均在沿江区域,其中常熟段境内长江主江堤长31.2千米。党的十八大以来,常熟坚持走"绿水青山就是金山银山"的发展道路,认真贯彻落实习近平总书记关于长江经济带发展的战略部署,突出生态优先、绿色发展,以打好污染防治攻坚战为重点,以推进"263"专项行动为抓手,扎实推进长江生态修复和环境保护,高标准高质量建设长江生态屏障,先后获得全国文明城市、国家生态文明建设试点城市等称号。在生态保护的持续推进中,产生了良好的生态效益、经济效益和社会效益。

一是整体生态环境持续好转。以开展"263"专项行动为抓手,项目化落实重点整治任务,集中解决了一批突出环境问题。严格贯彻"大气十条",大气环境质量持续改善,PM2.5平均浓度持续下降,空气质量优良率达71.8%。加强环境基础设施建设,建成城市污水处理厂11座,污水管网达到2 750千米,城市和农村污水处理率分别达到98%和81%。持续推进河长制和"畅流活水"工程,全市断面水质达标率74.3%。

二是特色生态软环境不断优化。近年来,通过扎实推进以铁黄沙半岛为核心的沿江生态经济圈,以虞山、尚湖为主的生态核心圈,以昆承湖、沙家浜、南湖为主的生态涵养圈建设,打造望虞河、海洋泾、常浒河三条绿色长廊。常熟特有的"三横三纵"市域生态格局逐渐在城市发展、产业升级、招商引资、人才聚集等方面发挥越来越重要的正向吸引作用,日益成为城市软实力的特色优势。

三是产业转型升级效果初步显现。常熟沿江区域有2个化工集中区,涉及化工及相关仓储企业80多家,环境隐患存量大、风险等级高,随着环境执法力度的不断加大,沿江化工行业优化提升和船舶码头污染治理两个专项行动深入推进,倒逼企业提升环境治理能力和开展循环化改造。关停并转化工企业3家,整治污染船舶码头17个,华润电力、常熟电厂两家大电厂所有机组全部完成超低排放改造,目前两个园区已分别建成国家级、省级生态工业示范园区。2018年5月,央视对常熟主动放弃铁黄沙深水港建设优势,转向生态开发打造生态经济圈的做法予以专题报道。

四是群众环境需求逐步满足。围绕群众对美好环境的需求,突出加强生态湿地建设,全市自然湿地保护率由2011年的5.5%提高到目前的52.9%,拥有国家湿地公园2处、省级湿地公园2处,获得全国湿地保护先进县(市)、生态建设示范市和生态园林城市的荣誉称号。围绕群众反映强烈的环境问题,累计立案查处环境违法案件超过1 000件,处罚金额近6 000万元。扎实开展"散乱污"治理,累计关停取缔电镀、印染等行业"散乱污"企业500余家,完成整改4 500余家,群众因"看得见"的环境改善带来的获得感不断增强。

二、当前的短板在哪里?根源是什么?

在看到生态保护和发展取得成效的同时,我们也要正视苏州沿江区域发展的短板和薄弱环节,其主要表现及根源是:

一是区域协调机制不完善,协同发展尚需谋划。发展是第一要务,沿江城市既要面对日益激烈的县域经济竞争压力,也承担了沿江绿色发展的重担。当前,沿江城市在产业布局、航运物流、港口开发等方面,不同程度存在零和博弈和同质竞争的现状。主要原因是缺乏区域协调发展的系统化顶层设计,上下游生态补偿机制尚未正式建立,协同发展的机制仍需统筹谋划。

二是产业结构调整压力大,转型路径尚待突破。苏州沿江城市重化工产能

五、文化兴盛支撑高质量发展

聚集度高，产业结构偏重，环境隐患突显。以常熟为例，沿江的常熟经济技术开发区和新材料产业园，仍然存在工业污染物排放总量基数较高、减排难度大等突出问题，新旧动能转换压力较大。主要原因是以投资和要素投入为主导的陈旧发展思维仍未完全消除，腾退化解旧动能的力度还不够大，推动创新、绿色循环、低碳发展的路径和举措尚待突破。

三是保护投入来源偏单一，资金渠道尚需拓展。当前，沿江城市在生态保护和发展上持续投入了大量资金，但投入资金来源主要是公共财政资金，主要集中在公共环境产品建设，对产业升级、污染治理实施财政扶持和税收优惠。面对后续环保公共产品投入及产业升级的紧迫需要，单一公共财政资金投入渠道已明显不足，资金渠道需要进一步拓展。主要原因是引入社会资本参与生态环境保护与开发的制度供给还不充分，市场在资源配置中的基础性作用尚未完全发挥，吸引社会资本投入的市场化框架还未成形。

四是生态环境风险隐患突出，攻坚治理尚待加强。因早期产业布局不尽合理，沿江化工、印染、电镀等行业污染问题较为突出，生态环境保护的形势依然严峻。此外，当前办理的长江水域倾倒垃圾、长江航道非法采沙、非法捕捞等案件中，执法主体既有交通部长江航运公安机关，也涉及沿江各地的环保执法机关和公安机关，各地各部门执法信息共享存在壁垒、部门联合协作运行不畅。主要原因是既要面对存量隐患消除，又要应对新生污染整治，现有环境执法力量难以应对，同时，跨地区、跨部门的执法基础信息共享平台尚未建立，联合执法的协作机制仍需完善。

三、今后的方位在何处？先机怎么抓？

笔者认为，沿江地区生态保护和发展要深入践行习近平生态文明思想，坚守"共抓大保护、不搞大开发"的原则，放大通江达海的地理优势、商贸繁荣的经济优势和原生态资源的禀赋红利，抢抓长江经济带发展和长三角一体化发展的战略机遇，实现生态环境高质量发展。具体可以从以下工作着手：

一要系统谋划，协调布局，串"珍珠"为"项链"。要跳出苏州看苏州、跳出沿江看沿江，站在长三角一体化的高度，系统谋划苏州沿江地区发展，结合"多规合一"，加快编制沿江地区总体规划，合理规划布局符合生态环境功能定位的产业类型和规模，制止无序开发。要加强顶层设计，充分发挥沿江城市既有特色优势，有效协调整合同质化产业，比如现有沿江化工园区的整合、港口码头错位发展,做大做强优势产业形成"珍珠",统筹利用规划沿江岸线资源串联成"项链"。同时,要相应建立健全生态考评体系和上下游生态补偿机制,积极借鉴浙江建立省内流域上下游横向生态保护补偿及江苏省太湖流域生态补偿的经验做法,打造生态利益和经济利益共同体,实现产业共谋、环境共治、责任共担。

二要生态优先,升级转型,既"添绿"又"留白"。既利用好政府调控的手去处罚严重污染的企业,也发挥好市场导向的手去淘汰落后产能,充分利用将排污费改为环境税的契机,配套健全财税政策,加大对绿色制造、绿色化学、绿色能源等产业的扶持力度,让企业在生态优先发展导向下尝到甜头,为产业发展"添绿"。要坚持"留白"的理念,设立生态"禁区",科学划分岸线功能区,减少产业过度发展带来的生态环境超负荷,在产业发展的同时加大生态公共产品供给和开发,推进湿地建设、生态长廊建设和生态圈建设,统筹利用苏州沿江4万多公顷的湿地资源,加强常熟铁黄沙、张家港双山岛等生态项目开发,实现生态惠民、生态利民、生态为民。

三要市场导向,多元投入,转"独奏"为"合唱"。政府要积极转变生态保护和发展投入模式,通过加强制度设计,积极引入社会资本盘活优势生态环境资源,变资源为资本,实现生态效益和经济效益的双赢局面。在生态资源保护开发方面,要鼓励市场主体投资开发生态项目,发展新型环保商业形态,以政府购买服务的方式积极引入社会资本投入到污染防治。在环保产业发展方面,把环保产业当作战略性新兴产业予以重点扶持,优先支持环境基础设施建设、环保设备制造、环保服务等领域的创新企业发展,加快攻克关键共性技术,推动科研成果转化应用,做大做强环保产业集群。

四要强力治污,联动执法,打好"攻坚战"和"持久战"。坚决打好污染防治攻坚战,深入推进"263"专项行动和"散乱污"治理,重点整治水源地环境问题、城市黑臭水体,加快危废安全处置设施建设,提高环境问题处置能力。全面梳理沿江环境风险,编制苏州沿江重大环境安全风险动态地图并及时更新,同时完善重大风险隐患联防联控机制,对重大事故隐患实施联合挂牌督办。严格环境执法,扎实推进中央环保督察问题整改工作,加强跨地区、跨部门执法信息共享和联合执法协作,依法从严从快打击长江水域非法排污、非法采砂、非法捕捞等破坏沿岸生态行为。创新保护举措,适时启动长江环境保护领域公益诉讼,让污染者承担修复生态环境的法律责任。加大追责问责力度,对损害生态环境的领导干部进行真追责、严追责,确保生态保护工作落到实处、见到实效。

(作者系中共苏州市委党校43期县处班学员,常熟市人民政府副市长)

五、文化兴盛支撑高质量发展

苏州乡村"生态+"发展的几点建议

肖 锐

苏州要想如期完成乡村振兴战略"时间表"中的"任务图",应把"生态+"发展作为杠杆,撬动产业兴旺、生态宜居、乡风文明、治理有效、生活富裕,让"生态+"发展模式产生最佳裂变效应,走出具有苏州特点的乡村"生态+"发展模式,促进乡村生态、生产、生活、生意"四生融合",实现乡村生态保护建设制度化、具体化、项目化、资产化,提升乡村生态红利的"可感度"和"含金量",率先在乡村振兴工作中取得实质性进展,率先展现农业农村现代化的现实模样,走出一条具有苏州特点、体现标杆水平的乡村振兴道路,为全省乃至全国的乡村振兴作出有益探索、提供可行路径。

一、"生态+"接二连三,实现产业兴旺

乡村的发展一般依赖于优越的自然生态。自然生态即泛指的绿水青山,包括地形地貌、水文矿产、气候风向以及山水林田湖草等自然资源。自古以来聚落分布遵循顺应自然、区位择优的规律,自然生态对于乡村空间的形成与发展来说,是"有此为必然,无此必不然"的重要因素。因此,苏州需要把具有吴地特色的自然生态以及"四个百万亩"转化为金山银山,实现产业兴旺。

第一,"生态+"养山养水,转化为"金山银山"。

自然生态是产业发展依赖的基础。因此,苏州要依靠山水林田湖草、小桥流水、江南水乡、"四个百万亩"等自然资源,遵循"靠山养山、靠水养水"的原则,将其培育成自然资源优势,再通过"生态+"二、三产业,形成生态产业链,并转化为经济优势,实现一、二、三产融合发展的乡村经济产业体系的现代化。一是寻找"靠山养山、靠水养水"的最佳平衡点。乡村的产业应走绿色生态发展之路,生产生活的开展应重点考虑环境的承载力,控制生产生活对环境的污染,保障生态的可持续发展。二是乡村规划要顺应地形地貌,依存山水林田湖草的现

有脉络,严禁出现挖山填湖、破坏水系、破坏生态环境等对抗自然的行为。三是在乡村风貌营造上,建筑、景观、社区、产业设施、旅游设施等应与当地的山水风貌、自然环境、生物群落等相互协调,通过绿地系统、活水系统、景观节点系统、环境治理系统的构建,形成人工环境与自然环境相互协调、互相共进的格局。

第二,"生态+"三产联动,实现乡村产业体系现代化。

乡村振兴战略中提出的"产业兴旺"不再仅仅是农业兴旺,而是一、二、三产融合发展的乡村经济产业体系的现代化。因此,苏州要基于乡村发展的规律,创新乡村产业新业态,走出具有苏州特点的一、二、三产融合发展的乡村现代化路径和模式。一是"生态+"农业,产业重组型融合,即引入历史、文化、民族以及现代元素,对传统农业种植方式、村庄生活设施面貌等进行特色化改造,鼓励发展多种形式的创意农业、景观农业、休闲农业、农业文化主题公园、农家乐、特色旅游等。二是"生态+"产业链延伸型融合,将资本、技术以及资源要素进行跨界集约化配置,使农业生产、农产品加工和销售、餐饮、休闲以及其他服务业有机地融合在一起,使得乡村一、二、三产业之间紧密相连、协同发展,形成"现代农业+旅游、养老、康健、体验"等多元产业,使农业从过去只卖产品转化到卖风景、观赏、感受、参与、绿色、健康,最终实现农业产业链延伸、产业范围扩展和农民增收。三是"生态+"其他产业交叉型融合,形成产业新业态,探索"现代农业+互联网"的业态形式,构建依托互联网的新型农业生产经营体系,促进智能化农业、精准农业的发展。通过先进技术对农业的渗透型融合,在"互联网+"的影响下,实现农业在线化、数据化,生产经营做到在线监控管理,农产品实现线上预订、结算,线下交易、销售。

二、"生态+"精神物质,实现生态宜居

党的十九大报告指出:"建设生态文明是中华民族永续发展的千年大计。"乡村振兴战略用"生态宜居"替代"村庄整洁"是乡村建设理念的升华,是一种质的提升。因此,苏州要用"生态+"杠杆撬动精神生活,实现生态宜居的目标。

第一,"生态+"精神生活,营造理想生活方式。

乡村不仅是经济发展的一个带动结构,也是人们美好生活方式的载体。如今,传统的吸引人们聚集的要素已经发生了变化,尤其在财富积累达到一定程度后,人们更多追求的是一种架构在精神层面的生活方式。未来无论是城市与城市、城市与乡村、还是乡村与乡村之间的竞争,都更多的是一种生活方式的竞

五、文化兴盛支撑高质量发展

争。因此,对于苏州来说,乡村要具有生态宜居的优势,理想生活方式的营造必不可少。一是打造"生态+"理想生活方式。乡村除提供完善的生活服务外,最重要的还在于生活方式的打造。生活方式对追求高品质生活质量的高层人才有着极强吸引力,通过提高生活舒适度,可以大大增加人才聚集效应,而乡村恰恰是这一生活方式的最好载体。因此,苏州乡村可以通过培育发达城市寻找不到的简单宁静、返璞归真、寄托乡愁的慢生活,实现理想生活方式。二是利用"生态+"不可比拟的优势。大城市的生活面临着房价高、压力大、交通堵、空气差等"大城市病",人们渴望从中逃离。因此,苏州实现乡村生态宜居必须要更新生态环境观念,把农耕文明的精华和现代文明有机结合起来,使传统村落、自然风貌、文化保护和生态宜居诸多因素有机结合在一起,营造出理想生活方式。特别是对于小城镇尤其是城市边缘的乡村来说,在生态环境、空气质量、生活节奏等方面有着大城市不可比拟的优势,让营造"上有天堂、下有苏杭"的理想生活方式更为直接简单。

第二,"生态+"物质基础,奠定宜居宜业保障。

有资料显示,在欧洲一些国家,只有约30%的人口居住在大城市,而约70%左右的人居住在小城镇。小城镇的魅力除了就近就业生态环境和生活方式外,居住在此的人还能够享受到与城市相同的医疗、教育等公共资源与社会资源,这也是很重要的一个保障。因此,对于苏州来说,乡村要打造理想生活方式、营造生态宜居优势,必须要用"生态+乡村物质基础,打造出与乡村发展特征、居民群体特征相适应的完善高效的乡村公共服务和基础设施,满足人们关于交通便捷、就近就业、生活便利的基本需求。一是按政府主导、多方参与的思路,进一步加大乡村基本公共服务的力度,形成政府、村自治组织、市场三方供给主体,建设服务乡村的文体、教育、医疗卫生、就业和社会保障、乡村基础设施和环境建设、农业生产服务、社会管理等。二是按照生产、生活、生态建设乡村基础设施。其中,生产类基础设施建设以农田水利设施为代表,根据农业发展需求,加大资金投入,逐步实现农业产业化标准。生活类基础设施建设以交通、电力、生活污水处理设施、无害化卫生厕所改造建设为主。生态类基础设施建设则要全面推进乡村清洁工程、清扫清运机制。三是乡村的生态宜居不仅仅要本地农民宜居,也要异地人宜居。乡村居民不再是农民的概念,不再以乡村传统的户籍、土地进行划分,而只是一个地理学意义上的居住人群。乡村居民除包括在当地拥有户籍、拥有土地的农民外,还包括众多没有土地的外来人口。

他们可以是以当地产业为核心的职业农民、产业居民、乡居创客;也可以是以休养度假为主要目的的养老居民、疗养居民、度假居民;还可以是寻找创作灵感、追求田园梦想的艺术居民、生活居民等。

三、"生态+"根植文化,实现乡风文明

经过上百、上千年发展,沉淀下来的历史文化是乡村的文化核心,也是其特质与精神的集中体现。过去,在我国"运动式"城镇化的推进过程中,大量的文化遗存被遗弃,高楼大厦入侵,导致乡村本身特质逐渐消失,"特色化"无从体现。因此,苏州在乡村振兴规划中应将独有的历史记忆作为塑造特色与培育精神标识的核心,实现乡风文明。

第一,"生态+"活化传承,守护乡村文化。

文化是乡村的灵魂所在,决定了乡村的风情、气质与精神。没有文化的乡村,就像是没有灵魂的人,无法形成独有的特色。因此,苏州可以从构建生态文化入手,培育"特色化"乡村精神标识。一是综合考虑自然生态、人文资源、历史发展脉络、现有发展基础等,寻找到适合小镇、能够概括小镇内涵的文化主题,体现本地优秀传统文化,增加文化自信,严禁盲目崇洋媚外,乱起洋名。二是文化活化。文化是无形的,很难看得见摸得着,也很难产业化,需要借助有效途径来进行活化、体验化、产品化。将文化元素进行解构,并运用到家居、景观、基建等各个方面;借助于旅游,打造场景化、情景化、游乐化、参与化的文化旅游产品,通过旅游强大的通道作用,将文化内涵传达出去;培育一批文化传承人和工匠,建设一批生产、传承和展示场所。三是文化更新。传承传统文化,并不是要一味地全盘接受,也不是要一成不变。其中的精髓部分要不遗余力地保护并发扬光大,但同时也应结合现代人的需求与思维习惯,形成善于接纳、善于融合、善于创新的文化更新体系,让乡村在塑造特色精神标识时,保持传统文化的生命活力。

第二,"生态+"风情风貌,涵育文明乡风

乡村在发展中一定要充分体现其特色"形态",包括独特的风格、风貌和风情。风格体现了乡村的性格和个性,风情是以历史文化、生活方式、风俗习惯等软环境为基础形成的文化价值,而风貌的确定既要遵循生态基础,又要以历史文化为导向,以乡村的地形地貌为依据。因此,苏州的乡村在风情风貌的设计过程中,如何寻迹吴地之属性,形成吴地特色的风情风貌至关重要。一是需要

按图索骥、由表及里地寻找其独特之处。江南水乡优美的自然生态环境,科学布局的人文景观,魂牵梦绕的白墙黑瓦,水路并行、河街相邻的水乡空间格局,给现代人留下了挥之不去的"乡愁"记忆。留存吴地水乡古村落历史空间肌理、街巷传统格局尺度,会集中代表吴地水乡村落的风貌特色。二是需要秉承传统村落的历史风貌,主要涉及场地资源和场地空间两个方面;包括一定地域环境内具有的物候种类和历史人文,决定乡村的具象风格和内在属性。全面保护江南水乡"小桥流水人家"的传统风貌、"粉墙黛瓦里巷"的村落遗痕,在乡风文明建设中"再现光彩"。

四、"生态+"现代治理,实现治理有效

乡村振兴并不是乡村人口向城市的高度集中,也不是乡村生产、生活方式的完全城市化。乡村振兴是产业与生活融合、产业与社会融合的一种乡村自发的发展模式。随着新型工业化、城镇化加快推进以及农村改革不断深入,乡村正经历着前所未有的变化。农业生产方式、社会结构的变化在促进农业发展、农村进步、农民富裕的同时,也给乡村治理带来了一些新问题。因此,苏州需要探索一套有别于城镇化的乡村现代化治理体系。

第一,"生态+"生态制度理念,促进乡村社会治理。

生态制度建设是乡村治理创新顺利进行的必要条件。和谐优美的生态环境与村民的生产生活紧密相连,生态环境也就成为村民最关心、最直接、最现实的利益问题。因此,苏州要完善生态保护制度,保障推进乡村社会治理创新。一是通过生态制度建设,解决村民期盼的生态环境问题。山清水秀、蓝天白云、生态优良、环境优美,是村民过上幸福美满生活的前提条件。经济快速增长引起的生态环境恶化不仅给村民的生产、生活造成极大不便,而且也会影响健康,不利于村民幸福生活的实现及社会治理创新工作的推进,这种现象必须要引起高度重视。二是加强生态制度建设,让村民拥有生态优良、环境洁净的生存空间,才能有效推进乡村社会治理创新,让改革发展成果更多更公平惠及全体村民,让人民过上更美好生活,促进自然生态与人类需求相和谐的辩证平衡,保障村民的生存权、发展权等基本民生权利。

第二,"生态+"法治、德治、自治,创新乡村社会治理。

党的十九大报告指出:"加强乡村基层基础工作,健全自治、法治、德治相结合的乡村治理体系。"这为乡村治理体系的改革与完善指明了方向。因此,苏州

需要使自治、法治、德治既各司其职又形成合力,为乡村振兴提供机制保障。一是通过制定并严格实施村规民约,提高村民的自律、自治和自我保护能力。制定村规民约,呵护公序良俗,是对传统社会优秀遗产的继承,是成本较低、效率较高的乡村基层制度。村规民约往往凝聚着村民们在价值认知和行为规范方面的共识,对于规范村民言行的约束力更强。二是法律作为强制约束力,在人情关系复杂的乡村,最具说服力和公信力。法治是乡村治理的底线,也是"硬治理"。通过法治才能从根本上引领和保障乡村社会公平正义的实现、社会诚信的促进,确保良好乡村社会秩序的建立和维护。三是通过乡贤文化夯实乡村治理的道德基础。无论是法治还是自治,都要通过德治来体现和引导,才能有效破解在乡村治理中法律手段太硬、说服教育太软、行政措施太难等问题。因此,苏州要激活人才要素,促进新乡贤"上山下乡",培养造就新时代的新乡贤。一般来说,由于乡村的诗意与文化传统根源,更易聚集理想主义者,而这些人往往是知识层次较高、社会责任感较重的社会发展核心力量。他们在乡村聚集,用他们身上散发出来的文化道德力量教化乡民、反哺桑梓、泽被乡里,参与乡村建设和治理,必将形成乡村新的文化土壤与自治结构。

五、"生态+"运营多元化,实现生活富裕

农村集体经济的发展主要是依赖卖地、建厂、出租的传统方式,一半以上的集体资产由土地转化而来,大部分收入来源于物业出租,集体资产的保值和增值主要靠土地转让收益,随着土地资源的逐渐减少以及物业价值折扣,集体资产的保值将难以持续。因此,苏州要积极探索由地产收益向综合收益转变的运营模式,拓宽盈利渠道。

第一,"生态+"政经分开,推进农村集体经济经营模式多元化。

一是政府主导。政府主导并不意味着政府包办,政府发挥主导作用,重点在于政策制定、统筹规划、运营引导、优质服务等。二是企业主体。引进优质企业,积极参与股权投资。可以用闲置多年的工业区、厂房通过招商引资,股权合作的模式,吸引一些优质企业,引导集体经济盘活社区旧工业园区,有效推动集体经济从单一的租赁经济向多元化发展转型。三是市场运作。就是充分利用上市公司的市场发展前景和成熟的市场运作能力,培育和孵化出自己的上市公司,让村民成为股东,从实体经济的资本运作中得到幸福感和获得感。还可以将富余资金,与专业机构合作,购买信托理财产品、银行理财产品;与国有控股

五、文化兴盛支撑高质量发展

企业合作投资建设高速公路、污水处理运营企业或国家PPP工程,获取长期收益。

第二,"生态+"运营收益,保障"聚焦富民"。

一是产业运营服务收益。引进各类中介服务机构,向入驻企业提供融资信贷、法律咨询、技术中心、网络通信服务等全套的产业服务。二是配套经营收益。围绕产业配套餐饮娱乐、酒店住宿、教育医疗、咖啡书吧、会议商务、会展博览、互动体验等生产、生活服务项目,以招商或自持等方式,形成稳定的运营收益。

(作者系中共苏州市委党校教授)

打造最具苏州标识文化名片的建议

苏州市委党校课题组

为顺应人民对美好生活的向往和城市高质量发展的需要,苏州提出建设"四个名城"的目标定位,并把建设"古今辉映的历史文化名城"列入其中。而打造城市文化名片是建设"古今辉映的历史文化名城"的题中应有之义和有力抓手。多年来,苏州打造城市文化名片助推城市发展,取得了丰硕成果,得出了成功经验,受到了国内外广泛关注。但我们在调研中发现,在以新发展理念为指引,立足城市高质量发展,以更高的文化自省、文化自觉和文化自信抬高标杆,与时俱进打造苏州文化名片的过程中,仍有一些认识和实践问题需要我们予以足够的重视并切实加以解决。

一、打造最具苏州标识的文化名片应该注意的问题

城市文化名片不仅是一个城市自然、生态、人文、历史浓缩的精华,更是一个城市历史、现实和未来的缩影,是城市方方面面的文化集成。因此,城市文化名片的打造,自然离不开这些维度,理应是熔古铸今,古今交相辉映的开放系统,是一个动态过程。对苏州而言,城市文化名片更应是地域性、时代性、国际性的有机统一。但在实践中,我们对城市文化名片的打造往往更注重地域性,即对苏州丰沛的自然、生态、人文、历史等浓缩的精华关注较多,而对城市文化名片的时代性、国际性关注不够,尤其是对代表城市未来方向和城市知名度、美誉度下降的影响致因缺乏足够的关注和应对之策,往往缺乏系统把握和动态维系,在自抬标杆、丰富内涵上也有很大提升空间,具体表现在:

苏州城市文化名片的打造需要体现时代性。"上有天堂,下有苏杭",历史上苏州具有中国一流的经济发展水平、宜居宜业条件和文化发展高度。近现代以来,由于战争、动乱、交通方式的变化、上海的崛起以及行政能级的下降,导致苏州经济发展水平和城市地位下降。特别是经济资源的配置和城市能级不高,

是制约苏州知名度进一步提高的重要因素。但在改革开放以后,历史积淀深厚的苏州爆发出了积聚已久的能量,在国家改革开放大进程中不等不靠,奋发图强,大胆探索,在经济、社会、文化、生态文明建设上取得了令全国瞩目的成绩,形成以"三大法宝"为内核的开放创新时代精神,城市知名度迅速回升。大力宣扬这种改变的力量和精神,是苏州城市文化名片打造的一个重要方向。

苏州城市文化名片的打造需要体现国际性。苏州是一个开放创新度高的城市,对外交流合作不断扩大,在融入全球化、经济文化交流愈加国际化等方面走在了全国城市前列,例如东方水城、世界遗产城市(全国唯一)等诸多国际化的文化标识受到了国际社会的认同和美誉。基于丰沛的文化资源和厚植的国际文化基础,苏州应该自抬标杆,用国际化的语言和符号表达自己。依据现实来看,目前苏州有条件有能力打造国际性文化名片。

苏州城市文化名片的打造需要指向未来。城市文化名片的打造既要反映苏州的自然、人文、历史、现实,也要代表苏州的形象、气质和品格,更要引领苏州的发展、进步、和谐,体现苏州的精神和追求。所以,城市文化名片的打造要丰富内涵,着眼于苏州的成长,从苏州今后发展趋势中找到方向。而且,未来发展趋势不能局限在今后五年、十年乃至二十年,城市品牌的塑造和文化名片的打造要面向今后五十年乃至更长时期,这样才具稳定性。未来苏州经济和社会发展必然会发生意想不到的变化,但有一点即城市发展的大趋势和大逻辑是明晰的,勇当"两个标杆"、建设"四个名城"就体现了城市发展的大趋势、大逻辑。因此,苏州城市文化名片无疑应该紧盯未来可期的"四个名城"来打造。

苏州城市文化名片的打造需要补足短板。二十多年前的一句"只长骨头不长肉"以及后来的太湖蓝藻事件、昆山8.2爆炸事故等事件留下的负面效应,深刻影响着世人对苏州的印象。打造城市文化名片,一方面是纠偏,防止以偏概全,同时也要勇于接受批评,补足短板,把现在"既长骨头又长肉"的情况客观地告诉人们,消除外界的误解,展现出一个有着良善高远追求的新苏州。

二、打造最具苏州标识的文化名片的基本遵循

打造城市文化名片不是对城市美好事物笼统打包,也不是主政者自我评价的概括性描述,更不是对未来愿景的一种宣传和强化。这一方面就要求以事实为基础,不能凭空捏造,另一方面也要求有独特的价值和明显的标识性。围绕"最具苏州标识",打造苏州文化名片必须遵循以下基本点:

苏州城市文化名片的打造,必须建立在现有成就的基础上。城市文化名片首先应该是现状的反映。正如个人的名片反映的是当前的职务而非今后可能的职务。我们主张城市文化名片的打造需要指向未来,尤其是城市成长的文化基因和价值追求需要指向未来,但城市文化名片反映的不能是即将要做的,所以应该避免把未来的战略打上名片。如果把未来的愿景作为城市品牌和名片来推出,无疑有损于城市文化名片的真实性。城市愿景很有可能会根据客观环境、工作任务和主政者思路的变化而变化,若将之作为城市文化名片,会影响人们对城市的稳定认知。

苏州城市文化名片的打造,必须建立在国内一流和有国际影响的基础上。城市文化名片含金量必须很高,否则就无法言之为名片。作为全国地级市的领头羊,苏州取得的成就和得到的名誉众多,不可能全部拿来打造城市的名片,必须把那些具有国内一流和有国际影响的成就拿出来,清晰地表达城市核心竞争力,才具有鲜明标识性,增强城市文化名片的影响力和传播力。

苏州城市文化名片的打造,必须建立在我有人无的独特性基础之上。只有独特才有鲜明的辨识性和标识性,特别在物质文化遗产和非物质文化遗产方面,这种独特性就成了地方和城市的标志。这种"地产"标志,通常必须是能被社会广泛接受和喜爱的"热门"产品,当然也有通过持续和精到的宣传打造的被社会广泛接受的"冷门"产品。比如江南水乡风貌、"百园之城"、博物馆之城无不凸显别样的城市个性,极具成长潜力。

苏州城市文化名片的打造,必须建立在高度集中和高频重复的基础之上。城市文化名片的打造必须符合人们记忆、传播的特点和规律,对于非生活和学习必需的被动接受的知识和口号,人们都只有瞬时的记忆,这就要求城市文化名片的打造要简洁、独特,能短时间集中展现城市最重要的内容和特色,同时需要不断强化和循环。所以苏州城市文化名片要有概括力,最好少而精。通过"铺天盖地"不断重复和循环宣介,提升知名度和美誉度。

苏州城市文化名片的打造,必须建立在脍炙人口词语和故事的基础之上。"上有天堂,下有苏杭""乾隆七下江南""唐伯虎点秋香"乃至陆文夫的"美食家"等故事之所以对传播苏州形象起到了很大的作用,是因为宣传语言形象贴切、发生的故事通俗而经典,便于人们的认知和传播。打造苏州城市文化名片必须挖掘和发扬已经被民间广泛接受并耳熟能详的经典语言和经典故事,使城市文化名片看起来形象鲜活,听起来自然生动,水到渠成。

五、文化兴盛支撑高质量发展

三、打造最具苏州标识的文化名片的建议

依据现有基础,打造最具苏州标识的文化名片,关键要抓住三点,一是将已成熟、享誉国内外的城市文化名片如同城市精神一样经过全社会认同固化下来,并作全方位传播展示;二是培育富有时代性和国际化的最具苏州标识的文化新名片;三是加强城市文化名片的维护和推介。

（一）"印制"三张古今辉映、最具苏州标识的文化名片

人间天堂,幸福之城。基本因子:（1）强大的经济实力。2017年苏州地区生产总值、一般公共预算收入、规模以上工业总产值、外贸出口分别占全国大中城市第7、第6、第2和第3位。（2）发端于苏州地区的苏南模式和开放型经济引领了中国改革开放潮流。（3）长期占据百强县前10的县域经济。（4）强大的开放型经济。拥有14个国家级开发区,全国总数第一,苏州工业园区和昆山开发区位居全国开发区前列。（5）强大的民营经济。在全国民营经济五百强中占据1/25席位,以民营企业为主体的苏州上市公司总数达到了121家。（6）城乡一体化水平高。2017年城乡居民收入比缩小为1.96∶1,是全国城乡居民收入比最小的地区之一。（7）民生发展水平高。2016年和2017年蝉联中国地级市民生发展100强第一名。城乡居民人均可支配收入均居全国大中城市第3位,村均稳定性收入超过800万元。城乡社区15分钟就业、社保、医疗、文化、健身、养老等服务圈更加完善。

经典江南,宜居之城。基本因子:（1）居于江南的核心区域,具有最为典型的江南水乡的生态韵味。（2）江南风貌的古城、古镇、古村落自古以来自成体系,创建国家大运河文化带,建设示范城市和国家历史文化名城保护示范区。苏州古城自建城2500多年以来,是我国城市地址和格局唯一保持不变的城市。2014年,中国大运河申遗成功,苏州是沿线城市中唯一以古城概念申遗的城市,14.2平方千米的古城被整体列为世界文化遗产。苏州古城正以其独特性和稀缺性成为苏州走向世界的一张靓丽名片。（3）老苏州、新苏州、洋苏州交相辉映,堪称兼顾古城保护和经济发展的经典范例。（4）苏州园林。苏州园林甲天下,至今完整保存的有60多处,即将建成"百园之城"。（5）众多的风景名胜。如虎丘、寒山寺。（6）即将建成百馆之城。（7）生态环境保护好。先后建成首批全国生态市,首批国家生态园林城市,实现国家级生态乡镇全覆盖。

世遗重镇,文明之城。基本因子:（1）吴文化的发祥地。苏州是吴文化的

289

核心区域,全面体现了水文化、鱼文化、稻文化、蚕桑文化、船文化的基本面貌。(2)吴文化的现代拓展。改革开放以来,吴文化中的"秀慧、细腻、柔和、智巧、精致、素雅"的特征得到了继承和发扬,集体观念、责任观念、规则观念、奋发有为观念得到了提升,涌现出了"张家港精神""昆山之路"和"园区经验"。(3)世界遗产之城。苏州共有2项世界物质文化遗产和6项世界非物质文化遗产,共计26个世界遗产点,主要分布于苏州古城内,是名副其实的遗产城市,同时也是中国世界遗产点最多的城市。此外还有一大批如苏州评弹、苏州玉雕、吴门医派、吴门画派、苏帮菜等数量很多、影响很大的国家级非遗和其他文化遗产。(4)崇文重教。苏州是中国出状元最多的城市,现有两院院士117名,在全国名列前茅。1992年苏州就率先在全国普及了九年制义务教育,2011年苏州获批公共文化服务体系示范区,2014年获批国家首批义务教育发展基本均衡市,为苏州高速发展提供了人才支撑。(5)人文和道德建设。范仲淹的"忧乐观"、顾炎武的"天下观"是苏州人文精神的主流。2017年苏州获"全国文明城市"四连冠,下辖张家港市连续5年上榜,是全国文明城市建设的一面旗帜。

(二)培育打造富有时代性和国际化的最具苏州标识的文化新名片

开放融通,世界文化名城。基本因子:(1)苏州经济的国际化,开放型经济走在全国前列。(2)苏州人才的国际化。(3)已承办一些国际化会议、赛事、活动、节庆,有较好的国际影响力。(4)建设具有独特魅力的国际文化旅游胜地,有良好基础,苏州园林、东方威尼斯以及世界遗产城市累积了一定世界美誉度。(5)苏州正在全力建设具有国际竞争力的先进制造业基地、具有全球影响力的产业科技创新高地和具有较强综合实力的国际化大城市,国际化因素将大大增强。基于这些现有基础,建议苏州在积极巩固已有成果的基础上,提高标杆,全面建设世界文化名城。打造这一最具标识的城市文化新名片,需重点开展以下工作:一是积极争取文化部、国家文物局与苏州签订相关战略合作协议,支持苏州世界文化名城建设;二是苏州要以更高站位、更宽视野加速塑造苏州国际性标识,如升级对外传播品牌"苏州丝绸文化周"为"苏州文化周",借助联合国教科文组织等国际化平台、世界历史文化名城论坛、博览会等,增强与其他世界文化名城的交流借鉴等。希望苏州能以开放创新为动力,凝铸城市特色,通过一系列国际化的语言和符号表达自己,扩大城市国际知名度和美誉度,提升苏州文化和城市的国际辐射力和影响力。

五、文化兴盛支撑高质量发展

(三) 大力维护推广苏州文化名片

苏州城市文化名片的打造需要提炼和挖掘,也需要维护和推广。苏州城市文化名片的维护是党委、政府、企业和全社会共同的职责,说到底就是提升整个城市功能品质。如果说城市形象是一个城市的面子,是"名",那么城市的功能品质就是城市的里子,是"实",名实一致才能美名远播。

成立苏州城市形象管理委员会,确认城市文化名片。委员会由政府主要领导担任,成员单位包括市委宣传部、市各新闻文化机构、市规划管理机构,具体办事机构可以设在市委宣传部,与外宣部门职能合并。全面负责城市文化名片的提炼、维护、宣介、评价反馈以及对破坏城市形象行为和不当宣传的监督等具体事务,做到城市品牌建设有人重视、有人负责。成立委员会和专门机构,并不是要求去做微观和具体的工作,而是要充分发挥专业机构的专业功能,同时也可以扩大社会参与。特别要善用政府购买服务的方式发挥各个专业机构的积极性,弥补政府部门在人力等方面的不足。当务之急是在全市范围广泛征集、确认"苏州文化名片",通过"文化名片"擦亮城市形象。

加强苏州城市形象的规划编制和管理工作。在对城市形象相关因素进行梳理的基础上,结合苏州经济和社会发展规划的修订和完善,形成科学和稳定的苏州城市形象推广计划和发展规划,使城市形象宣传工作有章可循。考虑未来发展的不确定性和人们认识的差异,计划和规划的修订和完善不可避免,但首先要考虑到继承性和稳定性。如果频繁地改变城市定位、目标、规划,无疑会造成巨大的浪费和混乱。各级干部,特别是领导干部一定要用"功成不必在我"的态度去制定、实施和管理规划。

大力拓展信息传播渠道,改进传播方式。与各省会城市、计划单列市相比,苏州作为地级市宣传的平台不高,媒体能量不足,人才量级不够,这些都是现实的短板。要打造和推广城市文化名片,就必须扬长避短,运用多元手段,特别重视利用非传统媒体,营销城市文化形象。第一是游客的口口相传。近年来,来苏游客数量不断攀升,2017 年苏州国内游客达到 12 000 万人次,国际入境游客达到 227 万人次。他们本身就是巨大的宣传资源。要持续提升旅游服务质量、加强游客体验效果、提高游客满意度,只有这样才能得到游客的广泛赞誉。第二是要利用举办各种大型文化活动、大型博览会、大型体育赛事和国际会议的契机,精心选择宣传内容和宣传策略,加大宣传和推广力度。第三是加强互联网和新媒体的宣传推广力度。这是苏州作为地级城市打破宣传资源瓶颈的主要渠道,必须下决心加大力度与著名网站合作,创新推广方式,加强网络互动。第四是要加强文艺团体和文化名人的合作,推出高质量的文艺作品,讲好苏州故事,增强苏州标识。特别是加强与苏州籍名人和作家的联络,增进他们对家乡的了解,增强他们对家乡的感情,为打造家乡名片做出自己的贡献。

(课题组成员:方 伟 潘福能 王永灿 执笔:潘福能)

苏州建设大运河文化带"最精彩一段"的总体思路和主要举措

苏州市委党校课题组

把大运河苏州段建设成为大运河文化带中"最精彩一段",把大运河国家文化公园苏州段建设成为标杆段、样板段,把苏州建设成为运河文化名城的示范城市,是苏州主动融入国家战略、推进"四个名城"建设,建设世界级文化高地和世界文化名城,更好满足人民美好生活需要的重大机遇和必然选择,迫切需要全市上下提高共识,以科学态度和时不我待的精神合力推进工作。

一、苏州大运河文化带建设的现状与问题

大运河苏州段是江南运河乃至中国大运河上文化遗存最多、文化元素最富集、文化品位最高、最为璀璨的重要一段,在中国运河史上也是开凿最早、贡献最多、影响最大的黄金水道,在江苏段"一轴两片三核多节点"空间格局中占据着极其重要的位置,苏州也当之无愧成为中国大运河沿线最重要的城市之一。建设大运河文化带"最精彩一段",使之成为古今辉映、令人向往的国家级、世界性的文化高地和样板,苏州有条件、有基础。

当前,大运河苏州段沿线各区党委政府对大运河文化带建设高度重视,均已成立领导小组推进工作,通过抓组织推动、规划设计、环境整治和项目建设,在文化遗产保护、人文景观提升、生态环境修复、产业融合和安全生产等方面均取得了显著成效,整体呈现了建设热情高、动作快的可喜局面。但对比中央、省、市委和周乃翔书记的要求,影响和制约大运河苏州段出彩的问题和挑战仍然存在,主要是:

一是理念滞后,站位不高。大运河文化带建设涉及世界遗产活态保护与传承发展,纵观京津冀协同发展、长江经济带、"一带一路"、乡村振兴和生态文明建设等国家战略,需正确处理保护与利用、整体与部分、中央与地方等诸多关

系。但从现状上看,苏州经济社会发展"十三五"规划、相关专项规划以及城市设计,总体上都没有真正将运河作为城市之轴和历史文化之河进行统一保护管理利用,无论是理念还是站位,都还没有摆到中央要求的和中国大运河应有的地位上来。现有的研究、相关规划和项目建设大多缺乏从城河相依、世界遗产、国家战略等视角去整体性、系统化思考谋划。

二是统筹不力,综合不足。大运河文化带建设涉及诸多主体、诸多要素,是一个系统综合动态的大工程。但从现状看,还缺乏权威统一的实体化扎口机构和管理机制,各相关主体基本上各自为政且标准不一,项目规划和建设更是缺乏统筹协调,尤其在风貌上未形成有效呼应。尚未编制苏州大运河文化带建设实施规划,苏州段与整体的统筹、各个区域之间和职能部门之间的统筹、保护和利用之间的统筹、保护利用与经济社会发展之间的统筹等系统性顶层设计仍显不足。

三是内涵挖掘不够,特色不够鲜明。苏州运河遗产是一个完整的苏州古城,包括5条古老水系和7个遗产典范,古城与古运河融为一体,城河相依,世界典范,中国唯一。但在实践中,古城与古运河及其他苏式元素相对割裂,缺乏呼应融通。目前环护城河游览尚未全线贯通,环游古城至今尚未实现,城河相依和双遗产城市的核心价值尚未得到足够重视和凸现,放大城河相依与"世界遗产城市"叠加效应还有巨大空间。

四是标志性的国字号、世界级项目或文化标识缺乏。高水准的展示工程和项目是大运河文化带建设的着力点。但从现实看,苏州还缺乏世界性、国字号的标志性工程和项目,尤其是缺乏反映中国大运河文化特别是江南水乡吴文化的标志性工程。目前,大运河国家文化公园(江苏段)国际设计工作坊选择苏州盘门到山塘街的运河两岸地段作为设计研究范围,示范段和现实模样初现。除此之外,苏州如何展现江南水乡吴文化,使之成为苏州大运河文化带建设的鲜明标识?如何展现双遗产城市魅力,将"百园之城""百馆之城"等苏州文化元素活化运用,让古今辉映的苏州文明流芳溢彩?仍有很多问题亟待破解。

五是法规的引领和保障尚未跟上。高质量的大运河文化带建设要有法治自觉,需要法治保障。苏州已制定出台针对古城、古城墙、古镇、古村等保护的系列法规条例,但尚未形成针对大运河文化带建设的系列地方性法规。江苏省正在抓紧推进大运河文化带立法工作,苏州更要充分发挥遗产保护的立法优势,为大运河保护建设制定"苏州规矩",为实现走在全国前列的目标提供有力的法治保障。

六是基础性工作仍需夯实。运河遗产本体保护、周边环境改善、功能延续、研究管理与展示等方面,仍存在着不够到位的现象。除少数重点遗存外,为数众多的运河历史遗迹和文化资源大多只是以自然状态散存,相应的配套与管理还没有跟上。此外,苏州地处下游,由于上游来水等原因,防汛及水质都会面临挑战。运河沿线仍然存在违章建筑、无证小码头、散乱污小企业等,生态环境整治仍需进一步加强。

二、苏州建设大运河文化带"最精彩一段"的内涵要求

从空间品质提升上看,大运河苏州段应建成两个"无与伦比":一是苏州段大运河的核心区和缓冲区文化遗存最富集最珍贵、江南风貌最集中、古今最繁华,必须从苏州全段全域全貌的高度整体设计,形成沿线无与伦比的、以"一带两心四镇八园多点"为骨干,核心带、辐射带有机一体的苏州大运河文化带建设大格局。二是最精彩的苏州段犹如锦绣长龙,画龙点睛段则为环绕古城的城河段,这是苏州段精华集中区,最中之最,沿线无与伦比,所以尤其要将之作为重头戏精雕细琢,体现出江南吴文化精致细腻的深厚底蕴。因此,从空间上看,苏州建设大运河文化带"最精彩一段"应为"双最"格局,既指苏州段全段全域全貌最精彩,又指环绕苏州古城的城河段最精彩。

从内涵品质提升上看,建设大运河文化带"最精彩一段"应体现以下要求:高站位对接国家战略、对接世界标准,把苏州段建设成为地理空间尽善尽美、江南文化精彩展现、文旅产业融合兴盛、文化传播影响巨大的大运河文化带建设样板段,使苏州段更具有标志性、历史性、时代性、世界性,使世界一提到运河就想到苏州。具体来讲,最精彩在"四高样板段",沿线无与伦比。

从品位上看,是高品位的保护传承文化样板段。要精心呵护祖先留给我们的水工遗存、管理机构遗迹、标志性建筑物以及运河人文风俗等,活态保护好苏州大运河的真实性、完整性和文化多样性,高水平展现古今同灿、交相辉映的江南吴文化风貌,使之成为中国大运河最美精粹,为全球运河保护传承提供标准,为大运河文化带建设树立文化样板。

从生态上看,是高颜值的绿色长廊生态样板段。要进一步致力水质提升、水系贯通、航道开拓、生态驳岸、景观营建,并且运用高新科技,结合智慧城市和海绵城市的建设来建设适宜人民生产生活的湿地,使苏州段成为交通生产繁忙

的黄金水道、休闲养生健体的生活福地、乡愁诗意浓郁的浪漫长廊,为大运河文化带的建设树立生态样板。

从产业上看,是高质量的文旅产业样板段。要充分发挥依托运河而生的"一园四区"(苏州工业园区、苏州高新技术开发区、苏州国家历史文化名城保护区、吴中国家经济开发区和吴江国家级经济技术开发区)得天独厚优越条件,在加强运河文化品牌建设和保护的同时,培育文旅融合新业态,形成全域旅游新格局,打造文化产业新优势,高质量培育和发展现代"运河文化+"经济带,包括文化创意、设计、休闲、健康、旅游、体育、信息经济、科技研发等新型科技文化经济业态,打造一个具有国内领先地位的大运河现代新经济带,为大运河文化带的建设树立高质量的产业样板。

从文化上看,是高辐射的文化传播样板段。要着力对苏州运河文化的内涵挖掘和品牌塑造,把苏州大运河文化所蕴含的中华民族独特的自然观和苏州吴文化特质由创造性转化为创新性发展,提升世界知名度和影响力,让运河成为苏州园林之外的又一张文化金名片,为大运河文化带的建设树立文化传播样板。

三、苏州建设大运河文化带"最精彩一段"的总体思路和建设目标

基于苏州建设大运河文化带"最精彩一段"的客观现状和内涵要求,大运河苏州段保护与建设的总体思路和建设目标是:以习总书记重要指示批示精神和国家战略为遵循,以保护好、传承好、利用好大运河文化为主线,以若干标志性、国家级、世界性重大建设项目和工程为支撑,立足苏州运河文化特质和苏州发展优势,坚持高点定位,坚持规划引领、系统推进,坚持整体保护、积极创造,坚持可持续发展,坚持以文化为魂、河道为体、生态为先、经济为要、民生为本,实施"全线控制、重点保护、因段施策、逐步建设"的方针,充分调动各部门和沿线各区的积极性和主动性,围绕高品位、高颜值、高质量、高辐射的建设导向,全面加强大运河文化带苏州段建设,着力在文化遗存保护、文化价值弘扬、生态文明建设、产业经济繁荣、法治推进和制度体系建设等方面走在全国前列,努力形成以江南水乡风貌为特质,以双遗产城河为核心,以沿线重点遗存为骨干,核心带辐射带有机一体的大运河文化带建设大格局,以全段全域全貌和环古城城河段"两个最精彩"和"四高样板段"成就大运河文化带"最精彩的一段",推进苏州成为江南雅致文化的典范和大运河文化带建设首批国家示范城市,推进苏州从

五、文化兴盛支撑高质量发展

世界遗产城市走向世界文化名城,成为世界级文化高地。

四、苏州建设大运河文化带"最精彩一段"的主要任务和关键举措

(一)主要任务

营造最良好的舆论氛围。大运河文化带建设是一项国家工程和国家战略,也是拉动区域高质量发展的重要引擎,更是惠及百姓、造福后代的民心工程。针对全社会还没有把大运河摆到应有地位的现状,要加快构建苏州大运河文化带建设宣传平台,向社会公众传递文化带建设的核心价值和打造"最精彩一段"的坚强意志和决心,激发和动员苏州全社会力量关注运河、热爱运河,积极参与苏州"最精彩一段"的建设实践。

构建最有效的机构机制。大运河文化带建设是一项综合性系统工程,需要提高统筹的层次和水平,各地各部门都要树立大格局,进行大协调,形成合力。一要构建最有效的协调机构机制。借鉴长三角区域合作办公室机制以及杭州大运河综保办机制,在党政主要领导挂帅领导小组的基础上进行实体化运作,建立专门机构和相应企业,强化苏州段内部以及苏州与其他沿线城市之间的协调和执行,提高大运河保护传承的组织、资金保障水平和建设力度。二要建立最有效的联动机制。在党委政府主导下,组织发改、国土、水利、航运、农业、建设、规划、文化、文物、旅游、教育、宗教、园林和社科界等部门团体参与到建设中来,推进大运河沿线所有城市、乡镇一起行动,互联互通。三要建立最有效的共建机制。构建以政府为主导、市场化运作、多元化投入的大运河文化带共建机制。深入推进"一张表"的项目管理机制和"一把尺"的考核机制,尽快形成"一盘棋"的工作格局。

执行最严格的保护建设法规。加快构建苏州大运河文化带建设治理体系。严格执行《世界遗产公约》和相关法律法规,借鉴国际上运河保护利用的先进经验和做法,启动《大运河文化带苏州段建设规范》等法规体系的立法工作。强化顶层设计,建立统一的规划平台,对接国家战略,迅速启动编制《大运河文化带苏州段实施规划》和文保、旅游、水利、航运、生态环境保护、新型经济带建设等若干子规划,促进规划统筹和规划纵深衔接,依规分期实施。着眼长远,以法治与规划引领和保障苏州段建设科学推进,防止无序开发和同质性建设,决不拍脑袋、急就章。

整合最强大的智囊团队。在大运河文化带建设研究院苏州分院的基础上,尽快组建一支由文化、环境、设计、旅游、经济、法律等多个跨领域、跨学科、跨文化专家学者组成的高水平智囊团队,借助沿运河8省市以及世界运河领域专家的力量,对大运河苏州段的文化遗存、文化价值、经济发展、水文环境、旅游运输、居民生活等相关基础资料进行收集、整理和研究,编撰出版大运河文化带建设的学术研究专著,为将苏州段建成大运河文化带"最精彩一段"提供最权威的文献资料和最专业的学术支撑。

(二)关键举措

加快推进运河环境景观整治工程。高标准抓好大运河文化带苏州段沿线基础设施建设,构筑田园风光、湖光山色、江南水乡、人文遗存、现代城市、古城古镇等交相辉映的历史人文风光长廊。一要强化河道治理。通过截污清淤、沟通水系等方法,保护运河故道以及城区河道,提升河道通航能力。二要改善水环境。提高标准加强监测管控,对沿岸工业区进行生态化创建,对往来船只、水上服务区加强管理,对偷排偷倒、污染水体等违法行为加大处罚力度,为陆地与水面垃圾的打捞处置制订科学合理的分工方案。三要修复生态。着力实施一批生态修复治理项目,优化大运河两岸风貌,尽快实施大运河两岸陆路交通的贯通工程,实现沿线景观大提升。

加快推进运河文化遗产保护工程。加强大运河文化遗产的监测工作,着力抢救、保护古镇、纤道、码头、渡口、庙宇、粮仓以及水闸、水电站等水利工程或文化载体,建好文献和档案,并用现代科学的地理信息语言描述苏州运河文献和舆图信息。

加快推进运河文旅品牌提升工程。加强沿线文化资源的点线面结合、水岸陆结合、核心和沿线及纵深结合,将大运河苏州段散落分布的文化瑰宝串成"珍珠项链",突出全段全域全貌最精彩,突出以城河联动联袂提升历史文化名城和国际旅游城市的内涵和品质,突出展示苏式雅致生活方式,核心区、缓冲区联动,用足用好古城资源,特色化改造沿线望亭、浒关、平望、盛泽四个运河小镇,将苏州建设成为"国家全域旅游示范区"和"国际一流特色文化旅游目的地"。

加快推进运河文化示范段创建工程。市区联动,高起点规划建设一批具有苏州特色的大运河重点项目、重大标志性工程和文化品牌,如积极筹办中国大运河文化带国际旅游节,出版《苏州运河志》等,用最能体现苏州特色的刺绣、昆曲等非遗手段展现苏州大运河;用世界级标准设计能够代表苏州大运河特色的整体形象LOGO,提高苏州大运河文化品牌的辐射力。建立项目库,排好每年的项目计划,用项目统领文保、生态、水利、产业、旅游、环境和城镇建设。尤其建议集约用好古城、古运河、苏州园林的人文价值,巧提苏州城市魅力,复建葑门、齐门(古城八大城门已复建、修建6座),将市民健身步道提升为古城旅游黄金通道,同时贯通护城河环游线路,水陆并行互动,沟通古城八大城门,使环古城运河成为苏州古城全域旅游的模范区域和最精彩绚烂一段。

加快推进运河文化带产业提升工程。加快运河沿线产业转型,促进"运河文化+"融合,探索创新苏州大运河的综合保护、文化发展和产业融合的共生路径,将之打造为新经济高地。既要加快沿线产业升级步伐,振兴丝绸、纺织、茶叶、核雕、桑蚕等传统产业,保住珍贵的"老家底",又要创新理念,积极培育新兴文化创意产业,加强与大运河文化带产业链上的文化、旅游、体育、农业、科技等深度融合,做长做优大运河文化产业链,在产业融合发展上提供苏州样本,打造苏州经济社会高质量发展的新引擎。

加快推进运河文化研究及综合展示工程。深度做好大运河苏州段的价值评估、使用状况评估、展示和研究状况评估、管理状况评估,进一步审视大运河在苏州历史发展、城市发展、产业发展中的意义和作用,做好大运河苏州段文化精华的提炼和诠释工作,把大运河和苏州的未来、"四个名城"建设更好地结合起来。加快构建大运河文化综合展示体系,建立完善沿河导示系统,全面展示沿运河的河段、堤、闸、桥、码头、庙宇、碑刻、名人遗迹、水利遗产、村、镇、城以及相关各类文化遗产,使人们清晰、科学地认知大运河苏州段文化的积淀深厚、历史悠久、形态多样、科技高超、价值独特、绚丽多彩。推进中国大运河博物馆分馆、数字云平台、世界运河城市博览会、国家文化公园、文化展示区等项目和平台建设,运用现代科技多维度宣传,向国内外讲好苏州最动听的运河故事。

(课题组成员:方伟系市委党校副校长;李静会系市委党校市情研究中心副主任、博士;张腊娥系大运河文化带建设研究院苏州分院、苏州大学商学院副教授;余大庆系市委党校教授)

苏州推进理论与舆论融合发展的问题与建议

王永灿　陆　怡

理论与舆论融合是强化思想引领和舆论引导的重要手段,是防范和化解社会风险的重要途径,也是加强社会主义意识形态建设的重要途径。近年来,苏州市顺应发展趋势,坚持改革创新,坚定不移地推动理论与舆论融合发展,在融合途径、载体、方法、手段上不断探索,寻求突破;在实践中主动把握新形势,直面新问题,迎接新挑战,以习近平新时代中国特色社会主义思想为引领,以马克思主义大众化为方向,以体制机制改革为龙头,以平台建设内容生产为重点,以新科技研发应用为支撑,以推动习近平新时代中国特色社会主义思想深入人心为目的,努力开拓一条理论与舆论融合的实践道路。苏州在两论融合探索实践中,虽然取得了一些经验,但是也存在着一些问题,如专业人才队伍建设、资源整合、话语转化等问题,制约了苏州两论融合的进一步发展。因此需要进一步强化顶层设计、加强人才队伍建设等,推动苏州两论融合的可持续发展。

一、苏州推进两论融合的具体实践

苏州在推进两论融合实践过程中,通过市委引领,统筹推进;改革驱动,体制创新;打造品牌,多元参与等,充分发挥了理论引领力和舆论引导力。通过两论融合进一步强化了意识形态建设。

一是市委引领,统筹推进。2017年市委宣传部提出理论与舆论融合发展的工作思路,明确指出要加强理论对舆论的引领作用,舆论对理论的引导作用,实现理论与舆论双轮驱动。宣传部指导协调理论处、新闻处、宣教处、苏州报业集团、苏州广电总台等多个部门,会商讨论,明确任务,落实责任,积极打造具有地方特色的两论融合精品。通过开设专题网站,筑牢网络宣传阵地。目前在两个国家一级网站——苏州名城网和苏州新闻网开设"理论频道",开展理论学习和宣传报道;通过整体打造《苏州日报》理论月刊,巩固传统宣传阵地;通过创建基层党员理论学习"红色微信矩阵",抢占手机端宣传阵地。通过多种形式,提升理论实效,占领舆论阵地。

二是创新体制机制。市委高度重视媒体融合发展,将其纳入意识形态责任制的重要内容。市委宣传部加强对媒体融合发展的指导协调,把融合发展作为年度媒体绩效考核的重要指标,定期听取汇报、会商推动。苏州日报社、苏州广电总台把融合发展作为"一把手"工程强力推进,分别成立了"中央信息厨房""全媒体新闻中心",重新架构组织结构和采编流程,改革内部绩效评估体系,全面统筹新闻采编和用户渠道。全面打造"两微一端"新媒体矩阵,形成了报网、台网协同联动的立体传播格局。

三是加强平台建设。市县两级媒体积极创新载体,拓展"两微一端"新媒体平台,共开设微博、微信120多个,客户端9个,其中市属媒体微博、微信总粉丝量超过1 000万,日阅读量平均达到200万。苏州市级集中打造了"看苏州""引力播"两个新闻客户端,目前总下载量接近300万,实现全天24小时资讯滚动更新、在线互动交流;"家在苏州"入选全国报刊媒体融合创新案例20佳。

四是注重品牌建设。组织强有力的理论宣传队伍,精心打造"新苏时评""名城e评"等网评品牌;组织"百姓名嘴"风采展示等大型融媒体宣传活动;联合苏州团市委、苏州广电总台组织策划新时代苏州"青年说"大型融媒体活动。通过开展活动,打造活动品牌,让"大道理"渗入各类群体,推动理论舆论、网上网下有机融合,有效同频共振。

五是注重多元参与。两论融合建设是一项系统工程,需要多方配合,多元参与。推进双论融合,首先要用好苏州理论界与舆论界两种资源,发挥好苏州大学、苏州市委党校、苏州市社科联等专家作用;其次充分利用信息载体和舆论载体,及时对党的理论进行解读,并结合苏州实际问题给予理论解答,对群众关心的热点问题、敏感话题给予有效引导。

二、推进两论融合中的具体问题

苏州开展两论融合实践只有短短两年多时间,虽然做出了一些成绩,积累了一些经验,但是仍然面临着一些困境和不足。主要表现在:

(一)从主体上看,专业人才不足,资源整合度、长效机制不够完善

两论融合,需要上接思想理论、下接群众思想实际。急需大量既具备深厚

的理论背景,又有丰富群众实践基础的专业人才。目前苏州在两论融合实践中,人才队伍出现两极化,一方面是理论有余而实践不足,另一方面是实践有余而理论不够。同时在理论人才层面,具有较高思想引领力的人才不够,因此在理论界的影响力远远不足;媒体人遭遇转型困境,原先传统媒体注重新闻报道和舆论引导,但当前需要进一步转变观念,由单纯的信息传播转向双论融合驱动,这就对传统媒体人提出了更高的要求,一方面是理论水平的提升和理论融合的要求;另一方面是拓宽渠道平台和开拓创新空间的要求。

在资源整合上,对资源的有效利用程度、资源整合力度不够。一是人才库建设不够。在双论融合建设过程中,主要是根据需要由下而上、层层推荐或者根据熟悉的资源进行利用,而不是根据不同领域、不同人才特征分类使用。二是社会参与不够。从资源利用到人才使用等,都是以政府为主导的参与模式,社会参与度不足,社会两论融合建设优势有待进一步发挥。

在机制建设上,一些体制性的问题和矛盾仍未解决,长效机制建设不够完善。一是人才引进和使用机制尚未建立,二是评价和考核机制不完善,三是两论融合的统筹协作机制有待加强。

(二)从内容上看,原创性、吸引力、影响力不够突出,内容整合不足

推动两论融合,要注重理论对于舆论的思想渗透,舆论对理论的话语转化,需要理论接地气,舆论有高度。当前苏州两论融合建设载体较为全面,但是整合力度仍然不够。一是理论与舆论融合度不够。在新媒体上虽然开设了十九大精神、学习型党组织建设等栏目,内容涉及马克思主义、习近平中国特色社会主义、经济、政治、社会、文化、生态、党建等相关理论,但多以理论学习为主,缺乏理论与舆论的互动。二是新媒体内容缺乏有效整合。如手机客户端虽然已开发了看苏州、无线苏州和引力播,但主要是整合媒体新闻,理论内容缺乏,对舆论的引领力有限,同时各个客户端之间缺乏有效联通,使两论融合的效果远远不够。

(三)从受众上看,精准定位、话语转换不够有效

群众是理论传播的受众者,同时也是舆论引导的受众者。因此在强化理论与舆论融合主体建设的同时,也要重视两论受众者的体验、感受与引领成效。当前苏州利用各种途径强化两论建设,加强理论引领力和舆论引导力,取得了良好的成效。但是从受众者角度而言,仍然存在一些问题。一是未注意区分受众者的层次性。受众者可以从年龄上分为不同年龄段的,可以从知识层次上分

为不同学历层次的,也可以从工作性质上分为不同工作岗位的。要提高理论、舆论融合的实效性就要根据不同群体需求推进分众传播。二是受众者舆论渠道不够畅通。要想通过理论发挥舆论引导功能,就要了解不同受众群体的需求,根据需求有意识加强舆论引导。

三、深化两论融合的对策建议

（一）强化顶层设计

两论融合建设是一项系统性工程,需要群策群力才能发挥最大功效,要发挥整体效益,首先需要加强顶层设计。一是要明确目标定位,高站位,高标准,与中央精神保持一致。同时注重发挥地方资源,打造地域特色。二是要鼓励先行先试,支持探索。在活动开展、机制保障、技术革新等方面注重先人一步,走在前面。三是要注重整体规划设计。两论融合涉及相关职能部门、社会群团组织、社会各种资源,因此需要做好整体规划,在工作调研、活动开展、组织保障、体制机制建设等方面,都需要跟进和落实,确保后续工作能够顺利开展和实施。

（二）加强人才队伍建设

人才队伍是两论融合的基石。如果没有一支过硬的人才队伍,两论建设就是一纸空谈。加强两论融合人才队伍建设,特别应注重以下三支队伍建设。

一是基层理论人才队伍建设。基层群众是舆论的主体和基础。加强理论建设,要注重基层舆论的引导工作,因此需要进一步加强基层理论人才队伍建设。基层理论人才队伍是引导舆论工作的基本力量,要重视"百姓名嘴"基层宣讲队伍的挖掘和培育,把建设的重点放到党的基本理论、国情、省情、市情的基本把握,放到舆论引导方式方法的教育和培训上来。

二是专业理论人才队伍建设。注重专业理论人才队伍建设,努力打造一批在市内外、省内外有相当影响力的理论人才,使其不仅能够在市内舆论场中发声和引领,而且能够在国家舆论场内占一席之地,把理论引领做大做强。以此为契机,推动专家团队建设和专家人才信息库建设。

三是新媒体人才队伍建设。发展和培养一批具有一定的理论知识素养,能够及时了解和把握新兴媒体的发展趋势,并且能够开发和使用最新的技术资源,而且还有较强的创新能力的人才。

（三）注重资源整合

一是注重人才资源整合。将基层理论人才、专业理论人才和高层次人才整合起来，综合利用人才资源。同时发挥记者＋专家的智慧优势，使资源能够优势互补，形成合力。

二是注重载体资源整合。把已有的苏州日报时评、《思想月刊》、社科版面、网上理论频道、微信苏州圆桌、看苏州、引力播的学习专栏进行优化整合，整体提升，打造具有互联网基因的两论融合大平台，推出重量级内容和特色品牌。增强内容定力和吸引力，借鉴重庆日报社已经推出的《理论头条》融媒体的经验，在内容与载体、理论资源与舆论资源、线上资源与线下资源的多重整合上下功夫，形成苏州的特色经验做法。

（四）建立长效机制

理论舆论融合是一项系统工程，也是一项需要长期开展的工作任务，要建立长效机制。

一是活动开展机制。包括组织、协调、联系、参与等多方面有效协同配合，保障活动开展的有效实施。二是激励与考核机制。要把两论融合工作作为加强意识形态工作的重要内容，作为绩效考核的重要标准，细化考核内容，制定考核办法与考核标准。三是资金保障机制。一方面是两论融合的开展与实践，另一方面是两论融合的经验提升与理论研究。这两个方面都需要大量的资金保障，以便提供技术支持和思想支撑。

（五）创新方法载体

方法载体是理论与舆论融合的重要抓手，创新方法载体对于推动两论融合的持续开展具有重要意义。一是加强舆论平台建设，畅通群众舆论渠道；二是注重分层分类舆论引导，加强理论引领和舆论引导的针对性、精准性和实效性；三是更加注重基层群众需求，强化理论对基层群众的多元化传播。

（六）进一步开展经验总结，深化理论研究

理论与舆论融合是新时代党对意识形态工作提出的新的要求，目前各地都在探索和实践当中，相对成熟的经验和理论并不多。苏州对于两论融合的建设工作，目前虽然取得一些成绩，仍需进一步及时总结经验，深化理论研究。通过经验总结与理论提升，推动苏州两论融合建设的纵深开展，丰富马克思主义大众化的生动实践，最终推动习近平新时代中国特色社会主义思想深入人心。

（课题组成员：苏州市委党校王永灿；中共苏州市委宣传部陆怡）

六、社会治理助推高质量发展

垃圾分类的苏州实践与对策建议

傅伟明

垃圾分类是推进实现生活垃圾"减量化、资源化、无害化"的重要手段,是重大的民生工程、民心工程。近年来苏州市根据国家、省相关部门的工作要求,积极完善法规制度,认真落实工作措施,努力提升管理手段,使城乡垃圾分类工作取得了阶段性成效。

一、苏州垃圾围城现实

一方面,随着苏州市民生活水平提高,生活垃圾日产量以每年2%~3%的速度递增,生活垃圾增量不断扩大,同时随着苏州人口规模的不断扩大,城市垃圾容量同比例迅速增长。另一方面,由于垃圾传统处理方式的能力遇到瓶颈,处理速度跟不上垃圾增长速度,苏州垃圾围城已不是臆测而是现实。

1. 垃圾增长速度极快

近年来,苏州市区生活垃圾产量增长速度较快,2007年垃圾总量突破100万吨后,2015年首次突破200万吨,8年时间垃圾产量翻了将近一番。从增长趋势看,除2011、2012年垃圾增量在3%以下,其余年份均在5%以上,最高达28.8%,年平均增长12.4%。2015年度苏州市区(不包括吴江)累计处置生活垃圾201.58万吨(日均5 522吨),2016年204.39万吨(日均5 584吨),与上年相比增长1.12%。从人均产生垃圾量来看,近几年也处于逐步上升期,至2014年人均垃圾量已达到1.16千克/日。根据发达国家以及国内主要城市经验来看,随着社会经济的发展,人均生活垃圾日产量短期内仍会处于上升趋势。

2. 垃圾处理能力瓶颈

以前苏州所有的生活垃圾都采用填埋方式,七子山生活垃圾填埋场从1993年7月投入使用之后,仅仅用了16年就填满,其间无害化处置生活垃圾780万吨。2006年苏州启动了扩建工程,新增填埋库容约800万立方米,按平均日处理生活垃圾1600吨测算,服务年限为16年。

2006年光大环保能源(苏州)有限公司筹建垃圾焚烧发电项目,市区生活垃圾处置开始采用焚烧和填埋两种手段。近年来随着垃圾焚烧厂的设备老化以及大修频率的增加,其焚烧处置能力已经达到上限,甚至出现下降趋势。

根据未来几年生活垃圾的预测产量以及焚烧厂的接纳能力测算,现有填埋场剩余库容即将告罄。

二、苏州实践回顾

1. 早期探索

承受了土地资源和环境保护双重压力的苏州,已无法再找出大面积的垃圾填埋场地,要实现生活垃圾减量化,唯一的办法就是实现生活垃圾分类,从源头减少垃圾的产量。

2000年苏州市开始积极向市民宣传垃圾分类理念,2003年市政府向欧盟申请了"苏州市生态垃圾管理项目",目标就是通过垃圾分类来实现生活垃圾处理的减量化和资源化。从2003年1月正式启动到2005年3月结束,共在四所中小学、一所大学、二十个机关部门和八个居民小区进行生活垃圾分类收集试点,此后不断拓展试点单位,2008年在姑苏区的部分小学开展试点和推广。

2. 规划试点

2010年苏州市提出了"近期大分流,远期细分类"的生活垃圾分类理念,开始推进日常生活垃圾、餐厨垃圾、建筑垃圾、可回收垃圾、园林绿化垃圾五大类的"大分流"工作,同时进一步扩大生活垃圾"细分类"的试点范围。

2012年制订了垃圾分类5年规划和年度计划,在全市25个居民小区开展生活垃圾分类试点工作,一年后对各试点小区验收,其中22个通过验收。

2013年在全市各区扩大试点范围,配套垃圾分类设施建设,配备分类收集桶,安排了垃圾分类运输车辆,做到分类投放、分类收集、分类运输、分类处理。为更好地激活垃圾分类工作中居民主体责任心和参与热情,政府推出了激励制度,为每家每户发放垃圾分类积分卡,鼓励居民自动分类可回收垃圾到社区实现积分累积,以积分兑换奖品来引导垃圾分类工作推进。

三、经验启示

1. 政府重视

苏州市政府真正把握了城市可持续发展理念和市民思想,对于垃圾分类工作极为重视,2000年就开始宣传垃圾分类理念,打响了全市垃圾处置工作的第一枪。2012年全面推进垃圾分类工作,成立垃圾分类工作领导小组,不但顶层设计,而且推进力度大、决心强,市政府分管领导任组长,市容市政管理局、供销合作总社、环保局、园林和绿化局、财政局等26家单位为成员单位。

2. 规划先行

2010年苏州市根据前几年的工作经验,提出了"近期大分流,远期细分类"的生活垃圾分类工作模式,从工作时序上分阶段推进,从工作力度上先粗后细,从工作空间上先城后农,提出了苏州解决模式,这是符合科学工作的方法论,为苏州垃圾分类工作走在全国前列打下了良好基础。同时以规划推进垃圾分类工作,以制度规范垃圾分类工作,2012年市政府出台了《苏州市区生活垃圾分类实施规划(2012—2016)》《苏州市生活垃圾分类处置工作行动方案(2012—2016)》《关于全面推进城乡生活垃圾处理工作的实施意见》等政策文件,2014年制定了《关于苏州市废旧织物回收利用试点工作指导意见》,2016年出台了《苏州市生活垃圾分类促进办法》,2017年制定了《苏州市区生活垃圾分类实施规划(2016—2020)》,不断提升垃圾分类工作质量。

3. 由终及源

对于垃圾分类工作,欧洲走在世界前列,但由于生活方式的不同,我国与欧洲产生的生活垃圾类型完全不同,同样由于生活水平的不同,中欧产生的生活垃圾数量也完全不同,再加上居民文化水平的差异,垃圾分类认知的不同,这些因素决定了我们处理垃圾必须从国情出发,必须从市情出发,必须从工作本身出发。为此苏州确定了一个重大的垃圾分类原则,就是由垃圾终端的处理方式来决定垃圾前端的分类模式,这是苏州垃圾分类工作的重大创新之一,这也是垃圾大分流的主要思想。苏州垃圾分类主要分为餐厨垃圾、建筑垃圾、园林绿化垃圾、农贸市场有机垃圾、日常生活垃圾等五类,餐厨垃圾经过资源化利用产生沼气和生物柴油,建筑垃圾经过资源化利用产生再生建筑材料,园林绿化垃圾经过资源化利用产生肥料,农贸市场有机垃圾经过资源化利用产生沼气或肥料,日常生活垃圾焚烧或填埋。

4. 由点及面

苏州垃圾分类最大的工作方法就是局部试验、探索,取得经验后全面铺开。2003年1月开始在4所中小学、1所大学、20个机关部门和8个居民小区进行生活垃圾分类收集试点;2012年在全市25个居民小区开展生活垃圾分类试点工作;2016年在原有380个垃圾分类试点小区的基础上,又拓展了57个试点小区;2017年在437个垃圾分类试点小区基础上,城乡新增200个垃圾分类试点小区、单位、学校和村。总之,苏州市垃圾分类工作不断取得经验,不断突破工作空间,尽管工作面突破速度不快,但始终稳扎稳打、脚踏实地。

5. 环卫供销融合

垃圾分类是一项系统工程,不仅仅是环卫部门的事,也需要各有关部门和全社会共同参与支持,苏州打通部门壁垒,综合发挥政府横向部门的作用。市供销合作总社从事废旧商品回收及资源再利用工作,环卫部门负责垃圾处置工作,从资源回收利用视角来看,两个部门工作职责相同,因此苏州建立环卫、供销联合办公机制和定期协商机制,创新整合环卫网与供销网的新模式,促进垃圾分类与再生资源回收源头的无缝对接。

6. 政府市场融合

垃圾分类工作是一个全社会的系统工程,既是政府的责任,又是公民的责任,当然也离不开企业的配合。为了更加高效地推动垃圾分类工作,促进垃圾分类工作取得社会效益和经济效益,苏州在垃圾分类工作的垃圾分类链的终端建设、收运建设中,既发挥政府作用,又发挥市场作用。如建筑垃圾的终端建设中,苏州市建筑材料再生资源利用中心项目采用BOT模式,特许经营期15年。苏州市生活垃圾焚烧发电厂项目采用BOT模式建设,特许经营期为28.5年。而餐厨垃圾处理厂项目则采用市场化运作,由企业投资运行。

五、存在问题

2016年在苏州召开了全省垃圾分类工作座谈会,省住房城乡建设厅宋如亚副厅长指出江苏省垃圾分类工作坚持试点先行,稳步推进垃圾分类工作,取得了一定成效,但也存在大分流体系建设还不到位,垃圾分类收集覆盖率不高,分类处理设施建设不配套,总体效果不明显等问题。苏州市垃圾分类工作尽管获得了全国先进称号走在全国前列,2015年被五部委列为全国首批26个垃圾分

六、社会治理助推高质量发展

类示范城市之一,但在工作推进中同样存在一些问题。

1. 部门协调不力

一项系统性的工作不可能由一个部门来完成,需要政府的各个部门共同推进。为此政府需要成立工作小组,在体制方面加强领导力,在机制方面加强执行力。同样在垃圾处置工作方面,苏州市 2012 年成立垃圾分类工作领导小组,由分管副市长任组长,由市容市政管理局、供销合作总社、环保局、园林和绿化局、财政局等 27 家单位担任成员单位,以发挥最大合力。但是在实际工作推进中,往往出现部门壁垒,工作有时会出现互相推诿的现象,合力效应大打折扣,叠加效应不大,相反放大了扯皮效应。

2. 宣传效应弱

政府是垃圾工作的责任主体,但垃圾分类的主体是公民,为此政府在 2000 年就开始宣传垃圾分类,全面普及垃圾分类知识,引导广大市民提高垃圾分类意识并积极参与垃圾分类工作,制定《生活垃圾分类指导手册》,指导居民进行垃圾分类;拍摄垃圾分类公益宣传片,在地铁站、公交车移动电视上播放;开发垃圾分类专题网站及垃圾分类微信公众平台;在主流报纸媒体上进行垃圾分类宣传;在全市高架三面翻、机械化作业车辆上投放垃圾分类广告;在小区、公共场所开展垃圾分类宣传活动等。尽管垃圾分类工作推进已有 17 年,但是宣传效应很弱,不但受众面少,而且宣传效果也不佳。

3. 源头主体不明

苏州市在推进垃圾分类工作中通过政府文件,明确部门责任,确认责任主体。2016 年正式公布了《苏州市生活垃圾分类促进办法》,并于 2016 年 7 月 1 日起正式实施,《办法》明确了苏州市垃圾分类模式、政府责任、社会责任及保障措施等。但在具体落实过程中,还是出现了最后一公里不能落地的情况,也就是小区的垃圾分类责任主体不明。

4. 分类设施简单

垃圾分类工作的难点就是源头分类的准确性,解决分类准确性一方面要加强分类主体的责任心与主动性,另一方面需要提高分类设施的智能化水平。而现在垃圾收集装置简单、传统,既不能监督居民分类情况,也不能及时反馈垃圾收集情况,因此对于整个垃圾分类链的工作效率提升作用不大。

5. 分散处理效率低

尽管"近期大分流,远期细分类"的苏州模式因先易后难、先点后面等取得了一定成效,但这种大分流的垃圾分类及处理方式,在整个垃圾分类链中,效率和效益均比较低。这主要体现在垃圾处理链中的很多环节重复不经济,如垃圾收集、收运方面,收集主体不同,收集渠道重复,收集运输重复。

六、对策建议

1. 领导体制与部门协调

一方面,在领导体制上,苏州垃圾分类工作由市容市政管理局牵头,其他相关部门配合协调,另一方面,城乡垃圾分类工作分别由市容市政管理局的环卫处、镇村处分别负责。也就是说在横向方面,不但需要部门协调,而且需要处室协调;在纵向方面,由于各区县机构设置的差异,在落实、协调方面不能有效对接。因此建议提升领导体制规格,由市长担任领导小组组长,以更大力度推进垃圾分类工作。

2. 局部试点转全城推动

苏州在垃圾分类处理工作上,起步得早,探索得快,但17年来成效不太明显,最主要原因是试点步伐慢,推进不快。现在该是全城推进之时了,一是苏州在垃圾分类处理方面积累了工作经验,二是垃圾分类处理链基本构建,三是苏州城市发展正当其时,因此唯有全城推进才能更大范围实现垃圾分类工作的绩效。

3. 源头主体由明确转落实

层次型社会结构实现了责任的层层落实,工作任务的层层分解,但由于我国正处于社会转型期,传统社会结构发生了重大变化,对于垃圾分类工作的最后责任主体,尽管苏州市文件已经明确由物业公司负责,但具体在落实中困难重重,最后演变为无人担当,为此政府要加大物业公司的源头主体责任,并以经济机制作为辅助措施,推进主体责任的落实。

4. 分类设施由传统转智能

在新一轮的技术革命和产业变革之时,传统产品借助信息技术实现了智能化,提高了信息效率。为此通过改进传统垃圾分类收集设施,将互联网技术融入垃圾收集中,实现垃圾分类监控的智能化,一方面可以督促垃圾准确分类,另一方面可及时传输垃圾收集装置的实时信息,以提高垃圾收运效率。

(作者单位:中共苏州市委党校)

六、社会治理助推高质量发展

苏州协会促进产业创新现状及发展对策

傅伟明

创新是企业不断成长的唯一动力。传统观点认为创新是在企业内部封闭环境下进行的,但随着信息技术的广泛应用,技术更新速度越来越快;随着新知识的创造越来越困难,单一企业持续创新的难度不断增加,难以独立完成复杂的创新活动;随着技术研发成本的不断增加,产品和服务的市场推广速度加快,技术生命周期缩短,传统封闭式创新模式受到严峻挑战。创新活动逐步演化成一种网络组织活动、合作活动,目前合作创新成为时代主题,各种创新组织层出不穷,如战略联盟、企业联盟、产业联盟、产业技术联盟、开放式产业联盟、开放式创新联盟等。

一、苏州市协会发展情况

目前行业协会作为一种传统的产业组织,对于企业创新、产业创新以及构建区域产业竞争生态的作用至关重要。在我国的科技创新体系中,着重进行产业组织、整合服务的行业协会的力量还比较薄弱,社会影响力不大,作用发挥有限,而且政府对于行业协会的重视不够,协助推动协会工作的机制没有建立形成,特别是在协会促进产业创新中的作用发挥不够。

根据市民政局提供的全市行业协会商会的基本数据分析可知,目前苏州市协会共有279家,按成立时间来看,其中2000年成立至今的有219家,2010年以来成立的有13家,2013年以来成立的有47家。按性质来分,行业协会有191家,其中联合类有83家,专业类有5家。总体来看,协会基本覆盖了全市各个产业。

根据协会的注册资金分析,苏州市协会的注册资金规模较小,3万元以下的注册协会达66.8%,5万元以下的协会达77%,具体分布情况如表1所示。

表1 苏州市协会注册资金分析表

注册资金(万元)	协会数	累积百分比
3	171	66.80%
5	197	76.95%
10	250	97.66%
15	251	98.05%
30	254	99.22%
40	255	99.61%
50	256	100.00%

苏州市协会的专职工作人员主要以3人以下为主,达53.05%,5人以下达76.79%,具体分布如表2所示。

表2 苏州市协会专职工作人员分析表

专职人员(个)	协会数	累积百分比
3	148	53.05%
5	214	76.70%
10	249	89.25%
14	256	91.76%
22	261	93.55%
30	279	100.00%

根据协会的主管分类来看,将民政局作为协会注册管理部门以及主管部门的有116家,将工商联作为主管单位的有102家,将文广新局作为主管单位的有11家,经信委有8家协会,商务局、邮政局有3家协会,工商局、科技局、科协、旅游局各有2家协会,其他部委办局有1家协会。

通过以上的综合分析可知,苏州市的行业协会总体来说基础力量薄弱、不强,职业化程度低、不高,专业能力较弱、不强,业务主管强度弱化、指导能力不足。

二、苏州市协会运行现状

为进一步了解苏州市协会发展情况,对协会基本情况、协会运行情况、协会与政府关系三个方面进行全面了解,由市工商联发放协会调查问卷60份,回收了40份调查问卷,经认真检查不合格的有5份,占12.5%,经统计分析,具体情况如下。

1. 协会基本情况

协会负责人91.4%由企业家担任,说明协会主要负责人对于行业比较了解、熟悉,能够更好地开展协会工作。协会平均规模为131家,说明协会规模较大。协会会长单位基本上由行业龙头企业担任,但协会自身组织结构相对较弱,仅设秘书处一个部门,因此职业化程度不高,专业能力较弱。仅有少数协会设置较正规,如苏州电梯业商会内设部门有监事会、秘书处、电梯制造委员会、电梯维保专业委员会、技术委员会、人民调解委员会,苏州市电子制程业商会设有财务处、知识产权工作站、办公室、会员工作部、互联网信息部、投融资服务部、行业发展部、对外联络部、法律事务部,苏州市玉石文化行业协会设置秘书处、财务部、展评部、会员部、行业自律委员会、专业评定委员会、陆子冈艺术馆,苏州市连锁经营商会内设有办公室、会员部、宣传部。

2. 协会运行情况

对于会费,协会收取的平均值为78%,中位数值为87%,总体来说苏州市协会会员上交会费比较主动,支持协会工作积极性较高。在协会开展活动排序中,42%的协会以制定行业自律规则为协会主要活动内容,30%的协会以信息技术交流为协会主要活动内容,27%的协会以政策沟通为协会主要活动内容,说明苏州市协会在推动行业技术创新中的创新活动少、质量弱、作用不强。在关于协会每年开展活动次数的调查中,年平均活动次数为7次左右,相当于两个月协会开展一次活动,而协会活动中位数仅为5次,说明协会活动强度不大。协会会员参与协会活动的积极性,以会员参与活动的比例来表示,经调查约为72%。对于协会工作的重要性排序,94%的协会认为是提升协会的社会地位。对于协会能力建设的排序统计,37.5%的协会认为是谋求组织创新与发展能力,34%的协会认为是日常运作管理能力。关于协会工作难点的调查显示,77%的协会都反映有不同程度的工作困难,主要包括工作人员、活动经费、会费、会员约束力、会员服务、会员矛盾、会员参会比例、协会作用、主管部门联系、政府委托、政府采购、政府指导监督、政府职能转移等方面,归纳来说主要包括了会员方面、协会工作方面、政府方面的三大类问题。

3. 政府与协会关系

第一,对于政府支持协会工作的满意度调查,47%的协会认为支持很大,47%的协会认为支持一般,另有6%的协会认为几乎没有。总体来说不满意度高于满意度。第二,关于政府服务协会不够的调查显示,37%的协会认为政府服务有待改进,主要包括重视协会、帮助协会解决实际困难、统计工作、支持力度、业务指导、行业扶持、行业培训教育、政策宣传、政企沟通、政策落实、政策解读、承接政府职能转移等方面,说明政府对于协会无论是重视程度,还是政策宣讲、行业指导,都不能满足行业协会发展的要求。第三,对于政府服务协会内容方面的调查显示,71%的协会提出了工作期望,说明有非常高的期待,主要包括重视关心协会、解决协会实际困难、协会公信力、行业指导、协会建议、行业培训、政策扶持、协会参与政府行业工作、政策宣讲、承接政府职能、行业发展规划、政府购买服务等,说明协会对政府有在态度方面关心重视、在业务方面扶持指导、在互动方面合作协调的强烈要求。而且通过对政府服务协会的不足与协会对政府服务的期待的调查,发现调查结论基本相同、一致,其实这两个问题是一个问题的两个方面,因而得到了相互印证。

三、发挥协会促进产业创新对策

协会作为行业与政府的联系渠道、沟通平台起到了重要的桥梁作用,新常态形势下苏州市行业协会存在的主要问题是:第一,行业公信力不强,行业专职人员较少,组织机构设置简单,职业化程度不够,专业能力不强,服务能力弱化。第二,协会运行传统化,协会年开展活动频率少且质量不高,全年中位数只有5次,而且42%的协会以制定行业自律规则为协会主要活动内容,仅有30%的协会以信息技术交流为协会主要活动内容,因此对行业创新的促进作用不强。第三,政府支持不够,不仅对协会的政策宣讲、行业指导、行业培训等工作没有介入,而且对于行业发展及规划与协会互动较少,政府职能转移不够、购买服务力度不强,造成既不能有效地发挥行业协会作用,也不能提高行业协会的能力,更不能有效提升行业协会的公信力的困境。

为了进一步发挥协会促进产业创新作用,促进协会成员间技术、知识、信息交流共享以加快创造新知识、解决产业发展问题,首先要发挥行业协会的主导

六、社会治理助推高质量发展

作用,同时也要更好地发挥政府的积极作用,政府与协会需在以下五个方面共同发力。

第一,加强产业政策的引导力度。

产业的发展依赖于国家的宏观政策,特别是国家的产业政策,不管是发达国家还是发展中国家,都离不开产业政策的引领。产业政策是政府为了实现一定的经济和社会目标而对产业的形成和发展进行干预的各种政策的总和。产业政策的功能主要是弥补市场缺陷,有效配置资源,保护幼小民族产业的成长,发挥后发优势,增强适应能力。因此建议行业主管部门要及时、准确地为协会会员宣传、解读国家最新的宏观政策、产业政策,特别是产业环保、绿色生产、市场扶持等政策,以有利于协会会员正确把握产业发展的技术方向、市场趋势,充分利用政策优势抓住产业创新良机,为产业创新提供良好的政策保障和引导。

第二,加强产业规范的指导密度。

政府掌握了大量的政策资源和公共资源,对于行业的发展起着引导作用,而行业协会是一个松散的自律组织,没有政策资源及公共资源,对于行业协会的工作开展有一定的难度,因此需要借助政府平台来展开工作,需要政府对行业协会的业务进行具体指导。建议政府在行业发展规划、行业发展动态、行业人员培训教育、行业统计、行业标准、行业监督、知识产权保护等方面开展具体工作指导并形成工作机制,对行业的产品质量标准、工艺技术、生产制造标准、产品认证、市场规范进行指导,特别是为产业创新提供良好的市场保障和指导。

第三,加强产业服务的互动频度。

加强政府与协会工作互动协调,一方面要强化政府与协会在行业发展规划及行业规范方面的互动,聘请行业从业人员参与行业政策、行业规划的制定。另一方面,要加快政府对于行业服务职能的转移,当然也要提高协会承接政府转移职能的能力,这样才能提高行业协会的公信力以及行业协会的服务能力。再一方面,要强化政府购买服务,特别是要制定一些政府采购政策,优先购买协会服务。

第四,加强组织内部创新活动效度。

成立协会组织的目的就是能够发挥组织内部的各类创新要素作用,集聚创新动能,共同推动产业创新,其有效手段和措施就是加强内部的各类组织活动,特别是组织内部的成员间的产业技术交流、市场信息交流以及新技术新知识的交流,以创造产业新知识实现产业创新。因此,协会一方面不仅要提高内部交流活动的数量,更要提高活动的质量,特别要以产业技术交流、产业市场信息交流为主要内容,聘请高校院所学者、行业专家就产业最新发展技术和市场趋势作广泛深入交流,为产业创新提供最新知识和信息。另一方面更要以产业共同技术创新项目为载体,协同攻克产业技术难题,真正发挥协会共同协作的创新作用。由于协会缺少组织资源,开展高质量、高频率的协会活动有各种因素的困难,为此政府要对协会活动进行激励、支持,通过协会活动的备案以及活动绩效评估,进行差别化的政策倾斜、扶持,真正实现协会促进产业创新的战略目标。

第五,加强推动促进产业创新强度。

科技创新经历了企业的产学研、协会协作创新、政产学的不同发展阶段,走出了单个企业技术创新要素有限、能力不足、时间长、速度慢的创新困境,逐步适应新一轮技术变革和产业变革的快节奏。从科技创新的发展历程中可以发现,政府在科技创新中的作用越发重要,不仅是倡导者和协调者,更是领导者、组织者、出资者,因此建议政府将政产学合作项目纳入本级科技计划体系中,并与协会共同以政产学合作项目为抓手,以开发产业关键技术和共性技术为战略目标,从而更有效地促进产业科技创新、市场创新、管理创新。

(作者单位:中共苏州市委党校)

六、社会治理助推高质量发展

新常态下苏州商会实践及提升对策

傅伟明　范崇德

苏州市工商联系统行业组织截止到2016年12月有226家,其中市属行业商会57家,涉及商贸流通、工业经济、现代服务业等若干行业门类以及新兴产业,行业覆盖率、组织凝聚力、实力和活力显著提高,在苏州市经济建设中的作用和影响日益显现。

一、苏州市商会发展情况

2005年前,工商联市属行业商会仅成立11家,其中在民政局注册登记的有6家。2005年苏州市政府出台《关于促进苏州市行业协会改革与发展的指导意见》,行业组织步入了快速发展的新时期。短短5年中,12家二级商会应运而生,但是二级商会在承接政府部门职能转移、充分发挥商会作用等方面都受到了一定限制,商会组织再次遭遇到发展的瓶颈。2010年市政府出台了《关于同意授权苏州市工商联作为全市性社会团体业务主管单位之一的批复》,这在苏州行业组织的改革与发展道路上具有里程碑式的意义。市工商联认真按照《社会团体登记管理条例》的规定,会同市民政局及政府相关行业主管部门对现有14家"二级商会"进行了逐家分析和甄别,拟定了具体的整合方案,形成了专题会商纪要。经过多方努力,用半年的时间在2010年年底按规定全部完成了注册登记手续。

目前,苏州市工商联系统行业商会获得5A级3家、4A级7家、3A级16家。各商会从基础条件、组织建设、工作绩效、社会评价、商会会议资料五大方面以及100多个子项全面规范了商会工作,使行业商会的基础工作得到全面加强。

二、苏州市商会发展实践

1. 行业商会自动转型升级

2014年苏州市围绕从"苏州制造"向"苏州创造"提升的目标,加快产业转型,加快提升产业竞争力,促进生产型经济向服务型经济提升。苏州市工商联充分发挥行业商会的作用,积极探索新理念、新思维和新战略,为行业商会的建设管理创新发挥积极作用。工商联积极搭建平台,促进资源共享,加强与市有关部门的合作,开展各类活动,引领民营企业加强自主创新、提高核心竞争力,先后组织会员参加昆山进出口交易会、新疆推介会、民营企业文化讲座、企业高峰论坛等活动;另外组织商会与企业走出去,先后组织商会赴安徽明光、盐城大丰、辽宁大连等地,通过组织考察、参加展览等形式,进行互访互学,不断拓宽服务企业的渠道。

2. 构筑四大平台,打造商会品牌

商会近年来在打造服务平台上下功夫,形成了一个较为完备的服务体系,并取得了丰硕成果。

一是构筑"银商"服务平台,帮助会员企业解决融资困难。构建和完善金融服务平台。与民生银行苏州分行合作,成立了苏州市小微企业城市商业合作社,打造全省首家"商会银行",通过建立"银行—商会—企业"的融资模式,积极推动银企对接,为中小微企业量身打造投融资服务平台。自2013年4月市级合作社成立以来,全市各行业、各乡镇(街道)共挂牌成立了281家小微企业合作社,涉及39个行业,会员数量一度突破8 000家,累计发放贷款850亿元,支持了近4.5万户小微企业。近年来,全市工商联系统共举办银企对接活动210场(次),直接或间接帮助企业实现融资160多亿元。

二是构筑"校商"服务平台,切实解决用人困难。苏州市工商联一直致力于推动和带领各商会组织创新深化"校企合作"模式,有效实现了行业、企业、学校、学生、社会、商会等"六赢"局面,为行业排忧解难、企业共同发展发挥了积极作用。金银珠宝业商会与苏州经贸职业技术学院联合开办了三期"龙凤缘黄金珠宝班";光电缆业商会与工业园区职业技术学院联合共建了"苏州光电缆综合班"、与苏州市职业大学合作共建"苏州市光电缆行业大学";制冷设备服务业商会联合苏州技师学院,启动"千人培训计划",分层次、分岗位、分等级、分期分批地组织,开展面授、函授、网授、院校合作等形式的暖通空调安装维修人员培训;物流商会成为"省高校毕业生就业见习基地",组织22家物流公司、12家职教学院联合成立"苏州现代物流职教集团";电梯商会与市职业大学合作共建"电梯学院",共同规划、共同筹建、共同管理、共享资源;等等。

三是构筑"法商"服务平台,维护企业合法权益。法律维权服务的各项工作近年来逐渐步入制度化、常态化的发展轨道,法律维权服务成为延长工作手臂、有效服务民营企业的又一工作载体。与市司法局联合共建中小企业法律服务中心以来,各商会都纷纷成立人民调解委员会,在整合力量、帮助企业增强风险防范意识和竞争能力、拓展工作领域方面进行了有益探索和机制创新。

四是构筑"科商"服务平台。各商会在引导和服务会员企业申报科技进步奖、参与国际精英周项目对接、引进科技人才、创建科技型企业等方面取得了一定成效,为促进民营企业更加重视科技创新,充分了解苏州科技市场的服务平台,促进科技成果的推广应用进行了积极的探索。

3. 承接政府职能,提升行业活力

2016年以来,全市工商联系统以行业商会为代表的社会组织获得了前所未有的发展,突出表现在数量不断增加、行业覆盖范围不断扩大、会员企业量质齐升等方面,行业组织在参与行业管理、制定行业标准、收集行业信息、促进行业规范化发展等方面正发挥着越来越突出的作用。民办教育协会受民政局委托对3A等级初评工作考评、受教育局委托对诚信机构考评;电梯商会受质检局委托承接对电梯维保三星现场评审考核的监督考察审核工作;经人社局考核电梯商会被定为电梯行业职称评审试点单位;制冷业商会承担市卫生监督所委托的职能,对苏州市所有清洗企业的专业资质进行年度审验工作;等等。实践证明,行业商会是延长工商联工作手臂、提升工商联服务能力的有效抓手。只有不断加强以行业商会为代表的社会组织建设,进一步着眼于创新驱动的要求,加快在高新技术产业和现代服务业领域组建商会的步伐,并着力加强其自身建设、提升其履职能力,才能发挥工商联在苏州经济创新发展中的独特优势和作用

三、提升行业商会运作能力的建议

苏州市工商联市属行业商会已经基本建立了现代行业商会制度。在经济新常态下,苏州市的行业商会未来的成长空间和发展机遇都是历史性的,它将在行业的自治和自律这个领域发挥巨大的潜能。民营经济在行业商会的引领下,实施创新驱动发展战略,不断营造良好政策环境,为企业转型发展、创新发展服务,在适应新常态中求新作为,在保持中高速增长中迈向中高端水平。

1. 建立和完善"一业多会"的管理模式

鼓励在行业内按产业链的生产环节、经营模式、服务类型等设立行业商会,在名称上予以区分,放开设立标准。出台行业商会的准入和退出细则,加强登

记和年审管理,降低门槛,坚持标准,加强监管。目前,市工商联直属的房地产业商会、现代物流业商会、食品副食品业商会分别与住建局的房地产业协会、发改委的物流协会、经信委的生产服务业协会、商务局的食品协会,初步形成了"一业多会"的格局。提倡行业商会的适度竞争,有利于打破"一业一会"垄断行业管理与服务的局面,有利于表达会员企业诉求实现利益的多元化,有利于行业商会为会员提供个性化和针对化服务,达到激发行业商会通过提升服务质量吸引会员,承接政府转移职能的目的。

2. 提升承接政府转移职能和公共服务的能力

政府向社会组织购买服务是政府机构改革的创新举措,可以实现政府与行业商会的双赢。一方面有助于政府职能部门打破其在社会管理和公共服务领域包揽一切的局面,实现工作重心的转移;另一方面有助于行业商会在一定程度上解决经费来源不足的问题,进一步促进服务功能的完善,发挥商会在经济建设和社会公共事务管理中的积极作用。根据前期调研,可以在行业发展规划和行业标准制定、行业从业人员技能培训、专职技术人才职称前期评审、行业经济数据收集与统计、政府行业政策落实与宣传等方面承接政府部分职能的转移,实现政府购买服务的初衷。与此同时,希望政府职能部门定期对商会工作人员开展培训工作,提升工作人员的专业水平,达到提升商会履行职能的效果。

3. 开展行业发展趋势和预测的研究

行业商会是企业事业发展的平台,归根结底是为会员企业发展服务。权威性、美誉度和影响力是商会的核心竞争力。行业商会要积极开展行业经济研究,为投资者提供决策参考,为企业的战略、市场管理服务,从而提升行业经济地位、总量和竞争力,推动创新能力,优化服务环境,凝聚商会力量,促进经济发展。

4. 树立担当社会责任的工作目标

2014年以来,国务院发布了一系列文件,强调要促进市场公平竞争,维护市场正常秩序,发挥行业商会的自律作用;推动行业商会建立健全行业经营自律规范、自律公约和职业道德准则,规范会员行为,鼓励行业商会制定、发布产品和服务标准;强调发挥市场专业化服务组织的监督作用,强调在社会信用体系建设中,加强中介服务业信用建设。充分体现了国务院对社会组织监督和服务作用的重视和支持。行业商会应按照《关于深化苏州市市属行业协会(商会)改革的实施意见》的要求,根据社会评价等做好本行业的信用评级工作,市信用中心汇总行业评级情况结合行业商会相关记录形成综合信用评级结果,建立信用档案,并通过"信用苏州"综合信息平台和媒体向社会公布,接受社会监督。

5. 推动商会的职业化、专业化、年轻化发展

行业商会的工作人员属于社会工作者,是以帮助机构和他人发挥自身潜能,协调社会关系,解决和预防社会问题,促进社会公正为职业的专业工作者。目前行业商会的工作人员表现在专职人员偏少,素质偏低,不能对行业商会工作形成长远的打算。随着行业组织改革的深入,将通过政府购买服务等形式,改善经济来源,提高专职人员工资福利,推动商会的职业化、专业化、年轻化发展。

(傅伟明,中共苏州市委党校　范崇德,苏州市工商业联合会)

新形势下充分发挥检察机关在扫黑除恶专项斗争中的作用

蔡 蔚

扫黑除恶专项斗争事关社会大局稳定和国家长治久安,事关人心向背和基层政权巩固。新时代的检察机关作为国家重要政法机关,虽面临扫黑除恶专项斗争新情况和自身变革的诸多挑战,但仍应在这场扫黑除恶的专项斗争中积极作为,贡献力量。

一、涉黑涉恶问题的新情况、新动向

近年来黑恶势力犯罪虽得到有效遏制,但一定范围仍然存在,并呈现新动向。一是"软暴力"、非暴力胁迫手段多发。暴力特征弱化,多使用言语恐吓、跟踪滋扰等"软暴力"和非暴力手段。二是披着合法外衣,隐蔽性更强。黑恶势力依托经济实体存在,组织形式合法化、组织头目幕后化、打手马仔市场化,游走于犯罪与违法之间。三是渗透重点领域发生变化。从传统的采砂、建筑等行业,向物流、交通、金融、网络等前沿领域渗透。四是呈现出很多介于黑社会性质组织犯罪和普通犯罪之间的恶势力团伙、恶势力犯罪集团。

二、"扫黑除恶"专项斗争的新要求

"打黑除恶"变为"扫黑除恶",从字面来看,"打"是打压、控制,是外敷,而"扫"是扫除、消灭,是内服,直达病灶,革病除根。一字之差,却体现了专项斗争的现实背景和理念内涵的重大变化。一是全面彻底的新态度。"打黑"是从社会治安角度出发,强调点对点打击黑恶势力犯罪,"扫黑"是从夯实党的执政基础、维护国家长治久安的角度,意在强调有关国家机关要像大扫除一样,自觉、主动、积极地甄别、打击各种黑恶势力。二是整体治理的新理念。要切实把专项治理和系统治理、综合治理、依法治理、源头治理结合起来,把打击黑恶势力违法犯罪和反腐败、"基层拍蝇"结合起来,既有力打击、震慑黑恶势力犯罪,又有效铲除黑恶势力的生存土壤。三是工作方法的新思路。聚焦涉黑涉恶突出的重点地区、行业、领域,同时坚持依法严惩、打早打小,除恶务尽。

三、新形势下扫黑除恶专项斗争中体现检察担当

新形势下检察机关改革就是让检察机关以办案为主体,回归监督主业。要确保检察机关在夺取扫黑除恶专项斗争胜利中大有可为,就必须立足检察职能,在专业领域发扬"工匠"精神,笔者认为应从以下几个方面重点发力。

1. 凝聚思想共识,大力组织推进

检察机关应当自觉站在政治和全局的高度,充分认识开展扫黑除恶专项斗争对于地方经济发展、平安建设、从严治党和提升人民群众幸福感的重大意义,自觉将扫黑除恶专项斗争摆到工作全局突出位置,全力重点推进。院领导要勇于靠前指挥,制订切实可行的工作方案,成立扫黑除恶专项斗争工作办公室,设立跨部门的扫黑除恶专业化办案小组,明确责任部门负责相关工作协调、督促与落实,确保专项斗争有领导、有组织、有计划、有步骤。

2. 注重线索排查,深挖背后犯罪

通过线索深挖、打击"保护伞"是扫黑除恶专项斗争的重中之重。检察机关应以办理审查逮捕、审查起诉、控告申诉、民事行政、刑事执行、法律监督等案件为抓手,深挖涉黑涉恶线索。办理案件中要对案件起因背景、涉案人员前科劣迹以及其他违法犯罪情况进行梳理,有意识引导并要求公安机关对案件背后隐藏的黑恶线索进行深挖。

3. 严格公正执法,凸显检察职能

充分发挥检察职能作用,确保依法、准确、有力惩处黑恶势力。一是充分发挥检察引导侦查功能。加大涉黑涉恶案件提前介入力度,传导证据标准。二是充分发挥检察机关对案件实体和程序的"质检""过滤"功能。避免陷入公安机关"做饭",检察机关"端饭"的怪圈。三是充分发挥检察机关对侦查的监督功能。在审查涉黑恶案件同时,做好侦查活动违法的监督和遗漏罪行的监督。四是充分发挥检察机关对证据的补充、补证功能。五是充分发挥检察机关的权利保障功能。切实保障涉黑恶案件中犯罪嫌疑人、被告人、被害人的权益,依法保障辩护人、诉讼代理人行使诉讼权利等。

4. 运用法治思维,把握法律政策

扫黑除恶专项斗争当然应在法治框架内进行,不能脱离依法治国的轨道。

要严格把握政策界限,坚持宽严相济的刑事政策,区别对待、分类处理黑恶犯罪涉案人员。对组织者、领导者、骨干成员及其保护伞要依法从严惩处,对初犯、偶犯、未成年人以及犯罪情节较轻的其他参加人员要依法从轻、减轻处罚,最大程度分化犯罪分子,减少社会对立面。

5. 注重协调配合、建立长效机制

要采取整体治理的战略,多部门之间相互配合。一是检察机关主动建立联席会议制度,对办理案件中的重、难点问题,定期与公安、法院召开联席会议,分析研究,统一执法思想、执法尺度、证据标准。二是积极建立与纪检监察的线索移送机制。三是和相关部门配合,建立反应迅速、沟通便捷的信息反馈机制,做到信息共通。

6. 强化分析调研,积极参与综治

收集扫黑除恶专项斗争中的问题和困难,分析黑恶势力犯罪的新规律、新特点、新动向,对办案时发现的社会管理中存在的制度缺失、监管盲点、影响经济社会发展的不利因素,通过检察建议或风险研判报告及时向党委、政府和有关部门提出完善建议。

(作者系市检察院副检察长、党组成员)

苏州处于怎样的位置？
——"新一线"城市商业魅力指数比较分析

中共苏州市委市情研究基地　苏州市情研究中心

在新的发展时期，我们既要对宏观形势有一个正确的把握，同时更需要对苏州自身有一个客观的分析，以便找准短板、发挥优势，寻求更大突破。新一线城市研究所作为一家专业的研究机构，2013年首次提出了"新一线"城市的概念，即按城市行政级别不能算一线城市，但从经济社会发展看又不该划入二线城市，这些城市发展活力很强，最有可能在未来成为一线城市。该研究机构根据自创的指标体系，一般在全国400个城市中遴选出前15位，这种跳出城市行政级别和经济总量框框的比较分析，不失为观察苏州的一种视角，具有一定的参考价值与启示意义。城市商业魅力，一定程度反映了这座城市的经济活力与发展潜力，苏州在"新一线"城市中处于怎样的位置？为此，我们将15个列为"新一线"的城市就城市商业魅力指数进行比较分析并形成综述，供大家参阅。

中国城市商业魅力指数具体包括五项指标，分别是：商业资源集聚度、城市枢纽性、城市人活跃度、生活方式多样性和未来可塑性。从此次对338个地级以上城市的排名情况看，北、上、广、深4个一线城市的地位依然不可动摇，成都名列"新一线"城市榜首，15个"新一线"城市依次是成都、杭州、武汉、重庆、南京、天津、苏州、西安、长沙、沈阳、青岛、郑州、大连、东莞和宁波。与去年相比有了一些变化，东莞和郑州成为新晋新一线城市，而上年进入前15的厦门、无锡这次则落榜。其中值得关注的是，苏州2016年排13位，此次晋升至第7位，得分71.52，排在苏州前面的依次是成都、杭州、武汉、重庆、南京和天津，苏州与位于第1的成都(98.97)相差27.45分(具体见图1)。

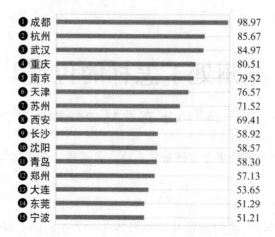

图 1 "新一线"城市商业魅力指数前 15 位城市

我们按五类指标对排在前 10 位的城市进行了分析,总体上苏州并不领先、位次居中,有一类指标排位甚至出局,我们可以从中看到苏州的优势、差距与潜力,值得思考。

一是从商业资源集聚度指数看,苏州居第 6 位。这一指标包括大品牌青睐指数(品牌门店总数、品牌门店增长数、入驻品牌数量、竞争活跃度)、商业核心指数(商业区域面积、核心商圈面积)、基础商业指数(大众点评餐饮类门店数量、服饰类门店数量、杂货店数量)、城市规模指数(GDP 总量、常住人口数量、社会消费品零售总额)。

我们可以发现,在消费领域,商业品牌在选择城市和具体的店址时,都会在针对城市当下消费力和未来潜力展开充分研究后作出理性决定。如果将众多品牌——也包括个体经营者——在这方面慎重评估的结论汇聚起来,就可以抹平其中的个体差异,成为判断城市商业能力的指标。大品牌青睐指数和基础商业指数衡量所反映的就是这种商业能力。

经过综合指标分析,苏州居第 6 位,得分 77.16,排在前三的分别是成都(100)、重庆(94.86)、杭州(82.30),苏州与成都相差 22.84 分,一定程度反映了苏州商业品牌、核心商圈等方面存在的差距(具体见图 2)。

六、社会治理助推高质量发展

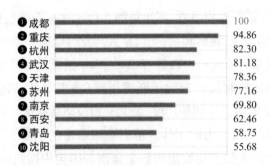

图 2　商业资源集聚度指数前 10 位城市

二是从城市枢纽性指数看，苏州在前 10 位中出局。这一指标包括交通通达度数(铁路通达度：高铁站点数量、经过车次数量、可达城市数量；民航通达度：国内城市联系度、国际城市联系度、进/出港准点率等；公路通达度：经过高速公路条数、高速公路 3 小时直达城市数量)、物流通达度指数(物流配送站点数量)、商业资源区域中心度指数(主要消费品牌门店数量在所处区域中的占比)。

城市并非孤立的个体，任何一座城市都有将自身资源辐射给其他城市的潜力。当这种城市辐射力表现出色时，就可以通过交通、物流等途径，将商品、资金、人才和文化资源传输到周边城市，并使自己成为整个城市网络的中心。城市间的交通通达程度、物流通达程度、商业资源区域中心度都诚实地告诉我们，哪些城市是枢纽城市，它们辐射了谁，又被谁辐射。当一个城市拥有更强的辐射能力，而周边城市的表现又差强人意时，品牌更愿意选择它作为进驻区域的第一个落脚城市，这能帮助品牌商理解这个区域的消费偏好。通过城市间的公路距离、连接两城的铁路车次数和民航航班量，我们可以发现，在"新一线"城市中，长沙和武汉的联系度最高，其次是杭州与南京。苏州紧靠上海，尽管区位条件较好，但总体看，城市的枢纽性不足，未能列入前 10 位(具体见图 3)。

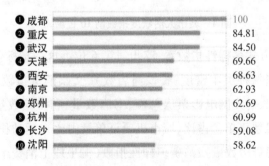

图 3　城市枢纽性指数前 10 位城市

三是从城市人活跃度指数看,苏州居第 5 位。这一指标包括消费活跃度指数(外卖频次、网购频次、观影频次、支付宝人均支付金额)、不安分指数(知乎活跃用户数量、智联招聘活跃用户数量、Talking Data 活跃设备数量、滴滴出行活跃度、优酷视频日均播放时长)、夜间活跃度指数(酒吧数量、滴滴出行夜间活跃度、Talking Data 活跃设备夜间使用度、公共交通夜间活跃度)。

城市人是构成城市活力的主体。他们在城市中的生活、工作、消费、思考、出行和娱乐等行为,交替点亮城市的各个角落。因为中国热闹的线上生活,互联网平台上的用户行为数据是检视这种活跃度的最佳数据来源之一,既能体现城市在分秒间的变化,也意味着年轻人的聚集。外卖、网购、海淘、观影、移动支付,这些消费行为已经贯穿在城市年轻人的生活脉络中。一个活跃的城市人,除了产生一些生活所需的消费行为,还有一些对生活更进一步的想象与规划。智联招聘的简历完成度、知乎的活跃用户数、滴滴出行活跃度能分别代表城市人的进取心、好奇心和对效率的推崇,这也是我们所理解的城市里不安分的年轻人和他们为城市带来的东西。夜间活跃度涵盖了酒吧数量、Talking Data 提供的移动设备夜间使用度、滴滴出行夜间活跃度和公共交通夜间活跃度。"新一线"城市中,苏州的夜间活跃度指数得分最高,从 22 点开始到次日早晨 6 点前,苏州有 30.9% 的公交线路仍在提供服务,这里也拥有足够多的酒吧(具体见图 4)。

图 4　城市人活跃度指数前 10 位城市

四是从生活方式多样性指数看,苏州居第 6 位。这一指标包括餐饮多样性指数(大众点评餐饮种类丰富度、餐饮门店数)、文娱消费指数(优酷视频浏览量、付费会员占比、时光网电影票房总额、书店数量、咖啡馆数量)、旅游意愿指数(去哪儿国际机票订单量占比、城市机票订单量占比)、运动积极性指数(咕咚总跑步公里数、健身房数量)、消费多样性指数(淘宝线上消费丰富指数、淘宝线上消费订单量)。

衡量城市的魅力,很重要的一点在于它们能为城市人提供多少生活方式上的选择和可能性。对生活气息的直接感知,构建起了城市的共同记忆。而对城市人来说,它意味着在职业发展空间以外,另一种更为绵密而持久的吸引力。在餐饮、文娱、旅游、运动、消费5个城市人高频参与的维度中,比如城市里咖啡馆、书店、健身房的数量,它们提供了城市里不同的公共生活空间;视频浏览量、电影票房总额、跑步公里数、机票订单量这些用户行为数据则表达了不同的城市人在工作以外的生活偏好。不过,相较城市提供的生活空间与方式的绝对数量,我们更应看重这些空间和方式的丰富程度。这一指标位列前三的是成都(100)、杭州(92.26)、重庆(82.78),苏州得分74.68,居第6位(具体见图5)。

图5 生活方式多样性指数前10位城市

五是从未来可塑性指数看,苏州居第7位。这一指标包括环境友好指数(空气质量优良天数、高德拥堵指数)、创业指数(融资轮次、融资规模、企业数量)、人才吸引力指数("985"工程、"211"工程高校数量、智联招聘海归吸引力指数、职位量同比增长、简历投递人数占比)、消费面熟度指数(消费潜力指数、消费升级指数、消费力指数)。

资源聚集与生活多样是城市的最大优势,并且不断吸引着年轻人涌入和留下。与此同时,高房价、拥堵与雾霾也开始真实地逼走一部分人,大城市不再是他们最终的目的地。年轻一代择业择居的新标准提醒着城市,为未来留下成长和可塑的空间同样重要。有人就意味着有千万种可能性,因此城市是否有能力吸引人才是我们在这个指标中考虑的重点之一,优质高校的数量、简历投递数和海归人员的落脚城市组成了人才吸引力指数。创业氛围是另一个直接指向未来的指数。杭州毫无意外地成为"新一线"城市中最具创业氛围的城市,尤其在互联网与信息技术领域,这里的创业公司获得了一大批投资者的青睐。消费成熟度代表着这个城市的消费者是否清楚地知道自己的需求,成熟度高的人群是消费升级中最为积极的人。他们对生活有要求,也更愿意为自己的生活花费金钱——这是品牌商最乐意看到的良性循环。这一指标位列前三的是成都(100)、南京(96.18)、杭州(92.24),苏州得分74.18,居第7位(具体见图6)。

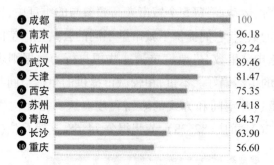

图6　未来可塑性指数前10位城市

我们认为,一个城市的商业魅力很大程度反映在对创新创业人才的集聚上。在"新一线"城市中,据智联招聘2016年数据分析(按投递人数全国占比),求职者优先选择的10大城市中,苏州位列第7,分别是:1 成都(3.83%)、2 南京(2.92%)、3 杭州(2.83%)、4 天津(2.65%)、5 郑州(2.61%)、6 西安(2.58)、7 苏州(2.47%)、8 武汉(2.43%)、9 青岛(1.83%)、10 重庆(1.78%)。另据智联招聘2016年城市创业氛围排行(包括创业公司总数量、融资总轮次、融资规模、海归吸引力指数综合计算),共列出9个城市,苏州名列第2,分别是:1 杭州(814)、2 苏州(674)、3 成都(473)、4 南京(428)、5 武汉(425)、6 无锡(356)、7 天津(349)、8 重庆(319)、9 厦门(282)。显而易见,苏州在创新创业人才的集聚上还是具有较强竞争优势的。

综上比较,我们感到,这个榜单仅是一个综合评价城市商业魅力的指标体系,并不足以反映一座城市的全部。但可从一个侧面、一种角度,相对比较客观地反映这座城市的优势、差距、短板与潜力。苏州今后应打造成一座怎样的城市?苏州有哪些优势与短板、又面临怎样的机遇与挑战?如何把人才集聚、产业转型与城市塑造更好地结合起来,形成一种良性互动格局?凡此种种,都是需要我们认真思考与创新实践的重大课题。我们认为,苏州不在于"新一线"城市这个名号,重要的是,苏州今后要加快打造成一座魅力之城、活力之城、创新之城,使一大批高层次、创新创业人才能够留下来并实现更好的发展,这样的城市以及城市中的产业,才是具有竞争力和可持续发展能力的。

(执笔:陈楚九)

深度运用大数据促"四化"协同 全面创新升级苏州社会治理

黄建洪

党的十九大报告提出,"不断提高社会治理社会化、法治化、智能化、专业化水平",为新时代社会治理的创新升级确立了新向度、提出了新要求。苏州市以习近平新时代中国特色社会主义思想为指引,着力深度运用大数据促进"四化"协同的创新探索,为全面创新升级社会治理,不断满足人民群众在新时代的新需求,形成了一整套符合苏州实际、体现苏州特点、彰显苏州优势的社会治理基层结构模式。

一、大数据的广泛运用正有力地促进苏州社会治理"四化"协同

进入信息化时代,在国家大数据战略和网络强国战略实施的大背景下,社会治理创新应主动回应和面对"互联网+"所带来的新挑战与新机遇。苏州正全方位激活互联网的"+"功能效应,通过政策连接、技术连接、人才连接和服务连接的系统化思维、全局性站位设计,把社会治理"四化"协同置于新时代苏州改革发展整体大局中来定位、谋策和推进,全面创新升级了基层社会治理,正逐步形成社会治理的"苏州名片"。

1. 网格化+基层党建——夯实基层社会治理的领导核心

把党支部建在网格上,将党的领导直接组织化,落定到基层社会治理的最前沿、最末梢,形成了社会治理网格化联动治理的关键机制。一是将基层组织建设、党建网格化服务管理、党员干部"大走访"常态化的网格整合,有效地实现党的组织覆盖和工作覆盖,党的建设在基层社会生活中的共生性与根植性大幅提高。二是在党建工作、社区管理、居民自治"三网合一"的模式中,出现了党员志愿者和居民代表进网格、机关事业单位在职党员驻网格、区域性党组织接网格、群团和社会组织联网格,同时城管、综治、环保等条线力量配入网格的现象,

形成了党组织领导下的一体化网格治理格局。

2. 系统化+集成式改革——强化政府社会治理中的责任担当

以集成改革和整体性治理的思路夯实政府责任担当,基层的探索富有价值。譬如,吴江区的"一张网格管治理",按类型细分网格,以联动中心为核心,设置与使用事件清单和部件清单,重塑基层社会治理生态系统,突破行政管理体制的"条块分割"与"条条分割"的制约,治理模式由末端治理转变为前端预防,走出了一条以城市综合治理、社会综合治理、基层集成治理为各阶段特征的"三步走"改革之路。2017年年底,苏州十个市(区)全面运行社会治理网格化联动机制和"资源共享、联责共担、受益共享"工作模式,基层社会治理全面升级。

3. 智能化+"城市大脑"建设——面向智慧社会的城市社会治理优化

面对城市社会的复杂性,智能化是方向。建设"城市大脑",通过"大数据+行动网格",苏州市级社会治理大数据中心开展网格内城市管理、环境保护、安全生产、社会治安、城市部件等事(部)件事项日常巡查,全天候、零时差、无缝隙地将管理服务推进到基层一线,正逐步汇聚成破解社会治理难题的革命性力量。譬如,通过对各类数据采集、汇聚、清洗、存储,促进海量的政务业务处理,并直接驱动市级机关诸多民生服务应用。又如,基于新互联网技术,在苏州工业园区建立智慧社区平台覆盖区、街道(社工委)、社区居委会(工作站)三级管理架构,形成了"互联网+政务服务"实践模式。

4. 互动化+基层公共治理——提高治理的公众参与和社会协同

利用大数据引导民众在社会治理中广泛参与和深度协作,譬如借助网上议事厅、网上留言墙和App实时推送,把线上线下的公众议题、社区或村居的决策议程、方案选择、项目实施、监督评价等有机结合起来,提高治理协同度。姑苏区以居民需求为导向,实施"三社联动"下的居民自治项目制(已达1 135个项目),带动大量居民参与社会治理,成功入选"全国社区治理和服务创新实验区"。作为全国率先开展"政社互动"实践地区的太仓,通过厘清党组织与社区组织自治、社会组织间的职责和功能,探索出政府调控同社会协调互联、政府行政功能同社会功能互补、政府力量同社会力量互动的行政管理与基层自治有效衔接互动的社会治理新路子。

5. 协作化+基层治理法治化——导向民生福祉改善的协商治理

深化基层社会治理的法治化,需要将法治思维、法治程序、法治机制与法治行为融入社会治理的常态生活方式中去,形成自觉习惯。譬如,姑苏区居民自治项目制中的法治遵循,太仓市基层行政管理与社会治理衔接探索中的"履职""履约"与新乡贤治理嵌入探索等。又如,张家港市在厘清政府与村(社区)权力边界的基础上,构建了"党组织领导—议事会民主协商—村居民会议(或代表会议)民主决策—村居民委员会具体实施—各类社会组织参与协助—村务监督委员会(社区居民代表)民主监督"的村(社区)基层治理新模式,激活村(社区)的自治功能,有力地推动了法治政府和法治社会的一体建设。

二、进一步优化大数据利用、促进苏州社会治理全面创新升级的建议

综合运用大数据促"四化"协同,苏州已有良好基础,但与苏州高质量发展和人民生活更加幸福的要求相比,苏州社会治理特别是安全生产形势仍然严峻,社会治理的"四化"水平和协同推进还有较大空间,必须持续深化大数据运用,充分整合利用信息技术,构建前瞻性、主动性和系统性的引导式治理,以更有效的社会治理"四化"协同更好地服务于苏州民生改善和经济社会的高质量发展。为此,建议:

1. 精准展开信息化背景下社会治理"四化"协同的顶层设计

互联网正在深度重塑社会治理范式,"四化"协同应逐步导向制度化的"四型"治理:一是整体型治理。解决好以职能制为基础所形成的各系统数据库之间统筹整合和全方位共享的难题,实现管理服务流程与协同的全息化。二是开放型治理。打造智能化的社会综合管理和服务平台,同时利用微信、微博、手机App等互联网工具引导公众参与公共决策。三是服务型治理。引导各类NGO、NPO等社会组织参与到公共服务的提供中来,利用互联网技术打通公共服务的"最后一公里"。四是质量型治理。开展基于民众真实需求的社会治理供给侧改革,让服务更便捷,让民众更有获得感、安全感和幸福感。

2. 织密网格进一步推进社会治理精细化

需要将基层治理"一张网"精细化,以居民小区(楼栋)、机关事业单位、工商企业集聚地等为单位划分网格,每个网格配备一名以上专兼职网格员,将基层社会治理要素纳入服务管理范畴。按照"一格多元、三社联动"要求,将基层党组织建在网格上,将综治、公安、民政、城管、安监、环保等涉及基层治理部门工作纳入网格。健全城乡社区"综合受理、一门服务、全科社工"工作机制,实现

"多元合一、一员多用"。同时,还应协调相关部门通过派员进驻或网络可视化办公等方式,为群众提供全面、优质、高效公共管理服务。

3. 智能化布局着力强化治安防控

大数据应用已然成为苏州社会治理创新的最大亮点,但在"融、通、用"方面仍有进一步优化突破的空间。应着力建立社会治理数据汇聚体系,推动信息系统互联互通,实现政法综治专业数据、政府部门管理数据、公共服务机构业务数据、互联网数据的集成,一网应用。需充分运用互联网、大数据、云计算、人工智能等现代科技手段,推进人口基础信息库、互联网+可信身份认证平台、公共安全视频共享平台、动态人像卡口系统等项目建设,构建"大格局"、汇聚"大数据"、开展"大建模"、推动"大应用",提高道路交通、公共安全、城市治理等方面的能力,提升治安防控科技化、智能化水平。

4. 多元参与推动共建共治共享

让专业的人做专业的事,对于深化政社互动、提高社会治理质量以更好地服务于民生,具有积极作用。在经济社会进入高质量发展阶段,尤其需要从创新社会治安防控体系、公共安全监管体系、社会秩序运行体系、人口服务管理体系、社会风险评估体系、城乡社区治理体系、多元协同治理体系和社会治理责任体系等八大体系入手,以网格治理力量为主干、综合执法力量为保障、社会资源力量为补充,形成协商治理、法治治理,促进治理质量持续提升,让民生发展更加充实、更有保障、更可持续。

5. 持续更新社会治理生态系统

社会治理创新,不应该是单一方面或局部的碎片式创新,抑或是"文字式"创新,甚或是"伪创新"。社会治理创新的本质,是为了更加持续有效地促进经济社会高质量发展和更具有共享度地服务民生幸福。应借助大数据平台整合重塑"共建共治共享",坚持问题导向、需求导向和效果导向,更新社会治理的互动机制与责任担当系统,责权沉底,将治理重心、治理资源下沉基层,以服务民众的生产生活需求和发展需求作为基本任务,面向民生改善、面向预防和化解基层矛盾、面向优质生活共同体的打造,进一步展开苏州"全要素"嵌入式社会治理模式的构建和完善工作,以更好地服务于苏州经济社会高质量发展的大局。

6. 深入构建大安全和大管理服务融合网格

苏州社会治理底层结构模式业已展现出基本轮廓,并展现出优良的治理绩

六、社会治理助推高质量发展

效。接下来,需要进一步整合社会治理的大数据,依托"城市大脑"的公共信息服务系统,在深化"放管服"改革中整合各类平台资源,构建完善社情民意、城市管理、企业监管(包括编制、完善经营、管理、服务三类企业单位的主体责任清单)、涉稳隐患、重点人群五大数据库。与此同时,特别要着眼于树立大安全和大管理观,构建包括企业主体责任清单信息报送机制在内的信息集成与交互平台,形成"一张网"采集、事件处置"闭环"流转、多源数据"一体化"共享,联动平台"实战化"体系建设,促进社会治理的精准与高效。

(作者系苏州大学政治与公共管理学院教授、副院长,江苏新型城镇化与社会治理协同创新中心副主任,东吴智库公共管理执事)

吴江区创新城市综合治理联动机制的实践

徐 枫

随着经济社会的快速发展和社会群体的日益多元,城市管理的难度快速提升,尤其是一些错综复杂的重点、难点问题难以处置。实践中,通常由城管等部门或者属地街道、社区牵头,连同相关部门联合整治,但效果不佳,往往出现"反复抓、抓反复"的情况,不仅浪费了大量的管理成本,也增加了管理难度。吴江区积极探索社会化治理长效机制,于2016年7月建成区城市综合治理联动指挥中心(简称区联动中心),半年时间里共受理各类城市综合治理问题491 266个,办结483 897个,办结率为98.5%。吴江大联动机制的探索与实践,符合国务院加快推进城市综合执法的要求,为创新社会治理和服务积累了成功经验,为国家治理体系和治理能力现代化提供了基层实践样本。

一、吴江创新城市综合治理联动机制的做法

1. 整合管理资源,实现"一个号码管服务"

成立城市综合治理"大联动"机制推进工作领导小组,区委、区政府"一把手"任组长,各区镇和村(社区)分别参照成立区镇联动分中心和村(社区)联动工作站。创新设立科级建制的城市综合治理联动指挥中心,该中心整合环保热线、商务热线、国税热线、妇女维权、人社服务、计生热线、三农服务、城建热线、消费者投诉举报专线、质监专线等24条政府服务热线、5个网络问政平台,统一受理城市综合治理问题。市民的诉求只需拨打"12345"这1个电话号码就可以进行咨询、求助或者投诉,方便快捷地得到"一站式"服务。同时,组建了乡镇网格巡查员队伍,对市容环境、安全生产、环境保护、消防安全等开展日常巡查,建立"上报受理、下沉巡查"为一体的联动指挥工作机制,进一步推动城市综合治理事项的高效解决,更好促进社会和谐。

六、社会治理助推高质量发展

2. 明确职责定位,实现"一个平台管流程"

全面梳理部门职能,制定出台《区城市综合治理职能交叉事项分流细则(试行)》,根据"法定(法律法规政策规定)、商定(专题会议协商确定)、指定(上级单位或领导指定)"的原则,对该区6大类119小类的城市综合治理部件问题、18大类186小类的事件问题进行职能梳理。科学设置"微循环、小循环、大循环"三类流转过程,各村(社区)工作站可自行解决前端处理的案卷,走"微循环"流程,做到"事不出村";各区镇自行发现、自行上报属本辖区职能的案卷,走"小循环"流程,在各区镇联动分中心层面解决;对区监督员上报或区镇中心上推的案卷,走"大循环"流程,由区联动指挥中心统筹协调区级力量推动解决。

3. 提升治理效能,实现"一个标准管质效"

该中心以"资源整合、职能梳理、流程再造"为重点工作,通过组建监督、巡查两支队伍,变被动受理为主动作为,实现"二级监督";通过充分发挥区镇联动、高位协调优势,实施"二级指挥";通过区镇村"三级架构",将城市综合治理的触角延伸至各村(社区)。此外,制定《区城市综合治理事项立案处置结案标准(试行)》,明晰条块权责,尤其是职能交叉、管理缺失的事项,科学梳理处置流程,明确案卷责任单位、立案结案标准、处置时限等。目前,已对全区119类部件、186类事件问题,明确了相关标准及处置时限,并根据案卷难易程度设置案卷权重分值,纳入考核指标计算,严格督办。

4. 强化服务监督,实现"一个机制管考核"

吴江区城市综合治理考核纳入"区级机关部门绩效管理"及"区域科学发展考评体系",制定出台《区城市综合治理联动指挥机制考核办法(试行)》,全面、客观、公正评价各区镇和区级机关部门城市综合治理工作成效。区联动中心代表区委、区政府,对区有关职能部门、各区镇联动分中心和各服务外包公司的城市综合治理工作进行考核;各区镇联动分中心对区级部门派驻区镇的机构、区镇所属局室(站所),以及村(社区)联动工作站进行考核;区镇相关职能机构(派驻机构)、村(社区)联动工作站分别对所辖的城市综合治理人员进行考核。

二、吴江城市综合治理联动机制的成效

1. 提升资源整合效能,实现受理提速

区联动指挥机制在整合多种被动受理来源基础上,组建主动巡查队伍,把"听民声、察民情、知民盼"的工作触角深入到村(社区)的角角落落,将全区面

广量大、散落于各处的服务力量集中起来,为"解民忧"的工作目标提供全方位的信息共享,形成统一指挥、反应灵敏、协调有序、运转高效的治理新机制。机制建立前,市民因不清楚部门职能以及担心单一渠道解决不了问题等,往往多头投诉、重复投诉,增加了市民的诉求成本。机制建立后,市民通过任何一种渠道反映问题,都由区联动指挥平台统一受理,引导市民一次反映、一头反映,大大方便了市民求助。案卷由区联动指挥平台统一受理、统一派发,各责任单位把处置结果反馈给区联动指挥平台后,由平台根据问题来源登陆相应平台代为回复。责任单位解放人力,将管理力量向具体案卷处置岗位倾斜,更有利于提高市民各类诉求的处办效率。

2. 打破"条块分割"困局,实现处置提效

针对环保、安监、消防、城建等复杂性执法问题,区联动指挥中心通过职能梳理、业务流程再造、督办考核的管理机制,将条块权责作进一步明晰。对管理权限以块为主的事项以及条线部门已将管理权限赋予区镇的事项,相关案卷发往所涉区镇,处置成效与区镇考核结果挂钩;对管理权限以条为主且未下放区镇的事项,相关案卷发往所涉条线部门,处置成效与部门考核结果挂钩。机制建立前,受行政管理体制"条块分割""条条分割"制约,一些部门对疑难问题"踢皮球"现象较为普遍,群众跑断腿事也办不成,影响了党群政群关系。机制建立后,按照"法定、商定、指定"原则,区联动指挥中心对职能交叉事项进行全面梳理,并制定出考核办法,通过严格的系统打分,"事事考核、时时考核"区镇、部门管理情况,并将考核结果纳入区级部门绩效管理考核和乡镇的科学发展考评体系。用"不凭主观凭数据、不靠感情靠机制"的督办考评体系,倒逼各区镇、各部门优化管理流程,落实问责机制。

3. 降低政务服务成本,实现业务增量

区联动指挥中心大联动机制实现了扁平化管理,减少了管理环节和流程。坚持"主动发现问题—大联动平台指挥—现场队伍处置—大联动平台监督考核—结果反馈"主线,实现了流程优化,形成了一个闭环运行系统,减少外来程序和流程因素的干扰,提高了社会管理的效率,降低了政务服务成本。目前,区联动指挥中心"12345热线"在全面整合政府服务热线,并承接移车、失物招领等非警务类警情后,日均增加话务量1 000余个,每日话务总量达到2 500多个;"二级监督"将原数字城管监管范围从城镇建成区延伸至村(社区),监管内容由市容市政拓展为包含安监、环保、消防等城市综合治理全领域,加上网络问

政多个平台的新增整合、微信公众号的宣传推广,日均立案流转案卷量增加1 000多件,每日案卷量达到1 800余件。从被动受理的数据来看,市民关心的热点问题主要集中在市容环境、生活服务、环境污染、市场管理、违章搭建、物业管理、公交服务、非警务类警情。数据表明,联动指挥中心每日受理投诉量大幅提升,"一站式"受理程序简化,效率在改革进程中逐步攀升。

4. 提高联动科技含量,实现精准指挥

吴江区联动指挥系统在基础话务平台、协同平台、微信平台、智信终端等业务子系统基础上,研发出数据展示平台子系统。该系统直观化的城市综合治理基础数据展示,便于各级领导全面掌握全区管理实际情况;精细化的区镇及部门管理效能数据提炼,体现各区镇、各部门管理效果及薄弱环节,数据结果可直接运用在绩效提升上;动态化的城市综合治理决策辅助,加入GPS定位及GIS地理信息系统,便于各级领导掌握现场信息,了解事部件问题发生位置、各类物资及人员定位,有利于实现快速调度、科学指挥。例如给172平方千米建成区内的64.9万个城市部件(如窨井盖、路灯等)在GIS系统上进行定位编号,只要有市民反映某个部件出了问题,联动中心立即就能知道该部件的位置并最短时间通知相关部门进行处理。

(作者系吴江区委党校常务副校长)

苏州工业园区综合交通体系高质量发展思考

杨晓敏

综合交通是城市的骨骼与血脉,是城市发展的重要引擎。园区成立24年来,交通系统建设已取得重大突破,支撑了社会经济的高速发展。根据当前国家"交通强国"、江苏省"强富美高"、苏州市高质量发展走在前列等新目标、新战略要求,园区必须以更新的理念超前思考,谋划进一步完善综合交通体系,加速提升交通对城市社会经济发展的作用,为服务园区建设国家开放创新试验区、江苏东部国际商务中心、苏州现代化生态宜居城区、世界一流高科技产业园区提供支撑、引导与动力。

一、园区综合交通发展现状

园区一直积极贯彻"先规划后建设""高起点规划、高标准建设"的理念,高度重视规划引领和指导作用,高标准建设交通基础设施,综合交通体系稳步提升。主要表现在以下方面:

一是超前规划支撑了园区交通飞跃式发展。园区始终紧抓规划研究工作,与总体规划同步开展综合交通体系规划,做好交通设施统筹布局。2012年,编制了新一版《苏州工业园区综合交通规划(2012—2030)》。2015年,开创性编制了智慧大交通规划,引导园区高效开展交通信息化、智慧化建设工作。同步开展了轨道交通线网、常规公交、旅游交通、轨道沿线地下空间和交通一体化等交通专项规划,促进园区交通全方位、多模式发展。

二是交通基础设施建设日益成熟。对外交通方面,园区已高标准建成沪宁城际铁路苏州园区站、3处高速公路出入口、内河吴淞江公共码头,唯亭通用机场已列入江苏省中长期通用机场布局规划。城市交通方面,园区已建成总长932.4公里城市道路、3座大型公交停保场、41座公交首末站、168处公共停车场(库)(泊位 19 763 个)、416 处公共自行车站点(车桩数 13 552 个)。

三是公共交通系统不断完善。园区轨道交通已初具规模,园区内运营的轨道线路有 1、2 号线,线路总长度 17.0 千米,设站 16 个,工作日日均客流乘降合计 22.5 万人次。常规公交持续推进,园区内共有公交线路 108 条,线路总长约 1 617.5 千米。2018 年,园区大力发展惠民微巴,打造便利的轨道换乘和社区出行方式。

四是交通需求与系统管理齐头并进。系统管理方面,建成并维护园区综合交通规划宏观模型、综合交通数据库;智慧管控、智慧公交、智慧停车建设有序推进并取得良好效果。需求管理方面,部分区域停车实施计时收费方式,泊位周转率得到明显的提高,对停车需求的调控起到了积极作用。

但是,在取得巨大成绩的同时,我们也要认识到园区综合交通仍存在一定的不足。

一是对外交通与苏州综合商务城定位难以匹配。园区作为苏州市综合商务城,大型市级公共服务设施及商业载体、金融类机构吸引周边城区消费人群和提供工作岗位,交通需求提升的同时交通设施存在缺口,具体表现在:对外枢纽服务供给不足。园区站列车班次不升反降,服务供给不足(具体见表 1)。苏州市尚无航空机场,高端商务出行和货运受到一定影响。与苏州市区及市域联系通道仍需加强。与相城、高新区等方向的轨道快线缺乏,南部方向对外通道不足,东环快速路南延尚未建成,星塘街南延尚未开工建设。

表 1 2017 年苏州各火车站客流量

车站	工作日(万人次/日)	休息日(万人次/日)
苏州站	1.3	1.5
苏州北站	1.8	1.6
苏州园区站	0.8	1.1
合计	3.9	4.2
苏州园区站占比	20.5%	26.2%

二是小汽车总量和出行比例仍在高速增长,交通结构失衡日趋明显。2017 年,园区私人小汽车拥有量已达 23.7 万辆,年均增速 14.5%,拥车率达 304 辆/千人,私人小汽车出行比例 36%。私人小汽车的"高增长、高使用、高集聚"特征明显。在此影响下,园区道路动、静态矛盾愈发明显,交通结构调整须全面

推进。

三是公交主导地位尚未形成。园区公交分担率(含轨道)仅占机动化的23%。负责中长距离、高标准服务的轨道交通尚未成网,无法发挥骨干和主体作用。服务末端接驳的微巴系统刚刚起步,覆盖和衔接尚需加强。

二、园区综合交通发展面临的机遇和挑战

我国全面进入高铁时代、城际铁路网络化阶段,交通强国战略把交通发展提到了极为重要的位置。目前,通苏嘉甬高铁建设为园区城际枢纽能级提升提供了新契机,苏州市公交都市创建为园区交通结构优化提供了政策保障。在看到发展机遇的同时,我们还应深刻认识到园区综合交通发展面临的挑战。

1. 在高质量发展新目标下,园区交通亟须转型

党的十九大明确提出建设"交通强国""高质量发展"的战略目标,交通强与高质量成为新时代交通发展的关键词。目前园区交通系统建设已经形成规模,但以设施供应为发展主导的思路尚未根本改变,亟须确定新的交通发展目标,统一认识与行动,引导既有的交通发展模式转型,以人民的获得感、幸福感、安全感为交通发展目的。

2. 区域协调发展变革期,园区对外联系的不足将制约服务与影响力的提升

党的十九大报告强调区域协调发展,城市发展由单一城市向城市群网络化转型,长三角正处于区域发展转型期,枢纽城市的优势将更为突出。园区在新一轮区域发展中应争取顺利对接通苏嘉甬高铁,强化城际枢纽地位。同时,全方位加强与市区各区和市域各板块的交通联系。

3. 创新、协调、绿色、开放、共享发展,园区交通综合管理能力面临新的考验

习近平总书记提出创新、协调、绿色、开放、共享的新发展理念,为我国科学发展提供了思想指导。交通模式的创新、多种方式的协调、绿色交通的主导等每一项都是全新的尝试,这对园区交通的综合管理能力提出了更高的要求,园区应走交通综合管理的道路,统筹各部门,发挥部门协同的作用,从管理型向治理型转变。

三、园区交通高质量发展设想

结合园区交通的发展现状,面向新时代的发展诉求,应抓住机遇、正视挑战、转变思路、解放思想,走高质量发展的交通强区之路,为园区争当改革开放、

六、社会治理助推高质量发展

国际合作的先行区,推动高质量发展的引领区,践行新发展理念的示范区,建设"强富美高"新江苏的样板区,加快建设世界一流高科技产业园区提供坚实的基础,重点做好以下七个方面工作。

1. 规划引领,转变交通发展模式

面对小汽车快速发展带来的冲击,园区正在着力调整和提前谋划,从本源寻找出路,从以人为本出发,构筑不依赖小汽车,以"公交+慢行"为主导的全新交通发展模式,将交通设施建设目标转变为人民可感知的服务目标。开展园区交通发展白皮书研究工作,通过对交通问题症结及未来趋势的研判,确定园区城市交通发展愿景及近、远期目标、战略任务与重大政策,制定具体的行动纲领并长期坚持;推进多规融合,将交通发展与产业发展、空间布局、生态环保相融合,做到交、产、城一体,实现交通发展模式根本转变。

2. 争取提质,构筑长三角重要城际交通枢纽

对外交通是园区融入长三角一体化发展的关键,需主动争取提质。一是开展园区站综合交通枢纽研究。园区站是苏州市"丰"字形铁路网中的节点枢纽、综合商务城的窗口,以通苏嘉甬高铁建设为契机,加快推进园区站枢纽研究,积极争取从战略层面将苏州园区站提升为区域城际枢纽。二是主动出击,积极向上争取园区站班次支持。以轨道3号线通车为契机,积极争取园区站列车班次的增加。三是按照苏州综合商务城定位,强化轨道快连。加强园区组团与园区站、苏州站、苏州北站、规划机场的轨道快速直连条件,积极对接苏州市新一轮轨道线网规划。

3. 抓住两端、加强公交优先,实现公交整体提升

从两端入手,通过完善顶端轨道交通网、末端微巴公交网,多级衔接枢纽,实现公交整体提升。轨道交通方面,继续推进轨道线网规划研究工作,大力推动成网建设,为未来公交主导打好基础;微巴系统方面,进一步详细调查研究末端衔接需求,合理布设微巴站点及发车班次,服务社区出行和轨道换乘;换乘枢纽方面,开展地下空间和交通一体化规划工作,打造轨道交通站点周边一体化换乘枢纽、城市特色步行空间,提升公交系统服务水平与竞争力。

4. 优化结构,完善道路网系统

园区路网已由增量发展转向增量与存量并重发展阶段。增量上,园区应重点研究跨组团、跨高速等关键截面通道及对外联系打通,优化道路关键节点。存量上,园区需建立差别化路网发展标准,优化路网结构,结合城市更新的契

机,对退二优二、退二进三区域和局部地块改造进行次干路、支路网加密,增加交通毛细血管和微循环。

5. 精细发展,注重慢行品质改善

中央城市工作会议提出,加强城市精细化管理,而交通的精细化是城市精细化管理的重要一环。园区坚持落实慢行系统规划,以环金鸡湖慢行步道、沿阳澄湖自行车道等项目的建设为先导,形成互联互通的网络化绿道慢行系统,提高居民生活环境品质。结合"城市双修"、地下空间、枢纽地区一体化等要求,对枢纽地区、中央商务区等重点地区深入推进慢行设施标准化、人性化、精细化设计,打造功能完善、品质提升的魅力街区。

6. 创新技术,强化智慧化交通服务

根据园区智慧大交通规划,建设覆盖整个园区、链接苏州市的宏中观交通规划模型,建设中央商务区精细化、可仿真的微观模型;进一步推进提升综合交通数据库,利用大数据技术分析园区交通发展现状与态势,实现智慧决策;进一步推进智慧管控、智慧公交、智慧停车等系统的建设,逐步实现全息感知,不断创新交通服务。

7. 部门协同,综合管理园区交通

综合交通系统,构建涵盖规划、建设、运营、管理的全过程,包括枢纽、道路、公交、停车、慢行多方式,涉及园区多个部门和单位,是一项综合性、系统性的工程。园区应适时借鉴新加坡陆路交通管理局和国内深圳、南京等城市成功经验,形成交通发展的综合管理协同机制和机构,统一交通发展目标与思路,形成交通发展合力,推动园区综合交通体系高质量发展。

(作者系苏州工业园区党工委委员、管委会副主任)